數位電視與新媒體平台之政策與發展策略

劉幼琍◉主編

石佳相、谷玲玲、戴豪君、許文宜、劉柏立
王亞維、劉幼琍、賴祥蔚、陳彥龍、何吉森 ◉合著

Policy and Development
Strategies for Digital TV
and New Media Platform

國家圖書館出版品預行編目（CIP）資料

數位電視與新媒體平臺之政策與發展策略 /
石佳相等合著；劉幼琍主編. -- 初版. --
新北市：揚智文化, 2014.05
面；　公分. -- (電訊傳播叢書；3)

ISBN 978-986-298-146-7 (平裝)

1.數位電視 2.數位媒體 3.傳播政策

557.771　　　　　　　　　　　103009878

電訊傳播叢書 3

數位電視與新媒體平台之政策與發展策略

主　　編／劉幼琍
作　　者／石佳相、谷玲玲、戴豪君、許文宜、劉柏立、
　　　　　王亞維、劉幼琍、賴祥蔚、陳彥龍、何吉森
出 版 者／揚智文化事業股份有限公司
發 行 人／葉忠賢
總 編 輯／閻富萍
特約執編／鄭美珠
地　　址／22204 新北市深坑區北深路三段 260 號 8 樓
電　　話／(02)8662-6826
傳　　真／(02)2664-7633
網　　址／http://www.ycrc.com.tw
E-mail ／service@ycrc.com.tw
印　　刷／鼎易印刷事業股份有限公司
I S B N ／978-986-298-146-7
初版一刷／2014 年 5 月
定　　價／新台幣 450 元

主編序

　　跨千禧年以來，各國都陸續面臨數位電視轉換、寬頻普及發展、新媒體衝擊以及數位匯流帶來的修法問題與挑戰。數位電視到底有何優點？可以給消費者、廣電業者或國家帶來哪些好處？民眾如果對類比電視的現況能接受的話，為何要轉換到數位電視？事實上，數位電視不僅是無線電視或有線電視的數位化，更可帶給消費者更好的節目畫質，更方便的收視方式，以及更新的整合性服務。

　　台灣逾半數家庭擁有兩部以上的電視機，民眾家裡的電視機若都要看數位電視，就得各自裝一個數位機上盒，或添購內建數位訊號接收器的電視機，這樣勢必增加收視的消費。從政府的角度看，數位化後類比頻率回收，可交還政府做其他用途。從業者的角度看，數位化發展需要更多資金的投入，難免希望政府有所補助或是提供獎勵措施。因此，如果沒有辦法創造消費者、政府、業者的三贏，數位化政策實難推動。

　　2004年行政院新聞局曾預告2006年全面回收類比訊號，並於2010年完成無線電視「全面數位化」目標。然而數位電視轉換的進度延後，2009年底，國家通訊傳播委員會（NCC）正式承接「類比無線電視頻道收回計畫」，並研擬「無線電視數位轉換計畫」。經總統馬英九宣布2012年為「高畫質數位電視元年」後，終於在2012年6月30日關閉無線電視類比訊號，完成無線電視全面數位化。

　　另一方面，NCC在2007年5月曾舉辦第一次第二梯次數位無線電視發照的公聽會，計畫發出四張各6 MHz的執照，第二階段則計畫發出一張12 MHz的執照。2008年12月交通部也舉辦了一場公聽會。時隔一年，行政院核定通過交通部建議發出五張數位電視執照及兩張行動電視執照之規劃。但因NCC歷屆委員對第二梯次數位無線電視的發照方式意見不一致，截至2014年3月為止，仍未定案。

我國有線電視數位化的腳步在NCC成立時仍然非常緩慢。外資經營的有線電視未積極投資建設。本國有線電視業者或許擔心數位化後會提早實施分組付費，影響收入。所以NCC雖然規劃一些數位化時程，業者未必願意遵從，直至主管機關祭出一些政策法規，有線電視業者的腳步才開始加快。

數位匯流的發展趨勢使得我國傳播產業產生極大的變化，並進而衝擊政府的法律管制及政策制定。2010年行政院公布數位匯流發展方案，經過修訂，目標改為2014年底有線電視要全面數位化，2015年新興視訊服務用戶普及率希望達到50%。

2011年編者邀請國內九位對數位電視發展關心的產官學者組成團隊，在政大傳播學院頂大計畫的支持下，完成了「數位電視與新媒體平台政策白皮書」，於2012年2月發表及正式付梓。這本白皮書不僅向政府提出建言，也向業界提出對策。針對數位無線電視的部分，白皮書建議第二梯次數位電視的執照發放方式，應該改為發兩張大的平台（MUX）執照，每張執照的頻寬為18MHz。此外，無線電視可以自行決定是否用其頻率提供行動多媒體的服務。白皮書對數位有線電視的建議，則是鼓勵業者提供免費數位機上盒，以及以「戶」為收費單位，政府則對費率審查放寬管制，只審查基本頻道。在IPTV服務方面，白皮書也建議黨政軍的管制應予鬆綁，除政黨仍不可以經營媒體之外，應適度開放政府參與IPTV（如中華電信MOD）經營與政治意識型態無關的節目（例如體育節目、音樂節目等）。為了公平起見，白皮書也提出IPTV與有線電視必須齊一管制的觀點。

本團隊所提出的政策白皮書，似乎已對主管機關在數位無線電視平台執照的頻寬規劃有部分影響（例如第四屆NCC委員提出發放兩張12MHz的數位電視執照）。為了讓國內各界進一步瞭解本團隊對於數位無線電視、數位有線電視、IPTV、行動多媒體，以及其他新興媒體服務的政策建議，本團隊花了一年多時間繼續針對美國、歐盟、英國、日

本、韓國及中國大陸等國家，深入研究其數位電視與新媒體平台的發展政策與策略。在此基礎上，本書再次邀集十位國內對此議題有深入研究的產官學者，蒐羅國內外相關重要文獻，延續前述白皮書所提出的各項政策議題，鎖定國際主要數位電視與新媒體的政策與策略進行比較分析，獲致若干結論。

世界各國數位電視與新媒體平台的發展及相關政策有其差異性，各有其可供參考之處。從歐美來看，美國重要之處，在於政府以提供每個家庭兩張折價券之方式補助全美家戶購買數位機上盒，對於推動數位轉換時程有絕對的影響。英國數位無線電視平台Freeview推動數位電視的作法以及將無線電視與網路電視加以整合的YouView平台，都可以作為我國數位無線電視與網路電視發展的參照。

亞洲部分，日本值得借鏡的地方，在於其發展高傳真與高品質的節目策略。為因應IPTV的發展，日本快速通過「電氣通信役務利用放送法」，讓業者在製播分離的模式下活絡市場。至於韓國高寬頻普及率和商業節目製作模式、行動電視T-DMB的營運及S-DMB失敗之原因、有關IPTV之網路多媒體事業法的法律規範、KT併購直播衛星SkyLife與有線電視的競合關係，都值得台灣瞭解或借鏡。另外，中國大陸的媒介制度雖然與台灣很不一樣，但由於近年兩岸交流頻繁，其數位電視與新媒體的發展過程與現狀亦值得我們關注。

由於媒體及新科技變動快速，本研究團隊為使本書更具收藏價值，在撰寫的過程即不斷思考如何提供讀者一個共同架構及歷史脈絡，以便從各國經驗瞭解共同主題的政策與策略，最終目的是希望提供國際經驗供我國借鏡，並且提出系統性的整理、分析與文獻。本書針對前述國家的數位電視與新媒體平台，除在政策、法規與發展面向以代表性的案例進行探討之外，並從我國數位媒體現狀加以對照及分析，冀能協助找出目前各媒體平台發展困境的解決方案，期使我國的通訊傳播產業能更加健全發展。

本書感謝所有作者的通力合作。謝謝國立政治大學前傳播學院院長

數位電視與新媒體平台
之政策與發展策略

iv

鍾蔚文教授及現任院長林元輝教授的支持及呂春美專員的行政協助。同時，也要感謝國立政治大學邁向頂尖大學計畫的部分經費支持，使本書得以順利付梓。另外，本書的外審委員交通大學傳播研究所李秀珠教授及前新聞局副局長洪瓊娟教授，對本書每章內容細心審閱並提出建議，使本書能更臻完善。本書助理徐也翔幫忙校對、編輯，功不可沒。揚智文化公司的閻富萍總編輯對本書的支持，本團隊也在此表達深切的感謝之意。

劉幼琍

2014年3月31日

政治大學廣電系

目錄

數位電視與新媒體平台
之政策與發展策略

vi

Chapter 6　中國大陸數位電視與新媒體平台　　207

賴祥蔚

Chapter 7　我國數位電視與新媒體平台政策篇　　237

劉幼琍／陳彥龍

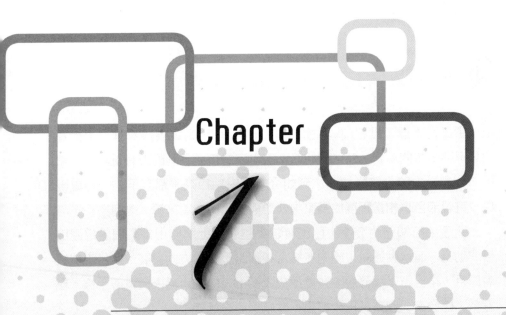

Chapter

1

國際數位電視與
新媒體平台發展趨勢

石佳相　華電聯網新媒體應用研發處副總經理

 前　言

　　還記得半個多世紀前，左鄰右舍一起守著一台電視觀看世界少棒賽的景況嗎？時間一到，鄰居們紛紛拿著自家的板凳，到附近有電視的人家中，一起為中華少棒隊加油。到如今，家家戶戶幾乎都有不止一台電視機，電視節目也相當程度成為家中娛樂與資訊的主要來源。

　　隨著網際網路的發達，已經有越來越多人上網使用電腦觀看電視節目或動畫。而行動通訊也朝向無線寬頻網路服務的方向發展，使用手機觀看節目，早已不是個夢想。在捷運或大街上，處處可見人們滑著手機，玩遊戲、聽音樂或欣賞影片，再也不會感到旅途無聊了。

　　無論是固網或是無線的寬頻網路，網路化是近期國際數位電視朝向新媒體平台的重要發展趨勢，其中又以歐洲的植基於數位匯流概念的數位電視新媒體策略，規劃最為完備。我國電視產業，目前已經普遍採用歐規的DVB標準，因此以下第一部分的國際數位電視發展解析，將以歐洲的發展為典範，佐以其他國家、地區相比較。

　　源自於傳播媒體平台的數位化與網路化，IPTV與行動多媒體等新媒體（New Media）平台也應運而生。又由於近年來智慧終端的長足進步，搭配著網路寬頻服務的順暢與普及，又再一次的衝擊著傳播媒體的發展，新興媒體（Emerging New Media）也因此逐漸衍生浮現出來。

　　不同於IPTV與行動多媒體等現有之新媒體產業，新興媒體視訊平台，如聯網電視節目及智慧電視應用服務等，目前尚在萌芽發展的階段。在本章第二部分中，我們將以新媒體到新興媒體的演化中的幾個重要概念，分別說明。這些概念主要圍繞在三個主題上：新媒體寬頻網路電視IPTV服務之發展，延續電視數位化的聯網電視服務之發展，以及植基於網路視訊的OTT服務。最後，我們再輔以幾個較知名的新媒體與新興媒體服務發展案例，作個案分析報告。

第一節　國際數位電視發展趨勢

一、歐洲數位匯流發展

近期歐洲數位匯流發展的三大主軸，為網路化、個人化和行動化。歐洲廣電聯盟（EBU）於1993年成立DVB（Digital Video Broadcasting）專案辦公室，正式進入數位電視發展時期。DVB辦公室對於數位電視的發展是以多階段多目標的方式進行，截至目前已經歷了三個階段：(1)數位電視基礎建設（DVB 1.0）；(2)與網際網路匯流的數位電視內容發展（DVB 2.0）；(3)以消費者為中心的數位電視網路化新媒體平台發展（DVB 3.0）。以下有關DVB的發展，主要取材於歷年公布於DVB官網上的相關資料。

(一)數位電視基礎建設——DVB 1.0

初期DVB 1.0重點，在於發展廣播電視數位化服務之基礎建設。當其制定初期技術規格時，DVB辦公室希望透過衛星、有線與地面的傳輸網路，提供家戶消費者數位電視的服務。植基於此的初期基礎建設，DVB 1.0於是朝向行動接收、互動應用以及高畫質電視等方向發展。

(二)與網際網路匯流的數位電視內容發展——DVB 2.0

2001年5月DVB 2.0之白皮書發表（Mills, 2003），宣告其進入數位內容新環境演進的階段。如**圖1-1**的DVB 2.0願景所示，此階段的發展重點，是強調廣播電視節目內容將在不同平台上與網際網路及電信（行動通訊）相結合。其願景在於倡導「建造一數位內容的新環境，以結合穩定、廣泛通行的廣播世界，與創新、多樣化的網際網路世界」，並延伸出「數位匯流」、「廣播變成溝通」、「電視網路化—網路電視化」三大新

數位匯流
(Digital Convergence)

Broadcasting

廣播變成溝通
(Broadcasting becomes Communicating)

Mobile
Communications   Internet

電視網路化-網路電視化
(The Internet on TV - TV on the Internet)

圖1-1　DVB 2.0 Vision

資料來源：Mills (2003, March).

興媒體節目內容的概念。

　　在數位匯流的趨勢之下，DVB 2.0希望在過去初期的數位廣播傳輸網路之上，與新興的網際網路環境相結合，以提供創新的廣播服務，也就是網路數據廣播（IP Datacasting, IPDC）。這種以網際網路協定（Internet Protocal, IP）傳輸DVB訊號，結合與行動通訊網路匯流的方式，便可透過手機收看數位電視的內容與服務。因此，數位電視節目服務便可與使用者習用的網路情境相互結合，原本廣播式的節目製作，也因而可與觀眾間建立起雙向的溝通管道。

(三)以消費者為中心的數位電視網路化新媒體平台發展 ——DVB 3.0

　　DVB 2.0階段規劃將電視與網路加以匯流，但在執行面上，仍然保有傳統媒體內容為王的觀念，與Web 2.0的網路概念並不協調。因此2004年10月，DVB 3.0版公諸於世，將訴求的重點擺在消費者身上，以消費者、終端設備為中心的網路數位化時代終於來臨（Mills, 2004, December）。

　　DVB 3.0主張我們周遭的生活環境，將逐漸成為一個「連結的世界」（Connected Planet）。網路頻寬與速度已能支應串流媒體的運用，也逐漸便利得無所不在，方便消費者隨時隨地對內容作存取運用。在大多數已開發國家中，網際網路、行動通信和數位廣播對我們的生活（不管是工作或在家）均有著強力而直接的影響。

　　如**圖**1-2所示，DVB 3.0的技術發展概念，將以「新媒體傳播與連結式消費者」為中心，並延續過去之發展脈絡，朝向下一世代的技術規範發展。DVB 3.0強調未來數位電視的發展，將以資訊化的網路媒體平台，及以消費者為中心的新媒體應用環境為主軸。消費者不再只是透過家戶的機上盒接收內容，還可以延伸到各式各樣連網或離線的環境中。站在「新媒體傳播與連結式消費者」立場上，新的DVB版本，需要平衡各種不同發展中的技術標準與創新服務，以便滿足消費者隨時隨地在不同的環境下，均能接收內容與服務。

　　準此精神，DVB延續了一貫的技術發展，但改以不同的、以消費者

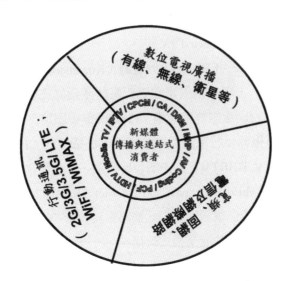

圖1-2　DVB 3.0技術發展架構概念[1]

資料來源：Mills, Reimers (2004).

為中心的思考面向，重整其業務模式。舉例來說，高畫質電視HDTV技術，需能在多重網路與平台上，達到服務互通（Service Interoperability）的目的。另外，內容保護與複製的管理規格，也需能夠讓消費者隨時隨地可以收視經過授權的內容；授權的內容可以是個別的節目，而不必侷限於頻道方式的授權；授權的對象可以是使用者個人，而不必侷限於家戶的機上盒。不可否認的，家庭網路（Home Network）仍為用戶收看內容的主要環境。當然，家庭用戶可以將服務與內容延伸到個人隨身手持式裝置與車用環境中。

(四)聯網電視Hybrid TV的發展

目前DVB 3.0的最新發展概念為Hybrid TV（複合式的聯網電視），是一種以複合、混搭的方式做最新數位匯流的媒體經營模式，也是歐洲廣電聯盟（EBU）對數位電視網路化新媒體運作模式的最新指導原則（Kozamernik, 2009）。台灣數位電視協會將此類複合式電視模式簡稱為「聯網電視」，取其有複合式「聯」合運作之意，而非僅只於「連」接網路的「連網電視」（Connected TV）。

如圖1-3所示，按照EBU/DVB的規劃（Kozamernik, 2009; Kozamernik, 2009, September），聯網電視是涵蓋新媒體產業的完整端到端的新商業模式，分為：(1)聯網電視終端設備；(2)聯網電視服務平台；(3)聯網電視節目內容。其進程則以將電視與寬頻網路的混搭模式（Hybrid Broadcast and Broadband TV, HBBTV）為先期發展重點，其後將加入開放式網際網路的混搭模式（Hybrid Broadcast and Internet TV, HBITV）。端到端的分層，以及將單向的傳媒電視與雙向的網路服務，作並行的複合混搭經營方式，有助於發展更開放的商業模式架構。

EBU將此複合式聯網電視，視為是電視／網路運營商的高牆內花園（Walled Garden）經營瓶頸的重要解套方案，並可順應近期高畫質智慧電視聯網終端（Smart TV）的發展。歐洲各國將以其數位電視發展現狀，陸

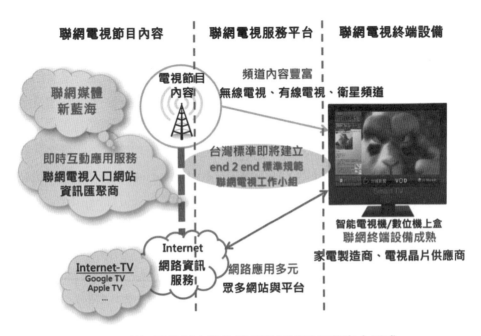

圖1-3　聯網電視新產業生態與聯網媒體新藍海之形成

資料來源：根據EBU/DVB Hybrid TV說明資料整理。

續朝向聯網電視的新興媒體模式發展。聯網電視新興媒體的發展模式，將於下一小節中詳述。

二、美洲數位電視發展

　　美國數位電視的起源相對較早，其發展則是採單一目標，一步到位的作法。此政策之推行，對產業與法規之衝擊較小，相對單純易行，但會導致電視數位化之後續發展彈性較小。

　　美國於1982年成立進階電視標準委員會（Advanced Television Systems Committee standards, ATSC），並以之作為美國訂立之數位電視標準名稱。在ATSC規範之下，高畫質電視可產生高達1920×1080像素的寬

螢幕16：9畫面尺寸，已超過之前標準解析度的六倍。

原則上，美國的數位電視較不具有匯流和網路化的概念，仍是以傳統線性媒體的概念，去發展高畫質的數位電視。因此美國新媒體的發展，較不易由廣電數位化的角度去思維，現今大多是由網路影音媒體業者主導新興媒體平台的發展，也相當程度表現了各該業者本業的特質。

以網路隨選視訊（VOD）的概念，去推行影音內容服務的業者，有Hulu、Netflix及Amazon等。Hulu是由NBC Universal和Fox Broadcasting Company（21st Century Fox）以及Disney-ABC Television Group（The Walt Disney Company）共同投資設立，主要是在串流網路上轉播電視節目，輔以其他影音視訊產品。Netflix是由DVD租賃網路化的業務模式發展而來，並逐步的取代了影視租賃的實體店面業者Blockbuster。相對於Netflix，Amazon則是由網路書店經營者，跨足到影音媒體市場。Amazon提供其Prime（至尊級）會員串流影音服務，正面與Netflix競爭。

由技術平台出發的業者，則主要有Widget TV（Yahoo & Intel）、Google TV及Apple TV。Yahoo與Intel合作推行的Widget TV（或稱Widget Channel），是以節目與網路做連結的概念，在電視螢幕上提供網路應用小工具TV Widget。Yahoo計劃推行Widget TV Portal，但接受度不高，在產業面的推動並不成功，仍無法普及。Google TV則是以搜尋引擎的概念，作為電視入口網路經營。Google TV所遭遇之瓶頸，主要為消費者觀看電視時，使用搜尋引擎的習慣尚未養成。在市場接受度不高的情況之下，Google TV目前面臨重新規劃，將可能以Android TV為名，重行做市場布局。Apple TV是以內容集成商的角度，採用類似iTunes/APP Store的經營模式，去定義網路新媒體的經營方式，因而往往會面臨複雜的版權上授權問題。這些新興媒體的發展案例，將於下一小節中詳述。

三、亞洲數位電視發展

(一)日本

　　日本的電視數位化採多重目標單一階段的作法，相較於美國的數位電視發展，較具彈性。日本於1998年制定出了日本的標準，其中建立的地面數位廣播電視規格是ISDB-T（DiBEG, 2007），能同時提供數位電視與行動電視使用，並於2001年獲得國際電信聯盟（International Telecommunication Union, ITU）接受成為數位電視傳輸的第三套國際標準。日本於2003年12月開始商用化家用數位電視，行動電視則於2006年4月正式上路。由於日本數位電視系統，對於未來在行動、資訊廣播的可能性皆已事先列入規劃考量，因此日本的行動電視，可說是世界各國中，發展較為成功的案例。

　　如圖1-4所示，ISDB-T是以頻段（Segment）作為傳輸單元，在日本每個電視頻道頻寬為6 MHz，計分為13個頻段，每個頻段皆可獨立作調變與接收運作，因此ISDB-T可提供多種傳輸服務模式，並得以彈性運用。圖1-4所示，於同一頻道中的13個頻段，可混和提供手持、移動及固定三種接收方式。通常以其中的一個頻段（1 Segment），作為手持行動或車用移動電視接收使用，日本手持電視服務也因此俗稱為「One Seg」。另外的12個頻段，則主要作為家用的固定室內接收，但亦可在車內作移動接收服務。

　　高畫質節目是日本家用數位電視的發展重點，但亦需顧及既有的標準畫質電視節目的轉換，因此將高畫質與既有的標準畫質節目，在同一傳輸頻道內，分配頻段作同步傳送是必要的。當未來舊式電視機汰換完成時，同步廣播頻段亦可挪作其他內容應用服務。

　　日本的新興媒體平台，主要都是由家電與終端市場的角度去思考，並由終端製造商主導市場的發展。在日本市面上，早已有類似Smart TV的可聯網高畫質電視終端產品，但由於各家使用的系統不一致，導致產品

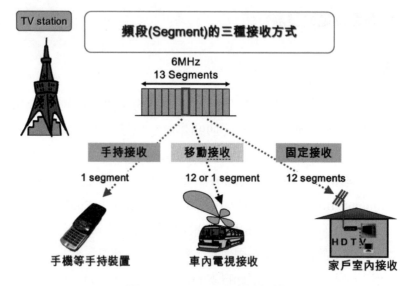

圖1-4　ISDB-T的傳輸架構

資料來源：根據DiBEG的說明資料整理。

推行遲滯。2007年2月，日本的Smart TV業者（Sony、Sharp、Panasonic、Toshiba及Hitachi等五家數位電視製造商，以及網路ISP業者So-Net），合資成立了數位電視Smart TV入口服務公司「TV Portal Service Corp.」，推出一個名為「acTVila」的入口服務網站。並建議各家電視製造商的產品，直接連結至這個共同的入口網站，預計參與者將涵蓋日本大多數電視製造商。

目前在這個acTVila入口網站上，提供了多樣化的資訊服務，例如：氣象、地圖、新聞、美食、購物等，以及視訊點播、內容下載等服務。惟各項服務整合仍有待改進，例如收費機制、共同營運方式等。平台的營運亦缺少電視業者參與，使得電視節目部分並沒有被完善的合併進來，同時也沒有提供具聯網功能的電視節目內容與應用。自2007年迄今，雖然開始逐漸普及，但推廣速度仍慢。該入口網站預計未來將提供線上付款，及數位版權管理技術。

(二)韓國

由於韓國的數位無線電視同樣採用美規，如同美國市場一樣，後續的發展較缺乏彈性。

在行動多媒體上，韓國根據原有的DAB（WorldDAB, 2006）系統，自行發展了DMB（Digital Multimedia Broadcasting）[2]的規範。DMB有兩個系統：T-DMB（地面波傳輸的多媒體行動廣播）及S-DMB（衛星傳輸的多媒體行動廣播），其中T-DMB的規範是源自於數位廣播DAB系統。由於DMB系統是從DAB延伸而來的一個系統，因此對頻寬的需求較DVB少（僅需1.5 MHz）；但如此也導致能傳送的節目量相對較少。此系統雖曾由韓國大力推廣至其他國家，但目前都已經停止運作，其主因乃是節目量不足。韓國的地面行動多媒體，主要是韓國政府出資經營，且侷限在首爾地區，無法大規模的推廣。

韓國主要有兩大廠商Samsung和LG，配合政府主導行動電視與新媒體平台的發展。而在網路新興媒體上面，此兩大廠商，則主要是採用Google所開發的Android平台，其軟體市集式Google Play的經營方式，如Samsung's Smart Hub，則類似於iPhone上APP Store的操作型態。

(三)中國

中國的電視數位化，強調採用自主知識產權的技術規格。其地面的數位電視，是採用其國內自主的標準DTMB（GB 20600-2006，全稱Digital Terrestrial Multimedia Broadcast）（中國國家標準化管理委員會，2006），又名DMB-T/H（Digital Multimedia Broadcast-Terrestrial/Handheld），是中國數位影像廣播標準，制定有關數位電視和行動數位廣播的制式。該制式將會服務中國大半的電視觀眾，尤其是郊區和農村等有線網路較難到達地區。

DTMB有多重副載波（簡稱「多載波」[3]）與單一副載波（簡稱「單

載波」^{4}）兩種模式。此外DTMB只制定了資料傳送標準為MPEG-TS，但沒有規定廣播內容串流編碼格式，對IP網路化亦無著墨。DTMB現已為中國大陸、香港、澳門和古巴採用；香港和澳門使用多載波模式，中國大陸則兩種皆有使用。

雖然DTMB已具有移動接收功能，中國的手持式移動電視仍為廣電總局所掌控，並已制定相關技術規範CMMB（China Mobile Multimedia Broadcasting），即「中國移動多媒體廣播」，作為中國自有的行動電視標準。CMMB在2006年公布，是基於中國自主研發的STiMi（Satellite and Terrestrial Interactive Multiservice Infrastructure）傳輸技術。CMMB城市地面信號使用U波段（470-798 MHz），衛星信號使用S波段（2635-2660 MHz）。以25 MHz的頻寬提供25個視頻、30個音頻節目和附加的數據通道。

中國的網路新媒體早期缺乏管控，一般彩電上網（即在中國的聯網電視俗稱）可從網路上，收視中國本地電視上無法看到的境外節目，例如經由PPS.tv（PPStream），可直接在網路上收看台港等地電視，因此彩電上網在中國推行得很快速。此現象一直到2008年中，廣電總局下禁止令，主張網路上的串流影音服務違反版權法，業者必須要將服務下架並停止運行；或提出合法化的承諾，以取得正式合法經營之執照授權。另一方面中國官方也認為製造可上網彩電的家電商，由於其出貨時就已內建彩電上網的功能，同樣違反規定，因此各式上網機、盒或彩電都遭到查禁。

2010年初，中國國務院常務會議決議加快三網融合（Triple-Play Services），一般認為這可能是廣電總局與工信部，在數位匯流進程上長期對立態勢的轉捩點。此項決議提出了2010-2012年，重點展開廣電與電信業務雙向進行試點，探索可行的政策體系和體制機制；2013-2015年，總結試點經驗，明確規劃三網融合時程。中國欲以政策扶植的方式，讓廣電在三網融合中有較充分的整合與發展契機。廣電也藉此直升下一世代的廣播電視網路（Next Generation Broadcasting, NGB），提供雙向服務。然

而目前此項三網融合政策的執行進度，並不如預期。

　　同時，中國政府在三網融合政策的推動之下，也確立了數位電視的國家標準，以及對內容管制的架構。網路串流影音服務業者，必須和取得互聯網電視（Internet TV）平台執照的業者合作，才能將其服務與電視相關的終端設備相連。目前擁有此類平台執照的業者有CNTV、百視通、南方傳媒、華數、CIBN、湖南廣電以及CNBN等。

 ## 第二節　由新媒體到新興媒體的演化

　　如前節所述，源自於傳播媒體平台的數位化與網路化，IPTV與行動多媒體等新媒體（New Media）平台也應運而生。但因傳播媒體架構，與網路結構迥異，許多新媒體平台的營運，也都漸次遭遇到瓶頸。由於近年來智慧終端有長足的進步，並搭配著網路寬頻服務的順暢與普及，又再一次的衝擊著傳播媒體的發展，新興媒體也因此逐漸衍生浮現出來。

　　不同於IPTV與行動多媒體等現有之新媒體產業，新興媒體視訊平台，如聯網電視節目及智慧電視應用服務等，目前尚在萌芽發展的階段。以下我們就由新媒體到新興媒體的演化中的幾個重要概念，分別做個說明。這些概念，主要圍繞在三個主題上：新媒體寬頻網路電視IPTV服務之發展、延續電視數位化的聯網電視服務之發展，以及植基於網路視訊的OTT服務。最後，我們再輔以幾個較知名的新媒體與新興媒體服務發展案例，作個案分析報告。

一、寬頻網路電視IPTV服務之發展

　　IPTV（Internet Protocol Television，網路協定電視），是寬頻網路電視的一種。IPTV是用寬頻網路作為傳送媒介的一種電視傳播系統，將廣

播電視或視訊節目，透過寬頻網路向訂戶傳遞數位電視服務。由於需要使用網路，IPTV服務供應商經常會併同提供連接網際網路，及網路電話等相關服務，也可稱為「三網融合」或「三合一服務」（Triple Play）。IPTV是基於寬頻網路的一種數位電視衍化，因此普通電視機需要配合相應的網路電視機上盒來接收服務，服務供應商通常也會向客戶同時提供隨選視訊服務。

(一)IPTV之定義

根據國際電信聯盟（ITU）對IPTV（Internet Protocol TV）的定義（ITU-Academy, n.d.），是在網路上以網際網路協定（Internet Protocol, IP）傳輸的多媒體服務，例如電視／錄影節目／聲音／文件／圖形，並相當講究其服務品質（QoS）、使用者經驗（QoE）、安全性、互動性及可靠度。IPTV可視為一種結合廣播與電信的整合服務，藉由有線或無線的寬頻網路技術傳播多媒體內容，如影像、聲音、數據及平台所提供之各種應用服務等，而使用者可以透過電視、PDA、行動電視裝置、數位機上盒等連網設備，使用IPTV相關服務。

在IPTV的定義中，有三個重要元素：網際網路協定（IP, Internet Protocol）、寬頻網路連結及各項IPTV服務。

首先，IPTV使用網際網路協定的方式，即為透過IP封包（IP Packet）的傳遞來提供各項服務，並根據不同的服務需求，例如：即時實況廣播（Real-time Live Broadcasting）、資訊下載（Data and Information Download）、互動廣告購物（Interactive Advertisement and Shopping）等，來使用相關的通訊協定，如RTP（Real-time Transport Protocol）、RTSP（Real Time Streaming Protocol）、IGMP（Internet Group Management Protocol）等。

IPTV並不特別指定該用何種網路進行服務的傳輸，只要能提供寬頻連結（Broadband Connection）之傳輸網路，皆可經由其上提供IPTV

服務。因此目前IPTV寬頻網路，雖以xDSL、Optical Fiber等各式有線連結的傳輸網路為主，但隨著技術的發展，逐漸的無線寬頻傳輸網路，如WiMax、3G/4G等行動寬頻網路，亦可提供IPTV使用者寬頻網路播送連結。

IPTV主要提供影音多媒體的服務（Audiovisual Multimedia Services），如依節目表播放的電視廣播服務（TV Broadcasting Services）、互動電視服務（Interactive TV Services）、由使用者決定播放時程的隨選多媒體服務（On-Demand Multimedia Services）等。有些IPTV服務提供業者，亦隨同提供一些通訊服務（Communication Services），例如：網路電話（VoIP）、視訊會議（Video Conference）等，或網際網路資訊瀏覽與下載服務。

(二)IPTV之傳播架構

針對不同的服務類型，與寬頻網路連結的特質，相對於一般電視的廣播式傳播（Broadcast），IPTV常見的傳播方式則有：單點傳播（Unicast）、多點傳播（Multicast）及對等傳播（Peer-to-Peer, P2P）等。

◆ 廣播式傳播

廣播式傳播是一種點對多方的網路傳播方式，傳送之訊源只有一個，但可提供服務給無限多個存在此網路上的用戶接收端。其頻寬是以被傳送的訊息之頻寬需求為準，與接收端的多寡無關。然而IPTV寬頻網路連結的特質，是基於點對點（Point-to-Point）的架構，因此其服務模式，並無此廣播式傳播方式。

◆ 單點傳播

單點傳播即是所謂的點對點傳播，每當新增一位連線使用者，就必須確實地與伺服器連線。不同的使用者於不同時間要求相同或不同的內容，都須藉由媒體伺服器或其共同合作的伺服器於其記憶體中個別讀

取，因此這些伺服器的資源與吞吐能力，也會影響到實際接收的人數。單點傳播可以被視為是以影音多媒體服務為訴求的IPTV之基本傳播架構，可提供隨選視訊與互動應用等。雖其單一服務人數的成本最高，同時服務的人數也有上限，但因其能夠提供個人化的隨選互動類型服務，是目前IPTV發展的主要訴求之所在。

◆ **多點傳播**

多點傳播並非真正的廣播，而是在點對點寬頻網路上，模擬廣播式傳輸的一種方式。多點傳播必須倚賴已啟用多點傳送功能的路由器，將封包轉送到其中有用戶端在等候的所有用戶端子網路上。當用戶端需要資料時，只要到這些已啟用多點傳送的路由器上，就可以直接擷取資料，不需要與伺服器連線，可減輕伺服器負擔。不過由於此種傳輸方式，不一定與伺服器直接連線，因此用戶端與IPTV的內容服務間，無法做到直接互動。因為是點對點寬頻網路的服務形式，在靠近用戶端處，每個用戶仍占有頻寬，如果用戶端數量突然增加時，仍會造成整個網路癱瘓。

◆ **對等傳播**

對等傳播的主要特點，是它能打破一般網路傳輸的主從式架構（Client/Server）的點對點傳輸模式，每個用戶端，也同時是附近其他用戶的資訊源，大家互相分享已下載的部分資訊，可減輕伺服器與網路負擔。此種傳播模式，使每個用戶接收端，既為頻寬與資訊的消費者，也同時是頻寬與資訊的提供者。對等傳播的好處在於，可以分散的方式，解決網路上集中運用的伺服器與頻寬瓶頸。也就是說，對等傳播上線的用戶端越多，其分享出來的頻寬與傳輸效能就越強。這種特質，與點對點網路上的傳輸，當上線人數越多，伺服器資源及頻寬的效能就會越低的情況相比，差別相當大。

雖然目前對等傳播已經成功運用於語音與聲音的傳輸，但大部分的使用者，通常只關心自己有興趣的下載部分，對於是否能對等上傳資

訊，分享附近使用者，還有待商榷。除此之外，對等傳輸使用戶端門戶洞開，容易招到駭客入侵；又因擔負訊源傳送工作，亦使硬碟較易受損；這些問題，也相對影響了使用對等傳播，需擔負上傳資訊之責的意願。

(三)IPTV線性與非線性應用之定義與管制模式

歐盟視聽媒體服務指令（Audiovisual Media Services Directive, 2010）（European-Union, 2010）中，將透過電信、廣播、電視傳輸之視聽服務統稱為「視聽媒體服務」，並區分出電視廣播服務（Television Broadcasting）、隨選視聽媒體服務（On-Demand Audio-Visual Media Service）及隱含的商業視聽通訊（Surreptitious Audiovisual Commercial Communication）等服務類型，其定義如下：

◆ 電視廣播服務

是屬線性視聽媒體服務（Liner Audiovisual Media Service），意指經排定之節目，服務可供使用者同時收看，包含類比及數位電視、即時串流、網路資料傳輸及近似隨選視訊的服務。節目內容由業者排定，可供多個用戶同步收看，但無法個別隨選播放。

◆ 隨選視聽媒體服務

是屬非線性視聽媒體服務（Nonlinear Audiovisual Media Service），意指由服務提供者提供可選擇節目之目錄，供使用者選擇是否收看、何時收看。

◆ 隱含的商業視聽通訊

商業視聽通訊係指藉著隱含穿插或伴隨在節目中的圖像，無論是否有聲音訊號，進行直接或間接宣傳商品或服務，以獲取經濟上利益或達到商譽宣傳的目的。

區分「線性」與「非線性」的最主要用意，在於辨別閱聽者透過

IPTV取得服務時，自身是否有選擇之權利。線性服務類型的狀態下，閱聽者只能選擇是否收看，並無權決定節目內容的編排與播放時間，故應對線性服務提供者課以較嚴格之管制。相對而言，「非線性」服務則較具有互動隨選的性質，閱聽者可經由類似節目選單的資訊，事先得知節目內涵性質，並可自行決定於何時收看何種節目內容。此種賦予節目選擇權的方式，可被視為是使用者對節目內容，是否具有篩選控制權，故對服務提供者課以的義務應較低，屬低度管制。

我國主管機關亦有類似的規管作法，將線性服務定義為頻道式節目內容，由管制較嚴的廣電法規範。其餘非線性服務，即隨選多媒體內容，使用者可依照自身需求，來決定如何收視節目，則是由較低度管制的電信法來管理。

綜上所述，IPTV能提供多樣化的影音多媒體服務，其中依節目表播放的電視廣播節目屬線性服務，其餘的隨選性質服務則屬低度管制的非線性服務。

二、聯網電視服務之發展

國際上對於網路化的電視產品與服務，目前尚無明確的定義，但可歸納出一般性的概念，是為將電視從普通的家電用品，先附加寬頻上網功能，再進化成為具備開放式應用服務平台的智慧終端設備。如此的定義，與前一小節所描述之歐盟聯網電視HBBTV及HBITV的聯網終端，不謀而合。因此，此類終端設備可稱之為聯網電視機，或是一般俗稱之智慧電視機（Smart TV）。

聯網電視機的硬體設施，是兼具內建數位電視調諧器，與寬頻網路界接系統之電視終端設備；能獨立選台並具備高畫質影像解析度觀賞能力，並能提供寬頻網路接取服務以及觀賞網路影音。其軟體應用面，則需具備符合消費者需求的人機介面、開放性作業系統及便利的應用平台，以

供用戶操作；亦需提供多樣化的第三方應用程式加值服務、電子商務、網路社群等應用。

　　簡而言之，聯網電視的基本運作概念，就是用戶以家中的數位電視機，或外接的數位機上盒，在觀賞線性電視廣播的同時，也能透過寬頻網路線路，藉由服務業者所提供之平台觀賞網路影音內容，或享受各式應用服務（圖1-5）。相較於此，網路電視（Internet TV）則只是透過與網路之連結，將網路上的影音內容直接呈現到電腦或連網的電視機上。有別於IPTV，聯網電視機則是可在原有的電視上網概念上，進行跨媒體內容的整合與分享，並能具備功能強大的搜尋引擎、完善的開放作業系統、與多元的應用內容服務。而聯網電視服務之提供者，則是可扮演著整合應用服務平台、網路傳輸或行銷服務的服務業者。美國NBC在2009 ETSI/EBU HBBTV Workshop中，即以電視節目聯合網路服務的觀點，將電視節目與

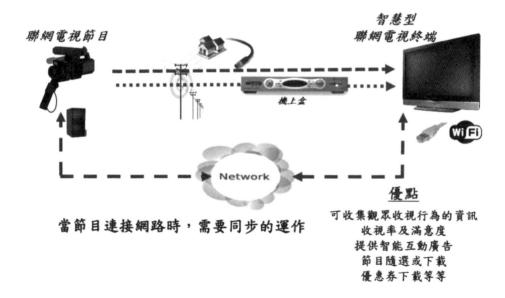

圖1-5　聯網電視的服務架構

資料來源：根據美國NBC在ETSI/EBU HBBTV Workshop的說明資料整理。

網路的連結完成，提出如**圖1-5**聯網電視的服務架構。

　　如前節中所述，根據歐洲廣播聯盟（EBU）的定義，智慧型聯網電視機（Smart TV）是一種廣播與寬頻混合式的電視終端（Hybrid Mode TV），是指可以同時連接廣播電視頻道（Broadcast Channels）和寬頻網際網路（Broadband Internet）、兼顧傳輸效率與資訊多元性，並讓廣播電視節目和網際網路資訊可以無縫融合的新興服務終端平台。所接取的寬頻網路，可以是開放式的網際網路（Internet），也可以是IPTV封閉式Walled Garden的架構。廣播訊號來源，包括數位電視（DVB-T、DVB-C、DVB-S）的影音直播串流，以及電視台提供的節目資訊與各種應用資料；網際網路端則有IPTV或OTT（Over-The-Top，將於後小節作說明）服務的影音內容、多媒體隨選（Multimedia on Demand, MOD）、YouTube影片、Facebook社群，以及各種網頁與資料庫等。將網際網路引入傳統電視收視環境，並進一步融合，讓原本傳統僅提供電視頻道的電視機，可以做更多元的應用設計。

三、OTT網路視訊服務

　　OTT是「over-the-top」的縮寫，一般而言，OTT TV是指通過開放式網際網路，來傳送視訊及相關應用的融合服務。不同於IPTV，OTT TV將內容的提供，與傳輸網路，分屬不同業者，其服務品質較難由其中之一方作控管與保證。至於OTT TV的終端，則可以是一般的電腦或是智慧聯網電視機。為完善的配合內容提供者的各式服務，亦可由服務業者來提供終端設備，通常是一專屬的機上盒（Set-Top-Box, STB）。近年來由於智慧型聯網電視機Smart TV功能有長足的進步，專屬的機上盒所需提供的服務功能，已可直接由聯網電視機上的應用軟體來達成。類似智慧手機上的軟體商城（如App Store）機制，也在智慧型聯網電視機Smart TV上於焉產生。

OTT TV通過IP技術，將視訊與服務在網路上傳送，也解決了互動點播、多屏收視、跨網服務等問題，有效引入了網際網路上的新興媒體文化。促成網路影音新興服務大幅成長，很重要的推動力量則來自社群網路，以及內容擁有者或內容整合者建構的影片擷取網站。

在OTT的定義中，最主要的新觀點在於，它相當程度地開放了，被電信商IPTV稱做「高牆內的花園」（Walled Garden）的封閉式網路架構。在如此的開放架構中，OTT服務商需在未受到QoS保證與IP管理環境的開放網路上，以機上盒或聯網電視機來提供影音服務。OTT現階段可分為三種使用模式：

第一種為透過專屬的終端設備，例如：STB、Game Console或Media Player來提供OTT服務，例如Apple TV、VUDU與Xbox One。

第二種是藉由網路視訊服務（Internet TV），在一般市售的智慧型聯網電視機Smart TV上提供的OTT服務，例如台灣的LiTV與日本的acTVila，均與當地市場上家電品牌的新一代Smart TV機型，合作TV Portal服務，也提供第三方的OTT內容上架，作開放式的OTT TV服務。

第三種則為整合廣播電視與VOD服務的Hybrid OTT模式，OTT服務商提供少量的地面廣播或有線電視頻道，再搭配加上VOD服務，例如Netgem。

以上的OTT網路視訊服務模式，皆是以提供隨選視訊VOD服務為主，用戶連上網路（進入Portal或者Web Store後），服務需求的訊息進入業者的後端機房；所選取內容與應用，則經由內容伺服器的數位版權管理機制（Digital Rights Management, DRM）處理後，透過第三方的網路，傳送給用戶終端。而用戶在家中除了利用機上盒或智慧型聯網電視機Smart TV收看影片外，亦可透過家庭網路轉送，進行多台或多房間的收視與應用；此外，在DLNA[5]逐漸普及下，STB、Game Console、Media Player或其他有DLNA聯網機制的消費性電子產品，均可互相分享影音內容。

在美國市場由於各種付費與免費內容豐富多元，OTT市場最為熱絡

成熟，而歐洲與亞洲的OTT服務，則相對處於方興未艾的醞釀階段。觀察發展最熱絡的美國市場，2006-2010年間陸續成立的影音網站入口，包括YouTube、Facebook、Hulu以及Myspace等網站，提供包括用戶上傳的個人影音與訊息，以及多家內容業者影音短片。由於瀏覽與操作方便加上費用幾乎免費的特性，各吸引了龐大的註冊用戶，也讓這些社群網站身價暴漲，陸續受到知名大廠如Google與News Corporation的整併。除上述業者外，也有更多傳統內容供應商想嘗試此類新興的服務模式，帶動線上影音市場高質感化；後續也有更多的新創業者陸續加入，OTT影音市場將呈現快速擴展的態勢。

四、由新媒體到新興媒體服務發展案例

由新媒體到新興媒體的發展過程，已逐漸脫離了傳統媒體的分業藩籬，藉著網路的相互聯結，而趨向於提供複合或整合式服務。在這些複合或整合式服務的產業鏈中，任一參與業者，都有機會成為其服務發展的主導者。以下我們以幾個較知名且不同產業的新媒體與新興媒體服務發展案例，作個案分析報告。

(一)美國有線電視業者Comcast推出Xfinity服務

Comcast為美國最大的有線電視業者，也是第二大網際網路服務供應商，另提供網路電話（IP Phone）等通訊服務，亦是第四大電話業務供應商。擁有2,460萬有線電視用戶、1,700萬寬頻網路用戶及860萬網路電話用戶。

但隨著科技數位化、網路影音逐漸崛起，越來越多消費者改以電腦、手機或遊戲機透過寬頻網路收看免費影音內容，導致有線電視收視戶有減少的趨勢。為掌握上游內容來源、補足內容製作不足之處，Comcast在2009年12月初，進行購買NBC Universal 51%的股份，欲正式跨足無線

廣播電視、有線電視頻道與電影製片等事業，此案在2011年1月，正式獲得美國FCC與司法部的核准。

NBC Universal旗下有無線電視廣播網、26個地方電視台、有線電視頻道、製片公司、兩座主題樂園，以及網路影音平台Hulu等媒體產業。此媒體併購案讓Comcast橫跨無線電視、有線電視與寬頻網路通路，更掌握了上游節目、電影以及網路影音內容，成為媒體與娛樂界的巨型集團。

Comcast所推出之聯網電視應用服務，名為Xfinity TV服務，之前名為TV Everywhere，是美國有線電視產業中最大規模的網絡電視計畫。該服務的註冊用戶，可藉由Xfinity應用程式，在電視、平板電腦或行動裝置上，觀賞Xfinity TV之內容。Xfinity並提供互動式電子頻道節目表（Electronic Program Guide, EPG）方便用戶查詢節目內容資訊。此服務亦導入「家庭智慧軟體管理平台」（iControl Openhome Software Platform），能整合寬頻服務業者、家庭保全系統與電力公司，讓用戶透過遠端設備，操作包括互動式家庭保全服務（Interactive Home Security）、能源管理（Energy Management）與居家健康照護（Home Health Care）等智慧化家庭服務。

即使在數位匯流趨勢中逐漸流失客源，但身為全球有線電視龍頭，Comcast仍不斷積極拓展其業務範疇、發展創新應用服務以保住龍頭地位。由Comcast的成功發展策略可知，向上整合內容製作產業、跨終端平台服務以及數位家庭應用服務，亦將成為未來全球媒體之走向。

(二)美國電信業者Verizon推出FiOS TV服務

不同於有線電視業者出身的Comcast，Verizon是美國第二大電信服務業者，主要業務為行動通訊、固網及IPTV。Verizon FiOS TV服務是採用IPTV技術，以內建連網功能的FiOS TV機上盒，透過Verizon的寬頻網路，讓用戶收看隨選視訊節目並享受網路資訊服務。

Verizon亦跟隨著Comcast的腳步，於2011年10月推出「家庭智慧監控

與能源管理服務」（Home Monitoring and Control），以FiOS寬頻網路服務為基礎，結合電腦與智慧手機Apps「My FiOS」，讓用戶得以藉由電腦網路或手機上網，做遠端操作管理或執行家長監控功能，享受跨平台媒體服務、多螢一雲的使用情境。

(三)日本acTVila聯網電視入口網站

隨著日本寬頻網路普及率逐漸增加，醞釀出日本聯網電視服務之發展環境。2006年7月，日本的主要電視製造廠商Panasonic、Hitachi、Sony、SCN（Sony Communication Network）、Toshiba和Sharp等六家廠商共同成立數位電視入口服務公司「TVPS」（TV Portal Service Inc.），專門生產內建聯網功能的電視機種。TVPS於2007年2月推出聯網電視入口網站「acTVila」，主要針對具備上網功能的數位電視，提供一個簡單、安全、方便的影音傳輸平台。累積至2010年底，市面上約有203種數位電視機種支援acTVila，電視用戶亦已達250萬。

一般6 Mbps的連線用戶，acTVila提供的基本服務內容主要分為「acTVila Basic」與「acTVila Video」兩種。「acTVila Basic」提供氣象、股市、新聞、遊戲、電視購物等生活資訊，而「acTVila Video」則提供隨選視訊服務，用戶可透過「acTVila Video」收看電影、戲劇、新聞、綜藝節目、卡通等節目，影片數量有32,000部。當連線頻寬達12 Mbps時，用戶則可再加上「acTVila Video-Full」、「acTVila Video-Download Rental」及「acTVila Video-Download Sale」三種服務方式。

acTVila的特點是由各家終端電視廠商共同建立「硬體標準」，希望透過產業結合以追求市場規模；並且整合多樣化資訊服務與隨選視訊影音，以滿足不同市場的各種需求。惟在內容方面，目前acTVila仍缺乏傳統電視節目內容業者的參與，因此發展速度較緩慢。

(四)美國蘋果公司推出Apple TV

美國蘋果公司推出的Apple TV，是一類似機上盒形式的數位多媒體播放器，於2006年9月初次亮相，並在2010年9月推出第二代Apple TV。與iPhone、iPad、iPod等其他蘋果公司產品一樣，第二代Apple TV係採用iOS作業系統，能透過iTunes Store提供線上電影、電視節目、音樂等內容租借服務，電腦或各種移動裝置中的多媒體內容，亦可透過寬頻網路串流至高畫質電視上播放。

蘋果在2012年3月推出第三代Apple TV，操作方式則更接近現行iOS介面，亦可跟iCloud服務連動，並且可直接於Apple TV上購買或租賃影片與節目，影像輸出更從原本的720p升級至1,080p高畫質解析度。在內容方面，除了原本已提供的iTunes Store內容服務、YouTube及Netflix的網路影音外，第三代Apple TV更支援各類運動賽事之Live實況轉播，如NBA、MLB等，皆可在Apple TV上供用戶觀賞。使用者透過電視即可享受高畫質節目，不必再使用電腦螢幕觀看。

類似Sony主導的DLNA，AirPlay是蘋果開發的一種無線傳輸分享技術，可以透過WiFi，將iPhone、iPad、iPod Touch等iOS裝置上的影音多媒體，包括圖片、音樂、視訊等傳送到支持AirPlay的Apple TV上。除了蘋果iOS裝置外，也有越來越多的家電設備，能支持AirPlay而與Apple TV分享媒體資源。

(五)美國搜尋引擎Google推出Google TV

為搶食電視廣告市場龐大的商機，網路搜尋引擎龍頭Google，於2010年5月正式推出Google TV服務，使其多螢一雲的版圖更臻完備。Google TV搭載Android作業系統，整合電視節目與電腦的網路內容，支援自選影像、寬頻網路與傳統電視訊號，並能執行Google Chrome瀏覽器，使用者可透過Google強大的搜尋引擎功能在電視上搜尋來自電視與網路的相關內容。

　　Google TV計畫經由與Intel、Sony、羅技（Logitech）等廠商的合作開發，使Android得以內建在一般聯網電視機內，或成為透過機上盒使用的作業系統。憑藉其擁有Android作業系統、Chrome瀏覽器的強大搜尋功能，及其豐富網路影音的YouTube平台等優勢，Google逐步進入電視產業，希望將現行Android手機成功的商業模式複製至電視平台上。

　　Google在2010年10月公布第一波內容供應商合作夥伴，包括Netflix、Amazon VOD、HBO、YouTube、Pandora、NBA等內容業者。然而，美國四大廣播電視網ABC、NBC、CBS與Fox，卻將Google TV拒於門外，拒絕提供自家節目與影集內容在Google TV平台上播出。原因在於Google主要營收來源為廣告收入，消費者在Google TV平台觀賞任何網路影音內容不需支付任何費用，因此若消費者可透過Google TV直接免費觀看傳統電視節目內容，有線電視系統業者之客戶將會流失，電視台的節目廣告營收亦會被Google瓜分，傳統電視市場將受到嚴重衝擊。

　　除了缺乏傳統頻道節目內容，使用界面設計過於電腦化致使操作方式不夠便利，不符合電視收視習慣，以及搜尋效果不如預期等的使用者評論，解釋了Google TV為何初期在市場的銷量不如預期。主要合作夥伴Logitech、Intel等，亦先後宣布退出，但Google仍堅持努力做產品改良。Google在2012年消費性電子展（CES）展示第二代Google TV，對使用介面、搜尋功能、YouTube、應用程式四個重點做了改善，並宣布聯發科技（MediaTek）、瑞軒科技（Vizio）、Samsung及LG均加入Google TV的合作夥伴，彌補硬體合作廠商的空缺。

　　目前Google TV在美國地區的發展，仍受限於多數電視媒體對Google TV的營運與獲利模式有所疑慮，進而將節目內容予以封鎖阻斷Google TV使用。為補足內容吸引消費者使用，Google自2011年開始與各大影音內容供應商洽談，取得索尼影視娛樂（Sony Pictures Entertainment）、華納兄弟（Warner Brothers）、環球（Universal）等好萊塢製片商，以及Lions Gate、Kino Lorber等獨立製片商的授權合約，於Google TV提供電視租賃

服務，另投入1億美元製作將近一百個原創節目。

　　短期來看，第二代Google TV所帶給市場的衝擊還不會立即顯現，而Google除了與電影發行商合作外，仍需思考如何與傳統電視頻道業者建立合作關係，取得更多的影音內容，才能吸引更多消費者，進而有效提升Google TV銷售數量。但這個進展並不順遂，Google也於2013年底逐步淡出以Google TV為名的服務，但仍持續推動將Android導入智慧聯網電視終端。新的名稱仍未定，但合作夥伴們則多以「Android TV」或「Google services for TV」稱之。

　　Apple TV的熱銷，讓蘋果公司算是成功地搶進聯網電視市場；但相較於同時期推出的Google TV情況就沒那麼樂觀，市場反應不如預期讓Google TV的銷售狀況不佳，Google甚至要求合作夥伴暫緩推出相關應用產品。咎其原因在於聯網電視市場的勝出關鍵，仍為觀眾習以為常的電視節目內容。Google TV雖結合社群網站和豐富的線上影音資源，但被美國四大廣播電視業者連鎖封殺。相對而言，Apple TV則提供四十多萬個電視節目與十五萬多個線上影片，可見在電視上所習慣看到的節目與內容，仍然是消費者選擇的最大關鍵。

(六)美國Netflix隨選視訊服務業者

　　Netflix成立於1998年，原本經營傳統DVD影碟出租業務，以郵寄方式將DVD送至用戶家中；後隨著頻寬的逐漸普及與順暢，於2007年轉型成為線上視訊服務下載平台，在美國、加拿大、英國、愛爾蘭等地提供隨選視訊服務，用戶每個月支付約10美元的固定費用，即可無限制時數地觀看所有線上串流影片。另外，Netflix還提供一個月的免費體驗服務，藉此吸引非會員的加入，得以快速累積客戶數量。

　　有別於其他DVD租片業者大多主打強檔新片吸引消費者租看，Netflix以提供經典老片為吸引消費者租看之賣點，內容以電影與電視影集為主，種類廣泛且數量龐大，影片資料庫超過十萬部。在轉型為線上視訊服

務下載平台後，Netflix更積極地與內容業者進行協商，增加自家影片資料庫並取得獨家線上影片串流權利。Netflix目前已成為唯一一家擁有ABC、NBC、CBS及Fox四大廣播電視台頻道串流權的線上視訊服務下載平台，並向Paramount、Lions Gate等電影製作發行公司取得大量的獨家線上影音串流權。Netflix如此積極擴充影片資料庫，目的是希望提供與其他業者不同的差異化服務予消費者，以在競爭越來越劇烈的視訊市場中嶄露頭角。

除了提供豐富的影片資料庫外，為增加每部影片的租閱次數以及維持Netflix服務對用戶的吸引力，Netflix於其視訊服務下載平台之服務界面也投入相當大的努力。在租片服務界面上，Netflix提供每部影片的相關資訊與預告片，讓用戶方便選擇影片來觀賞。與其使用專業的影評資訊，Netflix另推行「用戶評分機制」，鼓勵用戶對觀看過的影片給予評分，在眾多用戶參與評分下，能供其他用戶作為選擇影片的參考指標。Netflix也開發了推薦影片引擎「Cinematch」，此引擎能依據用戶的評分標準預測各用戶所喜愛的影片類型，並向用戶推薦其尚未觀看但可能有興趣的影片觀賞。這些網路上的Web 2.0式服務概念，使Netflix得以在更節省成本的機制下，達成更貼近用戶的服務。

在2007年推出線上視訊下載服務時，用戶僅能使用家中電腦作為Netflix的觀賞設備。但Netflix為使用戶在觀看影片時能不受限於電腦螢幕，亦積極與各終端設備廠商合作，於2008年5月與Roku合作推出第一台Netflix專屬機上盒，用戶得以透過機上盒在電視上欣賞影片。目前支援Netflix服務的終端設備除了機上盒外，亦有Xbox 360、PS3、Wii等第三方硬體裝置、iOS或Android系統的智慧型手機與平板電腦，以及Apple TV、Google TV等超過700種終端設備，使用戶可無限制地在多種設備上觀看網路串流（Streaming）電影與影集。

推究Netflix得以快速成長，原因在於Netflix打破傳統DVD租片以片計價的商業模式，推出月租吃到飽費率，用戶每月繳交固定費用即可無上限

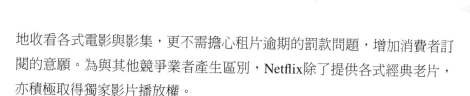

地收看各式電影與影集,更不需擔心租片逾期的罰款問題,增加消費者訂閱的意願。為與其他競爭業者產生區別,Netflix除了提供各式經典老片,亦積極取得獨家影片播放權。

實體DVD改為線上串流服務之間的替換效應,不僅改變Netflix的商業模式,更有機會與使用者建立新的關係。例如原先使用者,為租用DVD,平均一個星期去一次網站選片;現在則變成每隔一兩天就去,因為線上串流,能讓使用者每次上Netflix網站,即可獲得選擇後的立即滿足的體驗,不用像以前需有遞送到家的等待時間區隔。除了增加到訪率之外,使用者每次造訪Netflix的停留時間,也會因在線瀏覽觀賞影片之故而越來越長。未來Netflix不僅是網路漫遊的中繼站,而且是目的地,一個會一次花許多時間停留的網站。

另外藉由用戶評分機制與Cinematch推薦引擎,增加用戶間的互動,並藉以維持用戶對Netflix服務的興趣。未來會有越來越多業者透過寬頻網路傳送影片供用戶觀賞,線上影音市場將會越來越競爭,在內容重疊性高的狀況下,Netflix勢必繼續加大其差異化的服務,以吸引消費者支持。

結語——期待跨媒體概念的新興串媒體應用與製作

本章由技術觀點,綜覽了國際數位電視與新媒體平台的發展與市場趨勢。我國目前數位電視的建置,是源自歐洲的DVB系統,當然也就承繼了歐洲的數位匯流精神。一路上,我們也經歷了歐洲DVB發展的三個階段:數位電視的基礎建設、與網際網路匯流的數位電視內容發展,以及最近正進行中的第三個階段,即以消費者為中心的數位電視網路化新媒體平台發展階段。

在這個階段的發展中,數位電視將因網路化,形成新的媒體經營模式,較成熟的是寬頻網路電視IPTV。台灣的IPTV營運,是以中華電信的

MOD為代表。MOD歷經了十多年的轉折，初期由廣電法所獲得的有線電視執照，是線性頻道式的業務模式。後因有線電視業者的抵制，轉而以電信法，取得寬頻網路電視執照，經營網路傳輸服務，但其上的IPTV業務推展，仍然遲緩。近年來則由於聯網電視智慧終端的普及，與寬頻網路建置的便捷與順暢，新興媒體的應用服務正方興未艾，MOD的業務模式，也逐步由IPTV朝向OTT TV的方向發展。

相較於MOD，台灣的有線電視數位化進度，一直非常緩慢，主要是有線的數位經營模式，仍有待建立。也是由於聯網電視新興媒體的環境，漸趨成熟，有線電視業者，也在思維是否直接引入網路化的經營模式，逐步朝向OTT TV方向發展。

然而，聯網電視仍需由家庭市場出發，由Google的經驗可知，成功的最大關鍵仍在多元豐富的影音內容，因為越能滿足消費者各種影音內容需求的平台，才越能獲得消費者的青睞。另外，高畫質數位影音內容的傳輸，必須仰賴高品質、高速率的寬頻網路環境，因此寬頻網路的建置與升級，亦是發展聯網電視服務的重要因素。再者，如何藉行銷手法，引導消費者利用電視上的網路平台，進行網路影音收視，以及使用如氣象查詢、網路訂票、社群分享等其他各式應用服務，亦成為業者必須重視的課題。若能改變消費者的收視與使用習慣，才有更多誘因吸引消費者使用聯網電視服務。

最後，由各國主要業者之發展經驗可發現，不論是有線電視系統業者Comcast、線上視訊服務下載平台Netflix，或是終端暨內容集成平台的蘋果公司，目前皆自行研發或是與終端廠商合作，往「跨通路」、「跨平台」及「跨終端」服務發展，讓消費者得以藉由各式載具收看與享受各種影音內容與服務。

除了這些大型媒體、網路、終端業者之外，使用者也因新科技與網路文化的影響，對新興媒體服務有不同的期待。這些期待中的，較為前瞻的電視功能，也有不少團隊正在研究發展中，例如：個性化電視

（Personal TV）、在地化服務（Location Based Services）、第二螢應用（2nd-Screen Applications）、社群電視（Social TV）、參與及沉浸式電視（Participation and Immersive TV）等等。

　　近幾年國際上也在興起一種跨媒體、跨系統、跨網路，乃至跨國度、跨文化的「串媒體」（Transmedia）製作模式（Jenkins, 2006）。其概念是藉著新科技與網路的便捷，提供一個虛實交替的媒體製播環境，並能貼近閱聽使用者的生活文化，強調媒體與觀眾能打成一片（Engagement）的特質。晚近國際上的串媒體製作很多，但大多是在歐洲與美洲的影視製作。較知名的有2010年在英國的社群慈善劇《為善共謀》（*Conspiracy for Good*），以及2012年橫跨歐洲七國的觀眾行動劇《螺旋》（*The Spiral*）等。期待似此類能貼近閱聽使用者生活文化的新興串媒體製作，也能早日在我們周遭出現！

數位電視與新媒體平台
之政策與發展策略

32

註　釋

[1] 根據Graham Mills 2004於DVB Commercial Module所作DVB 3.0說明。

[2] WorldDAB已於2006年10月更名為WorldDMB，並持續維護DAB與DMB相關技術規範。

[3] 多載波技術源自北京清華團隊發展之DMB-T標準，也類同於多載波的DVB-T之COFDM技術。

[4] 單載波技術源自上海交大團隊發展之ADTB-T標準，也類同於單載波的ATSC之8VSB技術。

[5] DLNA（http://www.dlna.org/）原本是一個聯盟的縮寫，原文是Digital Living Network Alliance，後被用來作為該聯盟所發展之網路協定的名稱。DLNA是因應現代網路應用科技漸趨普及，而衍生出來的一種全新協定與應用方式，透過有線或無線網路的方式，將家中的電視、多媒體播放器、手機、電腦、平板電腦、網路附加儲存器（NAS）等等相關裝置，得以串接在一起，讓影片、相片、音樂的媒體分享操作，更加便利與直覺。

 參考書目

中國國家標準化管理委員會（2006）。《數字電視地面廣播傳輸系統幀結構、信道編碼和調制》。中國人民共和國國家質量監督檢驗檢疫總局。

DiBEG (2007). ISDB-T report. Retrieved from http://www.dibeg.org/techp/feature/features_of_isdb-t.html

European-Union (2010). *Audiovisual Media Services Directive*. European Parliament.

ITU-Academy (n.d.). What is IPTV? http://academy.itu.int/index.php/topics/item/328-iptv

Jenkins, H. (2006). *Convergence Culture: Where Old and New Media Collide*. NYU Press.

Kozamernik, F. (2009). *Hybrid Broadcast Broadband TV-EBU Requirements*. EBU Technical.

Kozamernik, F. (2009, September). Home alone? HBB television & family life. *DVB-Scene Edition 31*, p. 9.

Mills, G. (2003). *DVB 2.0 White Paper*. DVB Commercial Module.

Mills, G. (2003, March). DVB 2.0 making progress. *DVB-Scene Edition 05*, p. 6.

Mills, G., Reimers U. (2004). *DVB 3.0-Our Road to the Future*. DVB Commercial Module.

Mills, G. (2004, December). The next phase DVB 3.0. *DVB-Scene Edition 12*, p. 4.

WorldDAB (2006). www.worlddab.org.

Chapter 2

美國數位電視與
新媒體平台

谷玲玲　國立台灣大學新聞研究所副教授
戴豪君　財團法人資訊工業策進會資訊長

美國家庭戶數與電視戶數相關基本資料

總人口數	317百萬人（2013年12月）
總家戶數	117百萬戶（2012年9月）
國內生產毛額（名目GDP）	17.1兆美元（2013年12月）
電視家庭戶數	115.6百萬戶（2013年）
寬頻普及率	家戶寬頻普及率為70.2%（2013年6月）
直播衛星電視訂戶數	3,410萬戶（2012年12月）
類比有線電視訂戶數	1,130萬戶（2012年12月）
數位有線電視訂戶數	4,510萬戶（2012年12月）
IPTV訂戶數	990萬戶（2012年12月）
OTT TV使用人數	超過3,200萬戶（2012年12月）

資料來源：Statista, Population Reference Bureau, Federal Reserve Bank of St. Louis, Nielsen, TNW, SNL Kagan, IDC.

 前　言

　　美國聯邦政府大力推廣數位電視，積極建設、整合相關軟硬體，於2009年6月13日全面停止發送類比電視訊號，正式宣告全面走入數位電視時代。美國政府透過寬頻政策，確定家戶以合理費用獲取寬頻服務；更重要的是，透過各種機制，以有效運用無線電視頻譜。在鼓勵家戶數位轉換方面，美國採取補貼策略，並訂定關閉類比頻道時程。這些政策皆有助於數位轉換，也提供我國數位轉換諸多思考面向。

　　在多頻道視訊（Multichannel Video）市場方面，有線電視市占率持續下降，而直播衛星及IPTV市占率卻持續成長。美國在鼓勵有線電視數位化的作法是引進其他視訊技術平台，創造競爭。此舉不僅推動有線電視數位化進程，也促使有線電視提供IPTV服務。相較我國多通路視訊市場仍由有線電視獨霸，數位化進程遲緩，美國如何掌握關鍵議題，並規劃推動策略，值得我國參考。

　　相較於我國行動電視呈停擺狀態，美國早期行動電視發展也不如預期。新一代數位行動電視電視技術促使地方電視台結盟，推出新型行動電視服務。行動電視是否仍有發展前景，其發展關鍵因素為何，皆有助於我國檢討行動電視相關政策。

　　此外，美國新媒體平台蓬勃發展，雖然不是每個嘗試皆獲得消費者青睞，多樣的內容服務讓消費者有更多的選擇，頗值得國內業者省思。本章首先說明美國數位電視及新媒體平台發展現況，再分析相關政策法令及關鍵議題，繼之深入討論各項推動策略，最後對照我國數位電視及新媒體平台發展，提出作者之觀點。

 ## 第一節　美國數位電視與新媒體平台發展與現狀

一、數位無線電視

　　美國國會在2005年通過數位電視轉換與公共安全法（Digital Television Transition and Public Safety Act of 2005），明定於2009年2月全功率無線電視應完全數位化。同時，美國國家電信暨資訊管理局（National Telecommunications and Information Administration, NTIA）推出電視轉換盒折價券計畫，補貼全美每戶40美元購買數位機上盒或汰換類比電視為數位電視。不過，當發現轉換進度有所落後，美國國會在2009年2月一併通過了2009年數位電視延遲法（Digital TV Delay Act of 2009）與2009年美國復甦與再投資法（American Recovery and Reinvestment Act of 2009），將類比頻道停播日延至同年6月，並再挹注資金補貼數位機上盒。至於低功率無線電視，則預計於2015年完成數位轉換。

二、數位有線電視

　　美國多頻道視訊市場呈穩定成長，根據SNL Kagan（2013）調查，截至2012年底，總訂戶達1億零40萬戶。其中有線電視戶數5,640萬戶（56.4%），仍為最大宗，但呈逐年下滑趨勢，比2011年底減少160萬訂戶；與2009年底相較，訂戶減少570萬之多。四年來，有線電視市占率下滑超過7%。有線電視數位化比例達80%，兩大業者Time Warner及Comcast占據50%以上市場（**圖2-1**）。

　　相反地，直播衛星訂戶則呈穩定成長，2012年底達3,410萬戶，比2011年底增加20萬；比2009年底增加140萬。另外，IPTV 2008年底訂戶僅310萬，在2009至2010兩年間快速成長，訂戶增加一倍多，約690萬戶；2011及2012年訂戶成長速度趨緩，但仍舊增加300萬訂戶至990萬戶。以其多通路視訊市場之市占率仍未超過10%推估，未來仍有相當成長空間

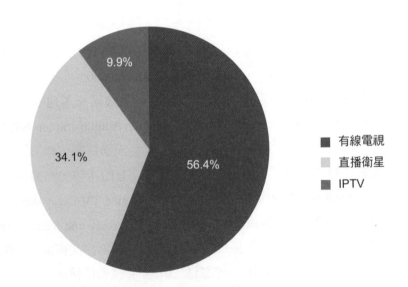

圖2-1　2012年美國多通路視訊服務用戶市場

資料來源：SNL Kagan (2013).

（SNL Kagan, 2013）。

美國有線電視自1980年代快速發展以來，有線電視多系統經營者（Multiple System Operator, MSO）透過高度水平集中與垂直整合，形成地區獨占、諸多反競爭行為、費率高居不下等不良後果（江耀國，2003）。自1992年以降，美國國會便通過系列法律與實施管制，企圖透過結構管制與行為管制雙管齊下，遏止有線電視市場亂象，並引進其他視訊技術平台，創造競爭。上述統計資料顯示，政策具顯著成效。此外，由於新興內容平台蓬勃發展，提供消費者更多且價廉的選擇，促使消費者退訂有線電視，形成「剪線運動」（Perez, 2012, February 9）。

關於有線電視數位化進程，根據International Data Corporation（IDC）的調查與評估，有線電視產業2011年第一季數位化程度為76.5%，其中，MSO龍頭Comcast之數位化比例為88%，而第五大MSO Cablevision更高達94%。其餘中小型有線電視業者數位化程度則較低，約在56.8%之譜（Ireland, 2011）。此數據顯示，有線電視數位化需要投入龐大資金，因此數位化系統布建能力和速度與MSO規模似成正相關。

三、IPTV

IPTV主要用戶來自於兩大電信業者AT&T與Verizon，其中以Verizon的用戶數量最多。Verizon的服務為FiOS TV，其策略以多HDTV頻道為訴求，強調Multi-Room的影音傳送與分享服務，除了提供韓、俄、中、法等多國語言的國際電視頻道，以及免費Widgets互動式服務等，還包括用戶交通資訊與天氣、Home Media DVR等；至於美國另一家IPTV業者——AT&T，則提供U-verse服務。兩家業者截至2012年底訂戶數超過920萬戶（Alvear, 2013, March）。

四、Mobile TV

行動數位電視具備一對多廣播特質，不同於多數電信業者採用P2P方式占用大量頻寬，被視為解決過多消費者使用電信網路占用頻寬的方案之一。MobiTV成立於1999年，自2003年開始推出行動電視（包括實況轉播、隨選視訊及下載內容供離線觀賞的內容）。據統計，MobiTV訂戶至2010年已超過1,000萬戶（Walsh, 2010, October 5）。

過去五年中值得一提的發展當為MediaFLO（Media Forward Link Only），是高通（Qualcomm FLO TV）針對行動業者開發的行動多媒體專用廣播系統。2007年Verizon推出使用MediaFLO技術的「VCAST TV」服務；隔年，AT&T推出MediaFLO服務；而高通也於2009年推出口袋型電視販售。可惜MediaFLO引不起消費者興趣，高通於2010年底宣布終止該服務（Walsh, 2010, October 5）。

即使如此，觀察家指出，業者並未因此洩氣，正積極推出兩種新的行動電視技術：一是evolved Multimedia Broadcast Multicast Service（eMBMS），高通將興趣移轉至LTE廣播，全球許多LTE業者也在考慮是否採用eMBMS技術。另一個新技術是美國進階電視標準委員會（Advanced Television Systems Committee, ATSC）於2009年推出的新一代行動數位電視（Mobile DTV）標準（Parker, 2012, August 15）。有兩個於2010年成立的電視業者集團採用此標準，一是由包括Fox、NBC、ION等電視網及Pearl Mobile DTV組成的MCV（Mobile Content Venture），利用自家的頻譜於2012年推出名為Dyle的內容服務；另一是由50家電視業者總共437個電視台組成的電視集團Mobile500 Alliance，涵蓋全美94%電視收視群。

五、新興媒體平台

近年引發消費者關注的新興媒體平台包括智慧電視及OTT（Over-

The-Top）。智慧電視（Smart TV）也稱為連網電視機（Connected TV）或複合式的聯網電視（Hybrid TV），通常是指內建網路功能的電視機或是提供電腦及上網功能的機上盒，能夠提供傳統電視頻道、隨選視訊、OTT內容、遊戲、社交網絡及其他多媒體功能。據《洛杉磯時報》報導，2012年美國有2,500萬家戶擁有內建網路的電視機，但只有半數利用電視機上網。預估至2016年，北美及西歐擁有內建網路電視機的家戶將達1億戶（100 million TVs, 2012, March 20）。Google TV、Apple TV及Roku等是較具市場規模的智慧型電視機上盒。OTT內容是指不透過網路服務供應商所提供的寬頻影音內容。消費者可以利用上網設備，如電腦、智慧型手機、機上盒、智慧型電視、遊戲機等取得OTT內容。消費者較熟知的OTT服務包括Netflix及Hulu。

 第二節　美國數位電視與新媒體平台政策法規

一、政策討論

前揭2009年美國復甦與再投資法除了投入更多資金致力於無線電視數位轉換外，亦同時要求聯邦通訊委員會（Federal Communications Commission, FCC）提出國家寬頻提升計畫。FCC於2010年3月公布預計歷時十年的「國家寬頻計畫」（National Broadband Plan, NBP）（FCC, 2010, March 15），希冀透過建立高速寬頻網路，重塑美國媒體與科技優先順序的概念（吳兆琰，2010）。NBP的首要目標有二：

1.於2015年提供1億家戶可負擔、實際速率50 Mbps/20 Mbps之寬頻接取服務。至2020年，提供1億家戶可負擔、實際速率100 Mbps/50 Mbps之寬頻接取服務。

2.於2015年之前釋出300 MHz之頻譜、2020年之前釋出500 MHz之頻

譜，供新興無線技術以需照或免照之方式利用，以確保美國科技產業在行動創新、無線通訊領域保持領先地位（吳兆琰，2010）。

根據NBP的建議，在2015年之前，先以壓縮分配無線電視頻譜、與自願性繳回或自願性分享無線電視6 MHz頻譜之方式，回收共120 MHz之頻譜。NBP建議透過下述三種方式達成此目標：

1.建立誘因拍賣機制（Incentive Auction），將拍得價金部分回饋既有持照人，創造誘因，以鼓勵無線電視頻譜持照人自願繳回部分或全部頻譜使用權。

2.更新無線電視服務區域與遠距隔離（Distance Separation）之技術規範，透過減少無線電視台之訊號涵蓋距離而不增加干擾，更有效率地壓縮既有的6 MHz頻道到較少的頻道，進而釋出更多的頻譜。

3.建立允許複數無線電視台自願性分享一個6 MHz頻道之無線電視頻譜執照制度：當前的技術已允許一個6 MHz的無線電視頻道容納複數SD或HD頻道，因此，透過保障各頻道之必載權利與確保市場機制可以回收更多頻譜（FCC, 2010, March 15）。

此外，NBP也指出，儘管更廣泛、更健全之無線寬頻服務之利益，相較於無線電視頻譜重分配之衝擊來得更重要，但在透過上開措施回收頻譜時，應審慎評估對無線電視業者之衝擊成本，且對於消費者之影響應減至最小（FCC, 2010, March 15）。

有線電視方面，為了使有線電視訂戶順利轉換數位電視，FCC採取Plug-and-Play原則，使大部分有線電視系統與數位電視機相容，用戶只要將數位電視機連接有線電視，便可直接接收數位訊號，毋須再加裝機上盒（FCC, 2009, February 8）。

對於行動電視業務，則採低度規範，主要依照聯邦法規第四十七篇電信規範，第一章電信主管機關FCC其職權，依據第二十七部分其他無線

通訊服務之規範（Miscellaneous Wireless Communications Services），於2003-2004年間，以技術中立方式，拍賣UHF數位紅利頻譜（UHF Digital Dividend Spectrum）中的700 MHz，允許業者以任何方式與技術提供服務。高通在取得全國性700 MHz頻譜以後，與Verizon及AT&T於2007年開始相繼合作推出行動電視服務，將行動多媒體視訊傳送給無線行動裝置。

二、法令規章

美國國會先後通過1992年有線電視消費者保護及競爭法（Cable Television Consumer Protection & Competition Act of 1992）與1996年電信法（Telecommunications Act of 1996），兩者皆修正1934年通訊傳播法（Communications Act of 1934），構築了1990年代以來美國通訊傳播政策的基調。1992年有線法之通過，與1984年有線傳播政策法（Cable Communications Policy Act of 1984）共同組成有線電視之產業管制法。由於1992年有線法之立法目的本在限制過度發展之有線電視產業，因此建立許多比1984年有線傳播政策法更嚴格的規範，包括特許管制、費率管制、必載規範、水平結合限制、垂直整合限制、節目取得規則（王牧寰，2011a）、節目載送規則（王牧寰，2011b）、商業頻道空間租賃及公共公益頻道等。1996年電信法的修正重心則是跨業競爭，廢除電信業者跨業經營之限制，冀希藉由導入其他媒體或公用事業之外部競爭，促進多頻道視訊節目播送（Multichannel Video Programming Distribution, MVPD）市場之競爭（江耀國，2003）。

 ## 第三節　美國數位電視與新媒體平台關鍵議題

一、整體關鍵議題

　　1992年有線法課予有線電視業者轉播當地無線電視台訊號之必載義務。該法將無線電視台區分為非商業與商業無線電視台，規定有線電視業者必須無條件轉播當地非商業電視台的節目訊號給訂戶，不得收取任何轉播補貼，且內容應與無線電台之播出一致，而商業無線電視台則有選擇權，可選擇適用必載或「再傳輸同意」。所謂再傳輸同意，係指有線電視業者必須取得商業無線電視台之同意，始可播送其節目訊號，亦即賦予商業電視台與有線電視業者議價空間。此外，再傳輸同意相關規範亦準用於開放式視訊系統業者（Open Video System, OVS）與直播衛星業者。

　　FCC於2007年考量到即將到來的無線電視數位轉換，因此發布了過渡性的必載規則。由於當時美國仍有相當多的訂戶僅訂閱全類比的有線電視服務，為了保障此類訂戶收看數位無線電視頻道的權利，FCC要求有線電視業者以兩種方式必載數位無線電視訊號：

1. 將數位無線電視訊號轉換為類比訊號後，再傳送給訂閱全類比有線電視服務之訂戶。
2. 直接傳送數位無線電視訊號給訂閱全類比有線電視服務之訂戶，但提供其可降轉數位訊號為類比訊號之機上盒或其他必要設備，而得以收視無線電視頻道之節目。

　　至2012年，FCC認為當時採類比和數位混合系統的有線電視業者已相當普遍，再加上訂戶取得簡易降轉機上盒之成本已相當低，甚至無成本，決定於同年底終止此過渡性必載措施（FCC, 2012, June 12）。

　　在「再傳輸同意」的發展方面，近年來，大型商業無線電視業者已

可透過「再傳輸同意」獲得更大的收益，甚至出現了大型MSO因未獲「再傳輸同意」而被迫中止播送之案例。此案例發生於2010年的奧斯卡獎頒獎典禮前夕，由於Cablevision無法與ABC（和迪士尼具有整合關係的全國無線電視聯播網）達成延長「再傳輸同意」之協議，導致Cablevision在紐約、紐澤西及康乃狄克州之訂戶一時無法收視該頒獎典禮（Kleinfield, 2010, March 7）。此外，MVPD業者不斷向FCC投訴，其與無線電視業者「再傳輸同意」協商破局，係因擁有「必看」（Must-Have）頻道之無線電視業者於協商時不當延伸市場力。因此，MVPD業者要求FCC修正「再傳輸同意」規則，並建議增訂以下措施：

1. 設置法定仲裁或相類之爭端解決機制。
2. 創設暫時載送制度，避免產生MVPD基於誠信協商「再傳輸同意」，卻無法達成協商時，因救濟制度緩不濟急所造成之損害。
3. 禁止搭售頻道，即禁止無線電視業者以MVPD載送其他非熱門頻道作為「必看」頻道「再傳輸同意」之條件（FCC, 2011, March 3）。

二、個別關鍵議題

(一)無線電視

在全功率無線電視數位化後之播送政策方面，FCC並不要求業者提供HD頻道；相反地，業者可選擇透過6 MHz頻段播送單一的HD節目串流，或不限HD或SD的群播（Multicast）之節目串流，只要提供至少一個免費視訊頻道服務，即符合要求。此外，業者尚可利用部分頻段提供非廣播之次級服務，如付費訂購之視訊服務、資料轉換服務、音訊廣播等。若業者提供付費訂購服務，則須繳交整體頻譜收益之5%予政府（Walker & Meltzer, 2011）。

(二)有線電視

有線電視的關鍵議題在於分級付費及費率管制。美國有線電視依1992年有線法規定,採行分級付費,通常分為基本服務、進階服務與付費頻道和計次付費服務等三級,施予不同之費率管制。依規定,基本服務必須包括必載頻道與公共、教育及政府頻道;只有當業者處於非有效競爭時,才由地方政府與FCC共同管制費率。業者沒有義務分別提供基本服務與進階服務;若業者提供的基本服務包括其他頻道,即屬於費率管制範圍。同樣地,進階服務也只有當業者處於非有效競爭時,才受到費率管制。惟國會於通過1996年電信法時,為進階服務費率管制制定了落日條款,使此級服務自1999年3月31日以後即不再受任何費率管制。至於付費頻道與計次付費服務,則自始不受費率管制(江耀國,2003)。

關於費率管制之成效,根據FCC於2012年公布的「2010年有線電視產業費率報告書」指出,業者通常提供至少三種分級付費方式,除了基本服務,豪華基本型是基本服務加上大多數全國熱門頻道,而次熱門型則是豪華基本型加上至少七個有線電視頻道。由訂閱率最高的豪華基本型觀之,比較處於有效競爭及非有效競爭業者的費率,二者並無差異。若比較豪華基本型之頻道平均價格,處於有效競爭業者提供的費率比非有效競爭業者的費率低12%。據此,FCC認為市場競爭仍有一定的抑價效果(FCC, 2012, March 9)。

(三)IPTV

有線電視依舊是美國最多人選擇的電視收看平台,但是隨著服務內容的增加,有線電視的費用亦水漲船高,許多用戶承受不了每月高額收視費,取消有線電視服務,轉而收看網路上的免費電視。根據調查,各家有線電視業者每年必須從電視台購買節目的授權費高達220億美元,在面臨YouTube與Hulu等網路視訊網站靠著免費影片的點閱率來計算網頁流量,

有線電視業者也開始提供網路影音服務。

(四)Mobile TV

美國行動電視MobiTV起步得早，已有相當規模，但尚未達成損益平衡。近年則因為智慧型手機與平板電腦風行，不禁令人懷疑行動電視有無持續發展的空間。傳統電視行動化起步得晚，現在傳統地方電視台普遍寄望於ATSC Mobile DTV。市場專家分析，傳統電視台若想和網路媒體競爭，必須提供價廉的行動裝置，更多節目內容，還要具有DVR功能（Segan, 2012, August 6）。

(五)新興媒體平台

智慧型電視銷售雖持續成長，但消費者仍舊不習慣利用智慧型電視上網，連帶具話題性的機上盒如Google TV和Apple TV等銷售欠佳。如何讓消費者改變看電視習慣是個挑戰。另一方面，OTT打敗傳統錄影帶租用業，消費者對於OTT服務的接受度高。OTT業者競爭似乎朝著自製內容發展。

 ## 第四節　美國數位電視與新媒體平台推動策略

一、整體推動策略

整體而言，美國政府對於推動數位電視著墨甚深。在無線電視數位化方面，透過拍賣機制及技術規範，提升頻譜使用效率。對於家戶，則著重提供寬頻服務，以及提升轉換動機與轉換過程平順。對於有線電視的數位轉換，美國採取市場競爭模式，亦即未設有轉換期限，而係引進競爭者刺激有線業者，透過商業機制促使其數位化。經營區域涵蓋美國本土的

DBS業者、近來快速崛起的電信業者，以及未來極具發展潛力的OTT業者先後侵奪有線電視業者的訂戶，對其構成強大的數位化壓力，而有良好的競爭效果。截至2013年，美國有線電視數位化的比例已逾七成。至於新興媒體平台，則採低度管制，鼓勵業者創新與競爭。從業者嘗試各項新興內容服務來看，確實帶動新興平台蓬勃發展。

二、數位無線電視

在鼓勵家戶數位轉換，美國政府採取補貼策略，包括電視轉換盒折價券計畫（TV Converter Box Coupon Program）、補貼家戶每戶最多兩張，金額是40美元的折價券來購買機上盒，或汰換類比電視為數位電視。美國仍有許多的低功率電視服務（Analog Low Power Television Service, LPTV）系統或是電視轉播站（TV Translator Stations），這些LPTV或電視轉播站過去對於無線電視訊號無法涵蓋的偏遠地區提供類比式服務，FCC宣布此項類比式的服務可以延長到2015年9月1日。這些地區的用戶購買機上盒時，必須考慮能同時具備接受類比訊號的功能（Analog Pass-Through Capability）。同時FCC考量許多用戶仍未知悉類比頻道將要關閉，因此在2009年宣布類比夜燈計畫（Analog Night Light Program），在類比頻道關閉後三十天內，仍持續以類比訊號播送無線電視將轉換為數位方式播出之公告，以及如何取得數位電視機上盒之資訊。

三、數位有線電視

對於有線電視家戶，FCC採取Plug-and-Play原則，讓大多數有線電視系統與數位電視機相容，用戶可將數位電視機連接有線電視，直接接收數位訊號，不需要再加裝機上盒。民眾只需要使用一張安全卡（Cable Card）插入具有CableCARD-Ready功能的裝置，就可收看數位有線電視，

不再需要跟有線電視業者租用機上盒。此外，有線電視業者因應新興內容服務所帶來的新型態競爭，也試圖推出網路內容服務，提供更多個人化的互動服務。不過第一代數位有線電視的Plug-and-Play標準，只能提供單向線性數位有線電視播送（Linear Video Programming），若用戶要收看隨選視訊，或進行雙向式互動服務仍須安裝機上盒。

四、IPTV

2009年6月時代華納（Time Warner Inc.）董事兼執行長Jeff Bewkes宣布了TV Everywhere網路影音計畫，正式向日益茁壯的網路視訊網站做出了相對應的措施。該計畫由Time Warner和Comcast合作，讓使用者能夠自行選擇在網路或電視來收看業者所提供影視內容，一方面必須先落實使用者付費，並確保有線電視收入與創造更多收益來源。TV Everywhere計畫是透過一套認證機制，讓用戶可以使用個人電腦上網，連結到TV Everywhere平台登入確認為有線電視用戶後，可自由免費觀看平台上所有的節目內容。

TV Everywhere計畫的發展對於用戶與業者皆可望帶來正面的效益。其線上影音（On Demand Online）開始測試後，引發多個大型內容供應商加入計畫。對用戶而言，TV Everywhere是在與電視業者簽約之後，額外可使用的新服務，只要用電腦連線至透過TV Everywhere認可的網路平台並通過認證機制，就能觀看一般在網路上無法免費收看的視訊內容。對業者而言，該計畫開啟了新的商業與金流模式，除了既有的付費電視模式外，TV Everywhere也為業者帶來新的線上影視廣告收益，並提供業者在網際網路影音事業上的新發展。

2009年12月測試完成後，Comcast將測試服務正式更名為Fancast Xfinity，交由旗下子公司Fancast正式推出線上營運。Fancast是2008年Comcast所推出的線上影音網站，在視訊內容中插入廣告後，免費提供給

用戶觀賞。除了提供線上影視收看，也提供論壇討論功能，供用戶互相交流心得；此外，Fancast也提供自製採訪談話性的節目內容。2010年2月Fancast Xfinity線上影音開播，正式提供如HBO、Cinemax、Discovery等八十多家內容頻道服務。

在Comcast開始進行測試之後，美國電信業者Verizon為了不讓有線電視業者專美於前，也表示加入該計畫並開始展開測試。目標針對Verizon FiOS網路電視服務用戶，透過認證機制讓使用者在有網路連結的電腦上，皆可連線收看。

Comcast於2011年與Skype合作提供影像電話服務，Comcast寬頻用戶可直接藉由家中高畫質電視機與其他Skype使用者進行視訊（詹懿廉，2012/7/15）。Comcast於2012年發展以雲端為基礎的視訊網絡，將之命名為X1，可將多種數位終端設備同時連結到X1雲端平台，並透過該平台同時使用電子節目表單、數位錄影、隨選視訊和加值應用服務等功能（詹懿廉，2012/7/15）。Comcast持續更新X1功能，並於2013年推出X2機上盒，提供更多客製化服務，讓觀眾有更多個人式的視訊經驗（Grey, 2013, June 11）。

五、Mobile TV

(一)MobiTV

MobiTV提供超過40個電視頻道，在美國可透過Verizon、AT&T、T-Mobile、Sprint及US Cellular等電信業者取得MobiTV內容，在加拿大則透過TELUS Mobility取得內容，消費者可以選擇的接收裝置超過350種。除了提供行動電視，MobiTV發展匯流媒體平台（Converged Media Platform）技術，這是以雲端為基礎，提供消費者室內及室外實況、隨選及下載電視內容。這個方案讓消費者作各種個人化設定，利用手機、平板

電腦、桌上型電腦或電視觀賞、錄影或暫停內容，也可以作各種移時和移地選擇，比如以家中裝置錄影，而利用行動裝置觀看（Converged Media Platform, no date）。MobiTV自2012年開始授權付費電視及無線業者使用其network DVR（nDVR）技術。

　　據報導，MobiTV連年虧損，截至2012年底累計虧損達1.2億美元（Empson, 2012, July 14）。市場專家並不看好MobiTV前景，原因之一，其收益主要來自於幾大電信業者合作，假使其中任何一家與Mobile TV終止合約關係，該公司將立即陷入經營困境。原因之二，過去幾年，消費者接收行動內容的來源增加，比如Netflix和Hulu，對於MobiTV的忠誠度也可能逐漸下降（Empson, 2012, July 14）。

(二)MediaFLO

　　高通開發的MediaFLO系統，利用20個頻道播放採用H.264（AVC）技術壓縮的QVGA畫質、30 fps高品質影像；該系統由FLO技術和MediaFLO媒體播放系統（MDS）兩部分組成。系統可透過3G網路，向點播用戶提供獨特內容；亦可透過FLO網路，向廣播用戶提供共用內容。採用FLO技術的行動電視提供包括四大電視網、MTV、Disney、ESPN及Nickelodeon等14個基本頻道，Verizon及AT&T則各自增加兩個不同的頻道。另外，FLO TV個人行動電視及FLO TV汽車行動電視裝置也是各提供16個基本頻道。

　　三星電子（Samsung Electronics）及樂金電子（LG Electronics）首先於2006年，在拉斯維加斯國際消費性電子產品展展出MediaFLO裝置。Verizon於2005年底和高通結盟，於2007年3月推出VCAST TV。高通同時與AT&T結盟，於2008年5月推出MediaFLO服務。第一個個人行動電視裝置於2009年底推出，而汽車行動電視裝置則由Audiovox製造。可惜FLO TV引不起消費者興趣，高通於2010年底宣布終止該服務。Walsh（2010, October 5）引述市調公司In-Stat調查指出，FLO TV訂戶僅20萬戶，高通

踩剎車並不令人訝異。他分析FLO TV失敗的主因是價格，當消費者可以在其他行動裝置或家中電視免費接收相同的電視內容，為什麼每個月得付10美元收看FLO TV？此外，業界批評，可接收FLO TV訊號的手機種類太少，許多受歡迎的手機都無法接收FLO TV訊號。

Modeo運氣比高通還要差。正當後者積極與Verizon和AT&T結盟，Modeo卻一直無法找到合作對象。Modeo是由Crown Castle International所投資，研發採用DVB-H技術行動電視。經過三年研發，Modeo於2007年初在紐約市試播，提供包括Discovery和Fox等6個頻道。同年7月，Crown Castle宣布結束行動電視服務（Crown Castle Sheds, 2007, August 7）。

(三)eMBMS

高通將注意力移轉至eMBMS技術。相對於單播（Unicast）HTTP占用大量頻寬，LTE Broadcast運用eMBMS群播技術，得以更有效率地群播廣受歡迎的視訊內容。當LTE Broadcast採用eMBMS技術，可以廣播預先安排好的節目內容，也可以透過HTTP下載內容。高通與Ericsson AB合作，於2012年初在巴賽隆納舉行的全球行動大會（Mobile World Congress），展示LTE Broadcast（Qualcomm, 2012, February 27）。eMBMS技術商業化的關鍵在於行動通訊業者是否願意採納該技術，以及手機製造商是否願意生產相容手機，由於二者成本皆高昂，要符合成本效益，業者才可能投資（Parker, 2012, August 15）。

(四)ATSC Mobile DTV

Mobile DTV技術於2009年完成後，開放行動視訊聯盟（Open Mobile Video Coalition, OMVC）自次年起大力推廣該技術，在華盛頓特區測試發現，行動電視消費者最喜歡觀賞地方節目，便鼓吹地方電視台採用該技術，讓觀眾在家庭以外的地點收看喜歡的節目（Lawson, 2012, January

12）。由包括Fox、NBC、ION等電視網及Pearl Mobile DTV組成的MCV便在這種情況下組成，提供Dyle Mobile TV服務，是最早上路的Mobile DTV服務。Dyle的內容服務提供與家用電視同步的新聞、娛樂及體育節目。

至2012年中，Dyle僅能透過行動通訊業者MetroPCS所提供的服務，搭配標價美金459元Samsung Galaxy S Lightray 4G手機收看（About us, no date; MCV, no date）。全美41個都會區可收視1-6個頻道，任何時段收看的節目與傳統電視節目內容一模一樣。由於採鎖碼，其他行動電視無法接收訊號。Dyle的優點是免費觀賞，耗電量比收看網路影音平台低得多；缺點則是只能在一款昂貴的手機上觀看，內容不足，也缺乏DVR功能，因此，有必要開發在多種行動裝置上收看Dyle（Segan, 2012, August 6）。截至2013年，全美已有37個城市可以利用外接設備在平板電腦或智慧型手機接收Dyle訊號（Welcome to Dyle, no date）。

另一個推動Mobile DTV的電視集團Mobile500 Alliance，由50家電視業者總共437個電視台組成，涵蓋全美94%電視收視群。Mobile500 Alliance計畫未來在主要市場提供15-20個Mobile DTV頻道，包括免費、付費及隨選視訊（About Mobile500 Alliance, 2011, June 3）。在2012年拉斯維加斯舉行的全美廣播協會（National Association of Broadcasters, NAB）展示會中，Mobile500 Alliance說明其營運模式包括：互動式廣告、收視率調查、條件式觀賞精選節目、整合社交網絡、字幕、實況轉播、錄影及隨選視訊。Mobile500 Alliance理事長Colleen Brown認為這些功能將有助於Mobile DTV的發展（Mobile500 Alliance demonstrates first, 2012, April 16）。隔年初，在拉斯維加斯國際消費性電子產品展示會，展示將在西雅圖及Minneapolis提供iPad和iPhone的MyDTV服務，並與Nielsen、Rentrak等合作測試行動數位電視收視率調查（Mobile500 Alliance demonstrates enhanced, 2013, January 7）。

六、新興媒體平台

(一)Smart TV

　　據《洛杉磯時報》報導，2012年美國有2,500萬家戶擁有內建網路的電視機，但只有半數利用電視機上網（100 million TVs, 2012, March 20）。此外，由於消費者收視習慣難以改變，導致具上網功能機上盒的接受度相對偏低，以下說明幾個較具市場規模的機上盒。

◆Google TV

　　Google TV是由Google聯合Intel、Sony及Logitech共同開發的智慧型電視平台，採用Android及Linux開放式系統運作，內建Chrome瀏覽器，號稱內建許多Apps，透過Apps消費者可以透過數款Sony Internet TV及Logitech機上盒Revue，再利用App搜尋想收看的內容，包括：電視頻道、網路串流影音內容、線上收費內容等，並具有DVR功能。第一代Google TV於2010年10月推出，市場反應平淡。據觀察家指出，Google TV似乎頗有潛力，但上市時許多特色尚在建構中，消費者能夠看到的串流影音內容有限，加上幾大電視網杯葛Google TV，封鎖來自Google TV的流量，使得消費者看不到電視節目。此外，Revue售價299美元，明顯偏高，而主要競爭者Apple TV售價僅99美元（Reisinger, 2010, December 27）。次年11月，Revue停產，至2012年2月，Sony Internet TV亦均停產。

　　Google TV於2012年進入第二代，加入新的合作夥伴，新產品陸續於年中在美國上市，包括：LG內建Google TV的Smart TV、Sony內建Google TV的Internet Player（定價198美元），Vizio機上盒Co-Star（定價99美元），Hisense機上盒Pulse（定價100美元）於年底上市，ASUS機上盒Cube於2013年中上市（定價140美元），這些機上盒價格均比第一代便宜。Google TV將於2013年進入第三代，陸續有更多合作夥伴提供不同款的機上盒。

◆Apple TV

Apple TV是一種數位媒體接收機，讓消費者利用HDTV接收來自於iTunes及其他網路影音平台內容，包括：聽音樂、看照片、看節目、看電視等。Apple TV可有線或無線上網，配備HDMI連接埠，播放1080p高畫質內容，支援AirPlay，可無線連結iPhone及iPad上的內容。第一代的Apple TV於2007年初上市，年銷量不到百萬台。第二代於2010年9月上市，銷量明顯改善，每一季銷量在百萬台以上。第三代於2012年3月上市，仍舊無法如同該公司其他產品創造話題。

據市場觀察家分析，Apple挑戰電視市場失利，錯在誤認可以複製iPod成功模式，其實影片銷售模式及通路結構比音樂複雜得多，競爭者眾，難以打開局面。其次，行動設備與家庭電視使用者結構差異大，消費習慣難以改變等，皆影響Apple TV銷量。近年銷量增加的主因是價格由美金229元下滑至99元，市場接受度仍有待觀察（顏國偉，2010/5/7）。

◆Roku

Roku成立於2002年，生產網路串流媒體播放器，於2008年推出網路視訊媒體機上盒，開始提供影音服務。消費者花費美金59-99元購買不同機型，透過有線或無線網路上網，便可收看各種免費或付費內容或玩遊戲。消費者無需下載節目，只需註冊帳號透過高速網路串流收看節目。由於非直播節目，與有線電視及衛星電視替代性低，易於市場區隔。據Roku執行長Anthony Cook（2013, January 7）指出，Roku與時代華納合作，提供700個頻道，超過10億小時的節目，其機上盒在美國銷量接近500萬個。

◆Google Chromecast

Google Chromecast的前身名為Nexus Q，是Google開發的串流影音服務裝置，狀如小圓球，連接至家用音響或數位電視，透過Wi-Fi網路便可

接收Google Play或YouTube的影音內容。由於Nexus Q使用名為Ice Cream Sandwich Android 4.0操作系統，使用者可以將使用Android操作系統的智慧型手機或平板電腦當作Nexus Q的遙控器。Google於2012年中發表Nexus Q，打算將售價定為299美元。可是試用者反應欠佳，覺得以此高價所提供的服務太少。還不到年底，Google便決定放棄生產。至2013年7月，Google推出Chromecast，形狀比Nexus Q輕巧得多，有如隨身碟，售價35美元。初期市場反應似乎還不錯（Gross, 2013, July 25）。在美國，利用電視接收網路內容的家戶僅15%，市場雖小，仍有成長空間，Google評估值得一搏（Kelly, 2013, July 24）。

(二)OTT Content

OTT內容是指不透過網路服務供應商所提供的寬頻影音內容。消費者可以利用上網設備，如電腦、智慧型手機、機上盒、智慧型電視、遊戲機等取得OTT內容。以下說明幾個消費者熟知提供OTT內容的企業。

◆Netflix

Netflix 1997年成立於加州，次年開始DVD郵寄租片服務，隔年推出月租模式，2000年再推出無限租片吃到飽方案，至2007年，該公司郵寄DVD數量超過10億片（Associated Press, 2007, February 25）。Netflix於是開始推出透過網路的隨選視訊服務。截至2012年底，全美訂戶達2,700萬戶（Associated Press, 2013, January 23），且持續成長。Netflix自2010年第四季將串流服務推廣至加拿大，目前訂戶遍布北美、中、南美、英國、愛爾蘭及北歐各國，據Netflix統計，截至2013年第二季，全球訂戶將近3,800萬戶（Crum, 2013, July 22）。Netflix自2013年開始自製影集如*House of Cards*、*Arrested Development*等，頗獲好評，樂觀估計訂戶將持續成長（Crum, 2013, July 22）。

◆Hulu

　　由NBC、Fox、Disney-ABC等幾大電視網合資的Hulu成立於2007年，隔年推出網站，提供由廣告支持的OTT內容。至2010年，推出月租服務Hulu Plus，仍播放廣告，但可以在更多平台觀賞節目。2012年推出付費服務Hulu Kids，截至該年底，Hulu Plus訂戶達300萬戶。Hulu也於2011年將服務推廣至日本。值得一提的是，Hulu自2011年開始自製新聞節目，2012年開始製作戲劇節目（Kilar, 2012, December 17）。

◆myTV

　　myTV於2011年在黎巴嫩貝魯特成立，總部設於美國加州，提供直播阿拉伯語電視頻道節目及影片，也有隨選視訊內容，服務北美及南美、澳洲等特定族群，是個特別的OTT服務。消費者可選擇每月20美元吃到飽方案，只要將Smart TV、機上盒或平板電腦連上網際網路，下載myTV App，即可觀賞節目。該公司宣稱可於四百種以上的裝置接收myTV提供的節目，使得人們無論為求學或就業離鄉背井，都還是可以接收家鄉的節目內容，一解鄉愁。myTV的經營理念對我國宏觀電視頗具意義；宏觀電視透過衛星傳輸，將台灣電視節目傳送給世界各地華僑觀賞，節目內容及時數皆有限，若能提供OTT服務，可以提供更多元、價廉的節目，擴大服務華僑，且對於年輕族群將更具有吸引力。

結　語

　　美國數位化政策顯然隨著平台特性而有不同的設計。在無線電視數位化方面，著重頻譜的使用效率，對於業者的衝擊，以及對於消費者權益的保障，據此再設計不同的機制以達成上述目標。在有線電視數位化方面，則是引進外部競爭，藉此鼓勵業者加速數位化腳步。對於新興媒體或行動平台，則採取低度管制，以鼓勵業者創新，提供新型態內容服務，讓

消費者有更多的選擇。美國在發揮市場機制，創造業者及消費者雙贏局面等作法，值得我國參考。

在無線電視數位轉換方面，美國除了有計畫的給予適切補助外，對數位轉換後的數位紅利頻段，或可能回收再分配的頻段，更重視後續的配套措施，以促進既有持照人自願性分享或自願性繳回。無線電視數位化提升民眾收視免費電視的權利，更重要的是，現有業者或未來新進業者經營複數頻道時，能夠提供更多高品質內容或新興互動或資訊服務。

我國2012年7月完成無線電視數位轉換，國家通訊傳播委員會（通傳會）於2013年初宣布，釋出兩張12 MHz無線數位電視執照，得標者必須經營至少一個HD頻道，因此還可能經營六個SD頻道。據報導，現有頻道業者，電信業者或有意經營電視購物的集團都有興趣參與競標（劉力仁，2013/1/17）。未來對於新進業者的鼓勵或現有業者的部分或全部退場，通傳會都應制定完善的配套措施，以便更有效地運用無線頻譜。

在數位有線電視的發展方面，美國則是維持一貫的管制思維，以市場競爭帶動價格與服務品質之競爭，當然也包括數位化與各類先進服務的競賽，盡量避免政策補貼。在引入外部競爭的手段上，除了透過1992年有線法降低具有瓶頸獨占力之有線業者的反競爭風險外，也透過1996年電信法廢除跨業限制，使電信業者可參進MVPD市場。雖然其特殊的OVS制度因為憲法爭議而宣告失敗，但電信業者還是透過取得有線電視特許執照參進市場，而構成既有有線電視業者相當具威脅的競爭者。

反觀我國，四分之三以上民眾以收視有線電視為主，有線電視數位化應為當務之急，卻也因為有線電視業者缺乏有力的競爭者，數位化誘因不足，導致數位化進程緩慢。據通傳會統計，至2013年9月底，有線電視數位化接近39%（中時電子報，2013年12月17日），而全面數位化已延至2017年。證諸美國實例，通傳會除了提供有線電視業者數位化誘因，更應提供過渡性的優惠措施，導入不對稱管制精神，以引進良性競爭，加快數位化腳步。

　　行動電視方面，由於新一代數位行動電視技術，使得美國許多地方
電視台結盟，推出新型行動電視服務，前景如何，值得觀察。在我國，通
傳會2006年底發出五張試播執照，業者於2007年試播後，至今通傳會未
有後續措施，似已停擺。近年智慧型手機與平板電腦風行，民眾利用行動
設備接收影音內容愈加普遍，行動電視似無發展空間。至於新媒體內容服
務，則是我國亟待開發的領域。

參考書目

王牧寰（2011a）。《美國有線電視法之節目取得與載送規則研究》。元智大學資
訊社會學碩士學位學程碩士論文。

王牧寰（2011b）。〈美國有線電視法節目載送規則實務現況簡介〉，《科技法律
透析》，23(11)：7-12。

〈台南市有線電視數位化第一 賴清德：發現民眾需求〉（2013年12月17
日）。《中時電子報》。取自：http://www.chinatimes.com/realtimene
ws/20131217003798-260407

江耀國（2003）。《有線電視市場與法律》。台北：元照。

吳兆琰（2010）。〈美國國家寬頻計畫簡介〉，《科技法律透析》，22(8)：
7-11。

詹懿廉（2012/7/15）。《參訪美國國家有線電視通訊協會「有線電視展（The
Cable Show 2012）」報告書》。台北：國家通訊傳播委員會。

劉力仁（2013/1/17）。〈頻寬12 MHz得標者將可擁有7頻道／無線數位電視頻道將
釋2張執照〉，《自由時報》。取自：http://www.libertytimes.com.tw/2013/new/
jan/17/today-life1.htm

顏國偉（2010/5/7）。〈為何Apple TV發展不順？〉，「Wired」。取自：http://
wired.tw/2012/05/07/blogger-apple-tv-google-tv/index.html

100 million TVs will be internet-connected by 2016. (2012, March 20). Los Angeles
Times. Retrieved from http://latimesblogs.latimes.com/entertainmentnewsbu
zz/2012/03/100-million-tvs-will-be-internet-connected-by-2016.html

About Mobile500 Alliance (2011, June 3). From Mobile500 Alliance Web Site: http://
www.mobile500alliance.com/aboutus.html

About us (no date). From Mobile Content Venture Web Site: http://www.dyle.tw/mcv/
about-us

Alvear, J. (2013, March). Cable vs. satellite vs. IPTV subscribers in the US. Scottsdale,
AZ: Multimedia Research Group, Inc. Retrieved from http://www.mrgco.com/blog/
cable-vs-satellite-vs-iptv-subscribers-in-the-us/

Associated Press (2007, February 25). Netflix delivers 1 billionth DVD. NBCNews.com.
Retrieved from http://www.nbcnews.com/id/17331123/#.US8Pyo7tgYA

Associated Press (2013, January 23). Netflix 4Q 2012 earnings show 2 million user surge in subscriber base. The Huffington Post. Retrieved from http://www.huffingtonpost.com/2013/01/23/netflix-4q-2012_n_2536643.html

Converged Media Platform (no date). MobiTV. Retrieved from http://www.mobitv.com/converged-media-platform/

Cook, A. (2013, January 7). 2012 was a great year! Roku. Retrieved from http://blog.roku.com/blog/2013/01/07/2012-was-a-great-year/

Crown Castle sheds Modeo mobile TV service (2007, August 7). Broadcast Enginnering. Retrieved from http://broadcastengineering.com/RF/crown-castle-modeo-mobile-tv-0807/

Crum, R. (2013, July 22). Netflix new subscribers dampen upbeat earnings. MarketWatch. Retrieved from http://www.marketwatch.com/story/netflixs-new-subscribers-dampen-upbeat-earnings-2013-07-22

Empson, R. (2012, July 14). MobiTV pulls its IPO: Unfavorable market conditions, or unfavorable business model? TechCrunch. Retrieved from http://techcrunch.com/2012/07/14/movitv-pulls-its-ipo-unfavorable-market-conditions-or-unfavorable-business-model/

FCC (2009, February 8). Compatibility of cable TV and digital TV receivers-"plug-and-play". Retrieved from www.fcc.gov/cgb/consumerfacts/plugandplaytv.pdf

FCC (2010, March 15). Connecting America: The National Broadband Plan. Retrieved from http://download.broadband.gov/plan/national-broadband-plan.pdf

FCC (2011, March 3). In the matter of Amendment of the Commission's Rules related to retransmission consent. *FCC Record, 26* (p. 2718). Washington, DC: FCC.

FCC (2012, March 9). In the matter of implementation of Section 3 of the Cable Television Consumer Protection and Competition Act of 1992: Statistical report on average rates for basic service, cable programming service, and equipment. Retrieved from http://www.fcc.gov/document/report-average-rates-cable-programming-service-and-equipment

FCC (2012, June 12). In the matter of carriage of digital television broadcast signals: Amendment to Part 76 of the Commission's Rules. FCC. Retrieved from http://fjallfoss.fcc.gov/edocs_public/attachmatch/FCC-12-59A1_Rcd.pdf

Grey, M. (2013, June 11). Comcast's new X2 platform moves your DVR recordings

from the box to the cloud. Engadget. Retrieved from http://www.engadget. com/2013/06/11/comcast-x2-platform/

Gross, D. (2013, July 25). Why Chromecast may be Google's TV game-changer. CNN. Retrieved from http://edition.cnn.com/2013/07/25/tech/gaming-gadgets/google-chromecast-tv/index.html?iref=allsearch

Ireland, G. (2011). *U.S. Pay TV Service Provider Quarterly Update, 1Q11*. Framingham, MA: International Data Corporation (IDC).

Kelly, H. (2013, July 24). Google introduces $35 device that streams video to your TV. CNN. http://edition.cnn.com/2013/07/24/tech/gaming-gadgets/google-nexus-chromecast/index.html?iref=allsearch

Kilar, J. (2012, December 17). A big 2012. Hulu. Retrieved from http://blog.hulu. com/2012/12/17/1-big-2012/

Kleinfield, N. R. (2010, March 7). Oscar night suspense, then poof! Cable's back. The New York Times. Retrieved from http://www.nytimes.com/2010/03/08/business/media/08scramble.html?_r=0

Lawson, S. (2012, January 12). Broadcasters enter new phase in mobile digital TV push. PCWorld. Retrieved from http://www.pcworld.com/article/247995/broadcasters_enter_new_phase_in_mobile_digital_tv_push.html

MCV (no date). Mobile Content Venture. Retrieved from http://www.dyle.tw/mcv/overview

Mobile500 Alliance demonstrates first complete mobile digital TV consumer product. (2012, April 16). PR Newswire. Retrieved from http://www.prnewswire.com/news-releases/mobile500-alliance-demonstrates-first-complete-mobile-digital-tv-consumer-product-147570455.html

Mobile500 Alliance demonstrates enhanced mobile digital TV service at International CES 2013. (2013, January 7). Mobile500 Alliance. Retrieved from http://mobile500alliance.com/2013/01/07/mobile500-alliance-demonstrates-enhanced-mobile-digital-tv-service-at-international-ces-2013/

Parker, T. (2012, August 15). Making the case for LTE Broadcast and Dyle mobile TV. FierceBroadbandWireless. Retrieved from http://www.fiercebroadbandwireless.com/story/making-case-lte-broadcast-and-dyle-mobile-tv/2012-08-15

Perez, S. (2012, February 9). Nielsen: Cord cutting and Internet TV viewing on the rise.

TechCrunch. Retrieved from http://techcrunch.com/2012/02/09/nielsen-cord-cutting-and-internet-tv-viewing-on-the-rise/

Qualcomm to demonstrate LTE Broadcast at Mobile World Congress. (2012, February 27). Qualcomm. Retrieved from http://www.qualcomm.com/media/releases/2012/02/27/qualcomm-demonstrate-lte-broadcast-mobile-world-congress

Reisinger, D. (2010, December 27). Google TV is failing: 10 reasons why. eWeek. Retrieved from http://www.eweek.com/c/a/Cloud-Computing/Google-TV-Is-Failing-10-Reasons-Why-311306/

Segan, S. (2012, August 6). Dyle mobile TV. PC Magazine. Retrieved from http://www.pcmag.com/article2/0,2817,2408049,00.asp

SNL Kagan (2013). Special report: U.S. multichannel subscriber update and programming cost analysis. Retrieved from http://go.snl.com/rs/snlfinancialllc/images/SNL-Kagan-US-Multichannel-Subscriber-Update-Programming-Cost-Analysis.pdf

Walker, H. C., & Meltzer, A. S. (2011). Communications Law 2011. 1073 PLI/Pat 341. Retrieved from Westlaw Databases.

Walsh, M. (2010, October 5). FLO TV doomed by easier, free alternative. MediaPost. Retrieved from http://www.mediapost.com/publications/article/137066/

Welcome to Dyle (no date). Dyle. Retrieved from http://www.dyle.tv/using-dyle/overview/

Chapter 3

英國數位電視與
新媒體平台

許文宜　國立台灣藝術大學廣播電視學系助理教
谷玲玲　國立台灣大學新聞研究所副教授

英國家庭戶數與電視戶數相關基本資料

總人口數	6,370萬5,000人（2012年12月）
總家戶數	至2012年底已超過2,644萬戶（2012年12月）
國內生產毛額（名目GDP）	2,489,7億美元（2013年12月）
電視家庭戶數	2,510萬戶（2012年12月）
寬頻普及率	家戶寬頻普及率為42%（2013年8月）
無線電視收視戶及普及率	1,920萬，普及率為75%（2012年12月）
直播衛星電視訂戶數及普及率	1,150萬，普及率45.1%（2012年12月）
數位有線電視訂戶數及普及率	330萬，普及率為13%（2012年12月）
IPTV訂戶數及普及率	140萬，普及率為5%（2013年6月）
OTT TV使用人數	2,000萬，家戶普及率為75%（2012年12月）
媒體產值	360億英鎊（2013年）
廣告分配	網路廣告54億1,600萬英鎊，電視44億8,000萬英鎊，紙媒40億3,600萬英鎊，信件廣告21億2,700萬英鎊，戶外廣告9億7,000萬英鎊，廣播廣告5億5,300萬英鎊，電影廣告2億1,300萬英鎊（2013年8月）

資料來源：英國國家統計局、IMF, Ofcom, Point Topic, Bloomberg.

前 言

　　英國衛星電視早在2001年即完成數位化，有線電視2007年也實現全數位，因此，英國推動數位轉換重點在於數位無線電視。英國堪稱全球第一個開展數位轉換的國家，雖然直到2012年10月24日才全面終止類比訊號、完成數位轉換，但英國政府在以市場主導的數位化進程中，藉由完善政策法規、制訂推動策略及產業輔導等政策工具，維持電視市場競爭，加速推動數位電視轉換所扮演的重要角色，對於英國電視產業未來發展、產業格局、廣電電訊產業生態而言，具有一定引導作用。

　　根據英國通訊傳播管理局（Office of Communications, Ofcom）2013

年8月公布英國媒體產業至2012年底統計，傳統媒體中，數位無線電視收視戶數約1,920萬，普及率75％；直播衛星電視訂戶數1,150萬，普及率約45.1％；數位有線電視訂戶數330萬，普及率約13％。IPTV等新媒體，2013年第二季統計IPTV訂戶數140萬，普及率約5％（Point Topic, 2013）。至於行動與新興媒體，英國人平均每月使用行動裝置收看電視大約90分鐘（The Guardian, 2013, February 19），新興媒體OTT訂戶數則累積達2,000萬，家戶普及率約75％（Bloomberg, 2012, November 19）。

就政策而言，英國無線電視數位轉換在Ofcom負責政策規劃，民間非營利機構Digital UK積極推動執行與電視產業利害關係者的溝通協調，不僅全面提升民眾數位認知，藉由電視數位化彌補低收入及弱勢家庭數位落差、維持民眾收視權益、保障多元平台及頻道選擇；電視數位化釋出頻譜資源，亦有利無線電信業務整體發展及頻譜資源需求，帶動新興媒體平台與數位經濟等發展。

在策略上，英國完成數位轉換後，以多頻道服務、Freeview免費平台吸引收視，再藉由DVB-T2與MPEG-4規格轉換，提升頻譜資源使用效益，推出高畫質電視頻道，並與連網服務結合，提供免費數位無線電視作為基本服務，在各類連網裝置蓬勃發展的英國，這種無線電視搭配連網機上盒的策略，有助公共廣電BBC落實隨選時代之公共服務，亦使無線廣播與行動寬頻得以互補，且更多載具（例如智慧型手機、平板電腦等）得以接收其訊號，強化無線廣播發展潛力，再加上YouView進入市場之商業模式提供多元服務與選擇，相關策略發展經驗值得參酌。

 第一節　數位電視與新媒體平台發展概況與市場分析

一、電視平台產業發展背景

　　英國堪稱世界電視產業發源地之一，電視產業營運機構主要包括無線電視、有線電視、直播衛星以及IPTV。其中，無線電視頻道包括英國廣播公司（BBC1、BBC2）、獨立電視網（Independent Television, ITV）、第四頻道（Channel 4）、第五頻道（Channel 5）等，以及部分特定地區頻道。1980年，BBC認知衛星電視的重要性，申請兩個衛星頻道，企圖成為英國第一個衛星電視業者；英國政府於1982年同意BBC的申請並允許1986年開展衛星廣播電視業務，但因缺乏政府資金支持，BBC退出衛星電視競爭。當時，以英國《金融時報》出版商Pearson為首的公司（如Virgin和Granada等）成立英國衛星廣播公司（British Satellite Broadcasting, BSB），旨在1989年發射廣播電視衛星，惟媒體大亨梅鐸（Rupert Murdoch）於1988年即宣布在英國開展衛星電視服務（Starks, 2007: 24-25），1989年於英國開播四個衛星電視頻道，以其技術能力、行銷管理策略及資金優勢（Starks, 2007: 306），Sky TV於1990年合併BSB成立BSkyB（British Sky Broadcasting），為英國至今唯一的衛星電視業者。

　　英國有線電視發展源於1932年Rediffusion公司為解決電視信號較差提供Pipe TV有線電視服務。二戰期間，有線電視發展幾乎停擺；1999年，NTL及Telewest開始提供數位有線電視服務；2000年，NTL合併CWC（Cable and Wireless Communications）成為最大的有線電視公司。同年，Telewest合併Flextech。2007年2月NTL與Telewest兩家公司合併為Virgin Media，為目前主要有線電視業者，提供市區包括有線電視、寬頻和電話等服務（Cable TV in the UK, 2013）。事實上，英國有線電視初期曾多達

25家，如今僅1家經營，由於涵蓋率不到全國60%，並非無所不在，且與pay TV及公共廣播系統等平台競爭，不致有獨占的問題（蘇蘅、魏學文、王德威、葉雲梯，2011）。

至於IPTV，有鑑於網路普及與傳輸速率大幅提升，BBC於2007年推出名為iPlayer的免費IPTV收視服務（Catch-up TV）作為跨平台服務測試之用；2008年底提出Project Canvas計畫，2010年9月正式命名為YouView，2012年7月推出服務，消費者須加裝機上盒收看；2013年陸續推出線上直播頻道、高畫質節目及串流內容。而為擴大iPlayer通路，BBC不僅積極與電視業者（如CATV Virgin Media、IPTV BT、DTT Freeview、DTH Freesat）、數位電視設備業者、製造商與系統業者（如Sony、Microsoft、Apple）合作，更扮演新興視訊媒體內容服務業者，從傳統媒體經營角色，跨業整合產業資源（中央社，2011/12/23）。

二、數位電視平台發展概況與市場分析

英國總人口數根據經濟合作暨發展組織（OECD）2012年底統計約為6,370萬5,000人，總家戶數以英國國家統計局（U.K. Office of National Statistics, 2013）2011年所進行之人口普查推估至2012年底已超過2,644萬戶，GDP人均約39,049美金（IMF, 2013），至2012底，電視家庭戶數統計為2,510萬，至於全國家戶寬頻普及率（包含光纖、cable），2013年8月更新數據約為42%，另約有8%用戶使用衛星及無線寬頻（U.K. Office of National Statistics, 2013, August）。

整體估計英國媒體產值（收入）大約360億英鎊（U.K. Department for Culture, Media & Sport, 2013），至於媒體廣告分配，根據Ofcom 2013年8月Communication Market Report針對2012一整年廣告支出統計，其中，網路廣告最多，達到54億1,600萬英鎊，電視居次44億8,000萬英鎊，紙媒40億3,600萬英鎊，信件廣告21億2,700萬英鎊，戶外廣告9億7,000萬英

鎊，廣播廣告5億5,300萬英鎊，電影廣告2億1,300萬英鎊（Ofcom, 2013, August 1）。其中，網路廣告自2008年起，搜尋關鍵字為最主要之網路廣告形態，2012年廣告總收入54億1,600萬英鎊中，關鍵字廣告占31億6,800萬英鎊，影音展示（Display）廣告占13億400萬英鎊，分類（Classfied）廣告則占8億5,400萬英鎊，其他形態的廣告則占極小部分。與IPTV及行動電視較相關之廣告收入則是影像展示（Video Display）的廣告增加，此類廣告方式有二：一是影片形式，另一則是在線上影片前、中、後播放，自2008年的1,200萬英鎊，成長至2012年的1億6,000萬英鎊，尤其，智慧型手機崛起後，行動通訊廣告大幅成長，主要也是以關鍵字搜尋以及影音展示廣告為主要模式（Ofcom, 2013, August 1），概估行動載具廣告收入於2013年成長至10億英鎊，其中，Google是最大贏家，占行動廣告市場約44%（The Guardian, 2013, June 24）。

統計顯示，在多樣化數位技術發展的英國通訊傳播市場中，數位電視使用人口相較於DVD、寬頻服務、MP3、數位廣播（DAB）、3G手機等之使用，仍占最多數（蘇蘅等人，2011）。英國數位電視平台，主要包括數位無線電視、數位衛星電視、數位有線電視以及TV over ADSL（Ofcom, 2006a）。1995-1998年為英國電視數位化規劃準備期；BSkyB於1998年率先發展數位衛星電視；一個月後，英國獨立電視台（ITV）試圖推展付費電視Ondigtial，但在2002年宣告失敗；同年下半，BBC接續ITV改以BBC為首，推出免費數位電視Freeview；四年內，約700萬家庭接收數位電視，數位轉換開始出現大幅成長。事實上，衛星電視早在2001年即完成數位化，有線電視2007年也實現全面數位化，惟地面無線電視，因英國地理位置東鄰法國、比利時、荷蘭等國，需進行頻率協調，難度較高，因此，數位電視轉換先由北邊蘇格蘭開始，由西而東（The Guardian, 2012, April 18a），直到2012年10月24日才全面終止類比訊號，完成數位轉換。

英國衛星電視市場由BSkyB占據已久，前述，英國公共廣播電視業

者開展衛星電視業務失敗，由Sky集團收購後形成BSkyB衛星電視；2003年底，BSkyB數位電視市場普及率便達到55.8%，意即，當時有超過一半以上英國人主要以數位電視收視（Ofcom, 2004; Colapinto & Papandrea, 2007），此舉激勵無線電視開始積極推展數位化。2002年10月，BBC、BSkyB以及Crown Castle合作推出數位無線電視平台Freeview後快速成長，使得BSkyB在2004年第一季的普及率曾因此略降為53.2%（劉幼琍、陳清河、王郁琦、王鴻智，2004），直到2005年Ofcom第四季市場調查顯示，數位衛星電視收視戶首次超越數位無線電視收視戶（Ofcom, 2006a），而衛星電視也是除了無線電視外，在英國電視市場中市占率最高的多頻道電視業者（Ofcom, 2012）。

由於衛星電視早已完成數位化，且有線電視也均轉為數位有線電視用戶，因此，英國推動數位轉換重點在於數位無線電視。在Ofcom的安排下，公共電視業者BBC、ITV、Channel 4及Channel 5與傳輸公司SDN及Arqiva於2005年共同成立非營利民營公司Digital UK，經費來自於執照費，提供業界技術支援，向民眾推廣數位轉換。2007年10月，位於Cumbria的Whitehaven成為英國第一個完成數位轉換的地區；之後，威爾斯、蘇格蘭、英格蘭、愛爾蘭等陸續完成，2012年10月達到全面數位轉換（Ofcom, 2013）。

分析英國電視媒體產業2007-2012年發展概況，2007年，英國電視頻道總數為470個，數位電視占有率87%；2013年初，電視頻道總數529、數位電視占比則已達98%。六年間，英國電視產業總營收呈現逐年上升趨勢，平均每年0.8%的成長幅度。其中，電視訂戶營收平均每年成長0.9%，惟家戶平均每月電視服務花費自2008-2009年逐漸上升，2010年開始下降，至2012年為28.41英鎊。至於電信產業總營收，2007-2008年略有上升，但2009-2012年一路下滑，是營收減少最多的產業，估計平均每年約1.8%的降幅，反倒是行動媒體服務花費上升，這其中大多為智慧型手機以及行動數據的使用（**表3-1**）（Ofcom, 2013, August 1）。

表3-1　英國電視媒體產業2007-2012年發展概況

	2007年	2008年	2009年	2010年	2011年	2012年
數位電視（%）	87%	89%	91%	93%	93%	98%
電視頻道總數	470	495	490	510	515	529
每日每人電視收視（小時數）	3.63	3.74	3.75	4.04	4.03	4.01
家戶平均每月電視服務花費（單位：英鎊）	28.92	28.20	29.13	28.93	28.91	28.41
五主要頻道家戶占有率	64%	61%	58%	56%	54%	52%
Public Funds營收%	24%	23%	23%	22%	22%	22%
廣告營收（單位：百萬英鎊）	3,576	3,470	3,136	3,486	3,619	3,547
	32.5%	31.2%	28.4%	29.9%	29.7%	28.9%
訂戶營收（單位：百萬英鎊）	4,064	4,277	4,596	4,839	5,251	5,300
	36.9%	38.5%	41.6%	41.5%	43.1%	43.1%
BBC income allocated to TV（單位：百萬英鎊）	2,598	2,577	2,586	2,607	2,628	2,719
	23.6%	23.2%	23.4%	22.4%	21.6%	22.1%
電視產業總營收（單位：10億英鎊）	11.0	11.1	11.0	11.7	12.2	12.3
電信產業總營收（單位：10億英鎊）	42.1	42.5	41.3	40.4	39.5	38.8
廣播產業總營收（單位：10億英鎊）	1.2	1.1	1.1	1.1	1.2	1.2
Post產業總營收（單位：10億英鎊）	6.8	6.8	6.7	6.5	6.7	7.2

資料來源：彙整自Ofcom (2013, August 1), Ofcom (2013).

　　數位無線電視平台在英國是用戶數量最多、增長速度最快、規模最大的主流播出平台，播出電視頻道包括BBC、ITV、Channel 4、Channel 5以及數位化服務，其中主要是免費Freeview，股東為BBC、Crown Castle（現在的Arqiva）和英國天空廣播公司。而英國有線電視業者主要是Virgin Media，另擁有手機及寬頻訂戶。至於直播衛星電視業者，主要有BSkyB和免費的Freesat，BSkyB是英國最大的付費電視業者，居付費電視市場主導地位；BSkyB於2006年投入5億英鎊打造高畫質電視服務，相較

其他歐洲平台，所提供高畫質電視節目數量最多。2010年10月推出3D頻道，免費提供訂購高畫質電視用戶，BSkyB的3D頻道用戶每季度增長約3.6萬戶。英國直播衛星平台另一家是BBC和ITV共同創辦的Freesat，2005年率先推出高畫質電視服務，提供付費用戶六個高畫質頻道，一次性收取49.95英鎊HD-activation費用。在英國，IPTV發展較弱，僅0.1%的電視機開通由BT、Talk Talk提供的IPTV服務（Ofcom, 2013, August 1）。而行動廣播電視服務的市場先進者為BT Movio，因技術服務品質不佳及頻道不夠多元，宣告推廣失敗（李駿，2010），至今行動電視市場還有很大的測試發展空間。至於提供OTT（Over-The-Top）內容服務的業者，則包括無線電視台（如BBC、ITV、Channel 4及Channel 5）、衛星電視（如BSkyB），以及線上租片業者（如LOVEFiLM）等，消費者可直接利用上網設備（如電腦、智慧型手機、機上盒、智慧型電視、遊戲機等）取得，而不需透過網路服務供應商提供的寬頻影音內容。

　　英國數位化媒體服務統計方式是由BBC、ITV、Channel 4、Channel 5、BSkyB以及廣告業協會（Institute of Practitioners in Advertising）共同組成的收視率調查專責機構BARB（Broadcasters' Audience Research Board），在全英國約5,100個家庭置入收視率調查機上盒，為避免抽樣誤差，機上盒發放因地域與年收入等不同而有區隔。BARB用以追蹤家庭電視收視的機上盒除了可以完整記錄觀賞節目外，還可透過遙控器選項指令，得知觀眾的性別與年齡等。每天的調查數據，隔天早上九點半便直接傳給電視台及廣告業者，一週七天的數據則集結成「一週收視率調查報告」。BARB的數位收視調查機制分別由RSMB、Ipsos以及Kantar Media共同運作，由RSMB負責抽樣設計與品質檢驗，並在調查結果與過去數據有重大差異時，進行偵錯與改正。在調查機制上，特別側重地區差異，每年隨機抽樣面談約53,000人，英國家庭都有機會接受訪談，主要由Ipsos MORI負責面談，透過統計分析更換機上盒放置家庭；另，亦針對地區人口及觀賞行為修正調查機制，以求達到英國整體家戶的收視平均結

果,提供電視產業推動數位電視創新應用之參考。在英國,家中有數位頻道預約錄影功能設備「個人錄影機」(Personal Video Recorder, PVR)、光碟錄影(DVD Recordable, DVDR)或其他錄影設備(VCR)之收視戶,每當打開電視時,機上盒均會一併偵測周邊設備使用狀況(MIC, 2012/3/31)。

分析英國多頻道電視市場中各電視平台占有率,以無線電視平台最高,有線電視平台最低(不計入TV over ADSL)(Ofcom, 2013, August 1)。就廣義的電視市場訂戶數與普及率而言,根據Ofcom於2013年8月公布英國媒體產業至2012年底統計,傳統媒體中,數位無線電視收視戶數約1,920萬,普及率75%;直播衛星電視訂戶數1,150萬,普及率約45.1%;數位有線電視訂戶數330萬,普及率約13%。IPTV等新媒體,2013年第二季統計IPTV訂戶數140萬,普及率約5%(Point Topic, 2013)。至於行動與新興媒體,英國人平均每月使用行動裝置收看電視大約90分鐘(The Guardian, 2013, February 19),新興媒體OTT訂戶數則累積達2,000萬,家戶普及率約75%(Bloomberg, 2012, November 19)。與2011年底資料相比,使用各種付費電視服務的家戶增加,使用免費地面及免費衛星服務的家戶則減少(Ofcom, 2013, April)。彙整英國(2004-2012年)多頻道電視收視占有率如表3-2。

在數位電視規格上,歐盟大多以標準畫質數位電視(SDTV)傳輸,英國雖無強制規定SDTV或高畫質數位電視(HDTV),由業者自行選擇;但原則上,先推SDTV再發展HDTV,因此起步較晚。2005年起,英國人民對HDTV服務需求有上升趨勢,HD-ready TV銷售量開始大幅提升。2005年底,Sky和Telewest率先宣布推出HDTV服務,市場約銷售70萬台HD-ready電視機,Telewest試播後,2006年3月正式推出。同年5月,BSkyB開始提供HD服務並以加裝版Sky+box擴大現有數位機上盒模組容量。至於BBC,2006年開始發展高畫質電視節目(Sharif, Issa-Salwe & Ahmed, 2011)。事實上,2007年3月中,BBC、ITV、Channel

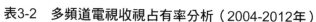

表3-2　多頻道電視收視占有率分析（2004-2012年）

%	2004年	2005年	2006年	2007年	2008年	2009年	2010年	2011年	2012年
BBC	29.5	29.8	30.6	31.2	31.8	31.4	32.3	32.7	33.2
ITV	21.7	22.1	22.0	22.3	22.6	22.6	22.7	23.1	22.3
C4	8.6	9.6	11.2	11.2	11.7	11.5	11.5	11.8	11.5
C5	5.1	5.3	5.1	5.6	5.9	6.0	5.9	5.9	5.9
BSkyB	10.4	9.3	8.7	7.6	6.8	7.4	8.4	8.8	8.3
UKTV	4.2	4.0	4.0	3.9	3.9	4.0	4.1	4.0	4.3
Viacom	3.4	3.1	2.9	2.7	2.6	2.7	1.9	2.3	2.4
Virgin Media	2.8	2.8	2.6	2.7	2.6	2.6	BSkyB	BSkyB	BSkyB
Other	14.3	14.0	12.9	12.8	12.3	11.8	13.2	11.4	12.2

資料來源：彙整自Ofcom (2013, August 1), MIC (2012/3/31).

4、Sony、Samsung以及電器零售商Dixons曾合組HDforAll運動計畫，希望遊說Ofcom在Freeview上保障HD的空間，確保免費收視、普及服務的型態，且至少提供三分之一數位紅利給公廣業者。Ofcom曾進行十三週的公眾意見諮詢，當時引起BBC等公廣業者反彈，一度引起跨黨派超過五十位國會議員的連署聲援，要求文化、媒體與運動部（DCMS）介入，阻止Ofcom拍賣頻譜，掀起有關公共廣電應否保障頻譜發展HDTV的論戰（孫青，2008/12）。2010年3月推出高畫質數位的頻道包括：BBC HD、BBC One、ITV1 HD和Channel 4 HD，2011年4月推出第五個高畫質頻道（DVB-T標準）（陳祈儒，2010/8/3），同年底，即有超過50%用戶因數位電視轉換升級HD高畫質電視；當時，聯網電視整年銷售達到100萬台，占整體電視機銷售的10%；至於3D電視的銷售則達到10萬台，占整體電視機銷售的1%，顯示英國電視用戶期望藉由轉換、硬體升級，接收更優質的數位電視內容（Ofcom, 2012）。

 ## 第二節　數位電視與新媒體平台政策與推動策略

　　由於BSkyB於1998年提供免費數位機上盒，兩年間將98％用戶轉換為衛星數位用戶，關閉類比訊號率先進入全面數位化，英國政府為避免數位電視市場由Sky一家獨大，積極推動無線電視數位化。1999年，文化、媒體與運動部（DCMS）首度宣布推動電視數位化，主要以無線電視為核心，在主管機關政策規劃下，民間機構透過設置專屬網站等各項宣導策略共同推動執行。DCMS指出，數位轉換是一個平台中立（Platform Neutral）計畫，包括Sky TV等各平台也都有參與，有線業者Virgin Media雖並未加入，但意見也被廣納（蘇蘅等人，2011）。考量有線電視屬私人企業，未有針對性積極政策，英國數位電視政策目標主要強調，在數位時代須有強大的公共電視系統，要求公共電視服務（包括BBC1、BBC2、ITV1和Channel 4/S4C）涵蓋率至少達98.5％，商業台達到90％即可（DigiTAG, 2005; DigiTAG, 2006）。

一、相關政策法規

　　英國數位轉換政策主要由DCMS與商業、創新暨技能部（BIS）負責。相較於歐盟其他國家（德國、西班牙等），英國在發展數位電視之初便已有完整的監理架構（Smith, 1999）。依據貿易暨工業部（DTI）與DCMS於2000年12月聯合發表「電信資訊傳播新未來」（A New Future for Communications）白皮書之構想，英國通過2003年通訊傳播法授權Ofcom為英國通訊傳播產業之監理機關與頻譜管理者，管轄範圍繼承原五部門業務，包括電信、電視與廣播的管制及監理，頻譜管理（不含BBC執照核發）、廣電標準，以及市場競爭行為與公平交易會（Office of Fair Trading）。因此，在推動數位電視方面，Ofcom負責包括：發給傳播產業執照、監督公共廣播電視（PSB）、保護消費者、監督與分析數位電視市

場、頻譜定價與交易、監督傳播業者財務狀況等（劉幼俐等人，2004）。

回溯英國數位無線電視發展政策，1995年政府白皮書約略規劃數位無線電視6個多工器（Multiplex, MUX），每一平台至少載送3個以上的電視頻道，將全國人口涵蓋率提升至90%，為英國數位無線電視之管制架構基礎與政策方針。1999年，DCMS宣布預計2006-2010年完成數位轉換，訂出推動數位無線電視三大政策目標，包括：(1)可取得（Availability）：所有可接收類比訊號公共頻道（BCC1、BCC2、ITV、Channel 4/C4S、Channel 5）之收視戶均可透過數位接收器接收公共頻道數位訊號；(2)可負擔（Affordability）：大多數家庭均能負擔得起數位化費用；(3)可近用（Accessibility）：政府宣布全面數位化之前，需有95%家庭能接取數位設備接收數位電視（Adda & Ottaviani, 2005）。

2001年底，英國政府宣布「數位電視行動方案」（Digital Television Action Plan），成立「英國數位電視計畫」（UK Digital TV Project）以提供數位轉換執行方式和時程相關意見（House of Lords, 2010, March 29）。「數位電視行動方案」為推動無線電視數位化之政策基礎，目標在於確保數位化相關工作順利完成，幫助政府決定何時以及如何宣布全面數位化，關閉類比電視訊號。「數位電視計畫」則由政府與業界利害關係人共同推動，針對頻譜分配、用戶終端設備、市場準備等議題成立工作小組預作準備，並據此規劃分四階段，計四年完成。惟2003年，英國政府檢討「數位電視行動方案」發現，除需社會宣導與周邊設備等配套外，應待國際電信聯盟（ITU）2003-2005年「區域無線電波會議」（Regional Radio Communication Conference）討論決定數位電視頻譜使用計畫後再行推動（謝進男、鐘起惠、羅金賢，2010）；此外，當時英國數位電視普及率60%（2004年12月底），BBC、Ofcom、DTI等各單位均報告指出，不可能在2010年達成政府訂下普及率95%的目標。經各方評估以及Ofcom規劃建議時程表，2004年宣布將「SwitchCo」全面數位化時程延至2012年底，採逐區（Region by Region）關閉類比訊號形式；2004年9月，

Ofcom核發「數位電視執照」（Digital Replacement Licences）予商業無線電視台ITV、Channel 4、Channel 5和Teletext，要求業者2012年完成數位化。2005年2月，英國在DTI與DCMS合作下，以Llansteffan和Ferryside兩個社區作為區域實驗；同年4月13日，公廣集團BBC、商業無線電視業者ITV、Channel 4、Channel 5、S4C以及發射機製造商Arqiva、SDN合資成立Digital UK，為廣電業者與MUX經營者合組之獨立非營利組織，負責執行與管理數位轉換相關工作，主要經費來自BBC的執照費，以兩年時間籌備，在電視業者規劃提升相關設施及數位傳輸系統前，提供消費者足夠準備時間。

2005年9月，英國政府宣布啟動「數位英國」計畫。事實上，歐盟2005年針對加速廣電數位化所發布的政策文件即強調，在協調廣電業者進行數位轉換時，政府應有清楚明白之公共政策行動以發揮決策功能，不能僅依賴市場引導，否則將成為數位轉換障礙。2008年，英國積極進行逐區關閉類比訊號，由Digital UK推動，先從英國北部開始。2009年6月16日，BIS與DCMS聯合發表「數位英國報告」（Digital Britain Report）；DCMS指出，數位英國計畫面臨三大挑戰與措施包括：寬頻、智慧財產權以及創新的經濟模式，關鍵議題如下：(1)在傳播基礎建設方面，使英國數位基礎建設更強、更現代化，有足夠競爭力居全球領導地位：成立基金建置下一代超高速寬頻投資並普及全國；2015年數位廣播升級；加速目前及下一代行動廣播覆蓋與服務範圍；(2)在數位參與方面，確保每一國民都能分享數位英國利益：展開為期三年全國性計畫改進數位參與；在公共服務意義下進行數位轉換計畫；保留基金進行三年特定行銷與延伸計畫；(3)數位內容上，使英國躋身世界創意中心：強化法律與管制架構對抗數位盜版；成立「數位實驗育成計畫」（Digital Test Beds），在數位內容創作與轉換為貨幣價值上，鼓勵創新、實驗與學習（孫青，2009）。

英國在Copeland完成實驗計畫後，Digital UK將全國劃分為15個區域、1,154座無線電視轉播站（發射機及中繼台）、67個主要發射站、23

個區域子工程在不同時間點進行數位轉換。發射站的數位轉換工程主要由傳輸公司Arqiva承包，針對無線電視轉播站轉換數位訊號發射，與電視業者簽約相關傳輸系統升級，以提供達98.5%的覆蓋範圍（House of Lords, 2010, March 29），英國民眾隨時可從網站得知收視區域所屬發射群組（Transmitter Groups）更新資訊。原則上，每次轉換分兩階段進行，第一階段先關閉BBC2兩週，第二階段再關閉其他頻道；倘若民眾在第一階段未安裝數位接收設備，僅影響無法收視BBC2頻道，有兩週時間購買或安裝數位接收設備，不致在第二階段頻道全數關閉時無法收視（楊家富、賴文惠，2010/6）。

2007年，英國政府曾要求Ofcom就數位地面電視（Digital Terrestrial Television, DTT）頻譜使用效率進行研究，包括DTT平台是否升級至DVB-T2及MPEG-4規格。2008年，英國於全區覆蓋的MUX頻譜（Universal Coverage Multiplex）上採用MPEG-4與DVB-T2技術，6月26日DVB-T2規格正式得到DVB組織認可。隔日，BBC開始在Guildford發射站進行DVB-T2傳輸測試（楊家富、賴文惠，2010/6）。2009年，BBC將其一DVB-T頻譜轉換為DVB-T2並提供HD服務——Freeview HD。事實上，英國較晚才開始推高畫質數位電視，主因之一為頻率稀少（Ofcom, 2011a）。雖然世界各國（尤其日本、澳洲和美國）數位無線電視台均播送HDTV服務，但透過數位無線電視播送HDTV卻是歐盟國家的困境，英國頻譜資源供應稀少，未得到頻譜核發，DTT的HD前景並不明朗，尤其2006年12月規劃數位紅利（Digital Dividend）處理方案展開「數位紅利審查」，提出頻譜拍賣由市場決定頻譜應用等政策方向。面臨額外的頻譜成本，電視業者除了須與行動寬頻通訊業者競爭取得頻率，如何透過HD服務提高營收也是問題，畢竟在英國，收視者大多無須透過訂購即可取得數位無線HD內容服務，如何增加營收是難題之一。此外，英國數位無線電視台在提供HDTV時面臨的挑戰還包括，同時以SD和HD格式播出，壓縮技術進步或許能降低傳輸費用，但傳輸成本仍然過高（Sharif, Issa-Salwe,

& Ahmed, 2011）。

2010年2月8日「數位經濟議案」（Digital Economy Bill）於英國國會上議院進入委員會最後審核。該議案所觸及之法律規範議題源於2009年6月公布的「數位英國白皮書」（Digital Britain White Paper），白皮書明確揭示發展數位知識經濟願景，在於維持英國在全球媒體與娛樂產業的中心地位，並在數位科技運用基礎上規劃相關產業的經濟合作架構，帶動經濟成長。「數位經濟議案」包含2012年達到英國全面2 Mbps網路連線及投入10億英鎊推動2017年高速寬頻九成的普及率、數位內容版權法規制定、2010年秋季啟動由技術策略委員會（Technology Strategy Board）主導，投資1,000萬英鎊的「數位實驗育成計畫」等發展數位經濟所需寬頻基礎建置、智慧財產權以及創新服務模式等配套措施，鼓勵業者結合不同領域的合作夥伴以及產品供應商，設計開發各種數位內容的營運模式，嘗試建立數位內容商品化的機制。Digital Britain嘗試結合政府資源以及產業市場趨勢，政策規劃和市場需求相輔相成；金融海嘯後，英國政府對數位經濟寄予厚望，希望藉此創造10%整體經濟產值，促進經濟復甦。此外，英國政府將數位電視媒體內容視為數位經濟發展重要一環，制定保護政策。以Digital Economy Act 2010法案為例，促使ISP業者建立防堵侵權基礎建設，杜絕用戶使用寬頻網路時可能產生的侵權行為，制定完整提報機制，保護創作者權利。

Ofcom於2011年及2012年之計畫中，提出2015年五項優先策略，包括：(1)促進有效及持續競爭（針對付費電視服務Pay TV確保其公平及有效之競爭，推動超快寬頻Superfast Broadband之投資及競爭）；(2)提升公眾資源有效使用（適時清理頻譜，以因應新業務之開放；800 MHz及2.6 G頻段之頻譜拍賣；為滿足未來市場頻譜需求，研擬前瞻性頻譜政策）；(3)促進通訊市場正常運作，俾利消費者（確保通訊服務業者Communications Providers資訊透明，俾利消費者作多樣化選擇；落實通訊業者間便利轉換政策以利消費者）；(4)針對各種標準規範，提供消

費者適時保障（簡化傳播標準程序；對內容管理，研析新型態之監理模式）；(5)落實國會揭橥之公眾政策（研提並執行與郵政相關之監理事項；依2010年數位經濟法執行有關智慧財產權線上侵權之保障事項；針對2014年後Channel 3及5之發照監理，研擬報告）（蘇蘅等人，2011）。

　　值得一提的是，英國政府積極制訂數位電視媒體內容相關政策，除利用彩券發行、政府基金設立，投注國家與地區數位內容等多項補助計畫外，國會還將電影製作的稅賦減免政策擴大至數位電視產業。此外，設置數位影視節目基金，專款投注各種產業及人才培養，尤其將具有外銷能力的數位節目產業納入租稅獎勵條例，給予投資減稅、增加節目與硬體等投資成本的補貼等。另方面，英國發放地區性數位電視執照，補助地區公共電視，提供全面資訊服務、設備租借、資金補助等，以及在電視產業整體發展與人才訓練上，由政府部門設置投資基金，透過產業與學院培養專業數位內容優質人才，因應數位媒體內容產業所需，串聯全國性數位內容產業供應鏈，DCMS與電影學院並專案建立全國性完整的創意基礎建設，電視內容製作以「文化經濟與地區平衡發展」方向援助中小型數位內容產業，協助中小型製片公司申請資金，並與各地區大學進行產業合作開設地區性學習中心等，落實數位內容人才培育，將創意內容產業擴展至全國各地，獎勵地區性中小型業者加入數位電視媒體內容產業，推廣地區特色內容與在地文化經濟，平衡整體發展（MIC, 2012/3/31）。

二、推動策略分析

　　1998年，廣播法確立數位電視頻譜分配及執照發放方式，BSkyB同年便開展數位衛星電視服務。Freeview地面廣播平台則自2002年開始成立，民眾只要購買數位電視機上盒或內建數位電視，即可透過天線免費接收數位電視、廣播及互動服務，吸引民眾逐步數位轉換。在推動策略上，英國並非全民補助數位機上盒；無線電視主要針對年長者、殘障或身心不便

者補助與安裝支援；衛星電視業者初期推出免費安裝數位機上盒作為行銷手法；至於有線電視，則自行實施分組付費，提供符合分眾需求的數位電視服務。英國民眾以無線電視或衛星電視收視為主，有關必載規定，政府1995年宣布發展數位無線電視，1996年廣播電視法（Broadcasting Act）中載明，數位有線電視業者須播出特定無線電視業者節目，即必載規定。而有線電視業者以外平台是否也須遵守必載引發爭議，2003年傳播法（Communications Act）便有「Must Offer」條件，由數位電視節目供應者負擔合理之播送價格。

雖然早在1995年，英國政府就宣布推展數位無線電視，並於1997年發放第一張執照，但因1998年推出付費數位無線電視OnDigital經營不善倒閉，直到2002年10月Freeview推出免費收看，數位無線電視才帶起新一波收視。在這之前，英國電視數位化成長主要在於有線電視與衛星電視業者，以提供促銷服務、更新設備及線路，推動英國民眾添購數位化設備接收數位訊號。由於衛星電視業者BSkyB普及率高，提供數位頻道組合繁多，再加上，企業本身財力雄厚，積極提升其在電視市場占有率之策略，凡此均為有線業者推動數位有線電視之困難所在。當時，政府為鼓勵普及率較低的有線業者競爭，2006年NTL和Telewest合併後，更進一步使其與Virgin合併，希望加快有線電視數位化。

英國專責推動數位轉換計畫關鍵角色Digital UK為一獨立非營利組織，在政府制訂明確政策下，除了提供民眾有關何謂數位轉換、數位轉換何時發生、如何準備等相關訊息，提升民眾數位轉換認知外，亦與無線電視業者、傳輸網路業者、地方政府、製造商、零售商、天線安裝業者、通路商、安裝服務人員、數位擴展組織、慈善機構及消費者組織等，多方合作舉辦大規模推廣宣導活動，透過設置網站、組織義工、召開說明會、郵寄通知、媒體宣傳、安裝服務等方式，針對一般家庭、共同天線戶、弱勢族群、外籍人士、獨居長者等全面推廣；與業者或供應商配合市場需求，帶動市場採用數位接收設備；並以簡單易懂的溝通策略協助消費者瞭

解科技資訊；尤其與相關單位合作協助弱勢族群數位轉換，亦進行市場調查以掌握計畫執行成效（BIS & DCMS, 2009, June）。

英國從中央到地方政府透過Digital UK採取具體推動策略包括：

1.設立專屬網站「數位英國」（Digital UK）。

2.吉祥物代言：舉凡與數位轉換相關之手冊、廣告、宣導活動等，都由可愛又具數位象徵的機器人吉祥物Digit AI代言，引起民眾關注及興趣。

3.「數位轉換補助計畫」（The Digital Switchover Help Scheme, DSHS）：Ofcom與Digital UK協力推動，主要補助75歲或以上長者、身心障礙者、弱勢族群（付不起BBC收視費者）轉換數位電視等設備。

4.補助措施：DCMS與BBC於2008年12月達成協議修訂「補助計畫合約」（Help Scheme Agreement），DCMS負責預算編列，由BBC設立一家有限公司DSHS Ltd（Digital Switchover Help Scheme Limited）負責執行（House of Lords, 2010, March 29），提供數位轉換補助計畫相關說明手冊，方便年長或殘障人士瞭解政府提供的服務。

5.分階段、分區宣導：2006年5月Digital UK展開首波大規模宣導活動，宣導策略從數位電視訊號開播到完成轉換前三年，各階段均讓民眾充分瞭解轉換的意義與數位化進度（Ratkaj, 2009; Gomez, 2012, May）。

6.「數位轉換追蹤」（Switchover Tracker）：為督導數位轉換進程，Ofcom與Digital UK聯手確實掌握消費者對數位轉換的認知意識、瞭解、態度、意圖、轉換情形及滿意度，並於每季出刊最新調查報告（Digitaluk & Ofcom, 2006）。

7.Digital Tick標章提升消費者認知數位化：2004年9月起，商店所販售的電視機均貼上Digital Tick標章，2008年3月28日Digital Tick註冊

為認證商標（黃燕蘭，2011）。

至於經費來源，英國每戶每年須支付約140英鎊無線電視收視費用，其中5英鎊用於數位轉換計畫。Digital UK數位轉換計畫之預算（2005-2012年）為2億3,200萬英鎊，其中溝通宣導預算2億100萬英鎊來自BBC執照費，營運預算3,200萬英鎊來自電視業者。至於數位轉換補助計畫（DSHS），計有6億300萬英鎊來自BBC執照費（Jolly, 2010, November 19; House of Lords, 2010, March 29）。地面數位電視高功率網路之建置有7億英鎊來自電視業者（補助傳輸基礎設施之更新），而全英國三分之二的民眾須繳40英鎊；另，三分之一的人因領取退休金補助、收入補助津貼或失業補助則一律免費。前述，英國政府並未全民補助數位機上盒，僅補助原本就付不起BBC收視費的觀眾購買數位接收設備，其餘不足之處，由電視業者等相關單位自行負擔（DigiTAG, 2005; DigiTAG, 2006）。數位轉換補助計畫6億多英鎊總補助金額，於數位電視普及率已近94%時，由於近一半並未使用，當時便將尚未運用的3億英鎊先予歸還（Microsoft, 2012, April 19）。

英國對於生產數位機上盒規格及廠商也並無統一規範；因此，無線電視、衛星電視、有線電視因數位傳輸技術不同，各電視平台有其數位機上盒或接收天線，甚至電視機內建數位接收器規格亦存有差異，形成Digital UK推動執行數位轉換遭遇的困難之一。BSkyB在數位訊號與數位電視尚未普遍時，便以贈送訂戶免費機上盒或衛星碟的方式，使衛星數位電視迅速發展領先其他電視平台。就推動策略而言，補貼民眾機上盒雖增加行銷成本，一旦普及率高，利潤也相對增加；英國有線電視也是以機上盒免費或優惠搭售服務吸引收視戶。至於數位無線電視的機上盒，除了75歲以上老人、身心障礙／弱勢族群符合「數位轉換補助計畫」對象之外，由於以免費收視為主，均由民眾自行購買設備收視，英國政府並無條件式接取系統相關政策（陳清河等人，2010），各電視平台已漸朝整合機上盒方向發展。

在IPTV的推動策略上，BBC於2008年底提出Project Canvas計畫，前後已有ITV、Channel 4、Channel 5、BT、TalkTalk等共同參與。BBC希望Canvas服務能夠於無線電視推出HD節目時同時推出，有助未來開發新型數位機上盒規格的一致性，減少民眾選購機上盒的困擾。BBC計畫建立一種全開放式的網路電視標準，串起節目內容供應商、ISP供應商、電視機及機上盒供應商的潛在價值鏈，於2010年9月將Project Canvas正式命名為YouView，因競爭對手Virgin Media、IP Vision、BSkyB質疑YouView違反公平競爭原則，向Ofcom提出申訴（Ofcom, 2010, October 19），遲至2012年7月推出服務，消費者須加裝機上盒收看；2013年又陸續推出線上直播頻道、高畫質節目及串流內容。英國電信（British Telecom, BT）於2006年底推出網路電視服務BT Vision，2012年底提供YouView服務，寬頻訂戶可免費安裝YouView機上盒，2013年中改名BT TV（Newton, 2013, July 25）。而TalkTalk TV，前身Homechoice服務自2003年即透過其IPTV平台，提供Freeview頻道，利用BT的ADSL提供網路電視服務，2010年初改名為TalkTalk TV，透過同名品牌DVB-T機上盒連接至家中電視機可觀賞IPTV頻道節目，亦可觀賞Freeview頻道節目。

在推動行動電視發展方面，英國第一個行動電視服務Movio是由英國電信（BT）與維京電信（Virgin Mobile）合作，2007年中，BT決定終止Movio服務（Lovelace Consulting, 2007, July 27）。Everything Everywhere是英國最大的行動網絡業者，2010年中成立，擁有Orange及T-Mobile兩個品牌（Crowell, 2011, September 8; Lunden, 2011, September 7），Orange曾於2005年與美國MobiTV短暫合作，而T-Mobile自2007年開始提供行動電視（Hunter, 2011, July 1）。O2、Orange及Vodafone於2010年中宣布下半年實驗整合行動廣播（Integrated Mobile Broadcast, IMB）技術，於2011年初展開測試。

第三節　數位電視與新媒體平台經營策略與營運模式

一、數位無線電視

　　英國數位電視轉換工作隨著英國東北部及北愛爾蘭於2012年10月24日晚間全面終止類比訊號傳送，如期完成。基於原使用頻段與真正數位轉換後規劃使用頻段不同，且收訊不良，因此，原使用數位電視機上盒收視Freeview、BT Vision或Top Up TV服務的消費者，均需重設接收頻道，Digital UK與BBC的Switchover Help Scheme提供民眾查詢電話予以協助（星島環球網，2012/10/25）。由於英國訂定關閉類比訊號須達全國98.5%的涵蓋率，因此，類比訊號關閉後，僅少數民眾無法收視。歷經多年宣導溝通，英國民眾普遍對數位轉換有所認知，近幾年調查，幾乎90%受訪民眾均表示，接收到充裕的資訊和指導，準備充分、反應良好或感到滿意（BIS & DCMS, 2009, June; Digitaluk, 2010; Ofcom, 2011b）。

(一)經營策略

　　回溯英國數位電視服務發展，BSkyB、Carlton以及Granada於1997年經營共同平台公司British Digital Broadcasting（BDB），由「獨立電視委員會」（ITC）授予第一張數位無線電視執照，成為全英國第一家付費商業數位電視台。後期，英國政府以避免壟斷為由，要求BSkyB退出與Carlton及Granada的聯盟，1998年改名Ondigital再次推出付費服務，卻因經營不善倒閉，使得英國政府重新思考數位轉換政策朝向免付費服務發展（DigiTAG, 2005）。2001年，在BBC主導下，包括ITV、Channel 4、Channel 5等無線電視頻道成立「數位聯盟」（Digital Coalition），由廠商贊助平價機上盒，共同推動「免費收視」（購買100英鎊機上盒加裝在傳統電視機上收視14個數位頻道）（Digitaluk & Ofcom, 2006）。2002年8

月，ITC將Ondigital倒閉後空出的頻道重新分配給BBC與負責信號發射傳輸的Crown Castle International；2002年10月30日，BBC、BSkyB、Crown Castle（今Arqiva）、ITV以及Channel 4合股投資，聯手推出免付費數位無線電視平台Freeview，且Crown Castle解決過去數位訊號不佳問題、改善畫質後，免費數位頻道增加到30個，外加16個廣播頻道和BBCi互動電視，成功吸引原本不願付費收看電視的觀眾（徐秋華，2003），加速數位無線電視推展。

Freeview收視戶在2003年之前僅100萬戶，截至2012年4月，「The Free-to-air DTT Promotions Organization」統計全英國超過2,000萬的家庭均可收視Freeview，約有1,080萬家戶以數位無線電視平台為主要收視，其中約210萬家戶收視Freeview HD（The Guardian, 2012, April 18b），預計2016年之前，Freeview HD機上盒可增至3,980萬（Intellect website, 2012, July 4）。事實上，Freeview的成功對英國政府實施數位轉換具有相當的鼓舞效應，2004年3月，英國再度出現付費數位無線電視Top Up TV在Freeview平台上提供付費的附加服務，是英國DTT平台上唯一的付費電視，當時用戶只要花25英鎊裝機費，以及每月7.99英鎊月租費，便可收看Freeview所有頻道，外加10個數位頻道和互動服務（House of Lords, 2010, March 29）。

2006年，英國公共電視台BBC、ITV、Channel 4和Channel 5進行五個月高畫質數位電視試播，主要測試技術的可行性及收視者對高畫質服務反應。BBC調查顯示，消費者對於能在DTT平台取得HD服務有很大的期待。測試發現，67%受訪者不贊成Freeview平台上竟無法提供HD公共頻道，僅透過免費的衛星平台收看HD；且71%受訪者相信HD將成為電視標準規格，非常支持公共電視提供HD普及服務；另78%受訪者預估未來Freeview所有頻道均應以HD播送（BBC Trust, 2008; Ofcom, 2007）。

(二)數位無線電視服務與經營模式

英國電視用戶原有5個類比頻道（BBC1、BBC2、ITV、Channel 4、Channel 5），數位轉換後，可接收15個或40個頻道。頻道數不同，主要在於收視戶若是經由主站（Main Transmitter）接收電視訊號的收視戶，數位轉換後可收視6個多工平台共40個頻道節目，但若是經由補隙站（Relay Transmitter）接收電視訊號，則只能看到3個多工平台共15個頻道節目（蘇蘅等人，2011），惟絕大多數地區均可收視超過40個數位電視頻道；僅部分地區收視15個頻道。

免費數位無線電視平台Freeview內容主要包括：娛樂、兒童、音樂、互動、新聞與生活等六種不同頻段屬性，基本上，民眾只要購買數位機上盒（約20英鎊起），或直接更換為內建數位的電視機（約150英鎊起），便可免費收視約50個全國性和地區性的數位頻道，24個廣播電台節目（表3-3）。「Freeview+」數位機上盒同時提供錄影功能，讓用戶免費收視之外，還可建構自己專屬的最愛（Your Own Box-Set）。

Top Up TV的經營模式是和Freeview以及總部設在英國負責推動各類數位電視發展的機構DTG（Digital TV Group）合作，運用DTT使用的6個多工平台在夜間剩餘頻寬，將節目廣播到用戶的接收設備儲存，就連EPG也和Freeview整合，提供簡單方便的介面，民眾只要用Top Up TV（或Freeview＋Recorder）機上盒便可免費收看Freeview超過50個以上的節目。在費用上，安裝Top Up TV數位機上盒約79.99英鎊。Top Up TV抓住觀眾想收看更多運動賽事節目和更多影片，卻又不願支付昂貴價格的心理，在DTT平台上提供創新的加值服務模式，民眾只要另付月租費約7-54.98英鎊，除了可享有Freeview所有頻段節目外，還可享包括Sky Sports 1、Sky Sports 2等體育頻道內容，以及每天新增一部電影。2010年8月2日起便曾推出特別方案，訂閱Top Up TV即免費獲得49.99英鎊的機上盒，收視Sky Sports 1和 Sky Sports 2等體育頻道節目，提供套裝服務選項

表3-3　數位無線電視服務

電視頻道	收視方式	內容服務	數位機上盒	月租費	收費制度
Freeview數位無線	透過天線接收，免費數位電視服務	居住地區不同，收視頻道狀況略有差異。絕大多數地區均可收視超過40個數位電視頻道；僅部分地區收視15個電視頻道	1.安裝數位機上盒約20英鎊起，Some boxes offer audio description. Some boxes offer text to speech. 2.購買數位電視機約150英鎊起	無	一次性支付
Top Up TV數位無線	免費收視Freeview數位電視頻道＋隨選服務	絕大多數地區均可收視超過40個數位電視頻道；僅部分地區收視15個電視頻道，依居住地區不同而異。外加Sky Sports 1、Sky Sports 2、ESPN、on-demand TV and movies等隨選服務。總計最多可收視超過50個頻道	安裝數位機上盒約79.99英鎊（Top Up TV Recorder）	月租費約7-54.98英鎊，可享體育運動、娛樂、電影等隨選服務	隨選訂閱（月付）

資料來源：彙整自 freeview.co.uk, topuptv.com.

（TV Favourites、PictureBox Films或Sport），民眾可任意組合。Top Up TV提供每週700小時以上、總計超過50個頻道，以及體育運動、電影、娛樂電視節目等隨選服務（**表3-3**）。尤其，機上盒本身也是個人錄影機（PVR），用戶可將節目錄影儲存觀賞；加密功能使錄影內容無法轉載至其他設備上觀看，有效保護節目版權。Top Up TV可謂看準觀眾需求、區隔市場、明確定位，在與Freeview HD機上盒整合後，用戶便不用再買兩種盒子收看節目，便利性更高。

　　數位無線電視平台高畫質HD服務自2009年12月開始試營運，2010年2月HD機上盒問市。英國市場上有三、四種Freeview HD機上盒，每台售價160-180英鎊；具PVR功能的機上盒則約300英鎊。2010年5月推出Freeview

HD，頻道包括BBC One HD、BBC HD、ITV1 HD和Channel 4 HD；2012
年推出FIVE HD，使用DVB-T標準（MAVISE, 2012）；另，BBC與ITV
聯手推出的Freesat提供HD服務上架Freeview HD頻道。英國民眾無論透
過內建數位高畫質電視機、Freeview HD機上盒，均可收視Freeview所
提供的高畫質電視節目。2011年第一季，全英國32%家戶採用HDTV頻
道（Ofcom, 2011b），2011年第三季增至約42%（Ofcom, 2012），依據
調查意見趨向，Ofcom預估全面數位化之後，HDTV收視戶更大幅增加
（Ofcom, 2011a）。BBC TWO於2013年3月26日全面升級為高畫質頻道，
原BBC最早推出的BBC HD由於半數內容均來自BBC TWO，則正式結束
走入歷史。2013年7月16日BBC宣布五個頻道均升級為高畫質頻道，預估
每週可提供約250小時高畫質電視節目（李羏，2013/9）。

二、數位有線電視

由於在英國多頻道電視市場中，有線電視平台市占率相對最低，
連帶在數位電視市場的普及率也最低；至於付費電視市場，有線電
視業者無論用戶及涵蓋率也都不及衛星電視業者（Ofcom, 2012; MIC,
2012/3/31）。分析有線電視數位化與市場占有率，數位有線電視用戶雖
有所成長，但成長幅度始終遠低其他數位電視平台，導致整體呈現逐年
下降的趨勢。自2002年第三季的13.8%開始緩慢下滑，到2003年第三季
13.2%，2004年第一季結束，有線電視在整體數位電視市場的普及率雖逐
漸回升為13.5%，但2011年第一季又降為13.1%，2011年底甚至曾下滑至
12.3%（Ofcom, 2012）。

(一)經營策略

英國有線電視網路集中在都市地區，Virgin Media為市場最大付費有
線電視業者。2005年NTL與Telewest合併之前，當時NTL的數位有線電視

用戶數較多，惟占整體用戶比例略低於Telewest。NTL推廣數位有線電視的策略，主要提供用戶數位有線電視、電話服務以及寬頻上網服務之搭售，並給予同時選用三種服務者優惠價格；例如：贈送數位有線電視用戶一台機上盒且免收裝機費，如果用戶需要第二台機上盒，則月付15英鎊租用。NTL提供的搭售方案在市場上頗為成功，NTL認為，對消費者而言，好的電信服務可能比有線電視服務更具吸引力，當時，NTL擁有全英國最多的寬頻上網用戶。至於Telewest，提供包括有線電視、電信、網路三種服務、多種組合的交叉搭售，當時高達75%的客戶購買超過一種以上的服務，而同時購買三種服務的客戶也多達22%（劉幼琍等人，2004）。2006年，英國政府為鼓勵有線業者競爭，更進一步使其與Virgin合併，成為主要有線電視業者，加速於2007年全面數位化。

　　英國有線電視發展早，分析有線電視市場占有率遠低於衛星電視與地面電視，與英國複雜多變的地形阻礙有關。英國由大不列顛島、愛爾蘭島東北部及附近許多島嶼組成，英格蘭全境平原、高地、盆地和丘陵；威爾斯境內多山、地勢崎嶇；而蘇格蘭及其周圍小島全境屬山嶽地帶。由於鋪設有線電視網成本昂貴，一般只在城市區域鋪設，但城市人口卻僅占少部分。研究指出，英國有線電視業者在拓展市場占有率上的困難，與其用戶在搬家後轉為衛星電視用戶不無關聯。根據調查，多數用戶家中第二台電視機，通常會選擇與第一台電視相同之數位平台（劉幼琍等人，2004），導致有線電視業者始終未能成為英國家庭數位電視平台的主要選擇。

　　1991年，英國開放有線電視業者進入電信市場。當NTL及Telewest合併為Virgin Media後，持續提供包括電話、寬頻上網等電信服務，成為英國最大付費有線電視業者、第二大付費電視供應商，主要競爭對手仍是衛星付費電視業者Sky集團。Virgin Media採用次世代光纖網路，為四網合一經營業者，營收來源分為行動（Mobile）、有線（Cable）、非有線（Non-Cable）、消費（Consumer）、Business等部分（陳祈儒，

2010/8/3）。雖然，數位有線電視業者目標在於推動隨選視訊（Video On Demand, VOD）以及個人錄影機（PVR），且相較於數位衛星電視或數位無線電視有其優勢，例如：可直接透過有線電視系統纜線提供互動服務或隨選視訊，成本、價格都低於數位衛星電視，但因前述多項因素始終未能吸引更多數位電視用戶。

(二)數位有線電視服務與經營模式

Virgin Media數位有線電視服務主要提供160個以上的電視頻道（包括ITV2、E4、MTV、Film4、Virgin Central、Eurosport和GOLD等）、視頻點播服務（五百多部電影、即時一千多部電視節目和音樂視頻服務等）、Catch-up TV（內含最近七天的電視節目等），以及高畫質電視（第108頻道為BBC的HD）等服務（Cable TV in the UK, 2013）。2010年首季，雖然Virgin Media無論是營收9.63億英鎊或營運現金都超越市場預期（鍾志恆，2010/5/29），但由於其付費節目與BSkyB和Freeview提供的免費且優質節目，並無太大差異性，使得收費電視運營模式仍欠缺競爭力。

Virgin Media除了提供電視頻道服務供民眾訂閱外；另提供其他影片、音樂等電視隨選服務。標準安裝費用約40英鎊，月租費約6.50-24.50英鎊（含V＋HD機上盒），若需提供電話服務，每月再付約13.90英鎊。2006年3月，Virgin Media推出HD服務，除了150英鎊機上盒安裝費（MEDIA V＋BOX）外，每月加付5英鎊。而Wight Cable則提供民眾訂閱超過150個數位電視頻道服務，標準安裝費約30英鎊，繳付月租費約10-50英鎊即可收視。另有不同套裝供民眾選擇不同價格及節目內容的組合（**表3-4**）。

表3-4　數位有線電視服務

電視頻道	收視方式	內容服務	數位機上盒	月租費	收費制度
Virgin Media	透過機上盒提供有線電視頻道以及電話服務	訂閱超過160個電視頻道服務；另提供其他影片、音樂等電視隨選服務	標準安裝費用約40英鎊，機上盒含Subtitles and audio description	1.月租費約6.50-24.50英鎊，含V＋HD機上盒 2.若需電話服務每月付約13.90英鎊	隨選訂閱（月付）
Wight Cable	透過機上盒提供有線電視頻道服務	提供訂閱超過150個數位電視頻道服務	標準安裝費用約30英鎊	月租費約10-50英鎊，視不同package而異	隨選訂閱（月付）

資料來源：彙整自virginmedia.com, wightcable.com.

三、衛星電視

　　早在1998年10月，BSkyB便著手衛星網路數位化，提供免費數位機上盒與隨選訂閱主攻市場，兩年間成功將98％用戶轉換為數位衛星用戶，率先進入全面數位化。英國的衛星電視市場除了Sky集團開展的付費衛星電視外，另有BBC及ITV聯合的免費衛星電視，以及在英國境內透過衛星接收設備即可收視的頻道。

(一)經營策略

　　英國衛星數位電視服務除了Sky數位衛星電視需支付月租費的付費電視外，Freesat（BBC＋ITV）以及Freesat From Sky均為免費服務，僅「一次性支付」購買機上盒或安裝衛星碟。BSkyB於2001年推出SKY+，提供PVR的服務（Ofcom, 2004）。2005年Ofcom第四季市場調查顯示，數位衛星電視收視戶首次超越數位無線電視收視戶，BSkyB成為當時普及率最高的衛星電視（Ofcom, 2006a）。

　　BSkyB為與Freeview競爭，推出免費數位衛星電視服務。初期，民眾

只需花費150英鎊的安裝費用，即可收看近200個數位頻道。透過免費數位
衛星電視平台的推出，在當時吸引許多尚未在Freeview涵蓋範圍的民眾。
另外，Freesat From Sky提供超過240個電視頻道服務，無需支付任何月租
費，惟需一次性支付約175英鎊，包含購買機上盒以及安裝衛星碟等（**表
3-5**）。

　　　另，BSkyB與BT聯合發展互動電視服務，由BT提供固網通信網，
於衛星平台播送節目內容。2006年，BSkyB藉由收購Easynet公司開展

表3-5　數位衛星電視服務

電視頻道	收視方式	內容服務	數位機上盒	月租費	收費制度
Freesat數位衛星BBC和ITV共同推出免費衛星電視服務	透過衛星接收，免費數位服務	可接收超過120個電視頻道選擇，包括：娛樂、電影、新聞等和免費訂閱BBC、ITV的HD節目，外加BBC iPlayer	1.安裝數位機上盒約30英鎊起，Boxes offer Subtitles. Audio Description. 2.購買數位電視機約450英鎊 3.衛星天線安裝費約80英鎊起，Satellite dish installation (if required)	無	一次性支付
Sky數位衛星	透過衛星接收，提供訂閱Freeview等數位服務	訂閱超過160個數位電視頻道；外加240個無線電視頻道free-to-air channels	免費標準安裝，機上盒含Subtitles, audio description and accessible remote control	月租費約19.50-52英鎊，含Digital box and mini-dish	隨選訂閱（月付）
Freesat From Sky	透過衛星接收，提供電視頻道服務	超過240個電視頻道服務	一次性支付約175英鎊，包含購買機上盒以及安裝、mini-dish、viewing card等	無	一次性支付

資料來源：彙整自 freesat.co.uk, freesatfromsky.co.uk: sky.com/.

寬頻和語音業務經營，發展至今，寬頻用戶已超過160萬，占全英國寬頻用戶總數的11.3%，語音業務用戶數還不到100萬（廣播電視信息，2010/7/9）。英國對電信業務的監管較寬鬆，廣播電視運營語音業務的發展速度比IPTV快，但相較寬頻業務仍舊較慢。

(二)衛星數位電視服務與經營模式

Sky Digital數位衛星提供Freeview等數位電視服務外，用戶總計可訂閱超過160個數位電視頻道；外加240個無線電視頻道，標準安裝一律免費，月租費約19.50-52英鎊（含數位機上盒與衛星碟）（**表**3-5）。Sky Digital自2006年5月起提供HD衛星電視服務超過50個節目頻道（Ofcom, 2011a），SKY＋HD機上盒約150英鎊，每月再付10英鎊收視HD衛星電視。SKY第143頻道還可收視BBC的HD。

免收費的數位衛星服務Freesat是BBC與ITV於2008年5月合資推出，主要為確保所有民眾能收視免費數位電視服務（尤其是無法收視Freeview的觀眾，提供類似BSkyB的服務）（House of Lords, 2010, March 29），填補Freeview訊號未能涵蓋的區域，以保障全英國每一家戶都能接收免費數位電視服務（Ofcom, 2011b），Freesat同時提供HD服務並上架Freeview HD頻道。

Freesat免費衛星電視服務提供超過120個電視頻道選擇，包括：娛樂、電影、新聞等和免費訂閱BBC、ITV的HD節目，外加BBC iPlayer，民眾購買安裝數位機上盒（約30英鎊起），或購買數位電視機（約450英鎊）便可收視，必要時，安裝衛星天線（約80英鎊），無需支付任何月租費（**表**3-5）。Freesat目前提供5個HD高畫質頻道，包括：BBC HD、BBC One HD、ITV1 HD、Channel 4 HD以及NHK World HD，內容從戲劇、電影到體育，總計超過150個全國性和地方性的數位電視頻道以及廣播電台節目，並提供民眾同步錄下同時段不同頻道節目的服務。

四、IPTV

(一)Project Kangaroo

　　有鑑於網路的普及與傳輸速率的大幅提升，BBC於2007年推出名為iPlayer的免費IPTV收視服務，也稱Catch-up TV服務，作為跨平台服務測試之用，並與主要有線電視業者Virgin Media簽約，讓Virgin Media用戶的隨選視訊（VOD）也可使用iPlayer。2008年底，BBC與ITV及Channel 4合作，正式啟動Project Kangaroo，透過Freeview的機上盒連結至電視機付費觀賞。然由於該計畫遭認定有壟斷VOD市場之虞，之後遭到競爭委員會（Competition Commission）否決。民營之Arqiva於2009年中收購Project Kangaroo，改名為SeeSaw捲土重來，提供免付費網路內容。

　　SeeSaw於2010年初上路，提供3,000小時廣告支持免付費內容，同年年中開始提供付費內容，並與美國NBC合作，提供隨選視訊，讓觀眾收看美國電視影集。SeeSaw每月吸引90萬訪客，其中20萬訪客住在英國以外地區（Sweney, 2011, July 14），全盛時期每月吸引訪客多達200萬，然好景不常，2011年中，SeeSaw被Criterion Media Group收購，新的投資計畫始終不能成形，而於同年10月底終止服務。據專家分析，SeeSaw最大的問題在於其營運模式，也就是以銷售電視廣告的方式來銷售網路廣告，廣告自然達不到預期效果，SeeSaw便推出選擇功能，讓消費者選擇想看的廣告，或支付每月2.99英鎊移除所有廣告。當這些措施失敗，又找不到下一個買主，只得收場（Andrews, 2011, May 27）。

(二)Project Canvas

　　BBC於2008年底提出Project Canvas計畫，前後已有ITV、Channel 4、Channel 5、BT、TalkTalk等共同參與。BBC希望Canvas服務能夠與無線廣播電視推出HD節目時同時推出，有助於未來開發新型數位機上盒規格的

一致性，減少民眾對於選購機上盒的困擾。

　　2009年2月該計畫提案送交BBC Trust，執行公共價值評量（Public Value Assessment, PVA）和市場衝擊評量（Market Impact Assessment, MIA）審核，於2009年12月獲得通過同意BBC執行此計畫。Project Canvas在2010年第三季正式推出服務，初期以整合各內容服務的入口平台為主，針對使用者收費的部分以計次或小額收費，未來另採整合所有內容業者服務一次性收費，而使用者需自行購買機上盒或聯網電視機，搭配2 Mbps以上寬頻網路，即可使用Project Canvas提供的服務。

　　BBC預計以Project Canvas串起節目內容供應商、ISP供應商、電視機及機上盒供應商的潛在價值鏈。Project Canvas上的節目與服務內容皆需使用下載的方式觀看或使用，家戶依照所選寬頻方案決定下載容量，尤其，節目須提升並穩定傳輸速度才能有流暢的收視品質，且對頻寬及流量需求更為嚴苛；故這些用戶未來網路費用將可能比原來的高出許多，也為ISP業者帶來更高的利潤。BBC推測將來Project Canvas所使用的專屬機上盒價格將會介於100-200英鎊，預期到2015年Project Canvas服務將占英國數位電視收視戶的23%，家中申裝Project Canvas的終端將達到400萬台，而家中主要電視為Project Canvas服務者達250萬台，第二台電視為150萬台。

　　Project Canvas目的在建立一個前所未有的開放性平台，讓更多內容供應商，能以自己的想法在此平台設計出自己的風格，播放或宣傳自己的服務內容，而不受限於Project Canvas的介面規格。另外還預留計次付費與小額付費機制。該計畫建立一種全開放式的網路電視標準，提供BBC、ITV、Channel 4、Five的節目供民眾隨選觀看，也開放商業台的加入，因此部分節目內容中將穿插廣告，也不排除未來可能出現計次收費的節目提供收視。在此情況下，未來機上盒必須具備條件式接取（Conditional Access, CA）之功能。

　　至2010年9月，Project Canvas計畫被正式命名為YouView，當時並打

算於年底上路，競爭對手Virgin Media、IP Vision、BSkyB等質疑YouView將扼殺廣電產業創意，違反公平競爭原則，向Ofcom提出申訴，主要論點包括：該計畫可能限制其他競爭平台內容在YouView播放，技術標準可能不夠開放，無法讓更多業者使用，以及可能連結特定電子選單，影響電視平台間競爭。Ofcom作出明快決定，認為IPTV屬新興服務，YouView才開始發展，無法評估其市場影響力，尚無介入調查之必要（Ofcom, 2010, October 19）。

YouView遲至2012年7月推出，消費者須加裝機上盒收看。Humax推出的機上盒售價299英鎊（Cellan-Jones, 2012, July 4）。YouView推出一年後，用戶成長至40萬戶，2013年陸續推出線上直播頻道、高畫質節目、串流內容以及錄影功能、直播節目的暫停與回看功能。未來，將有更多行動裝置可接收YouView，繼推出Apple iOs App之後，Android App也會上市（Goss, 2013, May 31）。

(三)BT Vision及其他IPTV

BT於2006年底推出網路電視服務BT Vision，以Freeview解碼器接收數位無線電視頻道，以及以DTT/IPPVR機上盒透過寬頻接收電視、電影、音樂及隨選服務等。BT與各大媒體、節目供應商及唱片公司等簽約，取得大量內容授權。BT Vision不向用戶收取月租費，但須連接BT寬頻，剛推出時，業界雖批評連接費用過高並提醒BT面對的是日益競爭的市場，但大致反應不錯。從2012年底開始提供YouView服務，寬頻訂戶可免費安裝YouView機上盒，並於2013年中改名BT TV，擁有83萬訂戶（Newton, 2013, July 25）。

TalkTalk TV利用BT的ADSL，提供網路電視服務，包括隨選視訊，寬頻上網及電話等。TalkTalk TV原本是由Video Networks Limited所提供之Homechoice服務，自2003年開始，透過其IPTV平台，提供Freeview平台頻道。此後Homechoice經兩度易手，2010年初，改名為TalkTalk TV。與一

般網路電視不同之處在於，TalkTalk TV係透過其同名品牌之DVB-T機上盒連接至家中電視機，觀賞IPTV頻道節目，也可觀賞Freeview頻道節目。TalkTalk TV自2011年初起，不再接受新訂戶，僅持續服務原有訂戶，母公司TalkTalk Group加入BBC主導之YouView服務。

五、Mobile TV

(一)Movio

英國第一個行動電視服務Movio是由英國電信（BT）與維京電信合作，透過Virgin Lobster手機同步接收BBC、ITV及Channel 4，加上十多個數位廣播頻道。該服務於2005年在M25區域進行測試，當時大部分測試者表示，若價格具競爭力，願意付費收看（Lovelace Consulting, 2007, July 27）。

該服務在2006年推出時，市場觀察家（如Best, 2006, January 12；Faultline, 2006, September 22）並不看好。主要因為Movio採用DAB標準，而該標準本來是專為數位廣播建立的，用來接收電視訊號，收訊品質不佳。此外，手機大廠對Movio也沒興趣。BT原本打算採用ZTE生產的3G手機，但合作夥伴Virgin不想用該款手機，改用HTC生產的另款手機。當時手機大廠如Nokia卻決定採用DVB-H標準進行測試，兩個標準不相容，且Movio採取批發方式銷售，使得業者在推銷Movio服務時，只能提供Lobster手機，無法搭配其他廠牌手機，Movio前途註定坎坷。尤其，同步接收英國現有電視頻道的決策也有問題。上班族比較有機會看行動電視的時間是上、下班通勤時間及工作休息時間，但這些時段以兒童節目為主。若在家中收看Movio，則播出的內容與家中電視機播出的內容幾乎一模一樣。果不其然，Movio市場拓展不如預期。據Lovelace Consulting（2007, July 27）報導，截至2007年中，Virgin共賣出24,000支Lobster手

機，其中只有6,000支使用Movio，使得BT決定終止Movio服務。Faultline
（2006, September 22）分析，當時Movio決定採用DAB規格，主要因為該
規格是現成的，當其他競爭者還在為取得頻譜煩惱時，BT認為可以搶得
先機。然而，除了可搶得先機之外，事實證明當時許多決策幾乎都是錯誤
的。

(二)Everything Everywhere

Everything Everywhere是英國最大的行動網絡業者，於2010年中
成立，擁有Orange及T-Mobile兩個品牌總計2,800萬用戶。一年後，
Everything Everywhere宣布與Red Bee Media合作，打算推出行動電視服
務。Red Bee是由BBC分支出來的數位娛樂科技公司，計畫採用RedPlayer
數位電視傳輸平台傳送行動內容。據Everything Everywhere表示，擬議
中的行動電視由收視品質、收視內容及收視裝置等方面改進，未來將提
供至少40個電視頻道，可經由多款行動裝置收視，包括平板電腦。事實
上，兩個品牌皆有行動電視的經驗；Orange曾於2005年與美國MobiTV短
暫合作，而T-Mobile自2007年開始提供行動電視。當時智慧型手機及平板
電腦技術尚未成熟，消費者選擇不多，現在似乎有更好的機會推動行動
電視，業界頗關注該行動電視計畫未來走向（Crowell, 2011, September 8;
Lunden, 2011, September 7）。

(三)O2、Orange及Vodafone

O2、Orange及Vodafone於2010年中宣布，當時打算於下半年在倫敦
中區及Slough兩地實驗，利用整合行動廣播（IMB）技術，由IPWireless
提供晶片和軟體，Ericsson提供行動裝置，推出行動廣播及電視服務，惟
三個月的測試延至2011年初才開始。IMB技術讓訂戶可以下載內容，結合
單播與廣播，讓訂戶自由轉換單播或廣播，使頻譜得到更有效運用。例
如，當為數眾多的訂戶同時以單播收看實況電視，IMB技術將訊號的傳送

由單播轉為廣播，訊號只需傳送一次，而非多次。此外，IMB讓訂戶更輕鬆地漫遊；業者可對其未服務地區進行單播，當訂戶漫遊至其他業者的無線網路時，仍可利用單播使用所有的服務（Hunter, 2011, July 1）。

為了採用IMB技術提供廣播服務，無線通訊業者必須合作，這是過去不常發生的事。據分析，IMB利用預留分時多工（Time Division Duplex, TDD）的頻譜傳送訊號，是歐洲大部分業者取得3G執照時便已獲得的頻譜。由於現行3G網路主要使用分頻多工（Frequency Division Duplex, FDD）來傳輸資料，很少用到預留TDD服務的頻譜，惟因每家業者獲得的預留TDD頻譜都很窄小，必須合作才有足夠頻譜傳送電視訊號（Ricknäs, 2010, June 22）。觀察家認為，IMB技術為行動電視找到一線生機，業者得以從新興服務獲益，消費者也可得到較佳觀賞經驗。為使消費者自由自在地聽音樂、讀電子書、玩遊戲、看電視，平板電腦比一般小型智慧型手機更適合作為行動電視裝置（Hunter, 2011, July 1）。

六、Smart TV

市場調查顯示，英國消費者購買智慧型電視機，主要是看上大尺寸、高畫質及音效，而非使用其上網功能；僅三分之一的購買者看上其上網功能而購買，四分之一的購買者則從未透過Smart TV上網（Carlton, 2012, May 2）。觀察家分析，Smart TV製造商絞盡腦汁配備多種上網功能，例如：使用社交網絡及微網誌、下載Apps等，然消費者習慣難以改變，看電視只是為了看節目或影片，並不想操作電視，因此，對於利用Smart TV上網或下載Apps的興趣並不高（Prigg, 2012, December 28）。不過，Smart TV銷售仍有成長，據Ofcom統計，截至2013年第一季，全英7%家戶擁有Smart TV，比去年同期成長2個百分點（Ofcom, 2013, August 1）。

七、OTT Content

在英國，提供OTT內容服務的業者包括無線電視台如BBC、ITV、Channel 4及Channel 5等、衛星電視如BSkyB，及線上租片業者如LOVEFiLM等，消費者可以利用各種設備上網免費或付費收看直播或回看（Catch Up）節目或影片。

(一)BBC iPlayer

BBC原本計畫於2005年推出線上影音服務，歷經波折與更名，2007年底正式推出免費線上影音服務iPlayer，經過不斷增加與軟硬體業者合作，用戶可透過電腦、遊戲機、Smart TV、智慧型手機等平台接收BBC直播或七天回看影音內容，也可隨選視訊。至2011年加入其他無線電視台連結，消費者透過連結得以回看其他無線電視台的節目。

BBC原本希望推出六個月內使用者達50萬人，實際情況卻出乎意料的好，推出首三週串流或下載節目數量即高達350萬（Highfield, 2008, January 14）。iPlayer上市第一年，經由iPlayer收看的節目數量達1.8億（Morris, 2008, December 9）。至2012年10月，每月點播數量突破2億（Price, 2012, November 27）。至2012年中，英國上網的成年人40%用過iPlayer（Bradshaw, 2012, March 6）。半數以上收視者透過電腦接收iPlayer內容，23%透過各種行動裝置接收，而20%透過各種電視平台接收（Price, 2012, November 27）。自2011年中起，iPlayer服務擴及歐陸國家。出了英國，只有小部分內容免費，消費者主要以支付月租費收看BBC節目。其他無線電視台也陸續推出服務包括：ITV的ITV Player、Channel 4的4oD、Channel 5的Demand Five等，皆提供免費三十天回看服務。

(二)Sky Go

衛星付費電視BSkyB於2006年將Sky By Broadband更名為Sky Anytime

on PC，提供線上付費影片及電視節目觀賞。之後逐步加入遊戲機、行動
電視及智慧型手機等接收設備，並更名為Sky Player。至2011年整併Sky
Player及行動電視服務，再更名為Sky Go線上付費影音服務，包括直播及
隨選視訊。非衛星電視用戶也可以訂閱Sky Go服務。截至2013年中，用
戶達330萬戶（Sky, 2013, July 26）。

(三)LOVEFiLM

　　LOVEFiLM提供的是類似Netflix的服務，除了在線上列出各種DVD及
遊戲光碟並透過郵寄租賃外，也釋出LOVEFiLM Player提供個人電腦、連
網電視或PlayStation 3的線上串流影片訂閱服務。LOVEFiLM以DVD郵寄
租片起家，2010年起提供線上租片，歷經數次同類型企業整併成為現今
的LOVEFiLM。2008年LOVEFiLM買下Amazon於英國的線上DVD租賃業
務，事實上，Amazon原本就是LOVEFiLM的最大股東，2011年Amazon併
購LOVEFiLM，會員人數即突破200萬，當時提供逾7萬種影片或遊戲，
服務遍及英國、德國、瑞典、丹麥及挪威等國（陳曉莉，2011/1/21）。
英國各類連網裝置普及，Freeview與Freesat兩大平台均積極研擬發展，例
如：英國市場上可接收到Freeview的機上盒已具連網功能，消費者除了
可使用BBC的iPlayer、YouTube以外，亦可收視使用LOVEFiLM（李羿，
2012/10）。

 第四節　關鍵議題

　　Roland Beutler（2013）分析影響數位收視行為相關因素後發現，
收視環境對於服務內容、適用接收設備以及收視習慣扮演關鍵角色；而
倘若無線廣播與行動寬頻互補，使更多載具可接收其訊號（例如智慧型
手機、平板電腦等），則無線廣播更具發展潛力。分析英國完成數位轉

換後，以多頻道服務、Freeview免費平台吸引收視，再藉由DVB-T2與MPEG-4規格轉換（提升頻譜資源使用效益），推出高畫質電視頻道，並與連網服務結合，提供免費數位無線電視作為基本服務，這種無線電視搭配連網機上盒的策略，再加上YouView進入市場，確實使得英國電視市場呈現出新媒體服務的多元面貌（李彣，2012/10），英國數位電視與新媒體平台發展諸多關鍵議題值得探討。

一、數位轉換後，無線廣播電視發展的下一步

英國民眾在數位轉換後最關心的議題即前述有關「再重設接收頻道」（Re-tuning），因為有些電視機種甚至必須看操作手冊才能進行調整，因此，DCMS認為，如何快速得知並回應民眾轉換後的問題，才是最困難的。此外，因商業台不願投資導致有收視戶只能看到15個頻道，DCMS並不強迫業者高成本投資只為提升些微覆蓋率，畢竟覆蓋率已達90%的要求，僅建議民眾採用其他多頻道選擇。

有關英國數位電視原使用DVB-T，因BBC、ITV、Channel 4均提供HD節目，預期未來更新使用DVB-T2，涉及「二次數位轉換」機上盒更新等問題，之前Ofcom認為交由市場競爭即可，因業者使用DVB-T2須申請換照，Ofcom可決定是否核准；且消費者使用提升至DVB-T2，業者也會提供額外的HD頻道，端視消費者自主選擇而定（蘇蘅等人，2011）。但事實上，高畫質頻道節目的提供確實有助HD機上盒普及與內鍵HD電視的快速成長，加速轉換為DVB-T2；為維持DTT長期發展，Ofcom於2012年提出保留600 MHz給DTT導入更多無線電視服務，原為DTT所使用的700 MHz未來供作行動使用。因為產業界預估，到2030年之前，智慧型手機和平板的運用將八十倍於今天的負荷，國際趨勢也普遍支持規劃700 MHz作為行動使用（Mann, 2013, July 16）。未來，600 MHz頻道服務以高畫質為核心，規格以DVB-T2與MPEG-4為技術標準，事實上，共同傳輸公

司Arqiva已獲得Multiplex營運執照，著手興建傳輸網路供未來新進業者使用，Ofcom預計2018年底完成移頻以推出新服務。惟Ofcom計畫以競標方式釋出頻譜，但因涉及大規模消費者終端機具轉換，BBC建議採「審議制」，賦予得標者推廣終端接收以及配合數位電視政策之義務。且規定至少提供兩個以上高畫質電視頻道，以符合HD趨勢（李羿，2013/8）。至於匯流技術發展，使得隨選服務漸成消費主流，目前雖僅集中於BSkyB、Virgin、Freeview、YouView等，約占10%左右的收視，但因未來大部分電視勢必都會提供隨選服務，因此，相關政策規管實為關鍵議題。

二、新興服務規管相關政策法規

為鬆綁對廣電業者的管理和廣告經營限制，歐盟重新檢視並更新電視無疆界指令（Television without Frontiers Directive），通過影音媒體服務指令（Audiovisual Media Services Directive, AVMS Directive），作為歐洲各國影視內容規範的指導架構，所有成員須將隨選視訊VOD（TV-like內容）納入管理。英國數位經濟法基本理念即在於2015年前提出新的內容監理措施以因應VOD及IP網路多樣化服務，並自2009年12月起納入AVMS Directive針對VOD規範。而除了Ofcom之外，英國還設置獨立機構「隨選視訊協會」〔The Association of Television On-Demand, ATVOD；今「隨選視訊管理局」（The Authority for Television On-Demand，縮寫相同）〕，雙軌運行。原則上，Ofcom遵循歐盟規範，在網站上公告對VOD規範採用the CAP（Committee of Advertising Practice）守則，與廣播及電視服務之規範相較，屬低度管理，僅針對保護少數、種族歧視及置入式行銷等議題加以規範。

事實上，英國網際網路內容由網路業者自律，「網路監看基金會」（Internet Watch Foundation, IWF）負責管理，Ofcom雖無網際網路法規及管理之責，但VOD或電視平台來自網際網路內容皆可管理。基於頻譜

稀有應為最有效之利用並促進競爭，Ofcom並未限制電視內容來自無線電波或寬頻，認為電視服務提供非線性內容（Non-Linear Content）應設立最少規範，不能因為提供電視服務較能規範而限制電視上寬頻服務之提供。另，由於影音媒體服務管理不論平台均須申請執照，同一服務內容不因傳輸模式不同而有不同管理，且在英國管轄範圍所提供之內容，均須管理。因此，IPTV利用網際網路提供電視服務，須遵循廣電法（英國媒體服務規管比較，見**表3-6**）。DCMS考量IPTV處於早期發展階段，市占率小，議題受關注程度甚至不及HDTV，階段性作法主要由市場及業界自行管理。分析Ofcom與ATVOD對VOD的內容規管，較無線電視和付費電視更為寬鬆，管理原則在於人性尊嚴、保護弱勢以及廣告內容管理，各平台上不同內容服務，有不同程度管制。有鑑於平台界限模糊，英國在內容監理上，只管內容、不管平台，有助促進平台競爭（蘇蘅等人，2011）。

　　至於行動電視，Bury（2007, July 9）分析，Ofcom必須處理的關鍵議題包括：(1)頻譜分配；(2)多種標準；(3)內容管理；(4)公共廣播業者在行動平台的角色；(5)城市與鄉村的接近差異；(6)競爭瓶頸等。Ofcom認為，對於行動電視這種新興市場，主要規管原則應予以最低度管制，以協助市場發展；頻譜方面，牽涉提供頻譜範圍及釋出時機；至於標準，由

表3-6　英國媒體服務規管比較

	一般法規	AVMS	廣電法	VOD規範
公共廣播服務（如BBC1、ITV1）	○	○	○	×
非公共廣播服務（如Press TV）	○	○	○	×
在英國未取得執照（如Babestation）	○	○	依EU成員規定	×
Catch-up於Channel 4 on Demand	○	○	×	○
IPTV（如Sports talk）	○	○	○	×
網際網路（如YouTube）	○	×	×	×
匯聚整合業者（如Apple TV）	○	×	×	×

註：表格中「○」代表「適用該項法規」，「×」代表「不適用該項法規」。
資料來源：蘇蘅等人（2011）。

於行動電視屬高度不確定市場，多種標準並行無害，沒有必要選擇單一標準，反而限制科技發展，對消費者也不見得有利，因此，政府該做的是，提供有利條件，幫助行動電視發展。

隨著新媒體多樣化發展，為保障傳播服務消費者權益，英國強化內容監理，惟內容來自VOD、網際網路、無線平台，編輯式（Editorial）內容及廣告之定義愈趨困難，未來新的監理模式，或須再重新定義監理標準（Standards）（蘇蘅等人，2011）。

三、新興服務資費與傳輸速度相關議題

研究分析，電視數位化對電視業者及內容提供者最大衝擊在於，廣告大餅漸漸稀釋，再加上，越來越多觀眾傾向訂閱VOD（Subscription Video on Demand, SVoD），於是提出一些新技術以提供觀眾超高畫質電視（Ultra-High-Definition Television, UHDTV）節目，惟這類節目無法由地面電視或衛星電視業者傳送，僅能由寬頻傳輸（Nicholls, 2013）。

英國OTT內容市場，因寬頻網路打破實體網路傳送服務的限制，促成各類業者紛紛投入線上影音服務，而隨著各家業者擁有資源不同，也發展出不同的競合策略。例如：無線電視業者具製作節目的能力，紛紛推出免費回看服務，或將具有高價值節目以包月或隨選計次付費（Pay-Per-View, PPV）方式供消費者選擇。衛星付費頻道業者除了提供頻道訂戶更多觀賞方式，亦將服務擴及非頻道訂戶，讓消費者透過機上盒收視直播節目或隨選視訊，因此積極與機上盒製造商合作。至於線上租片業者，則是倚靠低價競爭，以低月租提供較新影片，讓消費者免於長時間等待相同影片在無線電視台免費播放。而為吸引更多消費者，線上租片業者還積極與Smart TV製造商合作，將租片功能內建為產品功能（曾瀚葦，2011/10/31）。由於OTT市場蓬勃發展，導致網路流量大增，但網路業者卻無從獲利，使得勢必重新檢討資費或向OTT業者收費，開啟新一波談判。此外，BBC

iPlayer服務已導致BT以降低傳輸速度因應，YouView服務正式上路後，電信業者必然以維持通訊品質為由，要求檢討資費或傳輸速度（曾瀚葦，2011/10/31）。

四、頻譜政策與DTT干擾補助計畫

數位轉換清空兩個頻段，基於新匯流市場對頻率的迫切需求，Ofcom依據DCMS所制訂頻譜政策，於2012年6月完成開放700 MHz頻段諮詢，規劃開放給行動寬頻服務業者（Mobile Broadband Services）；而考量DTT傳輸的重要性，規劃將600 MHz頻段開放給數位無線電視DTT平台（DMOL, 2012, March 29）。至於，800 MHz及2.6 GHz頻譜拍賣，則提供行動寬頻業者申請執照，Ofcom要求取得800 MHz頻段執照者，需於2017年底前提供98%室內接收的覆蓋率（England、Northern Ireland、Scotland及Wales達95%）（BBC Blog, 2012, July 24）。

由於800 MHz頻段開放予4G提供行動服務，恐造成接收DTT服務的收視戶面臨受干擾風險，Arqiva估計約需1億6,100萬英鎊經費以解決干擾問題，廣電業者建議政府，將4G頻譜拍賣約20-30億英鎊所得，用於補助所有受影響用戶改善收視（Ofcom, 2012, May 2）。2012年7月，Ofcom提出「4G/DTT干擾補助計畫（Interference Aid Scheme）」，針對90萬DTT接收受干擾的家戶，免費建置「補隙」；必要時，政府亦針對訊號干擾影響最嚴重者，補助每戶屋頂天線加裝「補隙」費用。干擾補助計畫基金總額約1億8,000萬英鎊，必要時，可再追加（政府亦規劃補助75歲以上老人及殘障者）。惟Ofcom強調，僅補助以DTT為唯一主要收視電視平台的90萬家戶（且不含第二台電視機），倘若並非以DTT為唯一主要電視收視平台者，均不予補助（Laughlin, 2012, May 5）。

五、頻譜政策與管理趨勢作為

Ofcom依據2005年提出「數位紅利檢視」（Digital Dividend Review）公開聲明，頻譜釋出採市場導向進行拍賣，且以拍賣進行之頻率，Ofcom也傾向儘量可以交易。然而，考量執照年限若太短，則拍賣之價格不高，因此針對數位紅利，Ofcom提出未來頻譜執照「無年限」之提議，另執照之廢止須於二十年後，並有五年之通知期，蘇蘅等人（2011）在與英國通訊傳播機構雙邊交流後提出報告分析，至少二十年使用的基本保障，較能讓業者產生監理上之確定感。此外，在頻譜管理上，Ofcom與歐盟體制同採業務執照與頻率分離，即頻率單獨釋照，且釋照後之頻率可二次交易；蘇蘅等人（2011）針對英國在頻譜釋照對於頻譜批發市場之規範，建議我國或可參考英國經驗採頻譜單獨釋照的作法。例如：基於對消費者有利，Ofcom提議800 MHz及2600 MHz合併拍賣後，在頻譜批發市場上須維持至少四家以上業者；而為維持至少四家業者，需規定每家業者擁有最小頻譜之五種情境，並對投標業者所擁有之頻段，在得標後（包括1G以上或所有頻段）設下不同之安全上限（Safeguard Caps）。

數位轉換完成後，有研究分析，英國政府賦予公共廣播角色之價值，使其有助數位化進程更為順利；然而，當類比訊號關閉完成，公共廣電也勢必遭到網路匯流所帶來的侵蝕，前景大不同以往。尤其，數位化廣電產業多元且內容極端豐富的電視市場，為公共廣播這個植基於頻譜稀有的媒體組織帶來很大的風險與挑戰，不僅無可避免被稀釋瓜分既有觀眾，在多元豐富的選擇下，公共服務等目的性也面臨質疑（Starks, 2011），此為接下來需面對之議題。由於2013年公布的通訊傳播政策報告書，基於公共媒體應服務廣大民眾收視，定調各傳輸平台不應向公共廣電媒體收取上架費，且公共媒體也應朝向強化連網服務功能，因此，英國未來將修正傳播法案，要求提供連網服務的廠商，應提供公共廣電媒體所提供的連網服務。惟DCM是以漸進模式而非全面修法的政策進行法規調

整，採取「進化」而非「革命」手段修改傳播法規（李羏，2013/9）。

 結 語

在英國多元電視市場中，民眾以無線電視或衛星電視為主要收視平台。由於衛星電視很早就完成數位化，再加上，政府認為有線電視屬私人企業，有關推廣、必載服務規定和費率等，均交由有線電視業者自行決定和協商，並未制定積極性政策；因此，推動電視數位化以無線電視為核心目標。雖有研究分析最後關閉類比訊號的愛爾蘭，數位轉換政策執行過程中，包括在資訊社會、網絡發展、電視政策等目標有部分並未達成，凡此與類比訊號關閉政策、數位無線電視推動太晚以及採妥協性方式進行有所關聯（Murphy, 2013）；但無論如何，英國數位電視與新媒體平台發展，政府始終扮演關鍵角色無庸置疑。

在政策上，Ofcom負責數位轉換政策規劃，民間非營利機構Digital UK負責推動執行；至於推動策略，從中央到地方政府，基於維持民眾收視權益、保障多元平台及頻道選擇等原則，Digital UK積極與利害關係各方溝通協調配合，全面提升英國民眾數位認知。此外，英國政府完善法規環境，藉由數位電視執照發放、媒體內容補助、產業人才培育等政策，積極推動高品質數位內容產業，帶動數位經濟發展，其政策作為對於數位電視產業未來營運規劃、相關政策和管制規範如何引導及輔助業者數位化後之競爭力等議題，有其參考價值。我國無線電視經營困難，如何制訂無線電視規格轉換政策與時程，引進新技術、保障業者與消費者權益，參酌英國調整MUX使用經驗，回歸市場機制，讓業者擁有合作發展空間，發揮頻譜使用效益，有其必要。

在策略上，英國完成數位轉換後，以多頻道服務、Freeview免費平台吸引收視，再藉由DVB-T2與MPEG-4規格轉換，提升頻譜資源使用效

益，推出高畫質電視頻道，並與連網服務結合，提供免費數位無線電視作為基本服務，在各類連網裝置蓬勃發展的英國，這種無線電視搭配連網機上盒的策略，有助公共廣電BBC落實隨選時代之公共服務，亦使無線廣播與行動寬頻得以互補，且更多載具（如智慧型手機、平板電腦等）得以接收其訊號，強化無線廣播發展潛力，再加上YouView進入市場，提供多元服務與商業模式，有助行動與新興媒體訂戶快速累積普及，相關策略發展經驗值得參酌。

　　有鑑於內容是數位電視與新媒體發展關鍵之一，前述，英國政府積極制訂數位電視媒體內容相關政策。我國數位電視自2003年試播以來，電視台無力投入大成本製播數位節目，以致節目老舊、重播率高、自製與創新節目相對不足，數位無線電視頻道收視不佳，或可參酌英國設置數位影視節目基金，專款投注產業及人才培養，將具有外銷能力的數位節目產業納入租稅獎勵條例，給予投資減稅、增加節目與硬體等投資成本的補貼等，引導民間擴大投資並鼓勵各種資金投資自製優質內容或高畫質節目，甚至內容業者跨平台合作等。而經營者如何以寬廣創新思維規劃應用，產製數位電視新節目與數位新服務，以優質頻道及內容吸引收視，實為振興影視內容產業之所繫。英國政府將數位電視媒體內容視為數位經濟發展重要一環，制定保護政策；以Digital Economy Act 2010法案為例，促使ISP業者建立防堵侵權基礎建設，杜絕用戶使用寬頻網路時可能產生的侵權行為，制定完整提報機制，保護創作者權利。由於媒體界線愈趨模糊，非線性收視成形，在推動寬頻網路建設促成異質網路整合，建構充分競爭的產業匯流環境，鼓勵新媒體平台創新之餘，對新興媒體網路環境監理機制，除了發展數位版權管理相關技術與法規，建立數位版權管理之協商機制；不公平競爭時，政府如何介入管制，平衡保障數位內容版權所有者與消費者之權利及網路安全、隱私權等，須有周延預防與補救措施。

　　研究分析，數位電視受到許多新媒體及網站新影音服務的包夾，壓力主要來自三方面：線性節目編排的式微、連網電視機（Connected TV）

的興起，以及產業價值鏈中新的參進者。隨著數位轉換完成，挑戰電視內容既有規範，政府實應重新檢視近用管道，發展規範新工具，也有助閱聽大眾更具數位內容主控權（Suter, 2013）。另方面，有鑑於新媒體更需要收視調查數字爭取廣告收入及節目經費，英國建立新媒體收視調查機制專責機構BARB，每天提供民眾有關節目類型與內容需求等資訊，作為廣告主刊登廣告依據，也提供廣播電視業者節目調整參考，穩定收入來源。我政府或可協調建立新媒體相關收視調查機制，提供市場兼顧收視質與量之研究分析，協助數位電視與新媒體平台業者建立新的商業模式。

 參考書目

MIC（2012/3/31）。《英國數位電視媒體內容政策發展分析》。取自http://mic.iii.
　　org.tw/aisp/reports/morereport.asp?sesd=633298161&docid=CDOC20120402005&
　　doctype=RC&cate=&smode=1&countrypno=

中央社（2011/12/23）。〈數位匯流策略論壇勾勒台灣數位匯流產業發展及國際
　　產業競爭力迎接數位電視元年，產業推動策略作推手〉。取自http://www.cna.
　　com.tw/postwrite/Detail/96942.aspx#.UrBPp9IW1QA

李彣（2012/10）。〈千呼萬喚，2012年英國連網影音服務YouView正式開賣〉，
　　「公共電視岩花館」。取自http://rnd.pts.org.tw/p9/2012/10/2012YouView%20
　　Start.pdf

李彣（2013/8）。〈英國Ofcom公布UHF頻譜政策，無線廣播電視將進駐
　　600 MHz〉，「公共電視岩花館」。取自http://rnd.pts.org.tw/p9/2013/08/
　　OFCOM%20Licence.pdf

李彣（2013/9）。〈提升公共廣電媒體能見度，英DCM公布通訊傳播政策報告
　　書〉，「公共電視岩花館」。取自http://rnd.pts.org.tw/p9/2013/09/DCMS%20
　　Report%20Connectivity%20Content%20and%20Consumers.pdf

李駿（2010）。《行動電視規範架構與營運模式之研究》。國立政治大學廣播電
　　視學研究所碩士論文。

星島環球網（2012/10/25）。〈英國數位電視轉換工作完成　模擬廣播停止運
　　作〉，《星島日報》。取自http://www.stnn.cc:82/gate/big5/oversea.stnn.cc/
　　Euro/201210/t20121025_1813379.html。

孫青（2008/12）。〈英國DTT　HDTV政策探討〉，「公共電視岩花館」。取自
　　http://www.pts.org.tw/~rnd/p2/2008/0812/HD%20in%20%20Europe.pdf

孫青（2009）。〈數位英國報告的震撼：公共電視研究發展部〉，「公共電視岩
　　花館」。取自http://rnd.pts.org.tw/p9/2009/08/Digital-Britain.pdf

徐秋華（2003）。〈數位無線電視之英國經驗〉，「公共電視岩花館」。取自
　　http://www.pts.org.tw/~rnd/p9/2003/031113.htm

陳祈儒（2010/8/3）。〈英國有線業者Virgin Media上季業績史上最強〉，
　　「MoneyDJ理財網」。取自http://www.moneydj.com/kmdj/news/newsviewer.
　　aspx?a=5ad60731-003d-4e11-8d2e-db63f0dbf5ab

陳清河、胡元輝、李淳、陳光毅、施素明、任正民、黃自啟、黃耀德、蔡欣怡、余曜成、劉瑋婷、楊曉雯、莊寶生、宋欣穎（2010/6）。《數位電視發展藍圖規劃構想研究報告（I）》。（交通部郵電司委託研究案，1009901975）。台北：財團法人電信技術中心。

陳曉莉（2011/1/21）。〈Amazon買下歐洲線上影片租賃業者LOVEFiLM〉。取自 http://www.ithome.com.tw/itadm/article.php?c=65647

曾瀚葦（2011/10/31）。〈歐洲OTT線上影視服務發展趨勢分析〉。取自http://mic.iii.org.tw/intelligence/reports/pop_Doc_review.asp?docid=CDOC20111031011&pag=people

黃燕蘭（2011）。《台灣無線電視數位轉換與實施政策之探討——以美國和英國經驗為鑑》。國立政治大學廣播電視研究所碩士論文。

楊家富、賴文惠（2010/6）。〈英、法兩國數位電視發展參訪報告〉。取自http://rnd.pts.org.tw/p9/2010/08/E&F%20DTT%20Development.pdf

劉幼琍、陳清河、王郁琦、王鴻智（2004）。《世界重要國家有線電視數位化策略之比較分析與我國有線電視全面數位化可行策略研析》。（行政院新聞局委託研究案，FL-93190）。台北：國立政治大學。

廣播電視信息（2010/7/9）。〈英國「三網融合」市場研究（下）〉。取自http://media.people.com.cn/BIG5/22114/157392/196749/12104281.html

謝進男、鐘起惠、羅金賢（2010）。〈我國數位電視服務市場及未來需求研析案：英法參訪報告書〉，「公務出國報告資訊網」。取自http://report.nat.gov.tw/ReportFront/report_detail.jspx?sysId=C09901774

鍾志恆（2010/5/29）。〈工商時報市場需求大增　電信業前景佳〉，《工商時報》。取自http://tw.myblog.yahoo.com/jw!Ve9c5ZGcGRN.U328JbqJzA--/article?mid=1085

蘇蘅、魏學文、王德威、葉雲梯（2011）。〈與英國通訊傳播機構雙邊交流案〉，「公務出國報告資訊網」。取自http://report.nat.gov.tw/ReportFront/report_detail.jspx?sysId=C10002630

Adda, J. & Ottaviani, M. (2005). The transition to digital television. *Economy Policy*, *20*(41): 160-209.

Andrews, R. (2011, May 27). Why SeeSaw failed and what it means. PaidContent. Retrieved from http://paidcontent.org/2011/05/27/419-why-seesaw-failed-and-what-it-means/

BBC Trust (2008). The future of digital terrestrial television. Retrieved July 2, 2013, from http://stakeholders.ofcom.org.uk/binaries/consultations/dttfuture/responses/bbctrust.pdf

BBC Blog (2012, July 24). Ofcom issues plans for 4G auction. Retrieved from http://www.digitag.org/

Best, J. (2006, January 12). BT and Virgin get together for UK's first mobile TV service. Silicon.com. Retrieved May 15, 2012, from http://www.silicon.com/technology/mobile/2006/01/12/bt-and-virgin-get-together-for-uks-first-mobile-tv-service-39155576/

Beutler, R (2013). The future role of broadcasting in a world of changing electronic communication. Retrieved from https://tech.ebu.ch/docs/techreview/trev_2013-Q1_Broadcasting_Beutler.pdf

BIS & DCMS (2009, June). Digital Britain: Final report. Retrieved May 22, 2013, from http://webarchive.nationalarchives.gov.uk/20100511084737/http:/interactive.bis.gov.uk/digitalbritain/final-report/

Bloomberg (2012, November 19). OTT and operator-owned multiscreen services penetration in UK to exceed 75% and 52% households respectively by 2017, says ABI. Retrieved from http://www.bloomberg.com/article/2012-11-19/a0_y5wsqXr0g.html

Bradshaw, T. (2012, March 6). BBC expects Olympics to usher in new TV age. Financial Times. Retrieved from http://www.ft.com/intl/cms/s/0/7b9cfcd2-66c9-11e1-9d4e-00144feabdc0.html#axzz2MJFd4jVH

Bury, P. (2007, July 9). Mobile TV-UK regulatory approach. Ofcom. Retrieved June 3, 2010, from http://www.anacom.pt/streaming/peterbury_apre.pdf?categoryId=247362&contentId=500327&field=ATTACHED_FILE

Cable TV in the UK (2013). Retrieved from http: //www.ra¬dioandtelly.co.uk/cabletv.html

Carlton, R. (2012, May 2). Nearly half of smart TV owners don't know what it is. HDTVtest. Retrieved from http://www.hdtvtest.co.uk/news/half-smart-tv-owners-201205021792.htm

Cellan-Jones, R. (2012, July 4). YouView internet TV service launches in UK. BBC News. Retrieved from http://www.bbc.co.uk/news/technology-18699924

Colapinto, C. & Papandrea, F. (2007). Digital TV policies in the UK, US, Australia and Italy. Paper presented to Communications Policy and Research Forum (2007). Network Insight Institute, Sydney, 23-4 September; Record of the Communications Policy and Research Forum 2007: 40-56. Retrieved June 12, 2013, from http://www.networkinsight.org/verve/_resources/CPRF07record.pdf

Crowell, L. (2011, September 8). Can everything everywhere really support its mobile TV service? Telecommunications Software & Systems Group. Retrieved from http://www.tssg.org/2011/09/everything-everywhere-mobile-tv/

Digitaluk (2010). Annual report. Retrieved from http://www.digitaluk.co.uk/annualreport2010/welcome

Digitaluk & Ofcom (2006). Ofcom and Digital UK switchover tracker survey: Switchover progress report Q2 2006. Retrieved from http://www.digitaluk.co.uk/__data/assets/pdf_file/0003/19794/Digital_UK_Ofcom_Q2_2006_Report_FINAL.pdf

DigiTAG (2005). Analogue switch-off strategies in Western Europe. Strategic Information Service.

DigiTAG (2006). Analogue switch-off: Strategies to end analogue terrestrial television in Europe. Retrieved June 30, 2013, from http://www.digitag.org/DVBHandbook.pdf

DMOL (2012, March 29). Ofcom issues consultation on future strategy of UHF bands IV and V. Retrieved from http://www.digitag.org/

Faultline (2006, September 22). BT's Movio lurches into existence. The Register. Retrieved from http://www.theregister.co.uk/2006/09/22/bt_movio_launch

Gomez, C. (2012, May). Digital television migration: public communication aspects. International Telecommunications Union, Radiocommunication Bureau. Retrieved June 2, 2012, from http://www.itu.int/ITU-D/tech/events/2012/Broadcasting_CTU_CBU_Barbados_May12/Presentations/4_%20CommunicationStrategies_CGomez.pdf

Goss, P. (2103, May 31). 10 things to know about YouView's big new features. Techradar. Retrieved from http://www.techradar.com/news/television/10-things-to-know-about-YouView-s-big-new-features-1155413

Highfield, A. (2008, January 14). iPlayer launch: First indications. BBC. Retrieved from http://www.bbc.co.uk/blogs/bbcinternet/2008/01/iplayer_launch_first_indicatio.html

House of Lords (2010, March 29). Digital switchover of television and radio in the

United Kingdom: Report with evidence. London.

Hunter, P. (2011, July 1). The future of mobile TV lies with integrated mobile broadcast. Broadcast Engineering. Retrieved from http://broadcastengineering.com/rf/mobile-broadcast

IMF (2013). Report for Selected Countries and Subjects. Retrieved from http://point-topic.com/free-analysis/global-iptv-subscriber-numbers-q2-2013/http://www.imf.org/external/pubs/ft/weo/2013/02/weodata/weorept.aspx?pr.x=43&pr.y=7&sy=2013&ey=2013&scsm=1&ssd=1&sort=country&ds=.&br=1&c=112&s=NGDPD%2CNGDPDPC%2CPPPGDP%2CPPPPC&grp=0&a=

Intellect website (2012, July 4). Nearly all homes to be able to access DTT / Internet TV by 2014. Retrieved from http://www.digitag.org/

Jolly, R. (2010, November 19). Going digital: Tracing the transition to digital terrestrial television in Austria. Parliamentary Library. Retrieved September 12, 2011 from http://www.aph.gov.au/binaries/library/pubs/rp/2010-11/11rp07.pdf

Laughlin A. (2012, May 5). Freeview 4G interference help scheme 'does not go far enough'. Retrieved from http://www.digitalspy.co.uk/tech/news/a379628/freeview-4g-interference-help-scheme-does-not-go-far-enough.html?rss#ixzz2njtQUY72

Lovelace Consulting (2007, July 27). BT Movio prompts Virgin mobile TV closure. DTG News. Retrieved May 15, 2010, from http://www.dtg.org.uk/news/news.php?id=2589

Lunden, I. (2011, September 7). T-Mobile, Orange reboot their mobile TV services in UK. PaidContent. Retrieved from http://paidcontent.org/2011/09/07/419-mobile-tv-gets-a-rerun-in-the-uk-from-everything-everywhere/

Mann, C. (2013, July 16). UK DTT set for HD boost. Retrieved from http://www.world-of-satellite.com/archive/index.php/t-29957.html

MAVISE (2012). TV market in United Kingdom. Retrieved May 15, 2012, from http://mavise.obs.coe.int/country?id=14

Microsoft (2012, April 19). £300 million of DSO Help Scheme to be returned to government. Retrieved from http://www.digitag.org/

Morris, I. (2008, December 9). iPlayer should be an online Freeview. CNET UK. Retrieved from http://crave.cnet.co.uk/televisions/iplayer-should-be-an-online-freeview-49300271/

Murphy, K. (2013). Digital television policy in Ireland: From inception to analogue switch off. *International Journal of Digital Television, 4*(2), 125-139.

Nicholls, R. (2013). High-efficiency video coding: A future for ultra-high definition television? *International Journal of Digital Television, 4*(2), 193-202.

Newton, T. (2013, July 25). BT Vision and BT YouView grow slightly ahead of BT Sport kick off. Recombu. Retrieved from http://recombu.com/digital/news/bt-vision-bt-YouView-grow-slightly_M11901.html

Ofcom (2004). Digital Television Update-Q12004. Retrieved Feb 12, 2013, from http://stakeholders.ofcom.org.uk/binaries/research/tv-research/dtv_q1_2004.pdf

Ofcom (2006a). The communications market: Digital progress report Q4 2005. Retrieved May 23, 2013 from http://stakeholders.ofcom.org.uk/binaries/research/tv-research/q4_2005.pdf

Ofcom (2006b). Switchover related changes to DTT licenses. Statement following consultation. Retrieved on from http://stakeholders.ofcom.org.uk/binaries/consultations/dtt_changes/statement/statement.pdf

Ofcom (2007). Market impact assessment of the BBC's HD television proposals. Retrieved from http://www.bbc.co.uk/bbctrust/assets/files/pdf/consult/hdtv/pva.pdf

Ofcom (2010, October 19). No investigation into project canvas. Retrieved from http://media.ofcom.org.uk/2010/10/19/no-investigation-into-project-canvas/

Ofcom (2011a). Annual plan 2011/12. Retrieved from http://www.ofcom.org.uk/files/2011/04/annplan1112.pdf

Ofcom (2011b). Communications market report: UK. Retrieved from http://stakeholders.ofcom.org.uk/binaries/research/cmr/cmr11/UK_CMR_2011_FINAL.pdf

Ofcom (2012). Facts & figures. Retrieved from http://media.ofcom.org.uk/facts/

Ofcom (2012, May 2). Government DTT interference help scheme criticized. Retrieved from http://www.digitag.org/

Ofcom (2013). Communications market report: UK. Retrieved October 2, 2013, from http://stakeholders.ofcom.org.uk/binaries/research/cmr/cmr13/UK_CMR_2013_FINAL.pdf

Ofcom (2013, April). Digital television update. Retrieved from http://stakeholders.ofcom.org.uk/binaries/research/tv-research/tv-data/dig-tv-updates/2012Q4.pdf

Ofcom (2013, August 1). Communications market report 2013. Retrieved from http://

stakeholders.ofcom.org.uk/market-data-research/market-data/communications-market-reports/cmr13/

Point Topic (2013). Global IPTV subscriber numbers-Q2 2013. Retrieved from http://point-topic.com/free-analysis/global-iptv-subscriber-numbers-q2-2013/

Price, D. (2012, November 27). BBC iPlayer october performance. BBC. Retrieved from http://www.bbc.co.uk/blogs/internet/posts/iplayer_october_performance

Prigg, M. (2012, December 28). Are smart TV's too clever for their own good? Researchers find we simply want to watch our favourite shows. Mail Online. Retrieved from http://www.dailymail.co.uk/sciencetech/article-2254301/Are-smart-TVs-clever-good-Research-finds-simply-want-watch-favourite-shows.html

Ratkaj, D. (2009). The digital switchover: Challenges and lessons learned. EBU Technical. Retrieved from http://www.itu.int

Ricknäs, M. (2010, June 22). O2, Orange & Vodafone plan mobile TV trial. PC Advisor. Retrieved from http://www.pcadvisor.co.uk/news/mobile-phone/3227765/o2-orange--vodafone-plan-mobile-tv-trial/

Sharif, L., Issa-Salwe, A. M. & Ahmed, M. (2011). Terrestrial high definition television (HDTV). *International Journal of Research and Reviews in Information Technology, 1*(1), 1-4.

Sky (2013, July 26). Results for the twelve months ended 30 June 2013. Retrieved from http://corporate.sky.com/media/press_releases/2013/results_for_the_twelve_months_ended_30_june_2013

Smith, P. (1999). The politics of UK television policy: The introduction on digital television. *International Journal of Communications Law and Policy, 3.*

Starks, M. (2007). *Switching to Digital Television.* the University of Chicago Press.

Starks, M. (2011). Can the BBC live to be 100? Public service broadcasting after digital switchover. *International Journal of Digital Television, 2*(2), 181-200.

Suter, T. (2013). Television regulation after digital switchover: A personal view. *International Journal of Digital Television, Volume 4*, Number 1, pp. 67-80(14).

Sweney, M. (2011, July 14). Online TV service SeeSaw saved. The Guardian. Retrieved from http://www.guardian.co.uk/media/2011/jul/14/seesaw-online-tv

The Guardian (2012, April 18a). ASO completed in London. Retrieved from http://www.digitag.org/

The Guardian (2012, April 18b). 10.8 million DTT households. Retrieved from http://www.digitag.org/

The Guardian (2013, February 19). TV-viewing-figures-remain-low. Retrieved from http://www.theguardian.com/media/2013/feb/19/tv-viewing-figures-remain-low?CMP=EMCMEDEML665

The Guardian (2013, June 24). UK mobile advertising market set to grow by 90% in 2013. Retrieved from http://www.theguardian.com/media/2013/jun/24/uk-mobile-advertising-market-double

U.K. Department for Culture, Media & Sport (2013). Making it easier for the media and creative industries to grow, while protecting the interests of citizens. Retrieved from https://www.gov.uk/government/policies/making-it-easier-for-the-media-and-creative-industries-to-grow-while-protecting-the-interests-of-citizens

U.K. Office of National Statistics (2013). Families and households, 2013. Retrieved February 7, 2014, from http://www.ons.gov.uk/ons/rel/family-demography/families-and-households/2013/stb-families.html

U.K. Office of National Statistics (2013 Aug.) Internet access-Households and individuals, 2013. Retrieved on February 7, 2014 from http://www.ons.gov.uk/ons/rel/rdit2/internet-access---households-and-individuals/2013/index.html

Chapter 4

日本數位電視與新媒體平台

劉柏立　台灣經濟研究院東京事務所所長

日本家庭戶數與電視戶數相關基本資料

總人口數	1億2,837萬3,879人（2013年3月）
總家戶數	5,459萬4,744戶（2013年3月）
國內生產毛額（名目GDP）	5兆9,359億美元（2012年）
電視家庭普及率	99.3%（2013年3月）
寬頻普及率	固網寬頻家戶涵蓋率99.8%（2013年3月）
無線電視普及率	數位無線電視訊號涵蓋率100%（2011年7月）
直播衛星電視訂戶數及普及率	CS訂戶數371萬，普及率6.80%（2013年12月） BS訂戶數2,062萬，普及率37.77%（2013年12月）
數位有線電視訂戶數及普及率	2,707萬，普及率49.59%（2013年3月）
IPTV訂戶數及普及率	98萬，普及率1.80%（2013年3月）
行動電視收視數、普及率	153萬，普及率1.21%（2013年12月）
媒體產值	無線電視營業收入為22,502億日圓，衛星電視營業收入為4,490億日圓，有線電視營業收入為5,177億日圓（2011年）
廣告分配	五大媒體（電視、報紙、雜誌、廣播、網路）總廣告費3兆6,476億日圓。其中電視1兆7,757億、報紙6,242億、雜誌2,551億、廣播1,246億、網路8,680億（2012年）

資料來源：總務省、內閣府、衛星放送協會、NOTTV、電通。

 前 言

　　日本電視服務肇始於1953年2月NHK所提供之類比無線電視服務。其後伴隨數位技術進步，於2000年12月開始出現廣播衛星數位電視服務；2002年3月則有利用通訊衛星提供數位電視服務。

　　在無線電視數位化發展方面，則於2003年12月在東京、名古屋、大阪等三大都會區開始提供ISDB-T數位電視服務，其後於2006年4月推出可支援行動終端收視的數位電視播送服務（One-Segment Broadcasting），同年12月日本全國都道府縣之縣府所在地區已可提供無線數位電視服務；最後終於2011年7月全面停播類比電視服務，達成無線電視數位轉換政策目

標[1]。

　　為配合數位轉換政策後無線電頻率之有效利用，日本政府於2009年10月決議開放提供新媒體平台。當時所規範之技術條件包含ISDB-Tmm、MediaFLO以及ISDB-T$_{SB}$等三種規格；日本政府於2010年9月審議結果，決定把行動多媒體執照核發給採用日本本土技術ISDB-Tmm的mmbi（主要股東為Docomo），預定2012年正式提供服務。此外，在新興視訊媒體IPTV方面，日本政府採狹義的定義，把IPTV業務屬性視同CATV服務，採低度管制，無外資且無最低資本額限制，裨益新興視訊服務發展。

　　為因應數位匯流，日本政府於2010年通過放送法（Broadcast Law）修正案，把規範廣播電視的放送法、有線廣播放送法、有線電視放送法以及利用電信服務放送法等四部法律整合於單一放送法內，係日本自1950年制定放送法以降，最大幅度之修法作業，具有重要意義。

　　本章內容，主要針對日本數位電視與新媒體平台之發展現況，進行分析介紹。內容架構包含日本數位電視與新媒體平台發展與現狀、日本數位電視與新媒體平台政策法規、日本數位電視與新媒體平台關鍵議題以及日本數位電視與新媒體平台推動策略等四節所構成，裨益讀者對本章主題之理解與參考。

 第一節　日本數位電視與新媒體平台發展與現狀

一、數位無線電視發展與現狀

(一)數位電視政策推動背景

　　回顧日本數位電視發展，最早可溯自1994年4月郵政省答詢文件中所揭示的廣電數位化發展建議（郵政省，1994）。郵政省「電信技術審議

會」乃據以成立「數位廣電系統委員會」,專責審議日本廣電數位化技術規格之相關議案,並把通訊衛星、廣播衛星、無線電視、有線電視乃至於廣播電台等所有廣電媒體皆納入數位化發展之標的對象[2]。

其後,郵政省「數位無線放送懇談會」在1998年5月所發表的研究報告建議事項,則確立了日本無線電視數位化發展方向的政策目標。

具體而言,該研究報告指出實施無線電視數位化具有如次五大重要意義(郵政省,1998:7):

1.確立閱聽人主權,為廣電文化之創新做出貢獻。

2.為經濟結構改革創新產業與擴大就業做出貢獻。

3.為增進國際間之相互理解與相互信賴做出貢獻。

4.為高度資通訊社會綜合數位網路建設做出貢獻。

5.為無線電頻率之有效利用與多樣需求做出貢獻。

前項研究報告並就未來數位化的發展進度,揭示如次三大進度目標(郵政省,1998:8):

1.2000年開始在關東地區實施數位電視試播。

2.2003年在東京、名古屋、大阪等三大都會地區開始提供數位電視服務。

3.2006年底以前完成全國數位電視服務。

為配合前述數位電視發展方向之落實,日本政府乃於2001年7月完成電波法修正案,正式決定推動廣電數位化政策,並明確以2011年7月24日為期,全面停播類比電視服務,實現數位轉換政策。

(二)日本數位電視技術規格

英國BBC於1998年9月即已開始提供數位無線電視服務,其技術規格為DVB-T;美國則於同年11月開始提供數位無線電視服務,其技術規格

為ATSC。日本在數位無線電視之發展，相對較落後於歐美國家。

　　為推動數位電視發展，日本在1998年度之追加預算中，特別編列460億日圓規模預算，投入廣電數位化技術整備事業之發展（淺見洋，2004：10）；1999年5月郵政省「電信技術審議會」提出「數位電視技術條件」建議後，2001年5月正式決定日本數位電視標準規格為「Integrated Services Digital Broadcasting for Terrestrial」（以下簡稱ISDB-T）。

　　日本在2003年12月依據既定進度於東京、名古屋、大阪等三大都會區開始提供ISDB-T數位電視服務。與英國DVB-T以及美國ATSC之技術相比較，日本ISDB-T技術之主要特徵如次：

　　1.ISDB-T可以在行進間接收高畫質視訊（DVB-T僅可接收標準畫質；ATSC則無法在行進間接收視訊）。
　　2.ISDB-T於同一電視頻道可對行動終端提供視訊服務（即OneSeg服務）（DVB-T與ATSC必須藉由不同電視頻道才可對行動終端提供視訊服務）。
　　3.ISDB-T可以提供緊急警報播送服務（DVB-T與ATSC規格不支援緊急警報播送服務）。

(三)日本數位無線電視發展現況

　　在前述廣電數位化的政策目標下，NHK與全日本一家商業電視於2003年12月開始在東京、名古屋、大阪等三大都會圈提供數位無線電視服務；2006年12月在日本全國都道府縣之縣府所在地區已可提供數位無線電視服務。其後，日本雖然如期在2011年7月全面停播類比電視服務，達成無線電視數位轉換政策目標，但由於受到311大地震的影響，岩手、宮城、福島等東北三縣因此順延數位轉換計畫期限，至2012年3月底停播類比電視服務後，始正式達成全國無線電視數位轉換政策目標（圖4-1）。

　　在數位無線電視的頻道數方面，NHK擁有綜合電視播送與教育電視

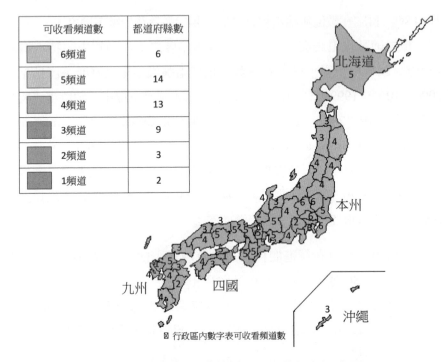

可收看頻道數	都道府縣數
6頻道	6
5頻道	14
4頻道	13
3頻道	9
2頻道	3
1頻道	2

圖 行政區內數字表可收看頻道數

圖4-1　日本全國可收看數位電視頻道數示意圖

資料來源：引自總務省（2011a）。

播送合計兩個頻道；商業電視事業則各擁有一個頻道提供數位無線電視服務。

　　在數位無線電視節目內容方面，主管機關總務省[3]在發照條件中，要求電視業者提供服務時，應滿足如次四項要件：

1.教育節目占10%以上、教養節目[4]占20%以上。

2.全面達成數位轉換以前應同步播送類比電視節目。

3.盡可能實施高畫質節目播送。

4.應顧慮視聽覺障礙者權益在節目中提供字幕、解說等措施。

二、數位有線電視發展與現狀

如前所述，日本廣電數位化政策的標的對象，除了無線電視以外，亦包含通信衛星、廣播衛星、廣播電台以及有線電視。

在有線電視數位化方面，日本早於1996年12月即已確立數位有線電視標準（64QAM）；截至2011年6月底為止，全日本有線電視用戶數為2,643萬戶，其中可收看無線數位電視用戶數為2,623萬戶。換言之，有線電視因應數位無線電視比率高達99.2%，顯示日本有線電視幾乎已經達成數位化之政策目標（**圖4-2**）。

日本有線電視服務可大分為「自主播送服務」與「單純轉播服務」兩大類；其市場進入途徑，按有線電信設備端子數規模，分別有「登記制」（端子數超過501以上）與「報備制」（端子數低於500以下）兩

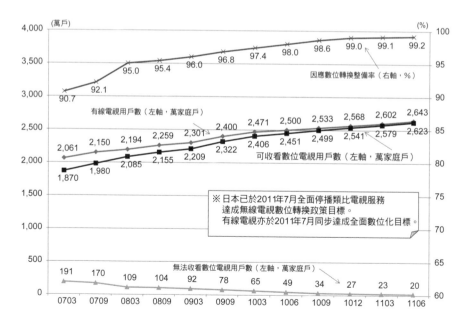

圖4-2　日本有線電視因應數位轉換整備率變動趨勢

資料來源：引自總務省（2011b）。

種，市場進入門檻相對較低[5]。

　　截至2013年3月底為止，日本有線電視業者數總計有43,123家，較上年度增加686家。提供「自主播送服務」之業者數為659家，其中端子數超過501以上之業者數為545家；端子數低於500以下之業者數為114家。提供「單純轉播服務」的業者數為42,464家，其中端子數超過501以上之業者數為256家；低於500以下之業者數為14,526家。

　　觀察日本提供「自主播送服務」之有線電視網路光纖發展，截至2013年3月底為止，有94.2%已經引進光纖設備。頻寬超過770 MHz的設備占19.0%；頻寬在470-770 MHz的設備比重最高，占72.1%（總務省，2013a：7），顯示日本數位有線電視已經處於光纖化之寬頻發展階段（**表4-1**）。

三、IPTV發展與現狀

　　依據日本總務省通信利用動向調查資料顯示，截至2012年3月底為

表4-1　日本提供「自主播送服務」有線電視傳輸電路現況

傳輸電路方式		業者數	
		2012/3/31	2013/3/31
FTTH		220	229
	FTTH	161	155
	FTTH＋HFC	50	64
	FTTH＋HFC＋同軸電纜	2	2
	FTTH＋同軸電纜	7	8
HFC		300	281
	HFC	298	278
	HFC＋同軸電纜	2	3
同軸電纜		36	35
合計		556	454

資料來源：整理自總務省（2012b）、總務省（2013a）。

止，全日本上網人數估計有9,610萬人，較去年同期增加148萬人，上網人口普及率為79.1%。在上網所使用的終端方面，以「使用家裡個人電腦」的比重最高（62.6%）；「使用手機上網」的比重為52.1%；「使用家裡以外電腦」的比重為39.3%；「使用智慧型手機上網」的比重為16.2%；「使用平板電腦上網」的比重為4.2%（總務省，2012b）。此外就寬頻使用情況觀之，全日本家庭寬頻上網的比重已達77.9%，其中有52.2%家庭係使用光纖網路（總務省，2011c）。

伴隨寬頻網路之普及發達，藉由網際網路所提供之新興視訊服務，已呈現多元多樣的發展趨勢。從廣義的觀點，凡利用網際網路協定（Internet Protocol, IP）提供類似電視播送（TV-like Services）[6]的通訊服務，即可視為IPTV；此是為IPTV廣義定義的一般性概念。

為使NHK得能提供新興視訊服務，日本於2007年通過放送法修正案，凡播送過的電視節目，皆可藉由電信網路（即網際網路）提供一般使用；法規修正鬆綁後，NHK乃於2008年12月正式推出隨選視訊（Video On Demand, VOD）服務。

另一方面，日本民營電視公司則從擴大廣告收入以及擴大節目收入的觀點，摸索IPTV的商務模式。例如，日本電視公司於2005年10月開始提供收費的VOD服務，2008年10月則改採完全免費的服務模式，引進獨特的廣告手法，結果於2009年1月份首度實現單月黑字的營運成果（西畑浩憲，2009：12）。其他電視公司的VOD服務基本上皆採收費服務模式。

相對於前述廣義的IPTV，日本總務省所認定的IPTV係採狹義的定義。具體而言，就是把依據利用電信服務放送法以「IP Multicast方式」提供有線播送服務的IPTV業務屬性視同CATV服務；管制上，採以低度管制，並無外資且無最低資本額之限制，裨益新興視訊服務之有利發展。截至2013年3月底為止，日本IPTV用戶數為98萬戶，CATV用戶數則為2,707萬戶（總務省，2013a：17），IPTV與CATV合計用戶數普及率為51.38%[7]。

為因應數位匯流發展，日本已於2010年11月修法通過把有線電視放送法、利用電信服務放送法以及有線廣播放送法等三法整併到放送法內，把「放送」定義為「以公眾直接收訊為目的之電信發訊」[8]，並把播送事業大分為「重要放送」與「一般放送」兩大類。前者係指依電波法取得電台執照之播送業務，採特許制且有外資管制（無線廣播電視屬之）；後者係指前者（重要放送）以外之一般放送業務，採登記制且無外資管制。準此新制規定，CATV與IPTV被定位為「使用有線電信設備之收費視訊播送業務」[9]。

日本修正後的放送法對於新興視訊服務（IPTV）的相關規範，可歸納彙整如次：

1. IPTV之定義限縮於等同CATV。
2. IPTV被定位為一般放送。
3. IPTV之市場進入採登記制且無最低資本額之限制。
4. IPTV之市場進入無外資管制。
5. IPTV之技術規範適用有線電信法。
6. IPTV之費用項目有向消費者說明之義務。
7. IPTV之經營地區並無區域限制，可提供全國服務。
8. IPTV之播送內容規範與所有的播送業者相同。

四、行動多媒體發展與現狀

(一)全國規模行動多媒體電視

在數位轉換所空出VHF與UFH頻譜之有效利用方面，總務省「資通訊審議會」於2007年6月提出建議，認為把「90-108 MHz以及207.5-222 MHz之頻段開放提供行動多媒體電視使用為適當的措施」（總務省，2007）。

　　具體而言，2011年7月25日以後可利用的VHF頻譜為90-108 MHz以及170-222 MHz合計70 MHz頻寬，其中VHF-High（207.5-222 MHz）將指配給全國區域之行動多媒體電視使用；VHF-Low（90-108 MHz）將指配給地區行動多媒體電視使用。

　　總務省原本考慮核發多張全國區域執照，裨益競爭，不過可使用的頻寬僅為14.5 MHz，因此決定只核發一張全國區域之平台執照（即播送平台），而在頻道業者（即頻道內容）方面，將待制度完備後，再行認定（總務省，2008）。

　　在日本，行動多媒體電視亦稱之為「次世代行動電視」，係以行動電話手機等行動終端設備作為接收機，可提供電影等視訊節目、電子書等多元的內容服務；消費者可下載節目內容，隨時觀賞使用。由於是項服務需要付費，對於已呈現市場飽和的行動電話業者而言，具有重要的商業意義。

　　2010年日本有兩大集團積極爭取全國播送之行動多媒體平台執照，一為以NTT DOCOMO為首的「多媒體放送mmbi」集團（以下簡稱mmbi，含富士電視公司、伊藤忠商社等企業）；另一競爭對手則係以KDDI為首的「MediaFLO」集團（含美商Qualcomm、朝日電視公司等企業）。

　　2010年9月8日「電波監理審議會」最後建議執照核發給「本土技術」的mmbi，主要理由有三：其一為本土技術係日本數位電視技術的延伸，也就是長期以來廣電數位化技術研發的成果；其二為本土技術所提供電台的涵蓋區域較大，因此所需要的設備投資規模，相對較低；其三則是採用本土技術的話，將有利於日本廣電數位技術之海外輸出，有助於產業發展（劉柏立，2010）。

　　mmbi已於2012年4月開始提供服務。基於「普及計畫」之義務[10]，mmbi計畫在提供服務的第一年，播送範圍可先涵蓋東京、名古屋、大阪等三大都會地區；第三年可涵蓋全日本主要都市地區；第五年則可涵蓋日

本全國各地區。

(二)地區規模行動多媒體電視

此外，在申請地區行動多媒體電視（即VHF-Low, 90-108 MHz）執照方面，主要係以既有的AM、FM廣播業者為對象。根據總務省的資料顯示，總計133家業者有意進入市場，其中有18家業者擬申請「國內受託放送事業」（即播送平台）；有132家業者擬申請「委託放送事業」（即頻道內容）。

然而，有意進入市場之廣播業者大多面臨電台經營困難的共同課題，未來是否具備硬體投資能力，頗受質疑，迄至2013年底為止，主管機關尚未核發執照。事實上，原來以推廣普及VHF-Low頻段行動多媒體電視為目的，於2009年2月成立的「VHF-Low多媒體放送推進協議會」，由於會員參與意願不高，終於2013年7月宣布解散，顯示地區行動多媒體電視市場前景不被看好[11]。

五、新興媒體平台發展與現狀

隨著寬頻網路發展環境之充實，促使通訊傳播事業匯流發展加速進行。相對於無線電視、有線電視等傳統媒體，前述IPTV、行動多媒體等服務，可謂新興媒體之代表範例。

除此之外，2010年Google所發表的「TV平台」（Android2.1）以及Apple的「Apple TV」已然掀起更新一波的新興媒體平台發展熱潮。韓國SAMSUNG與LG已於2011年將之定位為次世代家電策略性產品，2012年以降開始積極發展「智慧型電視」相關產品。

另一方面，日本自2010年通過大幅度的放送法修正案後，於制度面正式引進「製播分離」機制，提供廣電事業更具彈性的經營空間，裨益迎向數位匯流新興媒體平台發展之挑戰。

所謂「智慧型電視」的概念，已然超越藉由網際網路單純上網瀏覽網頁的層次，對於廣電事業、電視製造商、網路業者而言，或有不同的認知或解讀。依據總務省的廣義性定義，所謂「智慧型電視」係指「透過網際網路之接取，可實現網頁社群媒體之利用、應用軟體之利用乃至於終端間協作功能之擴張等功能性的電視終端或機上盒」（總務省，2012a：226）。

準此定義，「智慧型電視」並不包含藉由電腦上網之動畫觀賞，亦不包含具有單純上網瀏覽網頁功能的電視機。換言之，總務省對「智慧型電視」的廣義性定義，實際上就是等同新興媒體平台的概念。

基於前述「智慧型電視」（即新興媒體平台）的定義，總務省乃就其商業模式進行歸納、分類，彙整出新興媒體平台（智慧型電視）的具體概念（**圖**4-3）。

從**圖**4-3可知，總務省按動畫內容之保有與新興媒體平台之建置，大分為兩大類。前者歸納有「多元平台發展」模式和「社群協作」模式；後者則按平台建置主體歸納有「電視台主導平台」、「電視製造商主導平台」以及「網路業者主導平台」三大類。

日本新興媒體平台之代表範例，除了前述行動多媒體「NOTTV」以外，主要還包含NHK的teleda與Hybridcast，以及由日本電視製造商所建置的acTVila。

「teleda」係NHK獨自開發的平台介面，對象終端為個人電腦，2011年度以1,000名用戶規模進行實驗測試；平台技術規格係藉由teleda API伺服器提供VOD服務、社群網路服務（Social Networking Service, SNS）以及其他功能性服務。

「Hybridcast」亦係NHK所開發的平台介面，對象終端則為電視機上盒，得就電波播送節目與網際網路播送節目之相關資訊進行組合，並藉由雲端實現相關功能，例如消費者自製媒體（Consumer Generated Media, CGM）或SNS等服務。

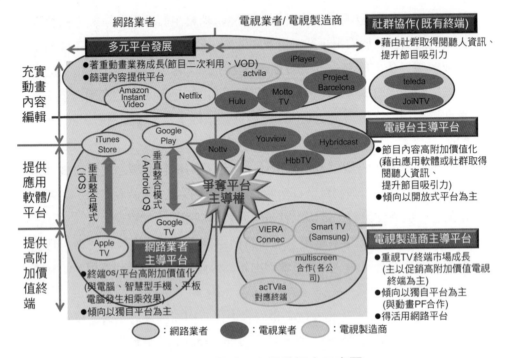

圖4-3　新興媒體平台具體概念示意圖

資料來源：引自總務省（2012）。

　　「acTVila」則係由日本電視製造商所共同籌設建置的新興媒體平台，凡購買acTVila機種電視，只要接有寬頻網路，即可藉由acTVila平台接取VOD影片觀賞服務（**圖4-4**）。

六、日本廣電產業市場現況分析

　　截至2013年3月底為止，日本民間廣播電視業者數總計達545家。其中經營無線電視業者總計有127家（其中有34家兼營廣播服務）；多媒體放送業者有1家（即mmbi）；衛星放送業者總計92家；提供自主播送服務之有線電視業者總計545家（**表4-2**）。

	生活資訊服務 acTVila基本服務	影像配訊服務 acTVila Video服務			
類別	acTVila Basic	acTVila Video	acTVila VideoFull	acTVilaVideo Download	acTVilaVideo DownloadFull
顯示畫面					
內容	文字、靜止畫面	動畫/文字、靜止 畫面	全畫面動畫/文 字、靜止畫面	全畫面動畫/文 字、靜止畫面	全畫面動畫/文 字、靜止畫面
動畫提供方法	—	串流型	串流型	下載型	下載型
文字、靜止 畫面顯示	○	○	○	○	○
動畫配訊	×	○	○	○	○
全畫面顯示	×	×	○	○	○
影像之保存	×	×	×	△	○
接取環境與速率	FTTH、ADSL CATV等	實效速率6Mbps	推薦光纖網路FTTH；實效速率12Mbps		

Panasonic SONY SHARP HITACHI TOSHIBA DX BROADTEC EIZO
MITSUBISHI SANYO maxell FUNAI BUFFALO I-O DATA Victor·JVC LG Life's Good

圖4-4 acTVila平台服務示意圖

資料來源：引自劉柏立（2010）。

　　日本廣播電視產業可大分為公共放送（NHK）與民間商業放送兩大類，前者主要仰賴收視費作為經營資源；後者則以廣告收入為主。

　　就整體市場規模觀之，2011年度日本廣播電視產業之營業額總計達3兆9,115日圓，僅較2010年度微幅成長。

　　具體而言，從**表4-3**可知，地面基幹放送業者營業額總計2兆2,502億日圓（較上年度成長率為負0.7%）；衛星放送業者營業額總計4,490億日圓（成長率為7.3%）；有線電視業者營業總額為5,177億日圓（成長率為負4.8%）；NHK之經常事業收入為6,946億日圓（成長率為2.0%）。

　　觀察日本民間商業廣播電視產業市場結構，從**圖4-5**可知，2011年度地面基幹放送、衛星放送以及有線電視之市占率（按營收總額計）分別為

表4-2　日本民間廣播電視業者家數統計　　　　　　　　　　　　　　單位：家

			2009/03	10/03	11/03	12/03	13/03
地上系	電視放送（單營）	ＶＨＦ	16	16	16	93	93
		ＵＨＦ	77	77	77		
	廣播放送（單營）	中波（ＡＭ）放送	13	13	13	13	13
		超短波（ＦＭ）放送	280	290	298	307	319
		社區放送	227	237	246	255	268
		短波	1	1	1	1	1
	電視放送（VHF＋UHF）+廣播放送（兼營）		34	34	34	34	34
	文字放送（單營）		1	1	1	1	0
	多媒體放送						1
	小計		422	432	440	449	461
衛星系	衛星基幹放送	BS放送	11	17	21	22	22
		東經110度CS放送	12	13	13	13	22
	衛星一般放送		96	91	91	83	66
	小計		117	113	113	108	92
CATV	適用登記制之CATV（僅以自主播送為對象）	按舊有許可制放送	515	517	502	556	545
		按舊利用電信服務放送	21	23	26		
		IP multicast放送	5	5	5	5	4
	小計		536	540	528	556	545

資料來源：引自總務省（2013b）。

表4-3　日本廣播電視產業市場規模　　　　　　　　　　　　　　　（億日圓）

年度		2007	2008	2009	2010	2011
民間放送業者	地面基幹放送業者	25,847	24,493	22,574	22,655	22,502
	（其中社區放送）	148	150	123	116	120
	衛星放送業者	3,737	3,905	3,887	4,185	4,490
	CATV業者	4,746	4,667	5,134	5,437	5,177
NHK		6,848	6,624	6,659	6,812	6,946
合計		41,178	39,689	38,254	39,089	39,115

資料來源：引自總務省（2013b）。

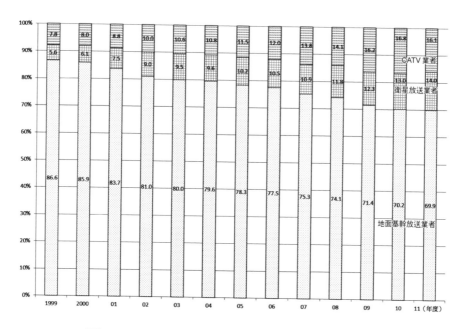

圖4-5　日本商業廣播電視產業市場結構成長趨勢

資料來源：本研究依據表4-3資料繪製。

69.9%、14.0%、16.1%。就時系列觀之，地面基幹放送呈現遞減走勢；衛星放送呈現成長趨勢；有線電視則呈現持平發展。

　　地面基幹放送主要營收係以廣告收入為主，從**圖4-6**可知，自2007年以降，無線電視之廣告營收跌破2兆日圓，近四年來，大致維持在1兆7,000億日圓規模的水準，持平發展，變動幅度不大。

　　最後，就日本商業廣播電視產業獲利率成長趨勢觀之，2011年度地面放送業者持續維持獲利局面，獲利率從2010年度的5.0%成長為2011年度的5.4%；在衛星放送的獲利率方面，2007年度以降，一貫維持獲利局面，2011年度的獲利率為8.9%；在CATV獲利率方面，自2003年度以降大致維持在一位數後半的獲利率水準，2009年度與2010年度成長為二位數的獲利率，2011年度的獲利率則為8.1%（**圖4-7**）。

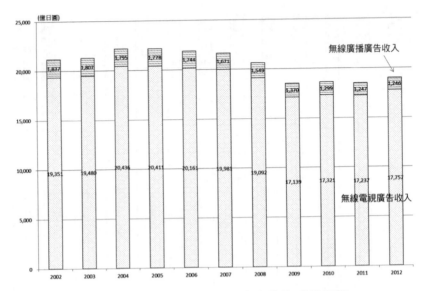

圖4-6　日本地面基幹放送廣告收入成長趨勢

資料來源：整理自電通（2012）。

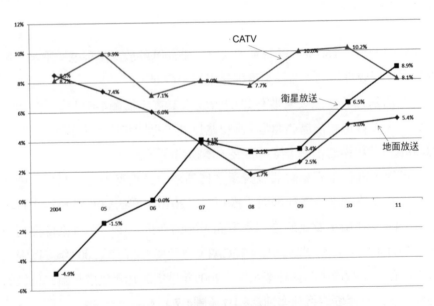

圖4-7　日本商業廣播電視產業獲利率成長趨勢

資料來源：本研究整理自總務省（2012c）。

第二節　日本數位電視與新媒體平台政策法規

一、政策討論

(一)中間地帶服務

在數位化與寬頻化的技術進步下，傳統上由電信法所規範，強調通信秘密的電信事業與由廣電法所規範，強調言論自由的廣播電視事業，已然發生數位匯流，出現中間地帶服務。具體而言，就是「具有公然性的電信服務」和「具有限定性的廣電服務」[12]。

以NTT提供的「Dial Q2」和「off talk communication service」的電信服務為例，前者的服務內容，消費者透過電話撥接即可接取利用所需之相關資訊，NTT的功能除了收取通話費外，並以代資訊提供者向消費者收取資訊使用費賺取手續費；後者的服務內容，基本上係有效利用電話電路的閒置時間，資訊中心可對電話用戶同步播送各種資訊訊息服務，與一般的廣播服務相當類似。由於該等電信服務係對不特定多數對象（公眾）之通訊傳播，隱匿性較低，因此可稱之為「具有公然性的電信服務」。

另一方面，廣電亦有可能不是對不特定多數對象（公眾）之傳播，廣電之閱聽人有可能為特定對象且具有限定性，此類服務可稱之為「具有限定性的廣電服務」。日本在2000年12月開始提供的廣播衛星數位電視服務，係利用電信電路所提供的數據播送服務，可謂電信與廣電匯流的典型代表。

(二)政策背景分析

為因應數位匯流發展，日本政府「IT戰略本部」曾經在2001年12月提出「IT領域管制改革之發展方向」研究報告，揭示「日本通訊傳播制度，應從過去利用類比技術，以載具屬性作縱向分類的管制體系，轉換為利

用數位技術、IP化之方向發展,並改採功能性橫向競爭體系,藉由事業的水平分離與層級競爭機制,促進電信與廣電的匯流發展」(IT戰略本部,2001:2)。

惟前述IT戰略本部之政策建議,受到無線電視業者甚至「日本新聞協會」的強烈反對。前者以「日本民間放送連盟」的氏家齊一郎會長的意見為代表,氏家會長表示:「無線電視業者,在軟硬一體的事業形態下,致力於節目播送普及服務,除了發揮媒體應有之功能外,基於節目播送之公共使命,在天然災害或緊急事故時,亦可達成提供公眾多樣的節目播送任務。如果按照研究報告之建議,強制實施軟硬分離政策,今後恐難達成公共任務,對於提升國民生活與文化發展的現行播送服務,亦恐有毀滅之虞,政府在檢討具體政策之際,應多聽取廣電相關業者之意見,充分進行討論」[13]。

其後「日本新聞協會」更在2002年1月,以代表新聞界的立場表明:「『水平分離』把擁有播送設備的硬體業者和節目製作的軟體業者加以分離,將導致天然災害或緊急事故時,能否有效播送特定節目的問題。迄至目前為止,無線電視所發揮的公共使命,即攸關國民生命、財產、生活所不可或缺的資訊內容,恐難期待與過去一樣可以達成迅速且廣泛傳播之任務,此亦將損及言論、報導之多樣性,作為同屬報導機關的新聞界,自是無法坐視」[14]。

在前述民間業者強烈的反彈意見下,日本政府暫時排除軟硬分離(即「製播分離」)政策規劃,並繼續尋求因應媒體匯流的相關對策措施。

在前述背景下,日本廣電事業仍維持「製播一體」的經營原則。因此,對於沒有硬體播送設備的業者而言,即便擁有豐富的軟體節目內容,亦不得進入廣電市場,提供節目播送服務。為尋求解套,日本在2001年6月通過,2002年1月正式實施的利用電信服務放送法,提供電信網路得提供節目播送之法源依據,適度引進製播分離機制,解除了前述問題的困擾。

(三)製播分離機制

事實上，日本在1989年進行電波法和放送法的法規修正後，已經在通信衛星方面引進「委託放送」和「受託放送」的制度，提供衛星播送（硬體）與節目製作（軟體）製播分離的機制，對於擁有節目內容的業者而言，即使本身沒有硬體設備，亦得委託衛星設備業者提供節目播送的服務。

在有線電視方面，當業者所經營的頻道數不敷使用時，通常可利用租借頻道的方式解決，但頻道的出租者僅限於有線電視業者；此外，有線電視業者雖然可以租借FTTH提供服務，但電路租借成本相當昂貴，而且須同時具有電信法和有線電視法的營業許可方為可行。

為增進電信網路與廣電（CATV）網路之相互利用（即跨業經營），原則上，有線電視業者跨業經營電信業，只要依照電信法的規定即可進入市場，提供電信服務。惟當時日本的電信事業法和我國電信法一樣，係按機線設備之有無，區分有第一類電信事業和第二類電信事業。由於有線電視屬於地區性媒體服務，規模相對較小，當其跨業經營電信事業時，因其具有機線設備，因此依法適用第一類電信事業，不僅市場進入門檻高，且亦受到較強的管制。因此日本政府乃於2003年修正電信事業法，廢除事業分類制度，大幅降低市場進入門檻，期能健全電信市場多元競爭機制並提供更具彈性的發展空間。

另一方面，在電信業者跨業經營廣電事業方面，基本上，日本規範廣播電視的法規主要有放送法、有線電視放送法、電波法。其中放送法對於「Broadcast」的定義為「以公眾直接收訊為目的的無線通訊之發訊」；有線電視放送法對於「有線電視放送」的定義則是「以公眾直接收訊為目的的有線電信之發訊」[15]；而電波法則是規範電台設置、無線電頻率稀有資源之管理與維持電波使用秩序的法律。

換言之，就技術面而言，播送技術包含於電信技術，而電信技術基

本上可大分為有線技術和無線技術兩大類。在2010年放送法修正案通過以前，日本的廣電法規，一貫維持利用無線電技術的發訊（即播送）服務，適用放送法[16]；利用有線電技術的播送服務，則適用有線電視放送法。

(四)修法最新動向

為因應數位匯流的時代需要，總務省乃於2005年召開「通訊傳播合理發展方向懇談會」，探討數位匯流時代所應採行的合理規管機制；2006年「IT戰略本部」再度提出層級管制構想，裨益數位匯流之健全發展；2007年總務省更進一步成立「通訊傳播綜合法規體系研究會」，進行相關法規整併之可行性研究。

其後，總務省「資通訊審議會」乃依據前述研究會之研究成果，下設「通訊傳播綜合法規體系檢討委員會」，正式就電信與廣播電視相關法規之整併修正事宜，進行具體的檢討作業。

最後決定僅針對既有的廣電法規進行整併修正，並於2010年11月國會表決通過修正案，完成自1950年放送法制定以來，最大幅度的修法作業。

二、新舊法令規章

(一)修法前之作用法

在2010年11月通過放送法修正案以前，規範日本廣播電視事業發展的相關法規，係由放送法（原文為放送法）、有線廣播放送法（有線ラジオ放送法）、有線電視放送法（有線テレビジョン放送法）、利用電信服務放送法（電気通信役務利用放送法）、電波法以及有線電信法（有線電氣通信法）等法律所構成。

放送法之目的旨在規範廣播電視事業應符合公共福祉，並健全廣播

電視事業之健全發展；有線廣播放送法之目的在於規範有線廣播業務之運用，確保公共福祉；有線電視放送法之目的在於規範有線電視設備之設置及業務營運，確保用戶權益並健全有線電視發展，增進公共福祉。

利用電信服務放送法之目的，則係為因應數位匯流，藉由利用電信服務播送業務之適當營運，確保用戶權益並健全利用電信服務播送之發展，進而增進公共福祉。

在電波法與有線電信法方面，則是提供無線通訊技術與有線通訊技術服務之基本法源依據，前者在於確保無線電頻率之公平有效利用；後者則在於規範有線電信設備（含有線電視）之設置及使用，建立有線電信秩序，增進公共福祉。

(二)法規修正之必要性

一般而言，廣播電視事業之所以需要法規規範的理由，主要係基於廣播電視播送節目所使用無線電頻率資源之稀有性，以及節目內容對社會大眾和文化發展具有重大影響之考量。隨著數位技術之進步發展，傳統上以規範類比式播送網路為前提對象的既有法規，已因數位匯流時代之到來，而必須進行調整修正。

如前所述，日本政府「IT戰略本部」在2001年12月發表「IT領域管制改革之發展方向」研究報告，明文揭示「日本通訊傳播制度，應從過去利用類比技術，以載具屬性作縱向分類的管制體系，轉換為利用數位技術、IP化之方向發展，並改採功能性橫向競爭體系，藉由事業的水平分離與層級競爭機制，促進電信與廣電的匯流發展」（IT戰略本部，2001：2）。

因此日本政府乃制定利用電信服務放送法（2002年1月實施），提供電信網路得作為廣播電視節目播送平台之法源依據，突破既有法規在廣電事業與電信事業間不得跨網經營的藩籬限制，為日本因應數位匯流的第一套革新法案（劉柏立，2005）。

而為落實功能性橫向競爭之政策目標，日本政府於2010年3月向國會

提出放送法修正案，同年11月獲得表決通過，把有線廣播放送法、有線電視放送法以及利用電信服務放送法整合併入放送法內，於2011年6月正式實施。

換言之，日本現行通訊傳播法規架構，基本上已完成網路層（如電波法與有線電信法）、平台層（如電信事業法）以及內容層（如放送法）之層級分離架構，把傳統按載具屬性作縱向分類的管制體系，轉換為按層級別的競爭機制，裨益數位匯流發展（**圖**4-8）。

(三)法規修正之重要內容

日本現行放送法把「放送」定義修正為「以公眾直接收訊為目的之電信發訊」[17]，並把播送事業大分為「重要放送」與「一般放送」兩大類。前者係指依電波法取得電台執照之播送業務，採特許制且有外資管制，市場進入門檻相對較高，如無線電視、AM、FM、短波廣播、廣播衛星、東經100度通訊衛星等之播送服務屬之；後者則係前者（重要放送）以外之一般放送業務，採登記制或報備制且無外資管制，市場進入門

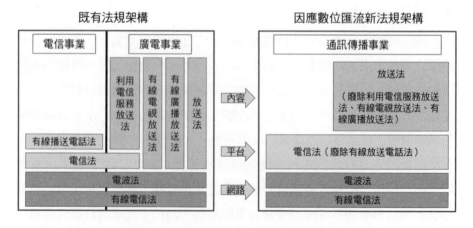

圖4-8　日本通訊傳播法規架構示意圖

資料來源：引自總務省（2011a）。

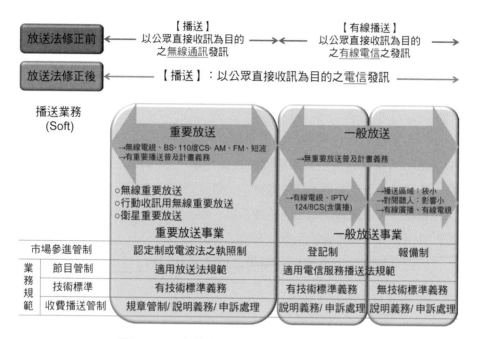

圖4-9　日本放送法修正案新舊制度比較

資料來源：引自總務省（2010a）。

檻相對較低（**圖4-9**）。

　　準此新制規定，於2010年9月取得行動多媒體執照的docomo團隊mmbi所提供的播送服務被定位為「重要放送」，在放送法中稱之為「行動收訊用地面重要放送」業務[18]，依法有制定「普及計畫」之義務[19]，其業務經營模式依法得採製播分離。

　　換言之，2010年放送法修正案已正式引進製播分離，電視事業經營者得就其經營理念，或維持傳統製播一體經營模式；或適予採行製播分離，享有較具彈性的經營空間，因應數位匯流新興媒體平台發展趨勢。而傳統的有線電視與新興視訊媒體IPTV，則被定位為「使用有線電信設備之收費視訊放送業務」[20]，免受「普及計畫」義務之規範，管制強度相對較低。

 第三節　日本數位電視與新媒體平台關鍵議題

一、整體關鍵議題

日本為推動數位電視發展，最早係依據1994年4月郵政省答詢文件中所揭示的廣電數位化發展建議。在此建議下，郵政省「電信技術審議會」乃下設「數位廣電系統委員會」，專責審議日本廣電數位化技術規格之相關議案，並把通訊衛星、廣播衛星、無線電視、有線電視乃至於廣播電台等所有廣電媒體皆納入數位發展之標的對象。

因此在探討如何落實數位電視之整體關鍵議題，主要可臚列有推動機制、技術規格、經費預算以及產業發展等重要項目。

(一)推動機制

首先在推動機制方面，日本政府於2001年7月完成電波法修正案，提供法源依據及經費來源，正式決定推動廣電數位化，並明確以2011年7月24日為期，全面停播類比電視服務，實現數位轉換政策。

(二)技術規格

其次在技術規格方面，2001年5月總務省正式決定日本數位電視技術規格為Integrated Services Digital Broadcasting for Terrestrial（簡稱ISDB-T）。此技術規格基本上由「數位無線電視放送之傳送方式」、「附件資料數位無線電視放送運用指南」以及「參考資料」等三份文件所構成。

(三)經費預算

為使數位電視政策順利推動，如期達成目標，2001年7月通過的電波

法修正案確立推動數位轉換之經費來源為電波使用費。經費用途主要在強化「數位轉換諮詢窗口業務」裨益政策宣導與說明；提供「經濟弱勢家庭簡易機上盒」；改善「偏遠地區及離島地區之電波訊號不良問題」；支援「電波訊號不良地區之共用天線對策」。近三年度的預算規模分別為2010年度870億日圓；2011年度660億日圓；2012年度230億日圓。

(四)產業發展

　　日本推動數位電視發展的另一項重要目的，除了藉以擴大國內電視機汰舊換新，創造需求外，更積極向海外推銷日本數位電視技術，期以擴大海外技術勢力版圖。截至2011年6月底為止，全球已有12個國家決定採用日本技術規格（**圖**4-10）。

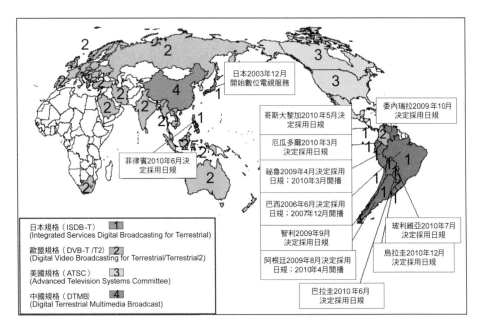

　　　　日本2003年12月
　　　　開始數位電視服務

哥斯大黎加2010年5月決
定採用日規

委內瑞拉2009年10月
決定採用日規

厄瓜多爾2010年3月
決定採用日規

祕魯2009年4月決定採用
日規；2010年3月開播

巴西2006年6月決定採用
日規；2007年12月開播

玻利維亞2010年7月
決定採用日規

菲律賓2010年6月決
定採用日規

智利2009年9月
決定採用日規

烏拉圭2010年12月
決定採用日規

阿根廷2009年8月決定採用
日規；2010年4月開播

巴拉圭2010年6月
決定採用日規

日本規格（ISDB-T） **1**
(Integrated Services Digital Broadcasting for Terrestrial)

歐盟規格（DVB-T /T2） **2**
(Digital Video Broadcasting for Terrestrial/Terrestrial2)

美國規格（ATSC） **3**
(Advanced Television Systems Committee)

中國規格（DTMB） **4**
(Digital Terrestrial Multimedia Broadcast)

圖4-10　全球數位電視發展暨採用日規國家示意圖

資料來源：引自總務省（2011a）。

二、個別關鍵議題

(一)有線電視數位化

　　為因應數位轉換，日本除了修正電波法作為推動數位無線電視的法源依據外，在有線電視數位化之重要議題方面，當屬技術規格之策定。日本主管機關之重要措施可臚列如次：

1. 1996年制定數位有線電視播送技術規格（64QAM），此係實現數位化後多頻道、高品質之技術規格。
2. 2000年制定數位無線電視調制規格（OFDM），此係無需轉換數位無線電視調制頻率而可直接再播送的技術規格。
3. 2000年制定複數傳輸流（Transport Stream, TS）傳輸規格，於廣播衛星數位電視之複數TS傳輸得以單一TS傳輸方式再播送的技術規格。
4. 2002年制定TS分割技術規格，此係東經110度通信衛星數位電視服務再播送的技術規格。
5. 2003年引進數位無線電視等收訊設備品質標準（即位元錯誤率，Bit Error Rate, BER）。
6. 2005年利用FTTH等提升有線電視品質高度化相關規定之整備。
7. 2007年有線電視傳輸頻寬之擴大以及大容量化相關規定之整備。

　　此外，「日本有線電視技術協會」並配合前述技術規格，制定有線電視裝置、有線電視系統測定法之相關技術規格；「有線電視聯盟」則為確保系統間之共通化、網路互連、相互運用性制定相關規格標準；而為因應新興媒體平台Android應用軟體及HTML5之新興需求，「日本有線電視實驗室」特別於2011年4月制定次世代機上盒技術標準。

(二)IPTV服務

　　網際網路所提供之新興視訊服務已呈現多元多樣的發展趨勢。若按傳統以載具屬性作縱向分類的規管機制，則IPTV難有適當依據裨益服務之提供。為打破業界藩籬，鼓勵跨業競爭暨引進層級競爭，以及落實製播分離裨益更具彈性之經營空間，日本政府乃制定利用電信服務放送法（2002年1月實施），提供電信網路得作為廣播電視節目播送平台之法源依據，為日本因應數位匯流的第一套革新法案。

　　而為落實功能性橫向競爭之政策目標，日本於2010年11月通過的放送法修正案，則把有線廣播放送法、有線電視放送法以及利用電信服務放送法整合併入放送法內，於2011年6月正式實施。

　　依據修正後放送法之規範，傳統有線電視與新興視訊媒體IPTV，被定位為「使用有線電信設備之收費視訊播送業務」，免受「普及計畫」義務之規範，且無外資管制與最低資本額之限制，管制強度相對較低，有助於邁向新媒體平台發展之挑戰。

(三)行動多媒體電視服務

　　日本實施數位轉換後所空出VHF-High頻譜已然指配給全國區域之行動多媒體電視mmbi使用。在日本，行動多媒體電視亦稱之為「次世代行動電視」，係以行動電話手機等行動終端設備作為接收機，可以提供電影等視訊節目、電子書等多元內容服務；消費者可下載節目內容，隨時觀賞使用。由於是項服務需要付費，對於已呈現市場飽和的行動電話業者而言，具有重要的商業意義。

　　另一方面，VHF-Low頻譜固然將指配給地區行動多媒體電視使用，惟擬進入市場之廣播業者大多面臨電台經營困難之共同課題，未來是否具備硬體設備投資能力，頗受質疑，迄至目前為止（2012年9月底），主管機關尚未核發執照。

數位電視與新媒體平台
之政策與發展策略

150

　　此外，依據修正後放送法之規範，於2010年9月取得行動多媒體執照的mmbi所提供的播送服務被定位為「重要放送」，在放送法中稱之為「行動收訊用地面重要放送」業務，依法有制定「普及計畫」之義務，其業務經營模式依法得採製播分離。

　　換言之，2010年放送法修正案已正式引進製播分離，電視事業經營者得就其經營理念，或維持傳統製播一體經營模式；或適予採行製播分離，享有較具彈性的經營空間，因應數位匯流新興媒體平台發展趨勢。

(四)新媒體平台服務

　　所謂新媒體平台服務，得按動畫內容之保有與新興媒體平台之建置，大分為兩大類。前者歸納有「多元平台發展」模式和「社群協作」模式；後者則按平台建置主體歸納有「電視台主導平台」、「電視製造商主導平台」以及「網路業者主導平台」三大類。

　　在平台建置之相關議題方面，一般而言，電視機製造商與網路業者之自主性相對較高，得按企業之經營策略籌設建置；而電視台方面若因循傳統製播一體制度，則經營空間相對受限，不利新媒體平台之發展。

　　日本在2010年通過放送法修正案後，正式引進製播分離機制，得按經營者之需求，提供較大的經營空間，裨益新媒體平台服務之挑戰。綜觀全球新媒體平台發展趨勢，似以美國Google與Apple等網路業者位居主流地位；電視業者以及電視機製造商能否奪得平台主導權，仍有持續觀察之必要。

第四節　日本數位電視與新媒體平台推動策略

一、整體推動策略

(一)數位無線電視

如前所述，日本為推動數位電視之發展，最早可溯自1994年4月郵政省提出的廣電數位化發展建議；其後在1998年5月郵政省「數位無線放送懇談會」中確立無線電視數位化發展方向之政策目標；2001年5月正式決定採用日本數位電視技術規格為「ISDB-T」；2001年7月更進行電波法修正案，依法制定數位電視推動政策，確保推動政策所需經費，並明確以2011年7月24日為期，全面停播類比電視服務，實現數位轉換政策。

(二)數位有線電視

2010年放送法把有線電視定位為「一般放送」，市場進入係按設備規模之大小，區分有「登記制」與「報備制」兩種類，屬於管制強度較低之業務，無外資管制與資費管制。日本在有線電視數位化之整體推動策略方面，基本上和數位轉換政策同步實施，主要措施在於相關技術規格之策定，裨益與其他數位媒體規格一致。有線電視數位化之目的不僅追求視訊服務品質之提升，更重視通訊服務之發展，由於數位化的結果，有線電視多已兼營寬頻服務，與電信事業發生競合局面。

(三)新媒體平台

◆IPTV

另一方面，在新媒體平台推動策略方面，首先在2001年制定利用電信服務放送法，提供電信網路得作為廣播電視節目播送平台之法源依據，突破既有法規在廣電事業與電信事業間不得跨網經營之藩籬限制，並

引進製播分離,且無外資及最低資本額之限制;依本法提供IP Multicast播送業務之IPTV,視同CATV業務,採低度管制,裨益新媒體平台IPTV之發展。

◆行動多媒體電視

在行動多媒體電視方面,則利用數位轉換所空出的頻段,核發全國單區執照一張(由mmbi取得,「NOTTV」)及分區執照若干張(尚未核發),裨益次世代行動電視之發展。依據2010年通過的放送法修正案,本項業務定位為「重要放送」業務,依法有制定「普及計畫」之義務。

◆其他新媒體平台

在其他新媒體平台之發展方面,可歸納有電視台主導平台(如NHK的「Hybridcast」)、電視製造商主導平台(如「acTVila」)以及網路業者主導平台(如Google的「Google TV」)等。此等服務發展,端視企業在新媒體平台之企圖心,而有各具特色的推動策略。惟就電視台主導平台方面,則因2010年放送法修正案正式引進製播分離,提供電視事業較具彈性的經營空間,得就業務需要,適予開發新媒體平台經營模式。

二、數位無線電視推動策略

為因應數位無線電視發展,日本除了修改電波法作為停播類比電視,落實數位轉換的法源依據外,並結合相關各界,成立全國規模推動機制以及跨部會協調機制,全面配合數位轉換政策之落實,分析如次。

(一)全國數位電視推進協議會

成立於2001年7月,主要成員包含總務省、NHK以及民間電視業者;協議會之目的,主要係提供電視業者在推動數位轉換面臨相關課題時,進行檢討、意見交流之互動平台。

(二)推動數位電視全國會議

成立於2003年5月，主要成員包含總務省、NHK、民間電視業者、電視相關團體、廠商、販售店、消費者團體、地方政府、經濟團體、大眾媒體等代表；全國會議之目的，主要係就數位電視之普及議題，進行跨領域之討論，並以全民運動之規模，積極推動宣導普及。

(三)數位電視綜合對策本部

成立於2007年9月，主要成員為總務省內相關局處官員；其目的在於進行數位轉換綜合性計畫之推動。

(四)數位轉換相關部會聯絡會議

成立於2007年9月，主要成員為相關部會之課長層級；其目的係建構跨部會推動機制，期使數位轉換順利推動。

(五)數位電視全民運動推動本部

成立於2008年7月，主要成員包含總務省、數位電視相關團體、電視業者、電視相關團體、相關廠商、量販店、經濟團體、消費者·高齡者團體、地方政府、學者專家等代表；推動本部之目的，主要係從民眾的立場，加速數位電視之宣導普及（總務省，2011a：279）。

除了前述相關推動機制外，總務省特別在全國都道府縣成立「數位電視收訊諮商中心」、「數位電視收訊支援中心」以及「數位電視機上盒支援中心」等三個中心，分別受理數位電視相關訊息之提供、數位電視收訊情況調查以及對收訊不良地區提供衛星電視服務、對經濟弱勢家庭無償提供簡易型機上盒一台等具體支援措施。

2010年度日本數位轉換政策之預算規模總計約900億日圓，經費來源係由「電波使用費」專款專用；在數位轉換推動預算支出方面，以無

償提供機上盒及對高齡者支援業務所占比重最高（49.47%），發訊收訊環境整備業務所占比重居次（20.98%），第三為共同天線數位化支援業務（15.20%），第四則為數位轉換諮商業務（14.35%）（劉柏立，2011）。

在前述全國官民共同推動數位轉換的合作機制下，日本在2006年4月開始推出可支援行動終端收視的OneSeg數位播送服務，同年12月日本全國都道府縣之縣府所在地區已可提供無線數位電視服務。最後如期在2011年7月全面停播類比電視服務，達成無線電視數位轉換政策目標（惟岩手、宮城、福島等三縣因311大地震影響，順延至2012年3月完成數位轉換）。

三、數位有線電視推動策略

數位有線電視之推動策略，主要在於技術規格之統一。當有線電視完成數位化後，除了可提供視訊服務品質外，更可跨網經營寬頻服務，與電信事業形成競合關係。

例如，日本第二大電信事業KDDI（兼營固網與行動電話）於2010年2月投入3,617億日圓併購日本最大的有線電視系統業者JCOM，在有線電視市場中取得39%市場占有率；最近更於2012年10月宣布併購第二大有線電視系統業者JCN（市占率為11%），KDDI因此獲得高達50%的有線電視市占率。

KDDI併購有線電視系統業者的策略目的，在於獲取市占率高達50%的有線電視網路後，將進一步結合自己的光纖網路以及行動通信網路，發展多元的FMC（Fixed Mobile Convergence）服務，裨益開發與NTT相抗衡之有利商機，追求數位匯流服務之競爭優勢（**表4-4**）

表4-4　KDDI與NTT服務比較

		KDDI	NTT
光纖寬頻服務	用戶數（市占率）	226萬戶（10.2%）	1,656萬戶（74.4%）
	獨棟用戶上網費率	5,460日圓／月	5,880日圓／月（ISP：OCN）
	服務地區	大都會及地方都市	全日本
CATV/IPTV	用戶數（市占率）	393萬戶（50%）	200萬戶（註）
	獨棟用戶多頻道＋上網＋市話費率	9,500日圓／月（JCOM）	9,450日圓／月（IPTV＋NTT東日本）

註：用戶數為2012年3月底資料；IPTV係指NTT光電視（相當於中華電信的MOD），其用戶數包含於NTT光纖寬頻服務內，不與CATV合計市占率。

資料來源：引自日本經濟新聞（2012/10/21）。

四、IPTV推動策略

　　為因應數位匯流發展，日本在2001年制定利用電信服務放送法，提供電信網路得作為廣播電視節目播送平台之法源依據；2010年放送法修正案通過後，同步廢除利用電信服務放送法，IPTV被定位為「一般放送」，管制強度和CATV相同，屬低度管制。

　　NTT所提供的IPTV（光電視）係以NTT的光纖寬頻用戶為服務對象，主要提供超過80個以上高畫質視訊頻道、VOD、卡拉OK以及購物頻道等服務。目前NTT東日本、NTT西日本之光網覆蓋率已高達90%以上，行動寬頻LTE（3.9G）服務亦已開始提供服務，為推動FMC之最適組合服務，NTT之IPTV已從原來的在家收視擴大提供行動收視，藉由智慧型手機即可收看IPTV。

五、行動多媒體發展現狀

　　日本行動多媒體電視係利用數位轉換所空出的頻段，核發全國單

區執照一張（由mmbi取得，「NOTTV」）及分區執照若干張（尚未核發），裨益次世代行動電視之發展，其經營模式的特色在於落實製播分離。

在日本2010年放送法中所定義的「重要放送」係指依電波法取得電台執照之播送業務。提供「重要放送」的業者區分有「特定地面重要放送業者」與「認定重要放送業者」兩大類，前者係指2010年放送法修正前即已存在的廣電事業（即已擁有電台設備，製播一體的既有業者）；後者係指2010年放送法修正後之新進業者。基於製播分離之制度設計，「認定重要放送業者」之播送電台，係由「提供重要電台業者」所提供，茲以mmbi（NOTTV）為例，說明如次。

當時為爭取次世代行動電視發展機會，docomo等企業於2009年1月合資成立「多媒體放送公司」，2010年6月提出「受託放送業者」申請，2010年9月為主管機關認定為「提供重要電台業者」，取得次世代行動電視全國單區執照（電台執照）。

2011年1月「多媒體放送公司」全額出資成立子公司「Japan Mobile Casting」專責提供電台播送功能服務，2012年4月開始提供服務（電台播送）。

2011年4月「多媒體放送公司」更名為「mmbi」後，於同年9月申請「重要放送業務」許可，10月主管機關審查核可認定為提供「行動收訊用地面重要放送業務」之業者，2012年2月發表開台，同年4月開始提供服務（節目播送）。

日本行動多媒體電視（即次世代行動電視）全國單區執照核發一張（電台執照），目前此電台（Japan Mobile Casting）僅提供mmbi節目播送之用。配合「普及計畫」播送涵蓋率之整備，未來電台亦將對其他「行動收訊用地面重要放送業務」之業者提供服務，發揮製播分離，設備共用功能。

mmbi提供服務的品牌名稱定為「NOTTV」，意指其服務型態不同

於傳統的電視服務，也不同於傳統的VOD服務；主要針對智慧型手機，提供雙向互動的高畫質視訊服務，使用者可以按照自己的喜好，隨時下載、儲存節目內容，不受時間或場所的限制，於方便的時間隨時點選觀賞。

截至2012年7月底為止，「NOTTV」之契約用戶數已突破10萬戶[21]，mmbi計畫在2013年3月底達成100萬戶成長目標。未來能否開創出成功的經營模式（含Japan Mobile Casting之設備共用），固然充滿挑戰與不確定性。惟就鼓勵新技術與新服務之政策觀點，日本政府有效利用數位紅利開放提供行動多媒體電視平台使用，值得肯定。

 結 語

日本於2011年7月24日如期停播類比電視，全面實現數位轉換政策目標。觀察日本推動數位轉換的實施過程，可以總結歸納如次六項重要特徵：

1. 1998年數位無線放送懇談會的研究報告，不僅提出廣電數位化發展方向的政策建議，更明確提示廣電數位化的五大重要意義與發展進度，以為政策依據。
2. 廣電數位化政策既已確立，隨即於2001年完成電波法修正案，提供數位轉換之法源依據，確保數位轉換推動業務之經費來源。
3. 開發具有前瞻性的技術規格，可以因應行動終端並於行動間接收高畫質電視以及提供緊急警報播送服務。
4. 成立全國性推動組織以及跨部會協調機制，並設立支援中心，落實數位轉換政策之推動。
5. 先於無線數位電視之發展，日本早已落實衛星電視數位化以及有線電視數位化。因此，在部分無線數位電視收訊不良地區之相關對

策,或採以衛星電視或採以有線電視替代之。

6.鑑於發展數位電視可有效加速ICT之系統開發暨提升國際競爭力之
經濟效益,日本政府除了結合民間企業積極推動數位電視發展外,
並向海外國家積極推銷日本數位電視技術,藉以創造產業商機。

　　由前述日本數位電視的發展經驗可知,明確的政策目標(包含政策
的正當性與預期進度)、數位化技術規格(包含無線電視、有線電視、衛
星電視)、法源依據、經費來源、推動機制皆為落實數位轉換不可或缺
的必要程序;其中尤以有線電視數位化的先期發展,具有特別重要的意
義,值得參考借鏡。

　　從日本經驗對照我國數位轉換政策,我國已確定於2012年7月停播類
比電視,全面達成數位轉換政策。然而,截至2011年6月底為止,我國有
線電視普及率為63.89%,而數位有線電視普及率僅止於9.08%(魏學文,
2011)。

　　此外,基於數位匯流之發展策略,日本有線電視與電信事業已然出
現競合局面。第二大電信事業KDDI藉由併購全日本第一大與第二大之有
線電視系統業者一舉獲得有線電視50%市占率,裨益開發與NTT相抗衡之
有利商機,追求數位匯流服務之競爭優勢。相對於我國主管機關在併購案
之監理思維,日本經驗可供國內借鏡參考。

　　最後在新媒體平台政策方面,從鼓勵新技術新服務之政策觀點,日
本政府把數位轉換所空出來的頻譜開放提供行動多媒體電視平台使用,值
得肯定;而行動多媒體電視平台業者mmbi所提供的「NOTTV」服務未來
能否開創出成功的經營模式,純然取決於市場機制,由業者自行承擔投資
風險。

　　換言之,在數位匯流的大趨勢下,主管機關的重要功能之一,就是
提供健全發展環境,以事後管制為原則;在創新市場中,更宜以先驅者
優勢原則,鼓勵新技術新服務之創新發展,裨益業者勇於投資、樂於投
資,為數位匯流、經濟發展做出貢獻。

 註 釋

1 惟岩手、宮城、福島等東北三縣因311大地震影響，順延至2012年3月底始停播類
　比電視服務，正式達成日本全國無線電視數位轉換政策目標。

2 日本在2001年1月實施政府組織改革，原來郵政省主管通訊傳播業務的部門併入
　總務省，電信技術審議會則更名為資通訊審議會。

3 日本廣電事業主管機關原為郵政省，2001年日本實施行政改革後，郵政省原來
　掌理的電信與廣電政策監理業務轉移由總務省執掌。

4 依據日本放送法第二條第二十九號之定義，所謂教養節目係指教育節目以外，
　直接以提升國民一般性教養為目的之節目。

5 日本有線電視設施（或電信網路）在法律上的正式名稱為「有線電信設備」，
　適用有線電氣通信法。原則上，凡設置有線電信設備者（不管是電信或CATV的
　有線電信設備），依法皆須向主管機關核備（即報備制；沒有資本額的門檻限
　制，市場進入門檻低）。基於監理上的需要，營業範圍大的電信設施（超過一
　個縣的營業區域）或CATV設施（如端子數出過501以上）者，則採登記制。在
　統計上，雖然有用戶數（正確而言，係指家庭用戶數），但就進入市場的條件
　而言，乃依法律規範，以「端子數」作為單位。

6 有關「TV-like Services」詳請參見EU(2005). TV without Frontiers: Commission
　proposes modernised rules for digital era TV and TV-like services (IP/05/1573)；就
　廣播電視的技術本質而言，屬於無線通訊技術；法律上對廣播電視的定義，則
　可以抽出「無線或有線」、「直接收視收聽」、「單向性」（播送）、「一對
　多」（對公眾）等四項特徵，此等特徵就是「broadcasting」的基本概念。詳請
　參見劉柏立（2005），頁156-186。

7 截至2013年3月底為止，全日本家庭總戶數為54,594,744戶。

8 參見日本放送法第二條第一項。

9 詳請參見日本放送法第九十一條至一百五十七條；至於行動電視之規範，由於
　需要電台執照，因此在放送法中稱之為「移動受信用地面重要放送」。

10 「重要放送」有制定、實施「普及計畫」之義務，詳請參見日本放送法第
　九十一條。

11 參見http://www.vl-p.jp/pdf/press20130701.pdf。

12 「具有公然性的電信服務」和「具有限定性的廣電服務」首見於1996年郵政省

的政策報告文件「21世紀に向けた通信‧放送融合に関する懇談会報告書」，意指介於電信與廣電中間地帶的服務。

[13] 參見http://internet.watch.impress.co.jp/www/article/2002/0311/special.htm。

[14] 參見http://www.pressnet.or.jp/info/seimei/iken20020130.htm。

[15] 不包含「有線廣播放送」，另以「有線ラジオ放送業務の運用の規正に関する法律」規範之。

[16] NHK、空中大學以及衛星放送（即受託、委託放送事業）之相關規範均適用放送法。

[17] 參見日本放送法第二條第一項。

[18] 參見日本放送法第二條第十四項。

[19] 由於重要放送業者之播送服務係以不特定之公眾為對象，因此有義務對全國民眾提供最大限度的普及播送服務。詳請參見日本放送法第九十一條第二項。

[20] 參見日本放送法第九十一條至一百五十七條。

[21] 詳請參見mmbi新聞資料，http://info.nottv.jp/mmbi/2012/07/30/0286.html。

 參考書目

IT戰略本部（2001）。〈IT分野の規制改革の方向性〉。上網日期：2012年11月20日，取自http://www.kantei.go.jp/jp/singi/it2/dai8/8siryou1.html

NHK（無日期）。〈日本放送協会放送受信規約（平成24.10.1施行）〉。上網日期：2012年11月20日，取自http://pid.nhk.or.jp/jushinryo/compliant_1.html

西畑浩憲（2009）。〈ネットとテレビの連動を実践，第2日テレ単月黒字のビジネスモデル〉。「日経ニューメディア」，2009年2月23日　。

電通（2012）。〈日本の広告〉。上網日期：2013年12月24日，取自http://www.dentsu.co.jp/books/ad_cost/2012/index.html

郵政省（1994）。〈放送のデジタル化に関する研究会答申〉。

郵政省（1998）。〈地上デジタル放送懇談会報告書〉。上網日期：2012年11月20日，取自http://www.soumu.go.jp/johotsusintokei/whitepaper/ja/h11/press/japanese/housou/1026d1.htm

劉柏立（2005）。〈通訊傳播匯流機制之研究——開放電信網路提供廣電播送之研析〉。「現代化、全球化與跨文化傳播國際學術研討會」，台北：中國文化大學。

劉柏立（2010）。〈日本通訊執照之發照原則及規範〉。《多網合一服務監理制度探討》（國家通訊傳播委員會委託研究報告，PG9907-0213）。台北：財團法人電信技術中心。

劉柏立（2011/8）。〈日本無線電視數位轉換政策推動經驗〉，「日本無線電視數位轉換政策推動經驗專題演講」，台北國家通訊傳播委員會北區監理處。

淺見洋（2004）。〈全国の地上デジタル放送実験協議会が果たした役割〉。「調査研究D-PA」。

總務省（2007）。〈VHF/UFH帯における電波の有効利用のための技術的条件に関する情報通信審議会からの一部答申〉。上網日期：2012年10月20日，取自http://warp.ndl.go.jp/info:ndljp/pid/258151/www.soumu.go.jp/s-news/2007/070627_4.html

總務省（2008）。〈携帯端末向けマルチメディア放送サービス等の在り方に関する懇談会報告書〉。上網日期：2012年10月20日，取自http://warp.ndl.go.jp/info:ndljp/pid/286615/www.soumu.go.jp/menu_news/s-news/2008/080715_4.html

總務省（2010a）。〈放送法等の一部を改正する法律案新旧対照条文〉資料。

總務省（2010b）。〈住民基本台帳に基づく人口、人口動態及び世帯数のポイント 平成22年3月31日現在〉。上網日期：2012年10月20日，取自http://www.soumu.go.jp/menu_news/s-news/01gyosei02_02000032.html

總務省（2011a）。〈平成23年版情報通信白書〉。

總務省（2011b）。〈ケーブルテレビの現状〉。上網日期：2012年10月20日，取自http://www.soumu.go.jp/menu_news/s-news/01ryutsu12_01000011.html

總務省（2011c）。〈平成22年通信利用動向調査〉。上網日期：2012年10月20日，取自http://www.soumu.go.jp/menu_news/s-news/01tsushin02_01000014.html

總務省（2012a）。〈平成24年版情報通信白書〉。上網日期：2012年10月20日，取自http://www.soumu.go.jp/johotsusintokei/whitepaper/ja/h24/index.html

總務省（2012b）。〈平成23年通信利用動向調査〉。上網日期：2012年10月20日，取自http://www.soumu.go.jp/johotsusintokei/statistics/data/120530_1.pdf

總務省（2012c）。〈平成23年度の民間放送事業者の収支状況〉。上網日期：2013年12月24日，取自http://www.soumu.go.jp/menu_news/s-news/01ryutsu09_02000043.html

總務省（2013a）。〈ケーブルテレビの現状〉。上網日期：2012年10月20日，取自http://www.soumu.go.jp/main_sosiki/joho_tsusin/pdf/catv_genjyou.pdf

總務省（2013b）。〈平成24年版情報通信白書〉。上網日期：2013年12月24日，取自http://www.soumu.go.jp/johotsusintokei/whitepaper/ja/h25/html/nc246120.html

魏學文（2011/10）。〈我國通傳平台數位化推動策略〉，「Taiwan數位匯流產業發展論壇」，台北國立政治大學公企中心。

EU (2005). TV Without Frontiers: Commission Proposes Modernised Rules for Digital Era TV and TV-like Services. Retrieved from europa.eu/rapid/press-release_IP-05-1573_en.pdf

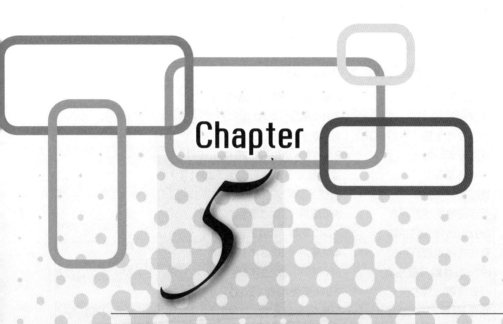

Chapter

5

韓國數位電視與
新媒體平台

王亞維　國立政治大學廣播電視學系助理教授
劉幼琍　國立政治大學廣播電視學系教授

韓國家庭戶數與電視戶數相關基本資料

總人口數	5,000萬4,441人（2012年）
總家戶數	2,198萬戶（2011年12月）
國內生產毛額（名目GDP）	1,640,9億美元（2012年12月）
電視家庭戶數	2,191萬4,060戶（2012年12月）
寬頻普及率	家戶寬頻普及率97.2%（2011年）
無線電視普及率	訊號涵蓋率99.7%（2012年12月）
直播衛星電視訂戶數	380萬戶（2013年）
類比有線電視訂戶數	1,043萬戶（2013年）
數位有線電視訂戶數	447萬戶（2013年）
IPTV訂戶數及普及率	700萬戶（2013年5月）
行動電視收視者數	2,000萬使用者（2011年）
媒體產值	無線電視新台幣1,118億元，衛星電視新台幣107億元，有線電視新台幣605億元，節目製作業（Program Provider）新台幣1,348億元（2012年11月）
廣告分配	無線電視新台幣681億元，有線電視新台幣349億元（2012年11月）

資料來源：大韓民國統計局、韓國公共管理及安全部、世界貨幣基金會、ITU、韓國聯合通訊社、KCC。

 **前　言**

　　1953年7月韓戰結束，韓國社會逐漸安定，由RCA發射公司（KORCAD）投資商業電視頻道HLKZ-TV，1956年5月份於首爾以100瓦小功率開播，展開電視事業。在日本與菲律賓之後，韓國為亞洲第三個開播電視的國家，雖早於我國六年，但兩國電視事業發展路徑頗為相似。

　　韓國電視開播時全國僅300台電視機，因為預見電視將呈現驚人的成長，韓國文化與公共資訊部在1961年開始設立官方電視台首爾國際電視台HLKA-TV（1973年改為KBS），第二家商營電視台TBC-TV在1964年開播（該台於1980年由KBS併購），而商營MBC-TV則於1969年開播。MBC-

TV的出現帶給韓國電視產業重大的影響，因為三家電視台此後產生了急劇的收視競爭，節目帶動觀眾逐年成長，1980年電視機數量已經成長至627萬台，電視節目產製更顯著成長：1979年每週播出56小時，至1989年已達88.5小時。對於大多數民眾而言，收看電視已經是主要的娛樂方式，然而這段時間也是前後兩任軍人統治者朴正熙（1961-1979）與全斗煥（1980-1988）對韓國社會與媒體嚴格控制的時期。

1988年盧泰愚繼任全斗煥出任總統，在強烈的民主化浪潮與公民大規模抗爭的壓力下，新政府以公開的宣言承諾韓國步向民主社會，在其任內執行的放送法（1987）已經相對保障廣電內容的言論自由。1990年代韓國政府開始開放新的無線電視台的設立，長達二十七年的禁令隨著1990年授予商業無線電視台SBS-TV（首爾放送）執照而解凍。除了SBS之外，韓國三家無線電視台中KBS與EBS（教育電視台）均為政府出資的國營電視台，MBC以公益財團文化放送振興會為大股東，性質為民營公共電視，其中KBS2、EBS與MBC可以播放廣告，與商業電視台爭逐廣告市場。同一年代韓國政府也引進多頻道與多目標的實驗性有線電視服務，1995年更自行發射了第一枚廣電／通訊衛星木槿花1號，展開衛星電視事業。

不過1997年亞洲金融風暴衝擊全球，我國因為金融管控得宜，影響較小；韓國經濟則遭受重創，在六個月內股市下挫71%，韓元貶值達59%，失業率從2.6%提高至6.8%，進口貿易較1996年減少35.5%，國際貨幣基金（IMF）給予570億美元的援助，同時也要求該國財政須由國際貨幣基金會監管，兩年後才逐步恢復。

在金融風暴中執政的金大中政府預見文化創意產業的潛力，2002年選定該國的十大策略性產業，發展數位電視／廣播居於首位（資策會，2003），宣示以文化創意產業作為國家發展的龍頭。隨著這個策略，韓國政府進行部門組織改造、主導公有機構投資數位內容、電信、寬頻基礎建設與廣電事業，「韓流」隨之興起。2008年李明博政府執政後，強力推動

無線與有線電視的數位轉換，解除一系列所有權持股的管制，並進行廣電與電信的匯流，促進數位新興媒體發展，同時加強智慧財產權的保護與人才的培育，其成長速度與規模開始大幅領先我國與其他亞洲國家。2010年開始，在152個國家的評比中，韓國資訊科技通訊產業（ITC）發展指標名列前茅（ITU, 2011）。2011年韓國家戶寬頻接收比例97.2%，連年達世界第一（OECD, 2013）。

但韓國數位電視與新媒體發展也非一帆風順。2003年之前數位電視因為規格之爭曾停滯不前，2007年後藉著立法強制、多項解除管制與政府積極的推動手段，才完成2012年全面轉換的目標。另如IPTV發展初期的定位也模糊不清，2009年網路多媒體放送事業法（Internet Multimedia Broadcasting Business Act）通過後，在政府主導與幾個大型電信公司持續投入光纖電纜建設下，IPTV才開始驚人的成長，從2010年的249萬戶，到2013年第一季已突破700萬戶，更威脅無線電視的市占率，成為最受矚目的新興媒體。韓國在2011年底人口數已超過5,000萬，在兩千多萬家戶中無線電視網仍為其媒體產業最具影響力者，每日97%的接觸率與收看時間163.3分鐘仍是所有媒體之冠（KOBACO, 2013），但網路（80%）與有線電視（75%）的接觸率已逐年逼近，顯示收視版圖重組的趨勢。

回顧李明博主政時期（2008-2012），政府清楚理解數位匯流已經跨越所有產業的疆界，其中最重要的匯流是電信產業與廣電產業，執政初始即創立韓國放送通信委員會（Korea Communications Commission, KCC），以統一的機構整合過去分屬廣電與電信的兩個規管機構，並執行政策與市場發展戰略。其次則進行一系列媒體所有權交叉持股的鬆綁措施，並放寬其他基金與外資投入廣電事業的股份上限，用以擴大數位媒體市場。2010-2011年KCC的年報與2012年的執行報告書（Operational Report）中，韓國政府均不斷強調廣播電視與電信的匯流、使用者主導、互動、公平競爭環境、消費者保護與弱勢者的數位扶助等傳播政策的規劃，也確實明列執行成效，顯示李明博政府對數位匯流產業的積極思考與

執行力。

韓國於2011年展開第四代傳訊服務LTE 4G，更進階的LTE 5G則已經在測試階段，為了確保對4G後繼者5G移動通信市場的主導權，韓國政府在2013年底已經宣布再投資1.6兆韓元（約450億新台幣），計劃2018年試運行5G通信技術後，2020年在全球領先推出5G的商用服務（Liljas, 2014, January 23）。寬頻基礎建設的普及也推動國家未來願景，韓國的85%家庭是寬頻服務的訂戶，有線寬頻資訊下載速度在2013年底達到每秒1 Gb，而無線寬頻預計可達到每秒10 Mb。在市場與通路已具備龐大規模的基礎上，韓國政府在2011年宣布邁向新的經濟型態，開始投資包括雲端運算、智慧電網（Smart Grid）以及智慧型城市，希望建立一個以知識為基礎的資訊社會，在未來轉變成為一個「智慧化國家」（Smart State）。

不過目前韓國現行媒體規管法令仍屬垂直式（Vertical）規管，是否能進行水平式（Horizontal）整合，對數位匯流相關產業的升級並擴大市場競爭至為關鍵。過去因為匯流相關立法速度與政策整合不足，新興媒體平台像是跨國合作的S-DMB（衛星傳輸的多媒體行動廣播）開辦數年後，因收益不敷重大虧損而於2012年中止。其他像是無線電視業者對內容的壟斷、主要電信業者以寬頻流量對新平台如Smart TV與OTT進行干預等不公平競爭的現象，還有網路中立等議題，都是急待解決的問題。

經歷2012年總統大選，朴槿惠執政後推出「創意經濟」（Creative Economy）為主要施政政策並進行政府再造，新設的政府部門「科學、資通及未來計劃部」（Ministry of Science, ICT & Future Planning, MSIP）用以整合科學研發、通信傳播產業並結合國家的未來發展。KCC雖然仍有廣電審照權，但科技傳播相關政策匯流與規劃的業務轉至「未來創造科學部」，朴槿惠聲稱該部門的設立著眼於國家發展動力，但是政策制訂與執行分流的作法，也使新政府受到圖謀掌控傳媒質疑。儘管如此，韓國過去十年數位廣電產業與新興媒體發展的成就，舉世矚目。

 第一節　韓國數位電視與新媒體平台發展與現狀

一、數位無線電視發展與現狀

早在2000年韓國政府即依據新修訂的放送法成立「韓國廣電委員會」（Korean Broadcasting Commission, KBC）推動數位電視發展。2001年底，韓國放送公社（Korean Broadcasting System, KBS）、文化廣播公司（Munhwa Broadcasting Corporation, MBC）、韓國教育放送公社（Educational Broadcasting System, EBS）與商業電視網「首爾放送」（Seoul Broadcasting System, SBS）即開始播出無線數位電視訊號試播，雖然範圍僅在京畿道一帶，但已領先亞洲各國。

不過韓國數位電視發展的前期命運多舛，首先是在採用歐規（Digital Video Broadcasting-Terrestrial, DVB-T）還是美規（Advanced Television Systems Committee, ATSC）的問題爭執不下。由於韓國以出口為國家命脈，政府著眼於美國市場的銷售，偏向採用美規的ATSC；但以工程訊號的匯流效率來看，廣電業者認為歐規的DVB-T系統較優。家電製造廠商贊成ATSC，他們著眼於美國是韓國的主要出口市場，產品將來可以外銷北美市場，因此MBC電視台與「資訊與傳播部」（MIC）的報告結果相左，韓國政府也考慮電視製作大廠樂金（LG）的電視出口競爭力，導致本案延宕至2004年7月才決定採用美規，較我國幾乎延遲四年，且韓國成為世界上除了美國、加拿大與墨西哥外，唯一採行美規ATSC的亞洲國家。

此外推動數位電視初期民眾轉換意願不高，因此普及率不如預期，原來計畫數位電視機的普及率達到95%時停播類比訊號，然而在2005年底只達到18%，韓國政府重新設定數位轉換的時程，延後至2012年底。他們一方面從立法創造條件，在2007年9月通過數位放送活化特別法，設置

「數位電視推廣委員會」由政府、電視台與民間製造商一起推動，另一方面以換照作為促使電視台數位化的手段，更著手硬體工程建設，從2006年起在各地陸續設立發射站台，促使數位電視訊號的發射涵蓋率在2010年時到達95%，對於各區轉播站設備的數位更新也計劃於2012年以前完成。韓國政府銳意推動，數位轉換速度驟增，據KCC的調查，雖然2010年韓國民眾對於數位轉換的認知僅達70.8%，但隔年已達90.8%。而數位訊號的滲透率也從2010年的64.4%在2011年成長到94.4%。電視台播出的數位轉換從2009年已達100%，製作與輸出設備的更新率2011年達87%（KCC, 2011; KCC, 2012a）。

以2012年KCC出版的《推動數位化電視與2012年度終止類比電視政策方案》來看，各無線電視台在訊號發射上已經全部數位化，但是全國性各無線台的訊號中繼站數位轉換的比例仍然偏低，KBS僅達41.10%，最高的MBC也只有58.80%。製作與輸出設備四家無線台都轉換達70%以上，民營SBS則達到95%，整體而言，地方性民營電視台數位轉換的成績優於全國性無線台（表5-1）。

儘管如此，2012年韓國政府完成了數位無線電視訊號傳輸全面轉換

表5-1　各家電視台數位轉換現況

		KBS	EBS	MBC	SBS	MBC 分社	地方民營 電視台	總計
訊號發射處 （電視台）	數位化	32	1	1	1	19	10	64
	轉換率	100%	100%	100%	100%	100%	100%	100
訊號中繼站 （電視訊號 輔助台）	設備	886	-	17	11	166	47	1,127
	數位化	364	-	10	5	71	44	494
	轉換率	41.10%	-	58.80%	45.50%	42.80%	93.60%	43.8%
製作與輸出 設備	設備	105	28	537	40	673	558	1,941
	數位化	74	22	468	38	443	508	1,553
	轉換率	70.50%	78.60%	87.20%	95.00%	65.80%	91.00%	80.0%

資料來源：KCC (2012).

的任務，類比訊號隨之中止播送。KCC在2013年初的官網上就宣布以接收程度統計全國達到99.7%，剩下0.3%約5萬戶的只能收看類比訊號的電視機，政府另以三個月為期免費提供天線與訊號轉換器給上述類比低收入用戶申請換裝。

二、數位有線電視發展與現狀

　　為改善偏遠地區收視不良的問題，韓國政府在1987年即通過有線電視管理法（Cable Television Administration Law, 1987），發照給地區性的有線電視播送業者（Relay Operator, RO），授權他們再傳輸無線電視台的訊號，但授權範圍不包括城市。即便如此，接收戶呈現高速成長而且業者獲利豐富（Kim, 2011: 20），導致1991年韓國政府針對有線電視產業的發展制定綜合有線電視法（General Cable Television Law, 1991），從六個大城市為範圍開始釋照，到1995年開放全國性的經營後，多達116家系統業者（System Operator, SO）與20個節目供應商投入有線電視產業，提供11種包括新聞、電影、體育等專屬頻道。其有線電視產業因此早期分為有線電視系統業者（SO）與地區性有線電視播送業者（RO）共存的二元結構（Kim, 2011: 21）。

　　綜合有線電視法的通過著眼於保護政府持有龐大股份的三大無線電視網，不讓民營有線電視業者影響無線電視的基礎，並由兩家無線電視網KBS與MBC投入有線電視的經營，政府同時禁止跨媒體持股，跨區域經營、限制業務範圍與資金流動的策略，造成其有線電視產業規模無法擴大。

　　韓國有線電視很早就實施分級付費，但因內容不如無線電視業者，技術也比不上電信業者，所以民眾對有線電視內容的付費意願並不高。雖然業者主要用低階分級付費來吸引用戶，有線電視的成長一直有限。

　　隨著2000年放送法的修法解除管制，允許有線電視系統業者與地

區性有線電視播送業者彼此合併，也開放多系統經營（Multiple System Operator, MSO）與外資持股上限達49%，因而形塑其後有線電視的產業結構（Kim, 2011: 21）。目前韓國共有119家有線電視系統業者、408家有線電視傳輸業者、12家多系統業者與9家多系統節目供應商（Multiple System Program Provider, MSP）。CJ HelloVision、C&M與Qrix是韓國三個主要多系統MSO經營者，目前主要事業焦點都放在三網服務上。

2009年7月以解除管制為精神的傳媒三法再度修正後，繼續放鬆對私人資本的投資媒體管制，允許大財團持有地面波無線電視台一成股份、有線電視綜合頻道與新聞頻道三成的股份（Kim, 2010, December 30，轉引自林麗雲，2011），有線電視的發展更加活絡。2010年底韓國政府釋出五張數位有線電視執照，以高額的資本額（綜合頻道近台幣85億，新聞頻道12億）為設立門檻，四家報紙與一家通訊社取得經營數位綜合有線電視頻道與新聞專屬的執照，開播後也開始製播類似無線電視網叫座的節目（如韓劇與綜藝節目），形成新品牌。此外，在同年與美國簽訂的自由貿易協定通過後，政府再度大幅放寬外資投資有線電視產業，單一國家節目內容可以到達80%，收視訂戶因此成長達1,490萬戶，也威脅無線電視收視版塊。

韓國整個付費電視市場約2,520萬用戶，其中有線電視約有1,490萬用戶，市占率63%，直播衛星電視DBS用戶380萬，以付費用戶為基礎市占率16%，IPTV則有650萬用戶以上，市占率21%。依照韓國有線電視最大的系統業者CJ HelloVision統計，在全國有線電視用戶當中，已轉換成數位的比例大約占30%，原因是數位服務收費相對較貴，類比用戶並不願意轉換。而韓國電信KT所投資的幾個付費平台對於有線電視業者威脅極大，因為IPTV和有線電視相比，雖然節目較少，然而比較便宜。CJ HelloVision的業務經理Song-Am Dong表示，產品差異逐漸縮小中，「整體而言，沒有差異」（Dong, 2013, April 05）[1]。

三、數位衛星廣播電視的發展與現狀

韓國政府在2000年時即決定發展數位衛星廣播事業（Korea Digital Satellite Broadcasting, KDB），衛星廣播電視平台「天空生活」（SkyLife）在韓國電信公司KT主導下於2002年3月開播，該年年底收視戶即達50萬戶。Skylife 2008年開始提供高畫質電視服務，2009年則開始VOD服務，2010年元旦開始提供SKY 3D頻道的立體電視服務，為全球第一個3D電視頻道。2011年起提供超過200個頻道，其中100個為高畫質電視頻道，24個互動頻道，截至2013年訂戶數超過380萬戶。

2011年韓國電信公司KT取得SkyLife半數以上股權，成為最大股東，SkyLife更名為Kt SkyLife，其他投資者包括公有電視網KBS與MBC等，政府單位持股超過60%以上，Kt SkyLife也是韓國境內唯一的衛星電視平台。

四、IPTV發展與現狀

因為數位匯流將電信與廣電產業內容做緊密的結合，網路結合電視被韓國政府視為下一高成長的明星產業，自2007年網路多媒體放送事業法頒布後，KCC 2008年成立後即發布執行一項施行命令要求IPTV業者登記註冊，政府將提供全方位服務，同時降低大型企業的進入門檻，鬆綁大型企業在一般節目（General Programming）和內容提供業者交叉持股的禁令，促進資本、內容與服務的水平整合。

官方為主要股東的韓國電信公司KT投資了8,660億美元到寬頻網路基礎建設，原來希望2011年後如IPTV可成長到670萬寬頻用戶的三分之一，收支可達平衡，但實際上成長驚人，官方的韓國聯合通訊社則已報導2013年5月已突破700萬戶（Yonhap News Agency, 2013, May 06）。

根據KCC統計，2013年1月KT旗下的Olleh TV擁有約385萬用戶，其

頻道數共有138個，其中22個為國外頻道，其餘皆為國內頻道，包括宗教、購物等，必載頻道則有兩個（KBS1和EBS），MBC尚未必載，KT希望爭取在法令中MBC列為必載，使Olleh TV可以不用付費取得再傳輸MBC熱門節目的權力。

市占率第二名的IPTV為韓國第三大財團SK集團於2008年收購民間Hanaro Telecom所成立的BTV。該平台提供如韓劇、電影、韓國三大無線電視頻道、兒童、娛樂、構物、運動、教育與生活資訊等25個頻道供用戶下載，也與國外160個頻道簽約。BTV承諾在2012年以前將投資超過5億200萬美元，這種投資使BTV的IPTV訂戶高速成長，依據KCC統計2013年1月BTV已有140萬戶，占整體市場22.2%，另一公司LG Dacom（myLGtv）的訂戶則超過106萬戶，市場占有率16.8%，而上述三家公司則分割韓國IPTV主要市場。依照KCC於2010年所發表的年報顯示，IPTV內容提供者也呈倍數成長，2008年僅93家，而2010年即躍升達304家，但由無線電視網取得觀眾最喜愛的韓劇內容一直是IPTV的難題。

由於KT的直播衛星服務（Kt SkyLife）占總用戶45%，取得眾多版權的HD頻道透過Olleh TV Kt SkyLife播送。為了擴大傳播效益，2012年KT曾發表新科技「碟型天線匯流方案」（Dish Convergence Solution），訊號從衛星到區域中心再透過IP網路提供給客戶，不需要再裝設碟型天線，不過KCC認為這種混合傳輸方式違反放送法，要求KT停止招收新客戶。

2012年12月KT發布一項新的服務Olleh TV smart pack，包括87種互動服務供消費者選擇。值得注意的是網路多媒體事業法限制業者僅能傳輸節目內容或提供服務，因此KT只是提供各種頻道內容的平台，目前KT的VOD營收50%為電影，34%為全國電視網的戲劇或娛樂節目（KBS、MBC、SBS），其他約16%。市場上媒介匯流的速度超過既有法律的範圍，未來是否能整合，關係各種新興媒體的發展。

五、多媒體行動廣播（行動電視）發展與現狀

　　韓國數位電視產業有別於其他國家服務的特色之一，是數位多媒體行動廣播（Digital Multimedia Broadcasting, DMB）服務極為發達[2]，該服務以行動接收無線訊號為收訊方式，可播出視訊、音訊與資料數據（Data Broadcasting），依照訊號發射來源可再區分為地面波傳輸的多媒體行動廣播T-DMB與衛星傳輸的多媒體行動廣播S-DMB。韓國宣稱DMB為該國首先研發的廣播服務類型，但也有研究者指出這是因為採用美規ATSC後，發現行動收訊效果不佳，意外導致的結果（陳盈帆，2009）。自2005年DMB展開服務，韓國政府授權無線電視網可申請執照，採T-DMB技術並核配VHF頻段，將Ch8與Ch12共12 MHz均分給六家業者。三家無線電視台KBS、MBC、SBS可靈活運用其頻寬可作HD、SD、音訊、DMB與數據訊號的多路傳輸（multi-plex）。其他經營DMB業者包括YTV DMB、U 1 Media與Korea DMB等公司，而衛星DMB則有TU Media一家經營，主要股東為三大財團之一的SK集團。

　　由於釋照法源不同，T-DMB由放送法監理，採免付費方式，業者可以播廣告，提供的服務包括7個電視頻道，13個廣播電台以及8個數據廣播，除了首爾，另外六個主要城市都有T-DMB的服務，但訊號並未覆蓋於上述大城之外。

　　衛星播出的S-DMB被視為電信服務而可以收費，2007年3月開播後提供21個電視頻道、16個廣播頻道，由於是衛星播送訊號，因此S-DMB於韓國全境都可取得服務，用戶則須透過TU Media公司來付費訂閱。T-DMB的用戶數高於S-DMB，因為使用者只要具備T-DMB的接收裝置，就可免費收看多媒體行動廣播，而S-DMB則需付費。

　　DMB為行動接收產業創造商機，因為除了手機內鍵接收器外，收看DMB需要外購接收器，在2005年T-DMB開始進入市場後，2006年即賣出100萬台接收器，多半裝在衛星定位系統、手機、行動媒體播放器、

NOTEBOOK、平板電腦甚至是數位攝影機，為通訊製造業創造國內外新市場[3]。

　　然而S-DMB的投資驚人，SK獨家經營的TU Media在開播前先與日本MBCO投資一顆低空衛星已花費近100億新台幣，另外也需再花140億台幣投資九千多個中繼站，預估訂閱戶要超過250萬戶才能平衡，SK公司終於不堪S-DMB的連年龐大虧損，正式於2012年8月中止這項服務，此項新媒體平台於短時間內的下架，被學者稱為韓國傳媒歷史中重大的失敗（Sohn, 2013: 52）。而套用無線電視廣告為收入模式的T-DMB似乎也不是很成功，從2005年開辦以來一直在虧損中，2007年的統計顯示三家民間業者的年度虧損都在55億韓元（約1.6億新台幣）以上（KISDI, 2010: 88-89）。

六、新興媒體平台發展與現狀

　　韓國在新興媒體平台最蓬勃的首推2002年就推出3G寬頻上網的服務，2008年到2012年3G的市場高速成長，有鑑於國內市場的飽和，2011年8月SK公司開始推出4G LTE的服務，韓國電信公司KT則緊接著在2012年1月加入市場，因此2012年的整體用戶相較2011年僅有些微成長，但改用4G LTE服務的用戶則顯著擴大。據KCC年報（2011）預估，4G LTE的用戶在2013年將達到2,291萬戶。在這波新興的通訊主流趨勢中，包括頭端與光纖等基礎建設、中游相關LTE設備，乃至於下游LTE手機、網卡等硬體生產量均全面成長，而隨著高速下載的4G LTE寬頻技術，意味著更多參與方的匯流，以及更多技術、行業與應用的融合。

　　4G LTE是個通用型的服務平台，不再局限於電信行業，KCC希望促進LTE還可以應用於金融、醫療、教育、交通等行業；通訊終端能做更多的服務，除了語音通訊之外的多媒體通訊、遠端控制等；或許區域網、網際網路、電信網、廣播網、衛星網等能夠融為一體組成一個通用的網

絡。

　　雲端服務的全球產值2011年297.5億美元，而2015年將預估快速增長至638.4億美元（魏依伶，2012），韓國政府以目前資訊技術產業的基礎硬體建設以及全世界最便宜的電費為優勢，努力發展為全球性的雲端服務品牌。韓國頻寬基礎建設完備，家戶接收率世界第一，因此雲端服務營運成本減半，以這項利基，計劃在2014年之前擴張全球雲端服務市場的10%。以此目標，韓國將以國際數據資訊（IDC）轉型雲端數據（CD）中心，作為世界性基地的戰略，藉著傑出的服務與支援系統來吸引全球客戶。此外，韓國也將以行動雲端實驗計畫、雲端會議形式以及「雲端服務認證系統」（如交易品質、穩定度與安全性等），來發展全球性的雲端商業競爭模式。

　　此外結合機上盒、網路、內容和平台的設備的Smart TV加入韓國的新媒體平台後逐漸取得顯著位置，這個由三星公司發展出來的新型聯網電視機2007年即以infolink為基礎而上市，2011年以高畫質Smart TV為品牌進行全球行銷。Smart TV不只是電視，也提供廠商在此平台以網路向消費者販售內容或服務，預估2013年全球Smart TV銷售達2.416億美元，其中韓國國民消費達131億美元，占韓國境內市場半數。

 ## 第二節　韓國數位電視與新媒體平台政策

一、政策討論

　　雖然韓國的匯流產業發展在全球位居領導地位，但在匯流法規的立法有延宕不前的情形，KCC在2008年成立後雖然一直提出建立涵蓋匯流服務的立法概念，但至今水平整合上卻尚未完全成形。早在2008年KCC尚未成立前，其前身MIC（資訊與傳播部）及KBC（韓國廣電委員會）就

對水平模式或者垂直模式進行管制的選擇持有不同的看法。大致而言，MIC傾向水平模式管制，而KBC傾向垂直管制，MIC認為因應匯流時代的來臨，媒體服務不應該再按照過往廣播電視、電信的分類，而是應該將之分成「網絡」及「內容」兩個傳輸事業及內容事業，他們提出了一個新的水平管制架構。然而KBC認為國家廣播電視業者、有線電視業者則是聲稱為了維護公眾利益，反對水平管制模式（Shin, 2007）。

因此就DMB與IPTV的規管政策上，主管機關在理念也就相互扞格。MIC認為IPTV為電信服務之衍生，屬於電信事業；而KBC則認為IPTV為廣播電視的一個種類，應該參照傳統廣播電視業者該遵循的規範，對於DMB如何規管的狀況也有類似的爭議。Dong H. Shin（2007）曾對DMB的規管方式提出質疑，認為廣電法垂直的規管的方式將對匯流型態的新媒體形成過度管制，既限制電信業者跨業進入廣播電視產業，同樣限制了電信業者進入DMB產業，這樣的法律及規管架構將會限制匯流的發展。果然，政策上的失當使得T-DMB只能沿用廣電法的規定營運，以廣告作主要收入來源，但是因為螢幕小而收視時間較短的劣勢，每年廣告收益的成長始終無法涵蓋長年設備鉅額投資所形成的虧損。而S-DMB則成為封閉的系統，它的經營一開始即面臨無法回收的陰影，造成S-DMB在2012年中止營運。

Shin（2007）認為韓國將電視與通訊傳播市場以垂直結構方式分為：(1)基礎通訊服務；(2)加值電信服務；(3)特殊電信服務；(4)地面無線電視；(5)有線電視；(6)衛星廣播服務進行規範。近年來韓國政府因為科技匯流進行去管制（de-regulation）的改革，也引發了一連串關於規範管制匯流的討論，包含：(1)允許大型企業及報社跨業擁有廣播電視公司股份；(2)允許外國人擁有無線廣播公司股份；(3)鬆綁廣播電視、新聞頻道的股份擁有上限；(4)去除大型公司不得擁有有線電視的限制；(5)鬆綁外國人擁有報社股份的上限。林麗雲（2011）認為，政策上確實逐步使私人資本進入廣電市場，一方面促進競爭與本國內容的多元性，但另一方面

也有所限制，其目的用以保障公有電視在不同平台（無線電視、有線電視、衛星電視與DMB）的優勢。

2008年李明博執政後，除了成立KCC整併KBC與MIC的業務，也展現一種整合廣電事業與電信事業的企圖，對IPTV的規管就跳脫傳統思考。KCC成立同年頒布了網路多媒體放送事業法促進IPTV的發展：將之視為獨立產業，有獨立的法律，不受制於過去的產業思維。此外自2009年起更推出「IPTV技術開發／標準化綜合計畫」以及「客製化IPTV教育服務」等支援政策，IPTV在韓國成長快速，成為新興媒體產業發展的範例，但是S-DMB之後出現的其他匯流平台則繼續遭遇垂直規管模式的困境。

二、未來立法的方向與挑戰

如前所述，在廣電與電信產業匯流的趨勢中，如果不能整合或者修改既有法令，提出新的法律架構，將會延宕產業的發展甚至導致失敗。2008年韓國整合MIC（電信主管機關）及KBC（廣電主管機關）合併成為KCC就是為了因應匯流的立法規劃與政策執行而生。回顧KCC成立後的政策方向主要有四項：(1)在公共利益與市場原則間制定出新的典範：建立水平模式（Horizontal）的規管系統以整合媒體與傳播產業並建立製播分離制度；(2)去管制策略：修訂媒體擁有權的限制，鼓勵企業合併與收購以加速匯流；(3)整合相關廣電法規與電信傳播法規；(4)創造公平競爭的環境：訂定內容取得的規範，並且將網路產業視為獨立產業。

儘管如此，2012年12月韓國學者Dae Ho Kim在政大舉辦的「臺日韓電信與媒體政策暨市場策略會議」演講中就指出，以立法成績而言，雖然資訊及傳播事業架構法（Information and Communications Construction Business Act）在KCC推動下於2010年通過，促進了廣電產業與電信產業發展共同的技術標準並設立廣電與電信發展基金，但是他也批評本法案

僅整合了有限的政策方向並沒有真正整合廣電與電信產業（Kim, 2012, December 4）。

同場研討會韓國Story TV高階主管Hee Sul Park也表示，2007年iPhone上市後，已經將內容（Content）、平台（Platform）、網路（Net）與接收設備（Device）整合成一在終端設備上，後續的i-PAD與各廠家推出平板手機更使得消費者的需求轉向，市場的獲利模式改變，產業界積極相互整併，例如原來屬於電信產業的SK Telecom就跨業經營多媒體行動廣播，而有線電視業者則進軍網路寬頻與手機服務，新的經營與服務模式出現，但原來的放送法或電信法仍然屬於垂直管制，法規所帶來的限制阻礙新興媒體的發展，因此將上述四項產業在政策上做整合具有迫切性，而他們的規管單位仍分屬不同行政部門，例如內容屬於文化與體育觀光部管轄，網路屬於KCC管轄，接收設備又屬於資訊部管轄，政策延宕與多頭馬車都受到來自學界與業界的指責（Park, 2012）。

相同的問題也影響到OTT（over-the-top）與Smart TV等更新的連網媒體服務平台的發展。依韓國現行法律，Smart TV為「加值公用載具」（Value Added Common Carrier, VACC），不被視為服務提供者。因此不受放送法或是網路多媒體放送事業法的管制，但它卻提供許多內容與服務的網路連結，對廣電業者與IPTV造成威脅。另外其網路流量高出IPTV五到十五倍，電信業者如KT就認為三星推出Smart TV為特殊服務，應該負擔寬頻網路使用成本，更一度延引電信企業法阻斷Smart TV網路連接，影響使用者。雖然此爭議在政府介入後五天內達成協議而落幕，但顯示面對匯流時代現行傳播相關法律整合不足，對用戶、電信業者、廣電業者、IPTV與Smart TV相關產業都造成嚴重困擾（Kim, Chang, & Park, 2012）。

可以預見智慧型手機已具備整合網路、內容的經驗與能力，電視機產業未來一定會朝向多功能聯網平台營運，網路使用的付費問題與服務品質急待解決。另外如數位有線電視業者CJ Hellovision也預測未來使用者收視習慣即將改變，他們也計畫經營OTT，但小型企業的OTT如果動輒被大

型電信業者阻斷或收費,將會引起更大的爭議。政府想創造新產業和新工作,網路中立也將是重要議題(Kim, Chang & Park, 2012)。

 第三節　韓國數位電視與新媒體平台關鍵議題

一、主要關鍵議題

在探討韓國如何推動數位電視與新媒體平台之主要關鍵議題,可自政策法規、推動機制、產業發展、公平競爭等項目來檢視。

(一)政策法規

韓國自2000年開始已經進行一連串的法律彙整:廣電法規部分先整合了既有的放送法、綜合有線電視法、韓國放送公社法、有線放送管理法等有線電視與無線電視的法律。雖然朝向解除管制、放寬私人資本,但是並非放任而是介入(林麗雲,2011),對於政府所控制的公有廣電與電信事業,仍相對保障其優勢。

為了加速推動數位電視轉換,韓國國會在2007年通過數位放送活化特別法,又因促進IPTV的發展則通過網路多媒體放送事業法。其後因為與美國簽訂自由貿易協定後,繼續採取解除管制措施,2009年通過報紙法、放送法及網路多媒體放送事業法等傳媒三法修正案,開放報業和民營企業集團可以投資電視台,廢除原來嚴格禁止跨媒體交叉持股經營的規定,2010年則再通過資訊及傳播架構事業法。此外,針對網路使用環境安全與個人資訊保護也頒布相關的資訊使用與保護法(Act on Promotion and Communications Network Utilization and Information Protection),也顧及到網路環境的安全性。

未來韓國的傳播政策立法將繼續面對匯流下廣電與電信相關法律的

整併，尤其是尚未完成立法的傳播產業法、傳播網路法以及電波法，其中網路內容事業與平台是否分離、跨媒體所有權的規管、頻譜分配的方向、用戶頻寬流量的分級付費還有既有市場已經飽和，如何以政策引導繼續擴大市場都是十分關鍵的議題。KCC（2013）在新政府改組後倡言繼續推動去管制的政策，主要為降低大型企業投資傳播事業的資本門檻，以及對於綜合節目頻道與內容供應商之間交叉持股政策上限的放寬。私有化的擴大與去管制似乎是延續的政策方向，不過「相關法案一修再修，但南韓媒改團體的長期堅持（保障公有）一直存在」（林麗雲，2011：33-34），該國內部分保守集團與民間改革力量之間的拉扯，也可以預見。

此外在現行法規與執行中，仍存在許多不公平競爭之處，例如有線電視市占率限制不得超越整體訂戶的三分之一（上限大約480萬用戶），IPTV規定相同但卻是以整個付費電視用戶為基礎的三分之一來計算（上限大約800萬戶），對有線電視的業者的競爭不利。對有線電視與其他新興媒體業者另一個競爭上的障礙是無線電視台業者對於內容的垂直壟斷，相對主宰市場的優勢。

此外資訊傳播技術產業生態系統與市場正在改變，從硬體製造商掌控市場轉向以業者為主；KCC目前仍缺乏對資訊傳播技術產業爭議的解決能力，電信業者為保障旗下企業，隨時有阻斷其他聯網平台的能力，並主張從使用量來付費，但政府傾向給予業者壓力，用改變費率結構來解決問題，未來網路是否可以中立，並推出一體適用的政策方針（Kim, Chang & Park, 2012），這些都是新政府必須面對的挑戰。

(二)推動機制

2012年12月31日韓國完成電視訊號的數位轉換，回顧過去的推動機制首先國會在2007年9月通過數位放送活化特別法是重要手段，政府依法採取的一系列手段包括：

1. 全面數位化的日期延後為2012年12月31日。

2. 從2008年1月1日起，新出廠的電視機30吋以上，2009年起20-30吋者，必須內建數位接收器。

3. 政府替300萬低收入戶出錢購買數位轉換器。

4. 新出產的電視機必須貼上類比訊號停播日期的標籤。

5. 設置「數位廣電促進委員會」（Committee for Promoting Digital Broadcasting）協助負責監督與協調。

「數位廣電促進委員會」由KCC主委擔任主席，邀集政府代表、電視台以及消費電子廠商組成，委員會擬定中長期計畫促進數位傳送的轉換，在電視／廣播頻道上與產品上提醒大眾轉換至數位播送訊號。對於沒有足夠資金跟上數位化的地方廣電業者、系統業者和節目提供者，從廣電發展基金，撥款供其借貸。

2012年9月，韓國可接收數位電視的家戶數已經達98.6%，委員會訪視尚未數位化的24,300戶後，發放數位轉換類比的裝置（D to A）給7,017位獨居老人與36,000位重度身障者低收入戶，保障其收視權益（Operational Report, KCC, 2012b: 31）。

除此之外，數位放送活化特別法在2009年也幾度增修執行條文如「廣電業者有設立數位電視台的義務」、「數位轉換基本計畫」、「數位轉換相關執行計畫」、「加速數位轉換試點執行計畫」以及「數位訊號接收環境改善計畫」，這些有執行進度管控的計畫都有效使得韓國完成2012年數位轉換的目標（KCC Annual Report 2011）。

不過就推動機構而言，KCC自2008年成立後引起的政治鬥爭也非常嚴峻。首先由於歷史因素，政府掌控的傳播與通訊資源極大，李明博成立KCC的過程中，執政黨與反對黨同意由五名委員組成KCC，兩名由總統提名，三名由國會提名，由國會推薦的三名中一名可再由執政黨提名，而主委則經總統提名。雖然其形制模仿美國的聯邦通訊委員會（FCC），但

是KCC並非獨立機關，直屬總統府，因此這種設計有利於總統與執政黨延伸其權力，而反對黨一有質疑，反制便隨之而來，例如2008年李明博任命競選總部核心幹部崔時仲出任KCC第一任主委，即受到統合民主黨等反對黨的杯葛。2013年朴槿惠任命長期同黨友人李敬在出任KCC主委，同樣被杯葛達五十天，這些都直接影響施政。

李明博執政時期，KCC推行的政策也因為傾向執政者的政治立場，幾度導致政策推行的進度落後，有些後果甚至造成公民大規模的抗爭。例如KCC一度主張可以因為國家安全的需要而直接監視與刪除網路上的「不正確流言」，受到民間指控違反言論自由的批判。又如2009年放送法修正有關一般性頻道發照以及跨媒體所有權交叉持股（Cross-Ownership）的政策鬆綁後，政治立場「保守」的四大報業取得有線電視綜合頻道與新聞專屬頻道經營權，也曾引發反對黨與公民團體的大規模抗爭。

2013年朴槿惠當選後在新政府組織再造中增設了「未來創造科學部」（MSIP），其下新設「資通訊科技與廣電政策司」（ICT and Broadcasting Policy Office）由次長負責，業務由三個局分別處理資通訊產業匯流政策、數位廣電產業與新媒體促進政策、應用軟體與數位內容政策等。此項設計將政策業務從KCC分出，除了立法研究外，也計畫針對過去多頭管制的現象進行整合。

KCC和新部會勢必針對一些議題進行合作討論，但對兩個機構如何合作尚未達成共識。然而更嚴峻的挑戰是，過去KCC為合議制且在國會監督下運作，其廣電通訊業務的公正性仍受到懷疑，MSIP業務自KCC分出且為朴槿惠政府直接掌理的重要內閣成員，受到質疑的力量更大。

(三)產業發展

隨著全球電視市場對於3D電視的需求增加，2010年開始韓國的3D電視與監視器市場已經全面展開，KBS在2010年5月開始試播3D電視，為全球首播，也是一項配合家電產業的戰略。韓國多家廠商正已經搶進3D設

備戰場，競相發表新產品[4]。

　　韓國政府扶植大型企業的政商一體作法一直受到不同的評價，但其結果顯著，除了三星電子、樂金電子及大宇電子等大企業外，還有DIBOSS、Hyundai IT及DECKTRON等中小企業共四十多家生產數位電視的企業，掌握80%關鍵技術，政府再以匯率配合產品出口，創造價格優勢，在液晶電視與電漿電視積極爭奪市占率的過程中，韓國數位電視每年價格降幅約在20-30%，在國內外均形成極大的競爭優勢[5]。這種技術與生產力加上價格優勢使得2010年韓國在LCD、PDP及OLED等平面顯示器的全球市占率各占50%以上，排名為全球第一，並預測在2015年之前其優勢都不會改變（Display Search, 2013）。

　　就無線電視未來產業整合的部分，KCC已經進行布局，為了下一代的電視產業的發展，2013年5月份設立了諮詢委員會，參與者包括四家主要無線電網還有三星電子公司（Samsung）與樂金電子公司（LG Electrics），電視台與設備廠商的合作是針對超高畫質電視（Ultra HDTV）的製造，相對需要高品質的內容才能相得益彰，因此政府出面整合。這個完成數位轉換後進一步結合硬體製造與內容生產的策略，KCC承諾給予法律上與其他協助，這項產品與內容的行銷推廣預計在2014年仁川遊戲大賽面世，並在2018年藉著韓國平昌冬季奧運會的主辦將這項高端科技產品推向全世界。

　　韓國政府家電製造業者長期以日本為對手，上述的戰略自然是面對日本政府大力支持家電廠商與NHK的挑戰而來，三星電子已經是全球最大的家電製造商，推動超高畫質電視發展的目的，除了藉以擴大國內電視機汰舊換新，創造需求外，更積極向海外推銷韓國數位電視機製造技術，以保持在全球的領先地位。

　　不過似乎需要優先解決的是三星生產的聯網的Smart TV的障礙。前文提及KT一度暫停Smart TV用戶上網案例，引發KCC對解決爭議政策管理的討論，現行機制被要求儘快改進。雖然2012年7月，KCC已宣布網路使

用方針（network usage Guideline），致力開放且公平的網路使用環境，但
「開放網路協會」（Open Internet Association, OIA）反對此方針，認為將
導致業者控制網路；OIA建議P2P原則，主張任何內容使用皆不應受到內
部或外部團體限制。但網路業者與電器製造商對於網路使用付費的對象相
持不下，也影響韓國電視產業發展（Kim, Chang & Park, 2012）。

(四)公平競爭

數位電視事業的發展，優質內容居於關鍵位置，韓國電視內容主要
提供者為無線電視網，連續劇為收視率的主要保證，在新興媒體出現威脅
無線電視的市場占有率時，無線電視台對節目版權的高度保護成為產業公
平競爭與發展的障礙。

與我國法律不同的是，韓國無線電視頻道只有公共電視頻道KBS1與
教育電視EBS在有線電視是必載頻道，其他如KBS2、MBC及SBS都非必
載（Kim, 2012），2008年開始有線電視系統每年需與KBS2、MBC及SBS
等無線電視台洽談頻道再播出權利金，如果價格不順利，就面臨開天窗
的威脅。2012年甚至因為價格問題，無線電視頻道竟然延後一週才在付
費電視系統播出。無線電視膾炙人口的戲劇延後播出重擊韓國數位有線
電視，而他們也面臨著來自數位衛星電視與IPTV的雙重威脅，雖然新設
有線電視綜合頻道已經開始製作韓劇，但數量無法與三大無線電視網相
比，在經營上仍為嚴峻[6]。

而成長迅速的IPTV業者在整個韓國付費電視市場中，也面臨內容不
足的問題，還同時面對有線電視、衛星電視的競爭壓力；進一步放大檢視
韓國整體電視市場，無線電視台與有線電視台幾乎占據大部分的廣告市
場，同時也身為主要節目製作業者，IPTV業者在無法製作節目的條件限
制下，必須向無線電視台購買節目或支付再傳輸費用。業者在面對向無線
電視台或其他節目提供業者進行版權議價時，常面臨節目提供業者提出的
嚴苛條件與定價，因而承受龐大版權費用壓力。

表5-2　韓國數位電視產業的目標與挑戰

數位	傳輸標準	業者	收視戶	主要目標	主要挑戰	未來市場趨勢
無線電視	ATSC	3家全國性媒體，11家地方媒體	2,198萬戶*（普及率99.7%）	超高畫質與多媒體平台的整合	1.設備更新耗資極大，速度較慢 2.整體收視率逐年下降 3.人才流失	數位內容製作與海外行銷
衛星電視	DVB-S	Kt SkyLife	約400萬戶（普及率18%）	公益性與市場性的均衡	1.無線電視頻道必載問題 2.內容取得	1.擴展電信領域 2.雙向互動服務 3.3D TV 4.更多高畫質頻道
有線電視	OCAP	12家MSO	1,500萬戶（普及率68%）	三網服務	1.無線電視頻道授權問題 2.數位衛星電視Kt SkyLife與電信業者IPTV的競爭 3.經營模式的不確定性	1.MSO與DMC的雙重經營模式 2.互動服務 3.VOD
DMB	T-DMB	6家地面波傳送	2,000萬使用者	1.商營 2.公共服務	虧損中，獲利模式尚未建立	訂戶增加
IPTV	QAM & IPM	6家	700萬戶（普及率31.8%）	1.商營 2.公共服務	1.無線電視頻道授權問題 2.消費者權益	1.3D TV 2.多元服務

註：據韓國公共管理及安全部（2011, December 18）統計公布該國總家戶數為2,198萬戶，
　　2013年1月KCC宣布數位電視家戶普及率為99.7%，但之後政府對弱勢家戶進行補救措
　　施，實際數字應該更高。

資料來源：本研究整理。

　　　　不過2013年KCC新任主委李敬在上任後，對於過去保護無線電視網
節目版權的作法有鬆動的想法，他受訪時認為IPTV的高速成長與有線電
視訂戶所形成的規模已不容忽視，政府考慮放寬無線電視頻道必載的數
量，介入雙方價格的談判而使相關電視產業都能獲益（Business Korea,
2013, June, Vol. 31: 12-15）。

二、其他關鍵議題

　　韓國政府在推動數位電視轉換過程深知內容的供應為產業發展的關鍵，在內容產業上的策略相當明確。在各階段傳播立法的內涵其實是一連串管制的解除，尤其是資金的放寬，但引入私人資本的過程，不是放任而是偏向介入，保障官方色彩的公有電視網與電信事業的企圖處處可見，但也藉以推動政策與產業。尤其面對國際競爭，政府意在以此策略轉移民間資金進入內容產製，增加本地內容多樣性，留住本國觀眾，強化本國電視產業體質（林麗雲，2011）。

　　此外政府也未完全以市場為導向，對於數位落差以及弱勢公民也有照顧的策略，以下分別敘述數位內容供應、高畫質節目以及公共性與弱勢服務。

(一)數位內容供應

　　1987年韓國通過首部放送法，該法保障廣電內容言論自由，不過也強制分配電視台的各類節目製播比例，新聞節目必須占10%，文化教育節目必須占40%，而娛樂節目占20%。另外極具影響力的立法內容是無線電視台規定播放本國自製節目需達80%，而有線電視台需達50%，進口國外節目上限為20%，以保障本國內容產業。

　　韓國無線電視網雖然逐年在新媒體分食市占率的狀況下比例漸減，但在政府長年刻意保護下，仍然保持極大的優勢。據2011年的調查，每日使用時間163分鐘仍遠遠超過網路與有線電視一個多小時（KOBACO，2013），其中公共電視網KBS與MBC總市占率為民營電視網SBS的三倍。以收入面而言，2011年KBS1與KBS2在執照費、廣告費與版權費的收益每年高達14,437億韓元（約400億新台幣）而MBC的廣告收益則達246.5億新台幣（公視研發部，2013）。這種經濟規模與兩千萬的家戶數形成穩定的電視內容生產與內銷的基礎。但韓國政府仍銳意將文化內容外銷，創造更

大的產值，早在1996年韓國政府通過「保護民族電視電影」的立法，1998年韓國「文化觀光部」即開始提供各種節目與文化產品的外銷的服務，金融風暴重創韓國後，更確立「文化立國」的政策。2001年8月「文化觀光部」公布以「發展韓流」為正式的文化產業方案，同年「文化產業振興院」依法成立，成為媒合資金、人才培訓與海外通路拓銷的平台，韓劇大部分為公有電視的產品，原本以內銷為主，此後風靡大部分東亞國家，更刺激了觀光旅遊業的蓬勃。

2007年之前韓國廣電數位化進度一度遲緩，數位放送活化特別法通過後，為了進一步擴大數位內容生產，韓國政府以換照作為手段，強制電視台至少將其收入的25%投入到頻道上，以確保內容提供者得到合理的報酬。這項規定也鼓勵全國電視網繼續購買外製節目，其結果乃是製作節目的攝影棚業者比前一年增加4.9%，電視網給予外製公司的節目投資同一時期攀升到3.158億新台幣（KCC, 2011），獨立製作公司的市場因而蓬勃成長。為了保障獨立製作業者，廣電法規定無線數位電視必須播出一定比例的外製節目。以KBS為例，約有60%為自製節目，40%為外製節目。而無線數位電視播出本國節目的比例依法必須達到80%。

在支援內容產業部分，韓國政府也投資建構內容製作中心供業者與獨立公司、節目供應商與個人工作室使用，在2006年在數位產業聚落園區數位媒體城（Digital Media City）中設立數位製作中心DMS（Digital Magic Space），這棟十四層樓占地3,305平方米的複合式大樓由官方的韓國放送振興院KBI負責營運，開放各個電視台和一般中小型傳播公司租賃使用。2007年正式落成啟用後，DMS出租使用率幾近九成，2007年完成的節目達到652集，共計980小時。

著眼於網路電視與多媒體行動廣播內容的多元與需求，韓國政府又在2012年已完工另一間數位電視內容支援中心，提供獨立公司、節目供應商與個人工作室租用，這一間複合式支援中心占地10,702平方米，地下四層地上十八層。其中包括六個攝影棚，一輛轉播車與十六間後製室。這個

製作中心為一站到位，其服務包括完整產業鏈的規劃，從製作內容所需的企劃、製作、傳輸與行銷都提供支援。上述資源特別強調給予個人工作室（如導演、導播與編劇）與中小型製作公司支援。

這種由電視台撥出配額，政府投資支援業界的硬體的策略，節省內容生產者投資硬體，集中資源製作節目，促成韓國數位節目生產單位成長驚人，電視台之外共有123家節目供應商，獨立製作公司也有近180家，數位內容足以供應市場需求，使得民眾轉換數位電視意願增高，直接加速產業升級。

在無線電視內容供應廠商外，新設數位有線電視綜合頻道也提供中小型製作公司營業成長的空間。2010年韓國已註冊的網路電視節目供應商（Program Provider, PP）高達304家，較2009年成長62家，更是2008年的三倍，顯示其IPTV內容市場的驚人成長（KCC, 2011）。在這種龐大的生產力推動下，韓國電視節目與流行音樂產品出口額自「韓流」開始流行以來，每年顯著成長，其規模在2012年上半年已經達到40億新台幣，且較前一年同期成長11.4%，預估全年可達100億新台幣。

(二)高畫質電視節目

韓國政府傾全力推動電視數位化政策，也理解高畫質電視（HDTV）節目是推動數位轉換上居於關鍵的一環，因此政府在2006年起就規定無線電視業者每週在數位頻道上要播出不少於25小時的高畫質節目，更希望在2012年時所有地面波的頻道都完全播出高畫質節目。韓國政府要求無線電視台HD節目製播的比例為2006年25%，2007年50%，2009年70%，2010年達到100%。但根據電視台的估算，維持類比與數位的同時播出、HD節目的製作、數位設備的建置等，光是KBS、MBC、EBS、SBS四家合計就需要1兆7,800億韓元（464.75億新台幣）的預算，因此預測其設備轉換至2010年仍僅61.8%，高畫質設備則是更低（陳慶立，2008）。

儘管如此，政府所成立的數位製作中心（DMS）適時發揮了硬體支

援的效果，提供製作經費投入節目的比例，2006年全國電視台製作HD節目的總製作費是2,186億韓元（約57億新台幣），比2005年的949億韓元增加兩倍以上。其中KBS為1,163億韓元，MBC為402億韓元，EBS為60億韓元，SBS為525億韓元。

截至2007年，KBS的製作設備數位化已完成90%，傳輸設備已完成63%；而試播中的兩個數位頻道，也朝向HDTV的規格發展。2007年，HD節目的播出比率已有24%，2011年民間無線電視台SBS已經開始播出100%的HD節目。發展HDTV的同時，在2011年韓國電訊傳播委員會的計畫書中，更提出了研發超高畫質電視（Ultra-HDTV, UHD）的計畫，其畫質將為目前HD的四倍。就技術研發部分，韓國政府未來將投入數位廣播電視技術研發達1,830億韓元（約48億新台幣）。韓國有線電視與電信協會（KCTA）已經宣布在2014年1月試播UHD，計畫在2015年底前商業營運，可望成為全世界第一個播出UHD的國家（Kim, 2013, August 16）。

(三)公共性與弱勢服務

值得注意的是韓國政府並沒忽略數位廣電科技在公共服務與弱勢者照顧的運用，前文已述及網路電視設備被運用在學校教育、社區課輔與國防上的成就，對於低收入戶兒童教育與偏遠地區的資訊落差，數位電視的隨選視訊、互動性將可成為新的教育模式。另外就身心障礙者如何在數位轉換中得到助益，韓國政府也投入經費研發。就此，韓國政府特別邀

表5-3　2010年韓國數位無線電視台頻道輔助身障者收視節目服務一覽表

單位：小時

輔助收視項目	KBS1	KBS2	MBC	SBS	EBS	平均數
內鍵字幕	99	100	92.1	94.7	94.2	96
手語	8.4	0.9	4.3	5.7	6.2	5.1
畫面旁述	4.1	8.7	6.4	4.1	6.6	6.0

資料來源：KCC (2011).

集身心障礙團體、企業團體與社福團體組成的「節目收視設備支援委員會」，經過多次的會議與研討會來蒐集如何改善身障者收視的意見，之後研發所需要的設備。另外政府也每年固定進行研究在數位環境變化下，在年度報告中提出對於身障者收視系統的檢討與建議。針對此項服務，韓國政府並且設有監看系統以改善其效率。

　　韓國政府為推動身心障礙族群的數位接收權益也制定一系列計畫，例如數年來投下2億5,000萬韓元（約652萬台幣）為聽障觀眾、老年觀眾提供特殊設計的接收器，同時對於提供隱藏性字幕或手語翻譯的電視節目也加以補貼。2010年之前韓國政府已經提供136,200套數位接收設備給視障與聽障族群改善其收視權益，因為數位廣播的技術，字幕與音訊可以另外傳輸[7]，因此為聽障族群政府提供了7,505套字幕解碼接收器，為視障族群則提供4,000套可即時播出旁述節目畫面（screen described program）的數位解碼接收器。另為重聽老年觀眾也提供了5,672套特殊接收設備。對於身障者所需的節目內容，韓國政府也提供補貼，總計2010年有38個無線電視台，5個專屬頻道與3家有線系統等46個業者受到政府支持而製作身障者所需的輔助內容。

 第四節　韓國數位電視與新媒體平台推動策略

一、整體推動策略

(一)電信產業與廣電產業加速匯流

　　2011年KCC以「全球第一等傳播國家」（Dynamic First Class Communication Nation）政策目標回顧了政府在四個施政方向的整體性，包括：加速數位匯流過程及擴大服務範圍、提升廣電產業達世界水準、加

強使用者便利性並促進傳播市場競爭、創造安全及健全的廣播電視與電信環境（KCC, 2011）。

2012年報中則強調，之前三年第一屆委員會以廣電與電信事業匯流為施政的重點，而市場也已高速成長且形成產業規模。2011年3月第二屆委員會的任務則是建構政策環境以塑造「智慧化」與「智慧化社會」（Smart and Smart Society）。這個論述的基礎為使用智慧型手機數量達到2,000萬，使得韓國進入智慧型國家領域，而集廣電與電信一身的IPTV用戶在2011年突破450萬。此外該國智慧型手機與平板電腦的技術將引領Smart TV進入世界市場，產生前所未有的競爭趨勢（KCC, 2012a: 17-18）。

2013年新任KCC的主委李敬在說明他的任務之一就是「繼續推動對去管制的政策，以加速電信傳播、廣電以及資訊傳播科技產業三者的匯流」（Business Korea, 2013, June, Vol. 31: 12），他強調執行的主要政策則是延續一連串去除資本管制、跨媒體持股的限制與公平競爭環境的建立。隨著資金活絡與新的頻道開放設立，包括綜合頻道、新聞專屬頻道與購物頻道進入市場，也直接活絡中小型的廣電業者。可以看出韓國推動數位化的整體策略一直是以廣電與電信的匯流為主軸，而在智慧手機、平板電腦與Smart TV逐漸普及後，成為下一個匯流的軸線。

自統計數字看來，韓國歷經2008年美國次級房貸經濟風暴，經濟成長率從2.3下滑至0.3，但是資訊通信技術產業對於韓國GDP的比重從2008-2011年始終維持8以上（KCC, 2012a），顯示該產業的穩定性與需求。同時韓國深知政策環境的完備與機動對於產業環境的生存與經濟枯榮至為緊要，而其政策也包含市場競爭的激化與效率增加，網路基礎建設的安全性與穩定性與社會弱勢者的扶助措施等。

(二)數位內容的擴張

韓國數位內容產值在2008年到達100億美元，占國民生產毛額

14.1%。到2011年市場對數位內容需求的年度成長將再達10%，估計市場需求在2011年將達到120億美元，數位內容包括線上遊戲與影音遊戲、動畫、行動收視所需的內容與節目、數位多媒體平台播出所需要的軟體、e-learning、GPS導航系統、智慧型機器人以及家用娛樂網路。

　　KCC清楚理解匯流加速所引發的新服務也強力帶動高品質內容的需求，數位內容產業觸及娛樂工業如電影、動畫與電視等所有面向。這項數位第二階段革命的科技加速融合了電信與廣播的界線，在數位內容部分尤其明顯。韓國政府預測，全面數位轉換的完成將引動對數位內容爆炸性需求，優質的電視內容將擴大收視者對節目的選擇，也會提供節目製作者對內容「加值」的條件。因為優質內容受到更多觀眾肯定，平台業者也會有更多廣告的機會，基於上述事實，產業界深知提供高品質內容是區分服務等級的關鍵，而內容必須為多平台而製作，政府致力鼓勵內容產製的擴大，而這種快速發展同時也衝擊硬體端的進化。

　　尤其目睹網路電視節目供應者的倍數成長，數位內容端將形成產業的亮點，韓國政府提出的計畫包括（KCC, 2011）：

1.為了適應智慧型廣電與電信環境所需要的多元節目，韓國政府將扶持獨立製作公司的能力，調整大型電視網購買節目的配額，特別是加強小型公司對於非戲劇節目與紀錄片製作的能力。

2.韓國政府也將經由韓國資訊科技基金（Korea IT Fund）投資中小型公司製作行動收視所需要的內容。他們也將集結公部門與民間資金建立「廣電內容投資基金」將預算挹注到以出口為目標的大型紀錄片、3D節目以及其他匯流形式的內容。

3.為了支援中小型公司與個人工作室在硬體能力的不足，韓國政府的第二個製作中心於2012年完工，小型公司與個人工作室將可獲得政府所支援的各種製作工具（攝影棚、後製中心等）來加強內容的多元與數量。

4.同時，對於智慧型時代最重要的商業交易模式App Store，韓國政府也將介入整合與協助，同時韓國政府也研究智慧型時代廣告市場的新模式與標準，在市場行銷面協助業者生存。

可以看出韓國政府在準備一個智慧型的市場環境，藉由強化製作端的基礎建設，尤其是有利於中小型製作公司的數位產製能力，用以增加廣電與訊通訊內容市場的多元性活力，同時解除市場限制並且整合新的市場秩序，對進入海外市場的支持，最終提升內容產業的全球競爭力。

(三)打造智慧型環境

經由過去十年的經驗與努力，韓國政府已經訂出未來經由結合網路的電視（Smart TV）與智慧型手機的成長趨勢所帶動的新經濟模式，在匯流理念下，他們認為必須由數位內容與寬頻基礎建設一同來打造這個智慧型環境，並以此進入世界市場。

就未來而言，上述計畫也勾勒出韓國認為的「十項未來服務」作為願景，這些服務劃分為三大區塊：匯流服務、未來世代媒體以及有線與無線網路。在有線與無線網路方面包括了M2M、智慧型網路（Future Internet）、高速無線網路（McS）以及K-star衛星通訊。在匯流服務方面包括智慧電視與智慧手機為介面的「智慧螢幕」，包括運用次世代無線應用（Next-wave）實踐便利的生活與健康照顧，其中也強調發展綠色通信技術產業（ITC）進行能源管理。在未來世代媒體包括了4G寬頻所帶來更為細緻的廣電播出，以及觸控式DMB所帶來的虛擬互動。

上述十項服務則彼此相連成為一個願景，由多項方案可以看出韓國將數位廣電與電信產業當成引領經濟發展的引擎，著眼於該產業對於經濟成長的貢獻，因此其脈絡乃以市場經濟為原則，從加速與擴大國內廣電與電信的數位匯流基礎，繼而支持與發展國際市場。KCC的政策在於引領產業邁入未來智慧型國家，投資基礎建設與數位環境維護，創造公平競爭

環境，同時保護使用者的權益與安全。

二、數位無線電視推動策略

韓國政府為推動電視數位化的工作可從以下的脈絡來分析：

為使數位電視政策順利推動，如期達成目標，依數位放送活化特別法，推動電視播送數位化的推廣方案，李明博政府2012年前投資共692億韓元（約16.4億新台幣），以推廣數位電視。其中，608億韓元用來推廣可使既有類比電視收看數位訊號的輔助裝置等，44億韓元用來對民眾宣導電視播送數位化，40億韓元用來改善收視環境。

除了立法解除市場障礙、自訂落日條款，同時以法規定新出廠電視機內建數位電視接收器，補助低收入戶裝設機上盒，從新出廠的電視機上強制宣導，設立專責機構、設立各種推廣計畫等，可看作是階段性的數位化強效策略。

三、數位有線電視推動策略

2007年有線電視數位化比例仍低，僅占6%。2010年2月起各電視台開始換照，韓國政府利用此一機會來強制有線電視台的數位化。在該次換照過程中，政府以播出訊號是否數位化，以及地區性電視台是否增加節目投資為條件，例如在該年2月的審查中有線電視台有25家通過，2月23家有線電視則判定為有條件通過，行政手段介入使得11月分屬43家公司的330家電視台承諾數位化進度才全數通過。2008年底數位有線電視的數位化比例達67%，超越無線電視台的23%與衛星頻道的12%，2010年更以換照為手段，迫使既有有線電視業者作出2012年全面數位化的承諾。雖然業者希望得到政府奧援，但是韓國政府並不補貼有線電視業者的數位化設備，而是運用行政手段來推動。

2009年傳媒三法修正後，外資與平面媒體跨業資金進入有線電視的門檻鬆綁，造成新的競爭局面，不過電視台數位設備更新耗資甚鉅，政府因此提出高額資金門檻的條件來促進新設有線頻道立即數位升級。

四、IPTV推動策略

政府依匯流理念通過網路多媒體放送事業法正式核發IPTV經營執照以後，IPTV事業才真正啟動，而法案中視之為獨立產業而有別於傳統媒體規管，這是推動IPTV發展的關鍵。

韓國政府在初期發展策略也將IPTV納入重點支持對象，在促進普及上，政府先行出資主導IPTV在公共領域的運用，例如2010年5月韓國網路電視開始連線所有學校，2010年12月開始網路電視支援韓國38,755節課。同年，該服務也進入第一線軍事基地，提供視訊會議、教育與個人發展服務。除此之外，許多網路電視協會與公司，地方性政府也共同合作將網路電視教育設備裝在地方的課輔中心，提供給低收入戶家庭的孩子來使用。2010年韓國共有913套網路電視設備被加以運用於地方兒童教育中心，用以縮短教育落差。這些運用都形成了示範與普及的基礎，同時孕育產業茁壯，加速商業化的步調。基於寬頻的基礎建設完備，IPTV在短短三年即成為付費數位電視市場的最大部分。

在IPTV服務提供業者方面，所採取的經營策略主要包括：(1)服務定價策略以三網合一銷售方式為主力，採取IPTV電視加寬頻及語音的三網合一方式銷售IPTV業務；(2)IPTV業者主要扮演內容整合業者，由於IPTV服務提供業者不得製作節目，因此必須向其他內容提供業者購買頻道或節目內容（劉幼琍，2011）。

五、多媒體行動廣播（行動電視）推動策略

　　前文曾提及韓國政府以不同法律規範T-DMB與S-DMB的發展似乎阻礙了S-DMB以收費模式營運的前景。在T-DMB部分，主管機關認為多媒體行動廣播使用地面無線電波進行傳輸，其營運模式應和數位無線電視營運模式相同，同樣是由廣電業者建立多媒體行動廣播傳輸網路並提供傳輸服務，以及進行節目內容編排整合，形成垂直整合式的多媒體行動廣播產業價值鏈，因此以放送法規範T-DMB服務。在此法律思維下，廣電業者具有重要地位，電信業者於產業價值鏈中僅扮演行動終端裝置之販售。

　　政府因此分配VHF的頻譜給無線電視業者進行T-DMB的業務，對於無線頻寬的使用效率有極大的幫助，無線電視業者可以進行多頻道傳輸，視節目需要可同時進行數據傳輸、高畫質節目與立體音響等服務。T-DMB的商業模式主要是廣播業者（電視、廣播）與其他內容提供免費收視，財務上則依賴廣告、頻率出租、與收費性數據服務（如可互動的路況服務）等。T-DMB主要財務來源是廣告與數據服務，因為無線廣播電視業者只要播放自己的節目內容，來自廣告與數據服務的收益即可高達90%，但其他五家公司無此節目資源，另以頻道出租來獲利。以2011年韓國十種媒體使用調查來看，T-DMB整體接觸率僅22%，約為無線電視網的五分之一，因此廣告收益仍不足以涵蓋硬體投資（KOBACO, 2013）。

　　S-DMB產業方面受電信法規範，由電信業者主導，採取訂戶收費模式，TU Media為唯一的S-DMB營運業者，但相關收費與客戶服務機制，則須與大股東SK集團電信公司SKT的行動電話用戶綁約，才能免費收看S-DMB頻道的內容。這種模式與全世界行動通信的商業行為相似，但Sohn（2013）指出，必載的規定不適用於S-DMB，所以S-DMB無法取得無線電視網的內容，而造成市場競爭力不足，綁約策略又未能奏效，S-DMB的訂戶從2010年開始逐年減少。加上初期發射衛星與後續建設中繼站的投資過大，SK Telecom終於因為不堪虧損而停止營運S-DMB。

總之，S-DMB之所以失敗的原因：第一是設備，因為客戶不多，使得設備製造商不願意提供；第二，多數韓國用戶只看全國電視網的3個或4個頻道，因此用戶多選擇T-DMB，S-DMB雖然提供約20個頻道，但由於需要付費，因此無法吸引用戶；第三，無法和免費的T-DMB競爭；第四，幾乎在同時，政府開放了全國電視網經營T-DMB與其競爭（劉幼琍，2013年4月5日訪談）[8]。

深究這其中的主要關鍵因素之一，在於TU Media沒有播放KBS頻道，因為KBS已經參與T-DMB的經營，而TU Media想在韓國市場提供不一樣的頻道服務，雖然KBS1為公共頻道，理應可以提供節目給TU Media，但KBS由於本身同樣有T-DMB業務，即使TU Media有意願付費取得KBS的節目內容，KBS並沒有釋出（劉幼琍，2011）。而MBC選擇與TU Media合作，主要還是因為有從S-DMB得到節目授權費（Sohn, 2013）。SBS的無線電視台沒有和TU Media合作，然而SBS的有線電視台則有與TU Media合作。

不過韓國政府協調廣電業者需提供免費T-DMB服務並不只是廣電產業思考，也同時考慮擴大硬體製造產業。此舉一方面有效吸引用戶收視，大力帶動用戶數目成長，同時提升多媒體行動廣播終端設備製造商（晶片業者與終端裝置業者）技術研發能力，企圖推廣此技術規格至國際以擴大對外貿易市場。

六、新興媒體平台推動策略

2010年韓國政府投入172億美元用於國家雲端計算計畫，其中42億美元用於IPTV與雲端計算融合的建置及無線寬頻網路產業鏈，韓國網路電視2.0及其他相關技術也快速發展，尤其技術元件的標準化完成使得隱藏式字幕（closed caption）得以規格化播出，因此新的公共服務模式能夠充分與觀眾互動，其運用面更可廣及國防、教育、公共醫療以及旅遊。在技

術部分，隨著304家內容供應公司成立，2011年在業者努力下，網路電視服務的技術朝向多角度服務（multi-angle service）與3D收視。因為這項服務可結合寬頻與無線行動接收設備，政府著眼韓國成為全球資訊與通訊的網路中心（Global ICT Hub in Korea），並視此為數位匯流的下一階段目標（KCC, 2012a: 19-20）。

基於雲端技術與寬頻基礎建設的完備，結合4G LTE整合各種資訊網路的能力，韓國政府已經以濟州島為實驗區在2030年完成全國智慧網，同時結合KT、SK Telecom、LG U+、SK Broadband、KARI、Kt SkyLife等大企業，在智慧型城市帶領綠色經濟的投資。上述願景在媒體環境中將繼續影響媒體結構、內容生產流程與節目格式，同時也持續改變內容發行與消費的方式。

此外韓國在2009年已經提出全國智慧網（Smart Grid）的規劃，在電信與廣電匯流後，希望透過結合電力網的方式，勾勒出一張未來韓國通信發展的藍圖，並預計在2030年完成這項計畫。未來Smart Office、Smart Apartment、Smart home，甚至是汽車都可以透過通信網絡遙控，而電力來源還可以透過智慧啟動運行的方式來控制。

 結　語

從本章的分析可以看出，金融風暴後韓國數位廣電與新興媒體的改造自2003年開始大步轉型，由不同的政府領導人金大中、盧武鉉、李明博與朴槿惠一路以「計畫經濟」的思維延續下來，雖然分屬不同政黨執政，立法過程也不乏爭議，但是大的方向都是先擬定國家未來的經濟在全球競爭的戰略，之後找出數位匯流與資通訊產業的價值，推行去管制的政策與廣電／電信匯流逐步整合，都是過程中的手段。

其軌跡先看到法律的逐步整合：2000年放送法修法先整合有線電視

與無線電視的法律；2007年數位放送活化特別法、網路多媒體放送事業法則有效推動電視數位化與IPTV的發展；2009年修訂報紙法、放送法及網路多媒體法等傳媒三法修正案大幅改造的有線電視的經濟體質，2010年則再通過整合性質更高的資訊與傳播架構事業法。

不過傾向於有利執政黨的媒體規管、保障與政府關係密切的廣電媒體與中央政策主導的政商色彩，使得無線電視台KBS、MBC影響力始終龐大，也繼續在政府的支持下擴張在T-DMB的版圖，增加頻寬使用的效益。另如官方電信產業龍頭KT在電信產業已舉足輕重，而其投資也跨足至IPTV與衛星廣播電視SkyLife。這種由政府長年保障利益相關的媒體產業的政策，其實不利於市場的公平競爭與新興媒體發展，例如內容再播出的收費或限制，就造成民間數位有線電視內容不足而一度弱化，更是民營S-DMB挫敗原因之一。

2009年因為與美國簽訂自由貿易協定後使得外國投資門檻大幅解除，韓國政府更藉有線電視新頻道的釋照強化數位化規格，給予該國數位有線電視的發展新契機。而網路多媒體放送事業法則給予民間IPTV發展的空間，與寬頻結合的高速成長更導致收視板塊的重組。面對新的媒體生態環境，無線電視網的榮景可虞，然而李明博政府推動無線電視產業、DMB服務與數據電信結合，產生新的DMB2.0經濟模式。朴槿惠新政府繼續則輔導無線電視台KBS的產業基礎與家電業者如三星電子與樂金電子等大廠就未來3D與超高畫質電視螢幕結合，藉國際運動賽事而推廣其產品，企圖領導全球下一代的電視型態的產業與消費，雖不減政府強勢主導的色彩，但官民對外拓展市場的努力不能不令人敬畏。

韓國政府一方面長期加強寬頻網路基礎建設，而且廣電政策逐步與電信匯流，從內容到新媒體平台乃至於家電廠商的硬體設計都環環相扣，並朝向建構智慧型社會與全球資訊與通訊的網路中心邁進。雖然在解除政策管制的歷程面對國會抗爭與公民團體的質疑，就控制媒體人事權與所有權的程度在民主國家中也屬少見，但是其執行力則讓韓國在短時間內

從寬頻、內容到家電產品都取代日本成為亞洲甚至是世界第一品牌。

　　回顧數位電視發展初期一度因政策搖擺而延宕，然文化創意產業立國的計畫經濟政策已然確定。2008-2012年李明博政府整合金大中時代兩個垂直規管機構成為KCC，同時強力完成數位電視轉換，進一步制定清楚的廣電與電信匯流發展策略，放寬媒體所有權交叉持股與國內外資金持股上限，使得韓國已成功轉型為世界級通訊科技產業大國，更奠定未來韓國於雲端、3D與智慧網的基礎建設，以完成建立智慧化國家的願景。2013年朴槿惠政府推動的「創意經濟」戰略，仍舊以國家未來經濟發展為核心，對於尚未水平整合的各種媒體政策，改造政府並成立新內閣部門「未來創造科學部」，繼續解除管制、統整政策，更積極結合上游的研發與未來的國家發展計畫，可望成為完整的一貫政策推動單位與策略的智庫，而超高畫質電視UTV與5G商用模式的全球市場布局已在具體執行。

　　在韓國推動媒體數位匯流的過程中，不乏政策整合不足導致產業發展受挫的案例，對於我國非常有價值。2007年監察院的一份調查報告已指出我國在廣電與電信事業呈現落後的局面（監察院，2007）。雖然兩國同訂2012年為數位電視元年，但是以實質的轉換數據，我國其實離實質數位化的目標還有大段距離[9]。從2013年再回顧李明博執政的五年，包括立法速度、內容生產、產業發展計畫、電信基礎建設、未來性策略產業、數位公共服務等方向，更可看出韓國的發展速度超過我國甚多。尤其我國與匯流關係重大的廣電三法與電信法的整合尚在研議，立法面如何從垂直管制到水平管制，規管機構如何創造產業發展的條件而去除不必要的規管，都可從韓國經驗得到參考。

　　從本章可看出韓國完成數位轉換後已放眼下一階段，將以既有的基礎建設優勢、內容優勢、數位通信設備、家電產品生產能力以及雲端服務技術與國家未來發展結合，韓國藉這幾波數位匯流產業的進階發展，計畫變身成為全球創意產業與智慧型科技國家的領導者，這種遠見值得我國政府與民間借鏡。

1 Song-Am Dong為CJ Hellovision公共關係部及業務部經理。劉幼琍於2013/4/5在首爾CJ HelloVision辦公室做的訪談。

2 2005年韓國宣布發展成功第一套可收無線電波與衛星訊號的多媒體行動廣播手機,但有研究指出其技術建於歐洲的「數位廣播」(Digital Audio Broadcasting, DAB)的基礎上,也有國家稱之為「行動電視」(Mobile Television)。

3 DMB技術其後也運用於日本、德國、荷蘭、奧地利等歐洲國家,南亞也有部分國家開始採行。

4 樂金電子公司LG執行長Kang Bae-Keun在2009年韓國顯示器大會(Korea Display Conference 2009)專題演說中歸納出四項未來電視的成長關鍵——設計、網路、匯流與3D TV。在這四項元素中,他特別看好3D TV將在銷售數字方面出現快速成長,但三星企業Samsung採取較為保守的看法,認為市場在兩、三年後才會成熟。

5 2012年2月,因為權利金價格談判未果,韓國有線電視將無線電視頻道下架,影響1,500萬訂戶權益,引起消費者抗議。

6 2006年40吋HD級LCD TV售價約330萬韓元(約3,100美元),2006年底已大幅降至200萬韓元,而2007年底更只有2006年初的一半價位,約151萬至199萬韓元。至於50吋HD級P電漿電視,2006年初尚有近400萬韓元的價位,但2007年底已大幅降至150萬韓元左右,2012年推出的低端平板電視,價格為同類型產品的60%,日本廠牌在價格上尤其不能匹敵。

7 韓國如同其他國家,並不像我國新聞之外大部分電視節目播出時有字幕。

8 2013/4/5劉幼琍在首爾SK電信公司訪談SK兩位研究員。

9 我國在2013年底數位有線電視普及率為45.64%,尚不及韓國2008年的70%。IPTV用戶普及率為124萬戶(15.29%),韓國IPTV用戶普及率為31.8%,韓國從2005年已發展多媒體行動廣播,我國至今並未發展多媒體行動廣播。

參考書目

工研院（2013）。〈IEK View：2013年製造業產值　審慎樂觀成長　四大業別產值
均微幅上揚〉。《工研院產業情報網》。上網日期：2013年09月15日，取自
https://www.itri.org.tw/chi/iek/p11.asp?RootNodeId=070&NavRootNodeId=0753&
NodeId=07534&ArticleNBR=4903

公共電視研發部（2013/6/5）。〈台灣公共電視與各國公視比較一覽表〉。「公共
電視」。上網日期：2013年08月30日，取自http://www.pts.org.tw/donate2011/
compare2.htm

交通部郵電司（2011）。《數位電視發展藍圖》。取自http://xn--tlqv90nxra.tw/
motchypage/hypage.cgi?HYPAGE=org_content.htm&subid=140&itemid=1693&co
ntenttype=2&classid=315004501

林麗雲（2011）。〈節制私人資本、維護公共責任：南韓電視體制的演進〉。
《新聞學研究》，107：1-45。

陳盈帆（2009）。《數位多頻道時代下公共廣電的挑戰與轉機——以南韓為
例》。政治大學新聞研究所碩士論文。

陳慶立（2008）。〈韓國高畫質電視現況〉。「公視岩花館」。取自http://rnd.pts.
org.tw/p9/2008/10/K10.pdf

資策會（2003）。《韓國數位電視與廣播發展策略與現況》。台北。

監察院（2007）。〈我國影音媒體政策及其執行績效總體檢之專案調查報告〉。
《調查報告2576期》。取自http://tpr.link.net.tw/newPage/MICO/2574/2574_
type21_01_p01.htm

劉幼琍（2011）。〈從韓國經驗看我國新興數位影音產業發展之障礙與挑戰〉。
「民國百年傳播與發展學術研討會——第二屆傳播與發展學術研討會」，宜
蘭：佛光大學。

魏依伶（2012）。〈雲端創業，讓麻雀變鳳凰〉。「IEK產業情報網」。
上網日期：2013年5月30日，取自http://ieknet.iek.org.tw/BookView.
do?rptidno=813530409

Business Korea (2013. June). Interview with KCC Chairman-Regulation to Remain
Minimized for "Public Benefit and Convenient". Retrieved from http://www.
businesskorea.co.kr/sites/default/files/pdf/BK-2013-06.pdf:12-15

Display Search (2013). Quarterly FPD Supply/Demand and Capital Report. Retrieved from http://www.displaysearch.com/cps/rde/xchg/displaysearch/hs.xsl/quarterly_fpd_supply_demand_and_capital_spending_report.asp

ITU (2011). Measuring the information society 2011. Retrieved Aug 10, 2013, from http://www.itu.int/net/pressoffice/backgrounders/general/pdf/5.pdf

KCC (2011). KCC Annual Report 2010. Retrieved from http://eng.kcc.go.kr/download.do?fileSeq=31166

KCC (2012a). KCC Annual Report 2011. Retrieved from http://eng.kcc.go.kr/download.do?fileSeq=35215

KCC (2012b). Operational Report. Retrieved from http://eng.kcc.go.kr/download.do?fileSeq=36170

Kim, Dae Ho (2012, December 4). Communications policy in Korea: media law and convergence. Paper presented at the Symposium on Telecom and Media in Japan, Korea and Taiwan: Policy and Industry Strategies. NCCU, Taipei, Taiwan.

Kim, Daeyoung (2011). The Development of South Korea Cable Television and Issue of Localism, Competition and Diversity (Master's thesis, South Illinois University Carbondal, Illinois, USA). Retrieved from http://opensiuc.lib.siu.edu/cgi/viewcontent.cgi?article=1101&context=gs_rp

Kim, Y., Chang, Y., & Park, M. (2012, November 18-21). Smart TV business regulation and collaboration among business operators and regulators: Focus on the case analysis of Smart TV blocking and IPTV regulation process in Korea. Paper presented at the 19th ITS Biennial Conference 2012, Bangkok, Thailand.

Kim, Yoo-chul (2013, August 16). UHD TV service to debut next year. *The Korea Times*. Retrieved Oct 20, 2013, from http://www.koreatimes.co.kr/www/news/biz/2013/08/123_141233.html

KISDI (2010). 2010 media and communication outlook of Korea. Retrieved from http://www.kisdi.re.kr/kisdi/upload/attach/Outlook%202010.pdf

KOBACO (2013). Studies on advertising effectiveness. Retrieved from http://www.kobaco.co.kr/eng/power.asp

Liljas, P. (2014, January 23). South Korea's 5G network will let you download a full movie in a second. *TIME*. Retrieved from http://techland.time.com/2014/01/23/south-korea-leads-5g-race/

MSIP (n.d.). Retrieved June, 30, 2013 from http://klink.kisa.or.kr/pages/about/MSIP.jsp

OECD (2013). Country statistical profiles: Key tables from OECD. Retrieved from http://www.oecd-ilibrary.org/economics/country-statistical-profiles-key-tables-from-oecd_20752288

Park, Hee Sul (2012, December 4). Korea wave in Asia. Paper presented at the Symposium on Telecom and Media in Japan, Korea and Taiwan: Policy and Industry Strategies. NCCU, Taipei, Taiwan.

Seung, Young Mo (2008). HDTV policy in Korea. KBS Research Report. Seoul: KBS.

Shin, Dong H. (2007). Socio-technical analysis of IPTV: A case study of Korean IPTV. *Info, 9*(1), 65-79.

Sohn, Seunghye (2013). How some regulatory policies can undermine the success of a new technology: A case study of digital multimedia broadcasting in South Korea. *Keio Communication Review, 35*, 51-66.

South Korean to surpass 6 m IPTV subs (n.d.). Advanced Television. Retrieved from http://advanced-television.com/2012/11/07/south-korea-to-surpass-6m-iptv-subs/

Yonhap News Agency (2013, May 06). Korean IPTV subscribers surpass 7 million. Retrieved Aug 5, 2013, from http://app.yonhapnews.co.kr/YNA/basic/ArticleEnglish/ArticlePhoto/YIBW_showArticlePhotoPopup.aspx?contents_id=PYH20130506057100341

Chapter

6

中國大陸數位電視與新媒體平台

賴祥蔚　國立台灣藝術大學廣播電視學系教授

中國大陸家庭戶數與電視戶數相關基本資料

總人口數	13.51億（2012年）
總家戶數	4.015億戶（2011年）
國內生產毛額（名目GDP）	9,101,5億美元（2013年）
電視家庭戶數	35,803萬5,384戶（2012年）
寬頻普及率	家戶寬頻普及率14%（2012年）
無線電視普及率	覆蓋率94.52%（2011年）
直播衛星電視訂戶數	不到1,000萬戶（2013年）
類比有線電視訂戶數	2.15億戶（2013年）
數位有線電視訂戶數、普及率	1.52億戶（2013年）
IPTV訂戶數	2,683.9萬戶（2013年8月）
行動電視訂戶數	5,900萬戶（2011年）
媒體產值	1,216億美元（2012年）
廣告分配消長	電視廣告871.84億美元（2012年）

資料來源：中國國家統計局、崔保國、美蘭德、京華時報、廣電總局、吳樂。

前　言

　　在傳播新科技的進步與更新之下，世界各國政府無不希望加速迎接數位匯流趨勢的到來，以便妥善接軌，進而獲得更多的「數位紅利」。

　　在迎接數位匯流時，各國政府的具體作為不免受到其媒體政策的影響。有的政府強調市場主導，但是在解除管制、鼓勵競爭上政府仍然扮演重要角色（何吉森，2004）；有的政府則是積極透過各種政策工具進行引導，甚至國家直接介入（賴祥蔚，2005），其中，中國大陸因為人口總量以及近幾十年來的經濟成長快速等因素，格外受到矚目；儘管其政治體制及媒體產權與民主國家不同，仍然值得加以探討[1]。

　　中國大陸將電視的數位化（大陸用語為「數字化」）列為國家發展計畫——《2001年廣播影視科技「十五」計畫和2010年遠景規劃》中的第二個項目，安排在2015年收回類比訊號。

　　中國大陸的電視總收視人口超過十億，電視的用戶數在2009年已經達到了3.95億戶，其中有線電視的用戶大約有1.03億戶，市占率為26%（中國新聞社，2009/3/21）。進一步來看，無線電視（大陸用語為地面電視）用戶數成長有限，但是數位化比例的成長幅度則不小，2006年為10萬戶，2007年43萬戶，2008年210萬戶，2009年465萬戶，2010年1,050萬戶，2011年1,480萬戶，2012年1,800萬戶（流媒體網，2012/6/12）。至於有線電視，在2009年用戶數破億之後，成長快速，至2010年第一季已達1.74億，廣電總局最新的統計資料更顯示，有線電視用戶在2012年已經達到2.02億戶，其中，數位化用戶達到1.38億戶，數位化比例為68.36；2013年達到2.15億戶，其中，數位化用戶達到1.52億戶，數位化比例為70.61%。除此之外，中國大陸在2012年加碼撥款支持西部六個省區的「直播衛星『戶戶通』工程」，爭取落實要達到2011年1,000萬戶、2012年5,000萬戶、2013年1億戶、2014年1.5億戶、2015年戶戶通的目標；不過直到2013年2月為止，直播衛星仍然只有不到1,000萬戶（高紅波，2013）。

　　在新媒體方面，網路電視IPTV的用戶數，在2011年已超過1,350萬戶，成長率可觀（中國通信網，2012/3/23）；2012年的用戶數為2,300萬戶，增長率高達64.3%（高紅波，2013），2013年8月達到2,683.9萬戶。至於行動電視，2003年在上海登場，一開始發展不很順利，但是在北京奧運之後，許多用戶感受到行動電視的便利性，才促使了行動電視的快速發展。2011年底的行動電視用戶為5,900萬戶（中國通信網，2012/3/23）。

　　在業務發展上，中國大陸將數位電視的業務區分為傳統業務、擴展業務和增值業務。在2003年6月發布的601號文件中，中國大陸廣電總局[2]提出方案，要建立數位電視新技術的體系，並且明確要求各地都必須要建立好四種電視平台，包括傳輸平台、業務平台、節目平台以及監控平台等，希望藉此推動中國大陸數位電視產業鏈的形成。

　　在中國大陸的數位化發展策略中，主要是以城市的有線電視系統作

為優先對象。這是因為有線電視數位化要面臨的技術門檻與問題都比較有限，而且在城市中，有線電視的鋪設率比較高，用戶分布也比較密集，因此有線電視的數位化早在2001年就已經成為中國大陸推動電視數位化的第一個策略重點。根據統計，中國大陸的數位有線電視在2009年已經達到7,200萬戶，到了2013年更達到了1.52億戶。

中國大陸媒體體制特殊，包括電視在內的媒體主要都是由政府擁有。儘管如此，其發展經驗與優劣得失，仍然可供參考。本文將回顧數位電視與新媒體平台的發展歷程，一方面呈現其市場現況，二方面探索其政府扮演的角色，並且分析其政策內涵之優劣。

對於政府在媒體事務中的角色，不管是管制或是輔導，學界一直以來都有不同看法。西方主流思潮認為政府是必要之惡，角色越少越好，更不該企圖介入媒體；但是隨著全球媒體市場的形成與競爭，以及各種媒體亂象的出現，越來越多學者認為政府必須扮演更積極的媒體輔導角色。政府對待媒體的角色可以分為市場經濟論（Theory of Market Economics）與社會價值論（Theory of Social Value），前者認為國家不該干預市場，要放手讓市場運作與競爭，至於社會價值論者則認為國家應該管制媒體，以維護公共利益（Entman & Wildman, 1992）；有些學者更從產業政策的角度出發，主張這不僅是管制與否的問題，而是政府必須積極協助傳媒產業的發展（賴祥蔚，2005）。

第一節　大陸數位電視與新媒體平台發展與現狀

中國大陸的國務院在2008年轉發由發展改革委員會等部門的「關於鼓勵數位電視產業發展若干政策」，積極推動中國大陸電視的數位化進程。

中國大陸國務院相當重視廣電媒體的數位化工作，從2004年開始連

續三年將廣電數位化納入工作要點，規劃在2015年完全停止類比訊號的播出。國家標準化管理委員會於2006年8月公布了DMB-T/H傳輸標準，一開始主要是播送中央電視台的頻道內容。

一、數位無線電視發展與現狀

中國大陸的無線電視覆蓋率在2011年時為94.52%。目前主要是以中央電視台全區覆蓋為主，加上省級電視台在各省覆蓋。

中國大陸原本只有中央與省兩級政府可以開辦無線電視台，後來為了要擴大覆蓋率與到戶率，在1983年推出「四級辦理廣播電視」政策，將兩級擴大為四級，包括中央、省、市、縣四級政府都可以設立電視台。儘管有了四級覆蓋，但是無線電視的電波特性，在山區經常產生接收死角，因此1980年代後期，為了擴大山區與偏鄉的覆蓋率，同時預先排擠即將到來的境外衛星電視的威脅，中國大陸當局又開放省級電視台經營衛星電視，2004年進一步開放一些副省級的城市也可以經營衛星電視。

對於數位化的進程，廣電總局的規劃是2004年訂定規格，2015年停止類比訊號。不過前述規劃中的停止類比訊號，並不是全面停止；根據「廣播影視科技『十五』計畫」的內容，嚴格來說只是針對有線電視，不包括無線電視。無線電視何時實行數位轉換，一直是一個模糊的議題，讓業者在進行數位化的規劃時無所適從，也對於產業發展造成了影響。廣電總局直到2012年發布的《我國地面數字電視發展規劃》才明確指出：以2020年為分水嶺，屆時無線電視的數位覆蓋必須基本完成，類比訊號停止播出（熊飛，2012/2/21）

電視數位化要採用什麼樣的技術規格，一直是各國業者與政府感到頭痛的課題，因為這涉及了技術的優劣競爭以及設備的國際接軌，影響深遠。目前世界上主要的數位化技術規格有美國、歐盟以及日本研發的規格，一貫強調自主的中國大陸很早就決定不採取外國規格，而是自行開

發，一開始有五個研究機構分別進行技術開發，後來主要是清華大學研發的DMB-T標準以及上海交通大學研發的ADTB-T兩種標準在競爭。中國大陸「國家標準化管理委員會」在2006年決定融合兩種標準，採取自訂的DMB-T/H為無線電視數位化技術的標準規格。

目前中國大陸不僅全力推動無線電視的數位化，而且還積極地進行HDTV（High Definition TV，高畫質電視，大陸用語為高清電視）的推展。中國大陸唯一覆蓋全境的無線電視台中央電視台推出的第十八套節目（CCTV 18），便是中國大陸第一個以HD信號製播的電視頻道，該頻道在2008年1月1日試播，隨即在2008年5月1日正式開播。CCTV第三、五、六、八、十套節目，在2012年採取HD與SD（Standard Definition，大陸用語為標清）同步播出的模式，其他頻道在2013年也都已經跟進。

在準備北京奧運期間的數位電視轉播服務時，廣電總局也完成了北京、天津、上海、青島、廣州等八大奧運城市的頻率規劃；北京電視台也在2008年5月推出數位化的「奧運HD」免費頻道。

二、數位有線電視發展與現狀

中國大陸的有線電視產業本來是許多各自獨立、而且分布也很分散的小型系統，中國大陸當局從1990年代開始，逐步推動以中央、省、市三級為中心的整併策略。即使如此，中國大陸登記有案、領有執照的有線電視業者仍然多達上千家。

廣電總局在2009年7月29日發布《關於加快廣播電視有線網路發展的若干意見》，具體要求各省的有線電視必須在2011年底完成基本的整合；廣電總局也在2010年就成立了中國廣播電視網路公司籌備組，準備全國性有線電視的經營管理。截至2012年為止，推動一省一網基本完成，後續則是推動「國家有線電視網」，形成全國性的固網經營平台。

由於有線電視具有高度的地方色彩，因此廣電總局在考量快速便利

的情況下，先是確立了技術規格將先採取歐盟規格的**DVB-C**之後，以後再視情況升級為國家標準規格；規格確立後，就讓各地自行摸索可行的具體方式，包括推動數位化的合作夥伴、具體的推動策略等等。許多具有資格的國家機構，已經開始參股或是收購各地的有線電視網。儘管如此，廣電總局要求有線電視的數位化必須是整體轉換，也就是同一個系統區一次就全數轉換訊號。儘管如此，仍可能出現跨區之間所使用的「條件接收系統」（conditional access, CA）不相容的情況。為了解決此一問題，中國大陸的資訊產業部在2003年9月提出了數位機上盒「機卡分離」政策，也就是針對機上盒施加「軟、硬體分離」的措施，希望如此有助於硬體規格的一致化，可以大量生產，壓低價格。

對於有線電視，廣電總局很早就開始推動數位化，當初期望在2005年達到有線電視的數位化收視戶達到三千萬戶，在2008年完成有線電視的全面數位化。但是這樣的期望顯然脫離實際。有線電視數位化的推動，在一開始的進展非常緩慢，連帶影響機上盒的市場，到了2012年，有線電視數位化比例仍然只有65%（21世紀經濟報導，2012/3/19）。

為了進行進一步的技術推廣，廣電總局還成立了「北京中數網數據廣播技術有限公司」（簡稱中數網公司），專門從事有線電視網路技術與增值業務等項目的開發。因為數位化之後的付費電視或是其他加值服務，將是有線電視擴展業務的重要管道，因此廣電總局不只積極推動有線電視的數位化，也期望付費頻道可以順利增長。這麼一來，有線電視的獲利模式，就可以從基本的管線維護費，進展到收視費，讓收入就可以大幅增長。

數位有線電視在推動之初，青島以贈送機上盒的方式推廣市場，獲得不錯的成績，廣電總局就以「青島模式」作為示範，推動有線電視的數位化。雖然廣電總局推動有線電視數位化的時程相當早，也採取由政府來補貼機上盒費用的推廣策略（劉幼琍等，2004）。但是這些模式的推廣情況並不順利，舉例來看，機上盒在北京推廣時，採取的是免費贈送而且

贈送到戶的模式，希望能夠吸引收視戶的觀賞；但是不少用戶在裝設機上盒之後，因為收視滿意度不如預期而希望回復以前的收視方式；廣州也在2003年大送機上盒，但是後來用戶多數都因為對於節目內容感到不滿意而退回機上盒。

儘管贈送機上盒似乎不是推動有線電視數位化的有效手段，廣電總局在2007年發布的《全國有線電視數字化進展的情況通報》，仍然明確要求有線電視系統業者應該免費提供每戶一台機上盒（人民日報，2007/3/1）。

由於中國大陸的有線電視產業結構基本上都具有區域壟斷性，因此在沒有競爭的情況下，基本業務與收入都相當穩定，優點是有利於長期發展，缺點則是可能欠缺進步動力。雖然壟斷造成欠缺進步動力，但是當中央下達了明確的指令，地方政府仍然會設法完成，而且往往強硬執行。

在推動數位化方面，各省的配合方式不同，但是往往相當強硬，甚至衍生出問題，例如2011年12月，河南省就傳出了逕行推動有線數位電視加密，但是因為各家電視機的解密技術不相容，造成若干機上盒無法解密因而不能收看的情況。業者表示，這是因為河南省政府下發的「豫政」2010年2號文件，亦即《關於批轉省廣電局全省有線電視數字化整體轉換實施方案的通知》明確要求：在2011年底之前，河南全省都要基本完成縣級以上城市的有線電視數位化的整體轉換（河南法制報，2011/12/5）。此一通知，正是要落實廣電總局的階段目標。地方政府全力貫徹，卻忽略了業者實際操作上的技術問題還沒有完全克服。

由於有線電視的數位化進展不如預期，廣電總局2012年發布《關於進一步加快有線電視網絡整合和數字化、雙向化改造工作的通知》，期望加速推動。廣電總局統計資料顯示，有線電視用戶2013年達到2.15億戶，其中，數位化用戶達到1.52億戶，數位化比例為70.61%。

三、Web TV等OTT TV網路影音服務

中國大陸的網民人數世界第一,網民透過網路觀看影音內容的人數,在最近幾年也快速成長,在2012年就已經突破了3.5億人,僅2012年上半年就增長了2,500萬人(CNNIC, 2012)。網民透過網際網路觀看影音內容的模式頗多,通常是以wmv、asf等串流媒體格式播放。目前以OTT TV(over-the-top TV)泛指所有可以透過網際網路取得影音的視訊服務。相較於OTT TV這種開放式的傳輸通路,另一種透過網路寬頻協定這種封閉式通路來傳輸影音網路內容的服務則是IPTV。

廣義來講,可以透過網際網路觀看影音內容的都可以稱為Web TV;不過狹義而論,必須是透過網際網路直播影音內容的服務才能稱為Web TV,其他的則是網路影音服務。

中國大陸OTT TV的商機一開始是來自於違法的機上盒,幫助網民下載盜版或盜錄的電影至電視機上觀看,電視機廠商發現有利可圖,開始製造並銷售「網際網路電視一體機」同時也提供影音服務,隨後視頻網站也比照辦理,想要透過OTT機上盒搶入電視機。不過這兩種模式一出現,很快招來了廣電總局的禁止通知。

廣電總局三令五申,先發出《關於嚴禁通過互聯網經機頂盒向電視機終端提供視聽節目服務的通知》,2012年12月6日在中國網路視聽產業論壇上,廣電總局網路視聽節目管理司再次強調,OTT TV集成平台必須由獲得批准的機構來建設,其他廠商只能與這些機構合作。

廣電總局一方面阻擋到處亂竄的OTT TV服務,一方面也設法疏導合法的OTT TV市場秩序,主要是透過牌照制度來維護市場秩序,一開始先核發OTT TV集成牌照給七家廣電機構,包括CNTV、BesTV、Wasu、SMC、CIBN、MangoTV、CNR等,只有這些牌照持有者才可以合法經營OTT TV。

這七家廣電機構都大有來頭,CNTV(中國網絡電視台)是由CCTV

成立、BesTV（百視通）是由上海廣播電視台與上海東方傳媒集團共同控股、Wasu（華數）是由杭州文廣集團與浙江廣電集團投資、SMC（南方廣播影視集團網）是由南方廣播影視集團成立、CIBN（中國國際廣播電視網絡台）是由中國國際廣播電台開辦、MangoTV（芒果電視）是湖南衛視旗下的網路電視台、CNR（央廣網）是由中央人民廣播電台開辦。廣電總局此舉，顯然是希望透過牌照制度，幫助既有的廣電機構先來瓜分OTT的市場，以排除各種不必要的變數。

不過上有政策，下有對策，許多不屬於既有廣電機構系統、但是已經開始運作的視頻網站，當然也不會直接退出市場，這些網站目前的生存策略主要是積極與上述的牌照持有者合作，有些業者接受納編，接受牌照持有者的入股；也有業者爭取在灰色地帶繼續搶攻OTT市場的大餅，例如樂視、PPTV等，就分別找了CNTV、Wasu簽訂合約，提供內容服務。在此同時，也有一些視頻網站試圖找出屬於自己的市場出路。

目前OTT TV在中國大陸幾乎已經成為傳統電視的最大競爭對手，甚至超越了較早開始發展的IPTV。根據官方統計，提供OTT TV服務的網際網路電視一體機用戶，在2012年年初就已經超過了IPTV的1,350萬，三家最主要的經營業者包括了BesTV、Wasu和SMC。

至於視訊網站提供的網路影音服務，中國大陸市占率排名分居第一與第二的優酷與土豆，在2012年3月12日合併為優酷土豆股份有限公司，初期仍各自經營網站，合併後之市占率達到35%。此一合併造成搜狐、迅雷與愛奇藝等其他業者的強大競爭壓力，另一家業者風行網甚至同意讓BesTV取得過半股權，以繼續求取生路。

除了牌照的影響，主要業者的使用技術也各有特色，相較於優酷與土豆網是透過建立IDC（Internet Data Center，網路資料中心）以及購買寬頻的方式，而百視通則是採用CDN（Content Delivery Network，內容分發網路）（郝俊慧，2012/4/9），前者成本低廉，但也容易造成網路塞車，後者可以透過增加節點的方式來加速傳輸。

四、IPTV發展與現狀

　　如果是以寬頻網路傳輸影音內容，主要模式為網路協定電視IPTV，也常被簡稱為網路電視。中國大陸的主要業者都來自於電信業者，由於電信與廣電業者之間的競爭激烈，雙方都想進入對方的原有領域，加上中國大陸推動「三網融合」（Triple Play），亦即將電話、無線寬頻與網路電視服務捆綁在一起，促使了中國大陸網路電視用戶數量的快速成長（STPI科技產業資訊室，2010/3/30）。中國大陸的IPTV在2005年發出第一張牌照給上海電視台，截至2009年底，全境用戶已經達到470萬，總數在當年已經超過了韓國、美國、法國、義大利等起步較早的各個國家，成長速度驚人；到了2010年底，已經突破800萬戶（流媒體網，2011/2/17）；2011年已超過1,350萬戶（中國通信網，2012/3/23），2012年又增加到了2,300萬戶，每一年都有可觀的成長。不過中國大陸IPTV產業的成長歷程，並不是一開始就很順利，而是遭遇過一些障礙，也經過了一些轉折。

　　中國大陸網路寬頻電視IPTV服務，從2005年開始推出以來，面臨了主管機關、平台業者以及電信業者之間許多溝通與合作的問題，加上中國大陸當時的政策還不夠明確，因此用戶規模的成長速度在剛開始的前幾年，始終只能緩慢成長。不過，這樣的情況在2008年以後逐漸有了改善，因為包括政府各項利多政策的陸續發布，以及北京奧運所帶來的發展機會，都帶動了中國大陸網路電視IPTV用戶數量的快速增加，光是在2008年的成長就超過了一倍。

　　政策方面，原本模糊的官方態度在2008年1月開始明朗，中國大陸國務院轉發的《關於鼓勵數字電視產業發展若干政策的通知》正式出爐，這個通知為中國大陸的「三網融合」、IPTV的發展提供了更具開放性的政策支持基礎，也對現況帶來了極大的改變。此一通知中的一個面向是針對廣電業者進行政策的鬆綁與放行，允許其進入電信增值業務，另一個面

向則同意開啟廣電產業的門戶，讓電信業者參與建設廣電的接入網路。這項政策為過去一直處於對立與矛盾關係的廣電系統與電信系統之間，正式開啟了一條彼此可以互相競爭與交流的通道（彭心儀，2011；陳英傑，2009/9）。2010年3月中國大陸國務院又發布了《加快推進電信網、廣播電視網和互聯網三網融合的決定》，使業者開始轉變策略，以迎合政策需求（STPI科技產業資訊室，2010/3/30）。

事實上，隨著中國大陸當局鼓勵三網融合之後，提供三網融合的服務就成為產業發展策略的重點。不過，這項變化對於電信業者來說，產生的衝擊可能比較大。畢竟相較之下，擁有網路電視執照的廣播電視業者，在提供服務的範疇上擁有比較大的靈活度；相反的，電信業者在這方面就面臨了比較嚴格的監管與控制。簡單的說，廣電業者要進入電信產業的領域比較容易，主要只是提供訊號傳輸而已，技術門檻不太高；但是電信業者要進入廣電產業的領域，則有一道不容易跨越的門檻，這涉及了節目製作的專業，以及相關執照的申請必須經過廣電總局的核准。

中國大陸IPTV產業之中，早期有幾家業者特別積極，在廣播電視業者中是以「中央網視」與「上海文廣」等為主，電信等其他領域業者則以「中國電信」與「中國網通」等最為積極。目前已在上海、杭州、哈爾濱、江蘇等地方開始推展服務。「中國電信」是在2005年6月開始推展其IPTV業務，內容主要是透過與「上海文廣」合作，在包括上海、江蘇、四川、浙江、福建、黑龍江等地的二十三個城市推展服務。「中國網通」是在2005年時與香港的「電訊盈科」（PCCW）合資成立了公司，正式發展中國大陸的IPTV市場。上海文廣也於2005年11月成立中國大陸第一家經營IPTV的新媒體公司百視通，並於2011年借殼「廣電資訊」上市，被稱為廣電新媒體第一股，隔年又與中國網絡電視台（CNTV）合資成立中央集成播控總平台。

關於IPTV集成播控平台的建設與管理權，在2010年確定歸屬廣電業者，朝向「廣電播控、電信營運」的大方向發展。目前經營IPTV所需的

「網上視聽傳播許可證」是由廣電總局發給，電信業者比較難以取得。廣電總局在2012年發布43號文規定：IPTV的總平台執照由中央電視台持有，分平台的執照則由省級電視台申請。此一命令不僅把傳統電視的層級模式照搬到IPTV，也規範了IPTV執照的層級，並且將過去的廣電四級縮減為兩級。

　　整體來看，中國大陸的IPTV服務，表面上已經擴充到了主要的省分以及重要的城市，可是初期的IPTV訂戶，多數其實是集中在三個主要的區域，包含了上海市、江蘇省以及廣東省。主要的營運業者都希望能夠從2010年開始，將服務的範圍擴展至更多的省、市區域。研究者認為，在IPTV等新媒體發展的過程之中，中國大陸政府當局的後續政策，無疑的將會扮演極為重要的推動角色（STPI科技產業資訊室，2010/3/30）。

　　除了政府政策的推動，科技的持續進步也帶來了發展的新契機。中國大陸網路電視IPTV也因為光纖技術的幫助而獲得了更進一步的發展，包括了「光纖到府」（Fiber To The Home, FTTH）的普及化、網際網路的高速化，以及新技術可以播放HD等優點，再加上大部分加入此一市場的業者原本就是三網融合的業者，這些都有助於此一新興市場的進一步獲得進步與發展（中國大陸研究團隊，2007）。

　　目前中國大陸在網路電視IPTV服務上，雖然有各種不同的模式，但是各種模式仍有其缺點及問題，無法直接複製到其他地方。IPTV服務目前已擴展到中國的主要省市，但是用戶數只集中在少數幾個地區。在中國大陸的二十二個省分之中，網路電視IPTV用戶超過10萬用戶的還不到八個。如前所述，全部IPTV的用戶之中，高達56%只集中在三個地區：上海市、江蘇省以及廣東省。以目前用戶最多的上海地區來看，雖然過去上海文廣也試圖將其與當地固網業者的模式向全中國大陸複製，但是卻無法獲得成功。最主要是因為上海模式在福建、江蘇、廣東等地方都受到當地廣電業者的強烈抵制，沒有了本地的節目內容，例如在廣東就非常缺乏粵語內容和香港頻道，這麼一來，自然無法吸引用戶使用。至於另一個成功

模式——杭州模式，其成功的關鍵因素在於本地廣電網路業者與本地電信業者的願意密切合作，其間沒有政策或壁壘的障礙，形成了以有線電視數位化的名義，由廣電業者主導的IPTV發展模式（陳英傑，2009/9）。

回顧來看，中國大陸IPTV用戶在2008年能夠有倍數的成長，很大的成功關鍵在於低價的收費策略，同時還有免費增送機上盒的優惠，這樣的促銷方式對提升用戶來說，一開始當然可以獲得比較顯著的效果，但是對於業者而言，則成了實現獲利模式的一大障礙；其次，電視觀眾已經習慣一打開電視機，就可以觀看免費的電視節目，不習慣另外付費；除此之外，中國大陸普遍缺乏尊重著作權的意識，使得市場上充斥了盜版、盜錄、非法下載等行為，這些都大幅減低了觀眾對於IPTV的消費需求，使得IPTV要尋求成功的經營模式，面臨了非常大的阻力。

IPTV在有線網絡比較發達的地區，帶動了新媒體平台的市場增長，而上海等網絡基礎較好的地區，數位電視整體轉換則按計畫進行，雖然IPTV的發展快速，但是對於有線電視的發展並沒有造成衝擊，而且在高端的用戶市場中，有線電視業者也會利用雙向改造後的網絡，配合有互動功能的電視機上盒去與IPTV進行新一輪的競爭，例如東方有線在這方面就相當積極。

五、行動多媒體發展與現狀

中國大陸行動多媒體的發展以行動電視最受矚目。行動電視在中國大陸又被稱為手機電視或是手持電視，在2008年北京奧運之後，發展快速。

中國大陸的行動電話用戶數，在2012年1月突破了10億大關，其中，使用行動電話收看影音內容的用戶，在2012年已經超過1億（CNNIC, 2012）。隔年1月，行動電話用戶數又攀升到11.22億戶，透過行動電話上網的用戶也達到4.20億（CNNIC, 2013），成長頗多。

　　早在2000年，包括Nokia在內的業者，就已經開始研發行動電視的視訊傳輸技術，不過商業化應用直到最近幾年才真正展開。中國大陸的行動電話，主要有中國移動、中國電信與中國聯通三大業者。自從2009年開放3G/3.5G，用戶成長快速，三大電信業者各自擁有用戶數約為500萬、300萬以及70萬，合計將近900萬戶（王元元，2010/6/10）。易觀智庫的數據顯示，2010年中國大陸的行動電視用戶已經達到7,700萬戶，預計2013年即可上看3億用戶。不過工信部則宣稱2011年底的行動電視用戶為5,900萬戶（中國通信網，2012/3/23）。有鑑於此一市場的潛力龐大，新華社與中央電視台在2009年與2011年分別開辦行動電視台。

　　中國聯通、中國電信和中國移動在2009年共同投資寬頻，規劃2013年提供多達9,300萬條光纖或是1.55億條的「數位用戶線路」（Digital Subscriber Line, DSL）（藍瑞凱、趙嘉敏等，2010/3/4），以彌補當下的固網在中國大陸用戶只有1億的不足（換算滲透率只有24.4%）。前述用戶之中，DSL在2009年占了81.3%，約為8,100萬戶（中國信息產業網，2010/3/19）。

　　中國大陸行動電視服務的發展，主要有兩類業者提供服務（中國大陸研究團隊，2007），雙方在經營運作與技術規格上都自成陣營：

　　在經營運作的部分，第一類是獲得廣電總局核發行動電視執照的業者，到2007年9月為止的第一階段，獲得執照的廠商共有六家，分別是上海文廣、中央電視台、南方傳媒、中國國際廣播電台、中央人民廣播電台以及北京電視台；除此之外，還有北京人民廣播電台的多媒體廣播是獲得數位廣播DAB的執照。此類執照允許自辦播放和內容整合業務，除了可以透過本身的網路提供服務，也可以藉由其他平台提供節目的內容。

　　第二類是行動通訊服務業者，中國移動與中國聯通從2004年起就以串流技術提供行動電視的服務。為了因應用戶的需求以及彼此的競爭，中國移動及中國聯通都在升級行動通訊網絡基礎設施（中國大陸研究團隊，2007）。

　　技術規格部分，目前中國大陸的行動電視市場，主要有兩大技術標準在進行競逐，分別是電信業者主導，並且已經獲得中國大陸國家部門正式推薦的「地面行動多媒體廣播」（terrestrial-mobile multimedia broadcasting, T-MMB），以及廣電總局推動的「中國移動多媒體廣播」標準（China Mobile Multimedia Broadcasting, CMMB）。其中，由北京新岸線公司主導的「地面行動多媒體廣播」標準，於2008年通過了「行動電視／移動多媒體國家標準審查會議」，正式具備了中國大陸的國家推薦標準，也就是通稱的「準國標」。廣電總局於該次會議則主動放棄評選，但是卻自行將廣電系統提出的「中國移動多媒體廣播」標準作為廣電產業的標準並且進行推廣。廣電總局更大動作的在北京奧運期間，強力推廣其主導的CMMB行動電視服務以求搶進市場，試圖藉由現有的強勢地位，扳倒由電信業者主導的國家推薦標準T-MMB，從而成為中國大陸的唯一行動電視標準（陳清河，2009/12/2）。

　　為了整體推動CMMB技術規格在全境的營運，廣電總局於2008年成立「中廣衛星移動廣播有限公司」（簡稱為中廣移動）。中廣移動在2009年與中國移動簽署CMMB與第三代移動通信技術（TD-SCDMA）的合作協議。在2009年上市的TD行動電話機型，已經都普遍都裝設了CMMB的裝置。不過TD行動電話的銷量在市場上不到十分之一，對推廣是一大限制。2012年3月前述合作協議到期，有利於其他手機搭載CMMB服務。然而CMMB還有一個缺點，因為是基於廣播技術而發展形成，所以不容易設計出互動功能（張家維，2009）。

　　由於過去廣電與電信是分流管理，因此前述兩類行動電視的節目內容監理權限，原本存在著模糊的地帶，一直以來的市場觀察者都認為：廣電業者必然受到廣電總局監理，電信業者則預期會由工信部來進行監理。不過廣電總局在2010年6月8日明白表示，根據即將公布的三網融合試點方案，未來行動電視的節目監理業務將會統一都由廣電總局來負責（王思璟、徐志強，2010/6/9）。

隨著技術規格的推陳出新，中國大陸在2014年最熱門的行動電視議題，首推因為2013年底工信部發放「第四代行動通訊技術」（4G）執照。當行動電話的高速傳輸時代來臨，其速度與資費無疑也將影響行動電視的發展。

 ## 第二節　大陸數位電視與新媒體平台政策法規

　　為了迎接數位匯流，中國大陸在2013年將廣電總局與新聞出版總署合併成為「國家新聞出版廣電總局」，這不僅是為了讓部門整併以減少職責重複，更是為了統籌傳統媒體與新媒體的落實匯流，而且還希望幫助新聞出版廣播影事業的「做大做強」（敖曉波、張然，2013/3/10）。事實上，在此之前，中國大陸的地方政府已經開始落實相關部門的整併，以便統籌管理並且組建媒體集團。目前廣電與新聞主管部門雖已整併，但是廣電與電信之間的問題則尚未獲得有效解決。

一、政策討論

　　中國大陸的電視相關產業至今仍掌握在政府手中，因此對於數位電視與新媒體平台的推動，基本上也是由政府主導，透過一系列政策來推動。在推動電視數位化的部分，由於有線電視的用戶主要集中在城市，數位化的推動比較容易，因此當局希望從城市有線電視先進行，進而衛星電視，最後才是覆蓋最廣的無線電視，預計2015年將完全停止類比訊號的傳輸。至於新媒體平台，目前則積極推廣，但是同時逐步將內容產製的管理收回廣電總局的掌握，例如2011年發布的181號文件《持有互聯網電視牌照機構運營管理要求》，明確貫徹網路電視要有營運牌照，而且網路電視內容服務平台只能接入廣電總局批准設立的網路電視集成平台。此一政

策雖然有助於當局對內容的控制，但是卻不利於新媒體平台自行開發節目，因此可能限制了新媒體平台的競爭機會。

中國大陸當局的現有政策雖然順利啟動了數位電視的轉換，不過仍有許多不足之處，包括現存的因為廣電與電信等產業壁壘而造成規格無法統一的問題、偏遠與鄉村地區的基礎建設缺乏足夠的寬頻基礎，以及同產業但是不同業者之間尚未互通與統一的技術規格等（閻芳，2009）。這些問題顯示，中國大陸在數位電視與新媒體平台的政策研擬上，必須有更高層的統整與協調，現有的問題才有機會真正解套。

二、法令規章

中國大陸在電視媒體的法令規章上，主要並不是由類似於西方國家中國會的民意機關通過，甚至也不是由中國大陸的全國人民代表大會通過，只是由國務院逕行發布，例如《廣播電視管理條例》等，或是由廣電總局等主管部門發布的規則或辦法，例如《有線電視管理暫行辦法》等。

《廣播電視管理條例》反映了鮮明的意識形態與國家控管色彩，在第一條與第三條兩度強調了「社會主義」，第八條明定：「國務院廣播電視行政部門負責制定全國廣播電台、電視台的設立規劃，確定廣播電台、電視台的總量、布局和結構。」第十條與第十一條則具體規定只有中國大陸縣市以上政府才可以申請設立電視台，而且還必須經過中央批准。該條例共五十五個條文，對於廣播與電視的軟硬體等各方面，設定了層層的行政限制。

《有線電視管理暫行辦法》同樣反映了鮮明的意識形態與國家控管色彩，第一條也彰顯了社會主義，在第四條中對於申請設立有線電視台的資格，則是放寬至「機關、部隊、團體、企業事業單位」。第六條規定：申請有線電視必須經過省與中央的批准。第十條規定「必載」：

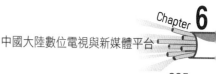
「有線電視台、有線電視站必須完整地直接接收、傳送中央電視台和地方電視台的新聞和其他重要節目」。

針對數位化的管理，只有少數為國務院等機構所發布的原則性政策，例如國務院在2008年轉發的《關於鼓勵數位電視產業發展若干政策》；其他多為廣電總局發布的一些通知或是意見等規章或文件，例如廣電總局在2011年發布的181號文件《持有互聯網電視牌照機構運營管理要求》；規章部分例如廣電總局在2004年發布的《互聯網等資訊網絡傳播視聽節目管理辦法》，以及2007年發布的《互聯網視聽節目服務管理規定》；檔部分例如2009年日發布的《關於加快廣播電視有線網路發展的若干意見》、2012年發布的《關於進一步加快有線電視網絡整合和數字化、雙向化改造工作的通知》。

由於中國大陸當局對於電視產業的關切，主要在於內容管制與硬體建設，這也反映在前述的規章產出，主要是管理規範與技術指導。未來中國大陸電視產業想要有更進一步的發展，無疑更應該思考如何從整體產業發展的高度，去針對電視內容的發展，提出策略並且落實成為法令規章，同時也要打造有利於新舊媒體公平競爭的法規環境，而不是一味把新媒體綁在現有媒體的框架之中。

 第三節　大陸數位電視與新媒體平台關鍵議題

一、整體關鍵議題

中國大陸推廣數位電視與新媒體平台的整體關鍵議題，在於硬體的進展雖然取得可觀的成績，但是在軟體方面卻無法跟上，尤其是數位化的節目內容與數位化的新型態服務嚴重短缺。其中，數位節目內容短缺的問題，在北京奧運之後變得非常明顯，因為北京奧運舉行的時候，各種賽事

的轉播還能滿足觀眾需求，但是隨著賽事結束，數位頻道上的節目立即顯得相當貧乏，主要都是播出過去類比頻道的舊節目，至於利用數位媒體的互動與即時等特性而開發的新服務，更是顯得嚴重不足。

欠缺足夠且嶄新的數位節目以及相關的數位互動服務，不只是當前積極推動電視數位化的障礙，也將是衛星與無線電視在推動數位化時，同樣會遭遇到的問題。

事實上，不只是傳統電視在推動數位化的過程中，遭遇了欠缺節目內容的問題，即使是新媒體平台，也常常因為欠缺具有獨特性的自有節目內容而難以開發用戶。目前新媒體平台上的影視節目，多數取自於類比電視頻道，或是電影，與傳統電視上的內容高度重複，當然降低了用戶對於新媒體平台的使用動機；而且相較於電視頻道多為免費收看，新媒體的視訊頻道卻必須收費，這又造成了使用門檻。這個問題對於行動電視與IPTV的進一步推廣與發展已經造成了限制。如果此一節目內容與新服務的問題無法克服，不難預見未來想要推動各種數位平台付費電視都將遭遇困難。

在此同時，由於中國大陸當局嚴格管控媒體，為了避免新媒體對於現有媒體秩序造成不必要的困擾，最近的政策一再強化原有的媒體秩序，要讓所有的新媒體都向既有媒體靠攏，於是透過牌照政策，努力把OTT TV與IPTV等新媒體都納進由傳統媒體所形成的幾個大集團。這麼做固然有利於政府的管控，但是不免也降低了新舊媒體在市場競爭中所可能帶來的創新效益，在此同時，既有媒體已經有固定的獲利模式，是否願意為了新媒體而增加額外投資以便開發新節目或是新的服務型態，也不無疑問。影響所及，可能會減緩甚至阻礙新節目內容與新服務型態的產生。

除此之外，中國大陸政治體制特殊、廣電媒體所有權都屬政府，以及媒體產業仍然有明顯的層級等特性，也造成了觀眾的需求未必能完全獲得媒體產業的重視，而媒體產業的需求又未必能完全反映到主管機關的政策思維裡。

二、個別關鍵議題

中國大陸推動數位電視的策略是城市有線電視先進行，目前大致順利。儘管城市因為有線電視比較普及與密集，有利於數位化硬體工作的推動，但是硬體完成了，不等於數位化轉換即可順利進行。例如廣電總局在2007年明確要求業者應該免費提供每戶一台機上盒，但是不少觀眾卻因為使用不便，而且沒有足夠並且具有吸引力的數位節目與新型態服務，寧可退回機上盒。除此之外，有線電視的數位化在城市先開始，前幾年雖然順利達到標準，但是當進展到鄉村必然遭到嚴重延擱。

同樣的，在無線電視數位化的部分，一樣存在城鄉差距。官方原先一直不敢明確訂定停止發送類比訊號的時間表，正是難以確定山區與偏鄉的收視戶是否可以，以及何時可以增添機上盒，或是更換成數位電視機。畢竟中國大陸城鄉差距極大，許多山區與偏鄉的收視戶未必能夠負擔這筆數位化設備的所需費用，如果要比照有線電視數位化由業者免費提供一台機上盒，總體成本頗鉅。儘管中央電視台的節目頻道都已經可以傳輸數位化訊號，並且達到理想的覆蓋成績，但是收視戶的電視機是否能來得及全面提升成可以接收數位化訊號，必將成為2020年能否停止發送無線電視類比訊號的關鍵議題。

至於新媒體平台，在IPTV的部分，如何統整電信與廣電兩個方面的立場與利益，應該是下一波要克服的重點；深入來看，廣電總局對於電信業者進入節目製作領域的排斥，固然有其輿論管制上的考量，但是卻未必有助於良性的產業競爭。除此之外，廣電總局對於IPTV的管制，基本上延續了其對待傳統電視的思維，大力維持中央與省兩級電視的控制地位，試圖牢牢的掌控IPTV從生產到收視端的管理，此一思維是否符合IPTV產業發展的利益，有待後續觀察；中央與地方廣電平台未來如何在網路上合理競爭，也考驗著主管機關的下一步政策是否具備足夠的前瞻性（王建磊，2013）。

　　針對行動電視的部分，目前最常被提及的問題無疑是技術標準，電信業者支持的T-MMB與廣電業者力挺的CMMB兩種技術標準之爭，必然會影響整個產業的發展。在軟體方面，目前包括行動電視在內的新媒體平台都欠缺足夠的專屬的影視內容，未來如何開發出創新的內容，進而開發其收視族群，並且創造更多的收益，這也攸關著行動電視的未來發展（江凌，2013）。除此之外，隨著2013年底4G執照在中國大陸的發放，如能改善高額資費的問題，並且改善智慧型手機耗電的問題（或是大幅提升電池容量），則未來透過4G等更新技術傳輸的行動電視平台，必將更加具備搶奪其他電視平台客戶的競爭實力，也可能透過4G高速上網而加速網路電視的競爭市場。

　　至於在OTT TV方面，牌照政策帶給業者的影響，除了加強原本廣電機構的競爭優勢之外，後續將如何影響市場變貌，有待觀察。另一個方興未艾的關鍵議題則是節目版權：由於OTT TV收視戶的品牌忠誠度不高，往往是根據其搜尋節目內容的有無，來決定選擇哪一家業者，而先前許多OTT TV都是靠著盜版節目來獲取利潤，近年來已經引起不少的侵權官司，多家知名的業者紛紛被捲入；影響所及，未來取得節目內容的合法版權將會進一步成為經營常態，只是這麼一來，增加的節目採購成本必然會改變業者財務結構，連帶的也會改變當前的市場生態；更何況，OTT TV的獲利模式至今仍在摸索，一旦成本上升，而獲利卻難以預期，必然會影響OTT TV的後續發展。如何讓用戶願意付費收看，顯然是OTT TV業者目前正在苦苦思索的關鍵議題。進一步來看，如果可以結合網際網路的特性，開發出可以多方對話與互動的新形態網路社群服務，將可成為OTT TV的一大競爭武器。最後，在硬體方面，OTT TV機上盒技術規格的統一，是此一階段的關鍵議題之一。

第四節　大陸數位電視與新媒體平台推動策略

　　中國大陸當局對於數位電視的整體推廣策略，基本上是從易到難，採取三步走的推動策略，第一步先進行有線電視的數位化轉換，並且從城市先展開數位化轉換，第二步是進行衛星直播電視的數位化轉換，最後才進行無線電視的數位化轉換。按照規劃，數位化轉換的最終進程是在2015年停止有線電視類比訊號的傳送，進而在2020年全面停止無線電視類比訊號的傳送。此一策略的採用，相當程度上是從產業端在硬體工程上要轉換接收設備的難易程度上加以考量，對於接收端收視戶的轉換問題則較少考量，未來如何因應收視戶中存在的城鄉差距與貧富差距所帶來的轉換障礙，有待觀察。

　　在新媒體平台的部分，基本上也是從產業端的硬體推廣來著手，IPTV透過既有的廣電與電信線纜，行動電視透過既有的電信網絡，都能很快就達成服務的普及。不過隸屬於工信部系統的IPTV與行動電視，在推動策略上，都面臨了儘管握有硬體與線纜的優勢，但是節目內容的播出與控制權卻一直被廣電總局緊緊抓在手上，因此除非能與廣電系統進一步展開合作，否則後續推動的障礙不容易排除。尤其是OTT TV出現之後，廣電總局一方面積極透過牌照策略，將OTT TV納入管理，另一方面則是巧妙利用此一發展，讓廣電系統更可以跳過電信業者的既有封閉式網絡，直接與收視戶進行互動。廣電總局將OTT TV納入體制的推動策略，果然使得OTT TV的用戶數很快就超越了推動多年的IPTV。不過電信業者也透過提供智慧型手機、頻寬升級、資費降價（甚至免月費）等策略，希望持續進行推廣，而4G的推出，也被視為是一項新的競爭武器。不過頻寬升級也引來了電視新聞報導批評「假頻寬」的熱門討論議題；至於新上路的4G，雖然受到高度期待，但是初期的昂貴資費，不免限制了其推廣的普遍性。

　　中國大陸數位電視與新媒體平台未來想要繼續發展，當前最重要的推動策略應該著重在探索用戶的需求，從而開發出新的節目內容以及新的互動式服務等服務。

　　根據調查顯示，中國大陸使用網路的族群中以18歲至24歲的年輕人居多，而傳統電視的觀眾平均年齡則高過網路族群，而且一大部分的中、老年齡層的電視觀眾根本不是網路用戶。由此可知，傳統電視與新媒體的閱聽眾間，其實存在可觀的差異（閻芳，2009）。這對於推廣數位電視與新媒體平台服務而言，都是必須思考的重要議題。因為開發新市場必須根據分眾市場的用戶特性，分別依照閱聽眾的需求，提供具有特殊性以及個人化的節目內容與互動服務，這涉及了精密的前置作業研究，往往也需要龐大的前期投資成本，這些作為，考驗著高階經理人是否具有前瞻性的思維以及果斷的決策能力。

　　包括IPTV、行動電視與OTT TV等新媒體對於使用者來講，在操作上都比傳統電視麻煩，而且還要收取額外的資費，儘管IPTV與行動電視現行的基本資費不算太昂貴，但是傳統電視卻是免費收看。就此而論，數位電視與新媒體平台如果不能根據閱聽眾特性與需求去開發新的節目內容與互動服務，絕對無法成功繼續推廣，更遑論要收取額外的收視費用。以最近幾年成長快速的OTT TV來看，其中的樂視網（Letv）是中國大陸A股截至2014年為止唯一的視頻網站，該網站在2011年年底每日到訪人數已達到1,300萬人次，但是每月平均付費用戶只有70萬人，比例仍不算高，當年的收視費為1.21億元人民幣，已高於當年廣告收入1.14億元（樂視網，2012）。

　　目前中國大陸不論是在無線電視、數位電視、行動電視、IPTV，乃至於OTT TV等數位化平台，都出現了節目內容高度重複、欠缺專屬與獨特的節目內容以及新型態服務的問題，造成了「多種數位電視與新媒體平台、共用同一套節目內容」的窘境，這也是各種平台未來要進一步推動與深化時，必須要率先克服的最大難關。

除了開發節目以推廣用戶數，並且設法提高資費收入之外，如何研究發展出符合使用者需求的新型態服務，並且結合妥善的推廣策略來幫助其普及化，也與新媒體的生存與發展密不可分。

結　語

中國大陸具有人口眾多，以及最近幾年經濟發展快速的基本特質，閱聽眾市場非常可觀，隨著新科技的持續進展，對於數位電視與新媒體平台等新型態服務的需求，必然存在著有待開發的龐大潛力。然而，此一產業的實際發展，仍然受到許多現實情況的影響與限制，必須認真面對才能設法克服。

中國大陸推動電視數位化以來，進展不小。無線電視的數位化在2006年訂定規格為DMB-T/H，中央電視台從2008年開始試播數位頻道，預計在2020年完成數位轉換。有線電視在2013年的用戶達到2.15億，其中1.52億已經成為數位用戶；目前正在推動一省一網、進而朝向全境一網的整併方向發展。IPTV用戶數在2012年超過2,300萬戶，廣電總局在2010年先規定IPTV的播出管控必須由廣電業者負責，在2012年又明確規定IPTV的總平台執照由中央電視台持有，而分平台的執照由省級電視台申請。行動電視用戶在2011年突破了5,900萬戶，透過智能行動電話觀看網絡視頻的用戶，在2012年也高達了3.72億戶（CNNIC, 2013），但是相關的技術規格目前仍未完全統一，繼續陷在T-MMB與CMMB的拉扯之中，再加上2013年發出的4G技術執照，也將改變此一產業的面貌。至於OTT TV，發展不久在用戶數上就已經超越了IPTV，更被預期將改變傳統電視產業的現況，不過由於牌照政策、節目內容經常涉及侵權、獲利與經營模式尚在摸索等因素，後續發展仍有變數。

中國大陸推動電視數位化與新媒體平台，表面上成績頗佳，但是這

其實是政府強力主導所促成，背後有不少問題，除了硬體到位，但是數位節目與新型態服務還無法配合。除此之外，中國大陸電視數位化與新媒體平台的推進，頗多是因為政府的強制規定，這其實是由主管機關給予行政指導，但是不只會因為廣電與電信分別屬於不同主管機關而產生了壁壘之分，在具體的政策內容上也不盡然可以反映或是引導產業以及閱聽眾的真正需求，因此雖然短時間內可以在硬體上獲得不錯的進展，但是卻可能會影響後續的持續發展。就此而論，中國大陸的發展經驗顯示，如何確保政策確實符合媒體產業與其閱聽眾的需求，應該是主管機關在扮演指導角色時必須嚴肅思考的課題。

 註　釋

1 本文初稿曾發表於台灣藝術大學「飆心立藝」學術研討會與《展望與探索》學術期刊。

2 中國大陸主管廣電媒體的政府部門為廣電總局，該部門在2013年與主管新聞報刊的另一部門「新聞出版總署」正式合併，新的機構改名為「國家新聞出版廣電總局」。

21世紀經濟報導（2012/3/19）。〈廣電補貼15億元　推動戶戶通〉。取自http://www.21cbh.com/HTML/2012-3-19/yONDE4XzQxMDgyOQ.html

CNNIC（2012）。《中國互聯網絡發展狀況統計報告》。中國互聯網資訊中心。

CNNIC（2013）。《中國互聯網絡發展狀況統計報告》。中國互聯網資訊中心。

STPI科技產業資訊室（2010/3/30）。〈2010年中國大陸網路電視訂戶數將成長兩倍〉。取自http://cdnet.stpi.org.tw/techroom/market/eetelecomm/2010/eetelecomm_10_008.htm

人民日報（2007/3/1）。〈廣電總局：有線電視數位化應免費配數位機上盒〉。

中國大陸研究團隊（2007）。《中國大陸行動電視服務發展現況與展望》。資策會產業研究報告。

中國信息產業網（2010/3/19）。〈移動寬帶將會在2014年成為市場主流〉。取自http://www.cnii.com.cn/20080623/ca617935.htm

中國通信網（2012/3/23）。〈工信部：去年我國IPTV用戶數超1,350萬〉。取自http://www.c114.net/news/550/a671935.html

中國新聞社（2009/3/21）。〈中國電視用戶數達三點九五億　每年快速遞增〉。

中國廣播電視電影總局（2012）。《中國廣播電影電視發展報告》。北京：作者。

王元元（2010/6/10）。〈3G開啟掌上世界盃大幕　手機媒體將借勢崛起〉。中國信息產業網。取自http://www.cnii.com.cn/yy/content/2010-06-10/content_771826.htm

王建磊（2013）。〈2102年中國IPTV發展報告〉，唐緒軍（主編）（2013），《中國新媒體發展報告》，頁350-359。北京：社會科學文獻出版社。

王思璟、徐志強（2010/6/9）。〈再下一城　廣電自曝主導手機電視播控權〉。《21世紀經濟報導》。取自http://www.21cbh.com/HTML/2010-6-9/2OMDAwMDE4MTQ2OA.html

江凌（2013）。〈2102年中國手機電視發展報告〉，唐緒軍（主編）（2013），《中國新媒體發展報告》，頁360-368。北京：社會科學文獻出版社。

何吉森（2004）。〈因應數位科技匯流之我國廣播電視政策——廣播電視法合併修正案評析〉。《科技法律透析》，16(3)：21-31。

河南法制報（2011/12/5）。〈數字電視一體機看不成數字電視　內置機頂盒成擺設〉。取自http://big5.xinhuanet.com/gate/big5/www.ha.xinhuanet.com/add/wssf/2011-12/05/content_24265427.htm

流媒體網（2010/7/1）。〈三網融合12試點城市IPTV、數字電視發展情況對比〉。取自http://iptv.lmtw.com/IView/201007/57435.html。

流媒體網（2011/2/17）。〈2011年中電信IPTV用戶將突破千萬〉。取自http://www.sarft.net/a/26865.aspx

流媒體網（2012/6/12）。〈2015年中國地面數位電視使用者數量達到4000萬〉。取自http://znzd.cena.com.cn/a/2012-06-12/133946889368726.shtml

郝俊慧（2012/4/9）。〈CNTV接受百視通IPTV集控平台〉。《IT時報》。取自http://tech.163.com/12/0409/09/7UKUKK80000915BE.html

高紅波（2013）。〈2102年中國數字電視產業發展報告〉，唐緒軍（主編）（2013），《中國新媒體發展報告》，頁341-349。北京：社會科學文獻出版社。

張家維（2009）。《中國行動電視服務發展現況》，資策會產業研究報告。

敖曉波、張然（2013/3/10）。〈新聞出版總署與廣電總局合併　增強文化整體實力〉，《京華時報》。取自http://media.people.com.cn/n/2013/0311/c40606-20741441.html。

陳英傑（2009/9）。〈從全球到中國，看IPTV發展趨勢分析〉。《電子與電腦》。

陳清河（2009/12/2）。〈行動電視釋照議題之評析〉，《國家政策研究基金會》。取自http://www.npf.org.tw/post/3/6771。

彭心儀（2011）。〈數位匯流下IPTV法規政策問題研究〉。工研院／經濟部通訊產業發展推動小組委託研究。

熊飛（2012/2/21）。〈《地面數位電視發展規劃》意見稿解讀〉。取自http://www.sarft.net/a/39617.aspx

樂視網（2012）。《2011年年報》。取自http://disclosure.szse.cn/m/finalpage/2012-03-15/60671857.PDF

劉幼琍、陳清河、王郁琦、王鴻智、徐敬官、吳佩諭、宋冠容、王正德、程明、王振濃、劉家興、陳偉玲（2004）。《世界重要國家有線電視數位化策略之比較分析暨我國有線電視全面數位化可行策略研析》。行政院新聞局有線廣播電視事業發展基金委託之專題研究報告。

劉幼琍、谷玲玲、賴祥蔚（2010）。《歐美日中韓重要數位影音服務商之營運模式分析及新興通路研究報告》。經濟部工業局委託研究計畫。

賴祥蔚（2005）。《媒體發展與國家政策》。台北：五南圖書公司。

賴祥蔚（2011）。〈日本移動影音的商業模式探析〉，《武漢理工大學（社會科學版）》，24(2)：190-196。

闆芳（2009）。〈IPTV的改革衝動：遭遇瓶頸亟需激發盈利潛力〉，人民網。取自http://media.people.com.cn/GB/22114/46419/162351/9650892.html

藍瑞凱、趙嘉敏等（2010/3/4）。〈中國寬帶現狀調查：投資過盛 應用不足〉。中國通信網。取自http://market.c114.net/178/a485560.html

Applegate, L. M. (2001). Emerging e-business model: Lessons from the field. HBS No.9-801-172, Harvard Business School, Boston.

Entman, R. M., & Wildman, S. S. (1992). Reconciling economic and non-economic perspectives on media policy: Transcending the marketplace of ideas. *Journal of Communication, 42*(1), 5-19.

Timmers, P. (1998). Business Models for Electronic Markets. *Electronic Markets, 8*(3), 3-8.

Chapter 7

我國數位電視與
新媒體平台政策篇

劉幼琍　國立政治大學廣播電視學系教授
陳彥龍　長榮大學大眾傳播學系助理教授

我國家庭戶數與電視戶數相關基本資料

總人口數	2,337萬3,517人（2013年12月）
總家戶數	828萬6,260戶（2013年12月）
國內生產毛額（名目GDP）	475.3億美元（2012年12月）
電視家庭戶數	812萬6,671戶（2012年12月）
寬頻普及率	家戶寬頻普及率79.9%（2012年）
無線電視普及率	電波涵蓋率96.77%（2012年）
直播衛星電視訂戶數	約4萬戶（2013年）
類比有線電視訂戶數	271萬28戶（2013年12月）
數位有線電視訂戶數及普及率	227萬5,194戶（2013年12月） 45.64%
有線電視總訂戶數及普及率	498萬5,222戶，占全國總家戶數60.16% （2013年12月）
IPTV訂戶數及普及率	124萬3,128戶，普及率15.29%（2013年9月）
OTT TV使用人數	使用人數972.5萬，占全體網路使用者82.7%（2012年6月）
媒體產值	無線電視新台幣95.53億元，衛星電視244.46億元，有線電視326.69億元，中華電信MOD為20.16億（2011年）
廣告分配	五大媒體（電視、報紙、雜誌、廣播、網路）總廣告量新台幣571.66億元，無線電視廣告38.9億元、有線電視廣告（含衛星頻道）209.93億元（2013年12月）

資料來源：主計總處、內政部、資策會、NCC。

 前　言

　　我國無線電視的發展在類比時代的技術是採取美規NTSC的標準。到了數位時代，本來欲繼續採用美規ATSC的技術，後來因為廣電業者發現歐規的標準DVB-T可以在行動／移動中接收，得以開發無線電視新市場，並且可建置單頻網，讓全台使用同一個頻率不會相互干擾，而希望改採歐規。我國為了不得罪美方，交通部乃表示對數位電視的標準採取

「技術中立」的態度。廣電業者也因此順勢改採歐規的標準。

　　我國對於數位電視的轉換及關掉類比電視的時程在前面的階段有不少作法參考美國，例如訂定關掉類比訊號的時程及規定新生產的電視機必須內建能接收數位電視訊號的裝置。我國早期亦步亦趨地追隨美國的進度。美國首先定於2006年關掉類比訊號，後來延至2008年，又延至2009年2月，最後是於該年6月關掉類比訊號。我國的進度也是一再延遲，最後終於在2012年6月底完成數位轉換。不過，在數位機上盒的補助方案方面，我國並未採取美國贈送每個家庭兩張40元美金數位機上盒抵用券的作法，而只補助低收入用戶數位機上盒。

　　我國國家通訊傳播委員會（簡稱通傳會或NCC）於2006年2月成立後，有關數位電視的頻譜規劃、輔導發展與法規監理分由交通部、新聞局（2012年5月20日後改為文化部）及NCC等不同政府單位掌管，因此對於接下來的數位電視發展政策必須密切協調。綜觀世界各國數位無線電視政策多半都有明確關掉類比訊號的時間表，但是對於數位有線電視多半讓業者自行發展，只有中國大陸是採取積極推動的角色。我國在通傳會成立後的第一屆委員任內[1]，雖曾定下數位有線電視發展的時間表，但是由於當時的政治環境，有線電視業者雖然多家業者面臨換照，也多半虛應故事，並未積極推動，以致我國比起亞洲發達國家，相對落後很多。近年來，通傳會運用政策與費率審查方式督促業者數位化，截至2013年底已發展至四成五左右。在新媒體方面，我國政府並未有任何政策鼓勵新媒體平台的發展，反而中華電信的MOD服務因為擁有交通部股份而多方受限。本章先從數位電視與新媒體平台的發展出發，再分析與檢討我國數位電視與新媒體平台之政策。

第一節　我國數位電視與新媒體平台發展與現狀

一、數位無線電視發展與現狀

我國電視事業自1962年台視開播迄今已半世紀，台視、中視、華視均成立於戒嚴時期，之後政府二十餘年未開放無線電視申設，形成三台寡占的官控商營體制。1997年6月第四家無線電視台民視開播，隔年7月位於內湖的公視開播，開啟我國商業與公共並存之雙元廣電體系。

我國數位電視之發展最早於1992年由經濟部設立「高畫質視訊工業發展推動小組」，來負責研發數位電視（DTV）及高畫質電視（HDTV）。1998年4月，交通部公告我國數位電視採用美規（ATSC）傳輸標準，並指配五組UHF頻道（每家電視台各指配兩個6 MHz頻率）供五家無線業者發展數位電視之用。後因歐規（Digital Video Broadcasting Terrestrial, DVB-T）之傳輸規格具行動接收、抗多路徑干擾、易於建立單頻網路及改善收視不良等優點。順應業界需求，決定改採技術中立原則，我國「數位電視地面廣播傳輸標準」最後改採歐規（DVB-T），各家電視台仍以6 MHz頻率，先行播送三套標準畫質電視（Standard Definition Television, SDTV）節目（業界稱之為「第一單頻網」，NCC後改稱為第一梯次數位無線電視），類比節目訊號仍維持同步放送。至2004年7月，五家無線數位電視台以多頻道節目正式營運播出。為執行高畫質電視試播計畫，NCC先指配第30頻道（頻率566-572 MHz）供公視使用，2008年5月，台灣第一個免付費的高畫質頻道，公視HiHD正式試播。

我國最早曾提出2006年底數位轉換的目標，但是歷經多次延宕，2011年底，我國數位無線電視訊號涵蓋率已達96.65%（國家通訊傳播委員會，2012/8），最終在2012年6月底前，分四階段關閉中部、東部含離島、南部和北部的無線電視類比訊號。數位轉換後，NCC同時核發公視HiHD與無線四台高畫質頻道營運執照，民眾能透過家中高畫質電視觀賞

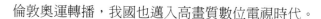

倫敦奧運轉播，我國也邁入高畫質數位電視時代。

從政治面分析，為落實社會對政黨、政府、軍方退出三台之訴求，2003年12月立法院修訂廣電三法，將政府、政黨不得經營媒體與一股均不得持有之原則，擴及所有廣電媒體之結構規範。現階段台視已完成民營化，國民黨亦退出中視經營，華視則成為「公共化無線電視事業」，與公視共組「台灣公共廣播電視集團」（Taiwan Broadcasting System），並維持商業運作。

在經濟面，無線電視為免費收視，業者之收入主要以廣告為主。根據有線廣播電視法，系統經營者應同時轉播依法設立無線電視電台之節目及廣告，當系統經營者為前項轉播時，免付費用，不構成侵害著作權（亦稱為「必載規定」）。從台灣民眾收視情況觀察，有線電視合法化初期，無線電視的收視人口，1994年尚占所有電視收視人口的73%，2002年則驟降至35%（陳炳宏、鄭麗琪，2003）。其中我國公視受限於「彌補商業電視不足」之定位，規模影響力不若歐陸國家公視，難以肩負影視產業領頭羊之角色。而從廣告市場觀察，我國無線電視廣告總營收自2001年起走下坡，網路廣告則快速竄升（**表7-1**）。

表7-1 台灣六大媒體廣告營收量變化表（2003-2012年） 單位：億元

年度	無線電視	有線電視	報紙	廣播	雜誌	網路
2003	87.9	160.0	150.0	26.2	75.6	16.2
2004	86.3	185.6	159.0	28.8	83.1	19.6
2005	83.7	187.5	157.1	29.7	86.7	29.4
2006	79.5	176.2	144.5	33.0	79.0	35.8
2007	78.7	165.6	134.4	31.3	71.6	47.9
2008	83.4	163.9	108.9	31.9	67.2	57.8
2009	48.31	172.49	101.32	40.03	60.51	69.92
2010	54.83	206.13	119.56	44.83	67.77	85.51
2011	52.50	212.31	107.60	40.35	69.46	102.61
2012	40.95	203.82	95.98	36.32	65.29	114.92

資料來源：2003-2008年數據引自莊春發（2009/12/24）；2009-2012年數據引自《動腦雜誌》419期、443期。

　　無線電視事業所使用的無線電波,具有準公共財特徵,因此類比時期的無線電視業者,不僅提供免費收視,尚需負擔一定程度的公共服務義務。無線電視業者邁向數位化之後,通傳產業結構與市場丕變。面對產業升級與新平台競爭,無線電視業者必須跳脫舊思維,開創內容與服務應用的新模式。美國早期亦有必載無線電視頻道的規定(Must Carry Rule),後來已經改為「再傳輸同意權」(Retransmission Consent),亦即有線電視必須與無線電視協商,得到同意後才可播出,例如交換條件或付費給無線台等。台灣的無線電視數位化後採多頻道經營,未來有關「必載」的規定,已需重新檢討。

二、數位有線電視之發展與現況

　　我國有線電視事業歷經共同天線、第四台、播送系統、有線電視系統等歷史階段,市場變化甚大。1993年有線電視合法化之初,新聞局將有線電視系統經營地區,依據行政區界線劃分為51區(台灣本島48區,離島3區)。我國本來想參考美國有線電視早期經驗,一區只有一家經營,後來立法院為了讓本國第四台業者增加合法經營的機會,乃通過「有線電視在同一地區以五家經營為限」的法條(劉幼琍,1994)。

　　有線電視產業具備資本集中與技術集中的特徵,在規模經濟(Economies of Scale)與範疇經濟(Economies of Scope)運作之下,會走向自然獨占的發展趨勢。因此我國有線電視發展也出現業者以水平整合(Horizontal Integration)方式,跨區擁有兩家以上的有線電視系統的現象,形成所謂的「多系統經營者」(Multiple System Operator, MSO),也造就我國有線電視發展之特殊現象,例如:高獲利誘發外國私募資金介入、系統業者垂直或水平進行整合、頻道上下架不公、頻道商聯賣,以及費率採成批定價(吃到飽模式)等問題。1999年有線廣播電視修法,改以水平及垂直的經營上限,取代一區最多五家有線電視系統的限制。

表7-2　我國有線電視系統家數、訂戶數及占有率（2013年第三季）

集團	凱擘	中嘉	台灣寬頻	台固媒體	台灣數位光訊	其他（播送）系統	總計
家數	12	10	4	5	4	24（3）	62
訂戶數	1,045,483	1,130,438	697,001	494,052	295,596	1,318,190	4,980,760
占有率	20.99%	22.70%	13.99%	9.92%	5.93%	26.47%	100%

資料來源：國家通訊傳播委員會（2013/11/4）。

　　歷經二十年的所有權移轉與整合，我國有線電視業者至2013年9月為止有62家（其中包括有線廣播電視系統經營者59家、有線電視節目播送系統3家）。根據NCC統計，2013年第三季我國五大MSO依訂戶數規模依序為：凱擘集團（計12家）、中嘉集團（計10家）、台灣寬頻集團（計4家）、台固媒體（計5家）、台灣數位光訊集團（計4家），其他系統（含3家播送系統）業者計27家。而這五大MSO所擁有的35家系統經營者，就占了全國總收視戶的73.53%（**表7-2**）（國家通訊傳播委員會，2013/11/4）。

　　有線電視的數位化，必須從頭端機房到用戶終端接收器（數位機上盒）都要鋪設，才能完成數位化建置。為因應數位匯流趨勢，業者需投重資鋪設寬頻光纖同軸混合電纜（Hybrid Fiber Coaxial, HFC），從早期僅傳送四十多頻道的450 MHz，至可傳送上百個頻道的750 MHz，甚至是更快速的光纖網路。數位化建設所費不貲，互動與電信加值服務的商業模式卻未臻成熟，致使有線電視業者推動數位化態度保守且觀望。至2010年底，數位服務普及率仍未達一成，僅有7.7%。在NCC以多種政策推動下，2013年第四季則達45.64%。根據NCC的統計數字，全國有線電視訂戶普及率是六成左右（**表7-3**），但是一般市調或主計總處的調查數字皆顯示我國的有線電視訂戶皆為八成左右。

　　匯流時代的多媒體視訊平台服務競爭，已讓有線電視業者面臨訂戶「剪線」（Cord-Cutting）現象的嚴峻考驗。從**表7-3**來看，我國有線電視

表7-3　我國有線電視概況（2007-2013年）

	全國總戶數 （內政部）	全國有線電視 總訂戶數	家戶 普及率	數位機上盒 戶數	數位服務 普及率
2007年	751萬2,450	468萬5,872	62.37%	19萬317	4.06%
2008年	765萬5,772	488萬5,309	63.81%	19萬8,583	4.06%
2009年	780萬5,834	498萬251	63.80%	25萬6,727	5.15%
2010年	793萬7,024	508萬4,491	64.06%	39萬1,462	7.7%
2011年	805萬7,761	506萬1,737	62.82%	57萬727	11.28%
2012年	818萬6,462	498萬9,155	60.94%	104萬9,321	21.03%
2013年	828萬6,260	498萬5,222	60.16%	227萬5,194	45.64%

資料來源：NCC，本研究整理。

全國總訂戶數自2011年起逐年下滑，訂戶流失。有線電視業者2010年起逐步配合NCC「有線廣播電視數位化實驗區行政計畫」、「有線電視數位化亮點區」等舉措，來加速有線電視數位化腳步。在推動政策法令上，除了政策目標要在2014年底達成有線電視全面數位化之外，2012年7月NCC亦正式公告開放跨區經營，有線電視經營地區以直轄市、縣（市）為最小經營範圍，從51區調整成為22區。然而我國有線電視的最大競爭對手，還是對準中華電信MOD。因此數位化後的分組付費模式、必載條款、頻道上下架機制的建立，都必須同步研議。

三、IPTV發展與現狀

　　數位匯流後，電信與資訊業均得以跨足視訊內容產業提供創新服務，由電信商提供的IPTV（Internet Protocol TV）服務快速崛起後，直接威脅有線電視業者。國內主要IPTV業者為中華電信MOD（Multimedia On Demand），屬全區經營，區域的業者則有台中威達的Vee TV，經濟規模有限。

　　中華電信因為交通部擁有其股份，自2003年11月推出MOD以來，就

受限於黨政軍條款而蟄伏四年。2007年11月15日，NCC審核通過中華電信公司「多媒體內容傳輸平台服務」營業規章（含各業者作業規定）、服務契約及服務資費，自此MOD服務被改造成與有線電視相異的平台，而成為「多媒體內容傳輸平台」。至2013年為止，交通部仍持有中華電信35%左右之股份，即便有修黨政軍條款的草案，也因開放幅度不大而無法解套，因此仍不得自製與委製內容。倫敦奧運結束後，中華電信MOD用戶數雖累積至116萬，但成長量不若內部預期（鍾惠玲，2012/8/31），主要原因包括有線電視業者抵制，主流頻道未能上架，必載條款未有適用，以及內容未能吸引消費者等因素。

威達原為有線電視業者，跨入電信產業分別取得台中市市內網路業務執照，以及無線寬頻接取之南區執照。2008年5月威達再取得「多媒體內容傳輸平台」營運執照，其服務取名為Vee TV。隨後公司更名為「威達雲端電訊」，意在整合語音（市話）、數據（固網）、行動（無線寬頻）、影音（有線電視）四合一之匯流服務（林道燊，2011/3）。2010年10月26日威達將Vee TV提升為「多螢一雲」服務，2013年5月並獲NCC核准跨區經營，有線電視經營區從原來的「台中大里」區，擴增為全台中市及南投縣，但因威達是區域性的服務，無法像中華電信MOD一樣以全國為經營區發展。

四、行動多媒體發展與現狀

我國行動多媒體之發展並不順利。2006年2月NCC成立之後，對該項業務之發展採技術中立原則，於8月辦理「手持式電視實驗性試播計畫」。同年10月，通傳會正式核定北區三張、南區二張的試播執照，其中北區歐規DVB-H系統由公視團隊和中視資訊團隊入選；北區美規MediaFLO系統為高通團隊；南區DVB-H系統為中華聯網團隊與動視團隊，形成兩大技術陣營。該試播期限至2007年底，公視依約結束，其餘團

隊則申請延長至2008年6月。

　　NCC曾經表示將於2007年底公布行動多媒體釋照方案。由於有委員強力表示國外尚未見到成功經營模式而抱持反對態度。2008年1月底NCC有兩位委員在委員會中提案，希望提出行動多媒體政策方案聽外界意見，經過辯論表決通過將該案對外公聽。該年2月公聽會舉辦完後未有新的進展。2008年6月最後一家業者試播結束，NCC仍未有任何具體政策。2010年初，行政院核定交通部「第二梯次數位無線電視頻率開放計畫方案」釋出兩張行動多媒體執照，之後交由NCC執行釋照，但是到了8月，正值NCC新舊委員交替，再加上NCC釋照規劃趨向審慎，行動電視釋照再度延後（蘇文彬，2010/7/23）。由於政策一再拖延，行動多媒體的試播團隊等不到釋照方案早已解散，主導行動多媒體技術發展的高通與崴嘉也退出市場，NCC最後只好暫緩甚至研擬不釋照（林淑惠，2011/2/18）。2012年以降，NCC所公告之「第二梯次數位無線電視釋照規劃」，已未見行動多媒體執照釋出規劃。

五、新興媒體平台發展與現狀

　　Web TV使用網際網路傳輸節目內容。由於多半採取免費收視模式，全球網路用戶皆可接取，加上個人電腦、智慧型手機、平板電腦等各式終端皆可連網之方便性，使Web TV躍然成為各國新興視訊媒體平台要角。

　　Web TV具有跨國傳輸性質，不需機上盒就可在電腦收看，近年因中國大陸大力推展網際網路，致使華文市場網路視頻競爭加劇，對我國年輕觀眾的文化認同產生衝擊，是我國Web TV發展一大隱憂。近年Web TV之發展已結合機上盒或電視機裝置，成為OTT TV（over-the-top TV）服務模式。

　　我國新興媒體平台如OTT TV，即是透過寬頻網路將數位影音內容傳送到收視者所使用的各種連網終端的一種服務（Banerjee, Alleman &

Rappoport, 2012; Burke, 2011；李學文，2010）。我國OTT TV產業在2010年起逐漸發展，尚在萌芽階段，參與的業者可以概略分為：(1)網路業者（Network operators），如電信業者、有線電視業者；(2)ISP業者，如中華聯網寬頻（5TV）；(3)內容整合者（Content aggregator），如壹傳媒（壹網樂）；(4)電信與其他業者合資，如中華電信和HTC、KT和Skylife；(5)機上盒提供業者以及電視製造商，如地壹創媒（ZINTV）、Samsung的Smart TV（曾瀚葦、李建勳，2011）。

　　上述我國境內OTT業者尚未如國外的OTT TV業者般發展快速及獲利，其中以壹網樂最具規模，然而壹網樂已經於2012年10月底結束其業務（劉幼琍，2013b）。

 ## 第二節　我國數位電視與新媒體平台政策

　　我國數位電視之推動，係由行政院「國家資訊通信發展推動小組」（National Information and Communications Initiative Committee, NICI）負責統籌與協調，涉及的部會分工包括經濟部、新聞局、文化部、NCC等行政與獨立機關，相關業者協會與公共電視也扮演重要角色。

　　無線電視所使用頻譜具公益性，又涵蓋公共廣電，加上免費收視，收視權益與公民傳播權緊密相繫，因此我國數位電視政策與國家補助，優先並集中在無線電視事業。回顧我國數位電視政策，最早見於1997年、2000年、2003年行政院新聞局《廣播電視白皮書》。其中無線電視的數位化歷程，經確立標準、轉播站興建、全區試播、數位轉換等階段，歷時十餘載；而有線電視之數位化，則自2010年加快腳步，透過政策手段，目標於2014年完成全面數位化。整體來看，我國數位電視之發展受到全球化國際趨勢與技術標準所引導，另一方面面對台灣政治經濟社會脈絡與媒體的生態，發展時也面臨很多挑戰。

一、政策討論

2010年末,行政院正式核定「數位匯流發展方案」(行政院,2010/12),方案中界定所謂的「數位匯流」,在技術匯流層面上指的是電信、廣播電視及網際網路整合與IP化的趨勢,透過單一平台可提供相同的語音、數據與影音內容等應用服務。「數位匯流發展方案」以行政院為最高層級,透過所屬機構與部會之分工,扎根資通基礎建設,提升高速寬頻網路(含有線、無線)之普及,促進通訊傳播市場之競爭,完成通訊傳播法規之整併匯流,帶動數位匯流產業整體發展。經過一年多的討論修訂,行政院於2012年發布修正版,預計2015年達成九項指標(行政院,2012/5):

1.2013年100 Mbps寬頻網路全面到家戶。

2.2014年有線電視全面數位化。

3.2015年光纖用戶數達720萬戶。

4.2015年無線寬頻網路帳號數達1,100萬戶。

5.2015年新興視訊服務用戶普及率可達50%。

6.2015年新製全類別電視節目達35,372個小時、高畫質節目達5,383個小時。

7.2015年每家無線電視台至少應有一個可播放高畫質節目之頻道。

8.2015年可接取高畫質電視頻道總數達74個。

9.2014年6月數位匯流法規架構調整通過立法。

2011年,交通部提出「數位電視發展藍圖」針對各類數位電視業務,包括數位無線電視、行動多媒體、數位有線電視及網路電視等提出推動策略,並帶動文化創意產業發展。藍圖之重點,一方面規劃2012年7月完成無線電視數位轉換,讓民眾經由無線數位電視收看倫敦奧運高畫質節目;另一方面,有線電視數位化之關鍵則是引進競爭及解除法令限制;

再者，藍圖也強調Web TV具有建置容易、互動性高等優點，且法令限制少、具跨國傳輸能力，極具發展潛力；最後，因「內容」為電視發展之核心，藍圖亦提出資金募集、人才培育等政策建議，以發展高畫質數位內容（交通部，2011/5/4）。

根據統計，新聞局自2006年開始補助製作高畫質電視節目，至2011年底計已補助169件節目企劃案，總集數1,746集，總時數達1,532小時，六年來共補助9.66億元，業者相對投資約為40.54億元（文化部，2012/10）。文化部成立後，2012與2013兩個年度亦陸續公告高畫質電視節目徵選辦法，含旗艦型連續劇類、紀錄片、兒童少年節目、電視電影、一般型連續劇等，共計補助3億7,770萬元。

我國數位電視產業之推動，係針對國民主要收視的無線電視與有線電視為目標，無線電視數位轉換後的頻譜再利用亦是重點。以下就無線電視與有線電視的數位化之政策沿革，以及第二梯次數位無線電視釋照規劃進行分析。

(一)無線電視數位化政策

回顧我國數位電視之政策，可回溯到1991年11月，行政院核定「高畫質視訊工業發展方案」，由經濟部成立高畫質視訊工業發展推動小組，來負責推展高畫質視訊工業。由於高畫質電視與傳統電視於規格、架構及差異成本太大，考量市場因素，我國乃依據世界先進國之例，先發展市場接受度較高的數位電視（DTV），再逐步推動高畫質電視（行政院新聞局，2000）。

世紀之交，推動數位電視產業的主管機構行政院新聞局於1997年首度發表《廣播電視白皮書》，明確以無線電視數位化作為政府廣電政策（行政院新聞局，1997）。同年11月行政院NII小組召開「數位電視廣播發展推動會議」，規劃於1999年啟動數位電視試播，2006年底若普及率達85%，即全面停止類比電視訊號播送。2000年新聞局再度發表《廣播電視

白皮書》，為鼓勵業者發展數位電視，新聞局編列相關預算外加關稅抵減等優惠措施，例如：延長「民營影視事業購置設備或技術適用投資抵減辦法」適用年限、調降部分影視專業器材進口關稅、修訂「海關進口稅則」等舉措（行政院新聞局，2000）。

在數位無線電視標準方面，2000年五家無線電視台決定改採歐規（DVB-T），並以標準畫質電視（SDTV）為主要發展方向。無線五台更透過「中華民國電視學會」建請交通部在不改變原訂6 MHz頻寬下，變更我國地面數位廣播傳輸標準為歐規傳輸標準。經濟部與交通部隨後順應業者需求，2001年6月公告技術中立原則並同意其申請改用歐規試播。為配合政府無線電視數位化政策，五家無線電台組成的中華民國電視學會，2001年起先著手實施「數位電視全區節目播映二年計畫」，由無線五台認養興建七座數位發射站，共同完成環島一個數位頻道，並於2003年4月18日，完成全區試播（中華民國電視學會，2000/11/29）。惟商業無線電視台於此刻，也面臨營收快速下降乃至虧損之營運衝擊，對數位發射站之建置與投資態度轉趨保守。

無線電視使用的頻譜具有準公共財性質，為提升全民普及收視目標，各國多以公共經費投注無線電視之數位化發展，我國亦然。為積極提升訊號涵蓋率，行政院於2002年5月31日核定「挑戰2008：國家發展重點計畫」（2002-2007）。其中「數位台灣（e-Taiwan）計畫」下之「數位娛樂計畫」子計畫，即以類似專案方式，以「國家補助」（State Aid）委託公共電視，逐年分區建設數位廣播電視傳輸平台，建構全島數位傳輸網，此即「建構台灣數位無線電視共同傳輸平台計畫」。立法院隨後通過預算，以五年（2003-2007）為期，由公視擔負籌建與推動單位，完成數位化的硬體設施，包括硬體器材數位化、全台UHF發射網，以及共同鐵塔等設備，目標在串連無線五台數位轉播發射鐵塔，架構全島數位無線電視第一單頻網之轉播基礎網絡（行政院新聞局，2003）。

2004年8月新聞局公布「無線電視發展方案」（行政院新聞局，

2004/8/27），並依循歐美先進國家作法，規劃數位電視導入時程及配套
措施，並研擬「數位無線電視發展條例草案」，主要內容在於宣示數位電
視導入時程、實施投資抵減及調降貨物稅等租稅優惠方案、數位人才培
育、優質數位節目製作之相關獎勵及低收入戶購置數位接收器之補助等
（行政院新聞局，2004/11/11）。時任新聞局局長林佳龍隨即預告2006年
前全面回收類比訊號傳送，並宣布於2010年完成「全面數位化」目標。然
因新聞局主政期間，共同傳輸平台之主月台及改善站建設不斷受阻，加上
配套之廣電法修正草案與數位無線電視發展條例草案未如期立法，功虧一
簣。原定收回類比電視頻道與全面數位化之時程也因此延宕。無線電視共
同營運平台最後也未能成立，加上各台新製節目不足，不斷重播陳年節
目，錯失吸引全國觀眾目光的機會。

　　NCC於2006年7月曾經成立數位電視工作小組討論第二梯次數位無線
電視釋照方案，與無線電視業者針對數位無線電視執照的發放方式跟張數
交換意見。NCC發現之前政府所額外發給無線電視業者兩個6 MHz，其中
一個6 MHz應加以收回，一方面歐規的單頻網（Single-Frequency Network,
SFN）沒有鄰頻干擾問題，另一方面相關文件也顯示這從來不是屬於業者
的，因此NCC請業者繳回五個頻道，並同步研議開放行動多媒體執照，
規劃使用的頻段為CH35、CH36，並對700 MHz頻段釋出方式進行評估，
通稱「5加2」方案。

　　NCC在2007年5月曾舉辦第一次第二梯次數位電視發照的公聽會，
計畫發出四張各6 MHz的執照，第二階段則計畫發出一張的12 MHz的執
照，執照發放方式採審查加拍賣方式。開放對象為符合法律規定者均可提
出申請，但是既有五家無線電視業者申請新的電視執照則限經營高畫質電
視（High Definition Television, HDTV）頻道，而新進業者頻道經營方式則
不設限。

　　2008年12月交通部也舉辦了一場公聽會，2009年12月行政院核定通
過交通部的建議，即發出五張數位電視執照及兩張行動電視的執照之規

劃。2009年底，NCC正式承接「類比無線電視頻道收回計畫」，並研擬「無線電視數位轉換計畫」。經馬英九總統宣布2012年為「高畫質數位電視元年」後，終於定於2012年6月30日關閉無線電視類比訊號，完成無線電視全面數位化。

至於第二梯次數位無線電視執照的發放，NCC乃於2012年重新提出「第二梯次數位無線電視釋照規劃」草案，擬分階段進行釋照：第一階段最多釋出兩張民營電視執照（每張為6 MHz），採實質審查加拍賣制，有效期限九年。其中技術要求採歐規DVB-T2以上標準，內容規劃所有播出時段皆播出高畫質（HD）節目，但限制既有無線電視業者不得申請。參與競標家數若少於一家，依「N-1」釋照的遊戲規則，將取消釋照。至於第二階段釋照，NCC將視無線電視產業營運情況後再決定釋照張數與時機（國家通訊傳播委員會，2012/3）。

2013年NCC再度修正並重新召開「第二梯次數位無線電視釋照規劃」公聽會，不再限制既有無線電視業者申請，第一階段最多兩張民營執照，同樣依「N-1」原則，惟每張核配之頻寬增為12 MHz（兩個頻道），其中CH36與CH37頻道合併為「執照A」，CH38與CH39頻道合併為一張執照為「執照B」。NCC也新增規定，得標者應至少採DVB-T2技術於一個頻道（6 MHz）上。另一方面針對既有五家無線業者，NCC也一併給予第一梯次數位無線電視鄰頻之頻率（CH25、CH27、CH29、CH31、CH33、CH35），讓既有無線台業者自行選擇是否暫時借用，並採DVB-T2技術播送，待國家設定完成技術轉換時間點，完成DVB-T2轉換後，再繳回第一梯次數位無線電視所使用DVB-T技術之頻率（國家通訊傳播委員會，2013/2）。不過，因為後來傳出有若干頻率可能會有干擾之疑慮及無線電視業者意願不高的情形而暫時停止。

(二)有線電視數位化政策

　　我國有線電視數位化採用歐規（DVB-C）技術標準，雖擁有全世界高普及率，數位化速度卻相當緩慢。2007年7月，第一屆NCC委員曾研議「促進有線電視數位化發展策略方案」草案，並召開公聽會（國家通訊傳播委員會，2007/7/18），擬以行政區分成：重點都會區（2011年底前）、其他較具經濟效益地區（2012年底前）、偏遠及離島地區（2013年底前），三階段分成5%、15%、45%、75%及100%推動數位化完成比率。該草案除了提及頭端數位化與網路升級以外，在數位機上盒方面，促請有線電視業者至少免費借用訂戶第一台數位機上盒。第二台以上機上盒由業者依規格及成本研擬合理收費規劃，惟訂戶若加購付費頻道或任一項加值服務者，應免費借用。第二台以上機上盒採押借、租用或買斷之價格，應依台數成倍數遞減。由於有線電視業者認為NCC的方案並無法律基礎，所以並未積極配合，該草案僅成為NCC的規劃目標。乃至2010年初我國有線電視數位機上盒的鋪設都未及一成。

　　2010年2月，第二屆NCC公告「有線廣播電視數位化實驗區行政計畫」（簡稱實驗區計畫），以鼓勵有線電視業者主動提出數位服務實驗區規劃。計畫內容主要延續第一屆前揭策略方案，重點在技術規範要求及消費者權益之保護，包含：頭端數位化、網路升級、機上盒鋪設、數位轉換期間具體作法等原則。然而關鍵之一還是數位機上盒如何租用或免費提供。NCC希望業者能免費提供每戶兩台數位機上盒，第三台押借之政策，讓既有類比頻道全部平移至數位頻道，且業者不得針對數位電視用戶收取較高的費用。然此計畫未強制業者遵行，推出後僅有少數業者如雲林縣北港（獨立系統）、佳聯（台灣數位光訊）及台南的新永安（獨立系統）提出申請。實驗區計畫歷經第三、四屆NCC委員會修訂調整，爰整理成**表7-4**以茲對照。

　　為擴大有線電視數位化後之經濟規模，2012年7月NCC公告「有線

表7-4　NCC有線電視數位化發展策略方案與實驗區計畫對照表

數位化策略	促進有線電視數位化發展策略方案草案（討論期2007/8/22-2007/9/21）	有線電視數位化實驗區行政計畫（2010/2/3首次公告）	有線電視數位化實驗區行政計畫（2013/5/10修正）
頭端數位化	獨立系統業者至少一個數位頭端；多系統經營者（MSOs）於全國對其經營區應建設兩個數位頭端，以達相互備援	各系統經營者自行建設一個；系統經營者間，若以共構或合作方式，提供共同數位節目信號或加值應用服務來源時，為避免不可抗力因素造成收視權益受損，應提供雙套備援機制	系統經營者間，若以共構或合作方式，提供共同數位節目信號或加值應用服務來源時，仍須透過現行各經營區頭端與網路路由架構，並自行組合各地方公益、藝文、社教性節目、經核准之頻道及加密保護措施等以釐清相關責任後，再行提供予訂戶
網路升級	乙太網路100 MBps光纖到府，或HFC頻寬達750 MHz以上	乙太網路100 MBps光纖到府，或HFC頻寬達750 MHz以上	乙太網路100 MBps光纖到府，或HFC頻寬達750 MHz以上
機上盒鋪設	免費借用第一台。第二台以上採押借、租用或買斷	以免費借用兩台數位機上盒為原則。第三台以上採押借、租用或買斷	以訂戶實需，免費借用一台至兩台，第三台以上採押借
完成時程	以行政區分三階段推動，2013年底完成全區數位化	未規定（數位匯流方案原版為2014年50%數位化）	未規定（數位匯流方案上修版為2014年100%數位化）
數位轉換	每一光節點內之數位訂戶達95%作為全數位化切換條件	以光節點內訂戶達80%作為數位化切換比率之原則	光節點或放大器內訂戶達60%作為數位化切換比率之原則
基本頻道費率	應訂定數位化基本頻道費率	應與原有類比信號之基本頻道收視費用相同	應與原有類比信號之基本頻道收視費用相同

資料來源：本研究整理。

廣播電視經營地區劃分及調整以及受理申請經營有線廣播電視業務」。
這項行政命令將有線電視經營地區從51區調整成為22區，以直轄市及縣
（市）為最小經營區範圍，同時開放新進業者申請有線電視執照。NCC

設下門檻，無論是既有業者擴大經營區或新進業者進場，均應以數位化技術提供服務，包括：頭端以數位技術處理節目訊號、數位節目訊號可經由有線傳輸網路傳送至訂戶數位終端設備（含機上盒），以及推行分組付費並提供至少三種（含）以上組合式基本頻道供訂戶選擇（國家通訊傳播委員會，2013/5/17）。

　　一年之後，NCC陸續通過「威達雲端電訊」、「西海岸」、「群健」、「全國數位」、「北都」、「新北市」等六家業者經營區擴增申請案，後三家均屬新進業者（國家通訊傳播委員會，2013/8/28）。另一方面，亦有因經營區戶數規模小，或財力有限，或無意願再投資的業者，在數位化洪流中決定退出市場。2007年起，共有七家有線電視業者，包括基隆「大世界」；新北市「北海岸」、「新和」、「興雙和」；台中「海線」；高雄市「大高雄」、「大信」，已陸續向NCC申請停止有線電視營運服務（林靖堂，2013/6/19）。

　　另一方面，我國有線電視合法化至今，尚未提供訂戶對頻道或內容的選擇權，對訂戶很不公平，因為訂戶無法針對不要看的頻道拒絕付費。事實上「吃到飽」付費模式對台灣廣電媒體生態，及在內容製作資金引入方面，已形成一灘死水之負面效應，論者普遍共識，均認為應有所改革。因此NCC於2013年4月24日委員會議通過「因應數位匯流調整有線電視收費模式規劃（草案）」，在數位化進程中同步推動分組付費制度。系統業者視訂戶接受數位機上盒服務比率達六成以上得自行規劃先行實施，或於2017年元月實施。基本頻道之組合應包含「基本頻道普及組」一組，上限每月新台幣200元；同時至少規劃三組「基本頻道套餐組」，各組收視費用上限為每月新台幣130元或100元。至於「基本頻道普及組」及「基本頻道套餐組」之收視費用總和上限為每月新台幣500元，受地方主管機關費率審核管制；其餘套餐組合及價格由業者自行規劃（**圖7-1**）（國家通訊傳播委員會，2013/4/24）。

　　從監理機關職權來看，NCC促進有線電視數位化策略，主要在「棍

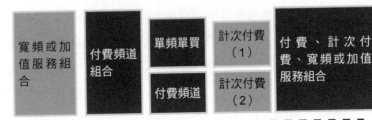

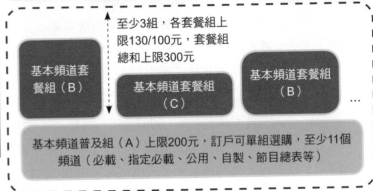

圖7-1　2017年有線電視「基本頻道」組合收視費用標準

資料來源：NCC.

子」。實際作法包括：修法要求業者換照、評鑑時應自行承諾具體數位化
計畫、擴大經營區或新進業者應以數位化經營、重大股權交易移轉審議
時附款要求數位化；就連每年的費率審議，也開始依業者數位化的積極程
度，來決定維持或調降費率。

2013下半年，為達成數位匯流方案「100M寬頻到府」、「有線電視
數位化」兩大指標，行政院推出「100M寬頻建設示範行政區」及「有線
電視數位化亮點區」推動計畫（國家通訊傳播委員會，2013/8/28）。前
者由交通部執行，與地方政府合作，於人口較稠密的新興發展地區，推動
區內每一家戶至少有一電信業者或一有線電視業者提供100M寬頻服務，
以成為寬頻到府示範區；後者則由NCC主責，區內每一家戶至少有一有
線電視業者可提供數位化服務，成為數位化亮點區。為此，NCC擬投入

有線廣播電視事業發展基金約3億8,000萬元，來補助數位化建置。在「胡蘿蔔」誘因下，已吸引39家系統業者提出申請。

NCC對有線電視業者祭出「監理」與「補助」兩手策略，卻未對消費者產生誘因，民眾對於數位化加值應用瞭解仍有限。為此，NCC乃專案申請國家科學技術發展基金約5,000萬元，其中4,000萬元將用來補助亮點計畫案參與業者所屬地方政府，辦理有線電視數位化宣導活動（國家通訊傳播委員會，2013/8/28）。

二、法令規章

我國電信事業主要以電信法規管；廣播電視事業則採媒體屬性縱向分類，依無線電波頻率、有線線纜或衛星頻率等傳輸型態，採取個別立法管理，區分為廣播電視法、有線廣播電視法、衛星廣播電視法三者。面對數位匯流後的技術匯流、市場匯流、產業匯流趨勢，法律規範應同步檢討與整併，以建構公平競爭環境，維護公民與消費者權益。

2004年1月7日，立法院三讀通過通訊傳播基本法，確認我國通訊傳播法制之基本綱領。該法明定，NCC成立後，應即依該法所揭示之原則，於兩年內修正通訊傳播相關作用法規。嗣後獨立監理機關NCC成立，2012年5月新聞局裁撤，廣電事業整體資源規劃與輔導、獎勵權責，則從新聞局移撥至新成立的文化部（影視及流行音樂產業司）辦理；至於電信事業輔導、獎勵權責、電波政策，則歸屬交通部（郵電司）（**圖7-2**）。

NCC成立之前，行政院於2003年5月核定廣播電視法、有線廣播電視法及衛星廣播電視法合併修正草案（簡稱廣電三法合併修正草案），確立「製播分離」原則，並以歐盟綠皮書之水平模式概念，區分「內容」、「服務」及「傳輸」三層平台，成為我國通訊傳播管制新規範架構（European Commission, 1997）。劉幼琍（2004a）評析，該草案對於業

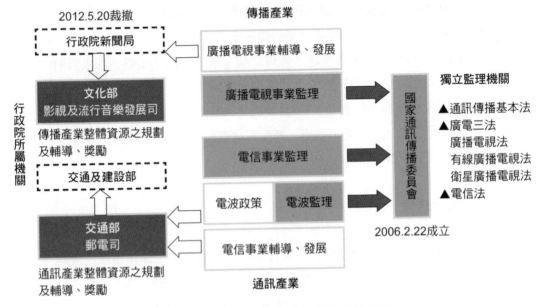

圖7-2　NCC與行政院所屬部會職掌區分

資料來源：改繪自陳彥龍、熊杰（2008）。

者影響最深遠的，是傳輸和內容分離的規範，打破原有的垂直產業別，並推出傳輸平台和營運平台的概念。不過對於電信和網路跨業經營廣播電視的部分，則視為「他類」平台來處理。因此嚴格說來，缺少電信、網路等廣電業務無關的平台與應用服務，並不是完全匯流的法規。

　　第一屆NCC委員於2006年2月上任後，未接續新聞局時期廣電三法合併修正草案，於2007年9月依據通訊傳播基本法揭示兩年內完成作用法整併目標，推出通訊傳播管理法草案，核心理念即確立由垂直轉換為水平的管制架構，並採取中高度匯流，電信法與廣電三法「四合一」、「一步到位」的方向；至於內容的管理，則導入三律共管機制（法律、自律、他律）。不過，因為沒有足夠時間與外界互動，只於2007年9月及11月舉辦兩梯次的公聽會，而遭致各界批評。後來於2007年12月將該草案送行政院審查而被退回（Liu, 2011）。

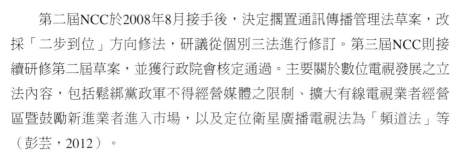

　　第二屆NCC於2008年8月接手後，決定擱置通訊傳播管理法草案，改採「二步到位」方向修法，研議從個別三法進行修訂。第三屆NCC則接續研修第二屆草案，並獲行政院會核定通過。主要關於數位電視發展之立法內容，包括鬆綁黨政軍不得經營媒體之限制、擴大有線電視業者經營區暨鼓勵新進業者進入市場，以及定位衛星廣播電視法為「頻道法」等（彭芸，2012）。

　　行政院「數位匯流方案」提出「二階段」修法之目標。第一階段先針對廣電法、有線廣播電視法、衛星廣播電視法和電信法個別修法；第二階段修法再將匯流服務分成基礎網路層、營運管理層、內容及應用層之水平管理。第四屆NCC於2012年8月就任後，剛開始並未表態修法方式，直至2013年7月行政院政務委員張善政在審查電信法修正草案時，提出NCC應該於2014年初提出匯流法草案的版本，NCC隨即承諾將於2014年2月提出，不過，根據NCC於2014年2月10日所舉行的新春記者會表示，NCC在2月之前來不及提出匯流法草案，6月底前能否送交行政院也不確定（黃晶琳，2014/2/11）。

　　回顧我國匯流法案研析歷程可知，從新聞局時期到NCC所推動的匯流法草案，多半仍停留在草案階段。NCC自成立以來已經歷四屆委員的人事更迭，可以發現很多政策都不連續，而且沒有一致性，讓業者很難適應。例如第二梯次數位電視如何發照？發幾張？每一張多少頻率？既有電視業者可不可以申請？不同屆的委員卻有不同的看法。我國在2003年廣電三法合併修正草案中曾提出傳輸與內容分離的原則，NCC成立後雖然在第一屆有提到規劃多工平台執照的構想，但是之後並無任何進展，以致廣播電視的頻率是否可出租？傳輸與內容要如何分離？至今沒有明確的修法建議。本章受限於篇幅，有關我國相關法令細節將於第八章進一步剖析。

第三節　我國數位電視與新媒體平台發展重要議題

　　根據美國管理學大師Michael Porter的鑽石模型理論（Diamond Model），決定一個國家的某種產業競爭力有四個因素：因素條件（Factor Conditions）、需求條件（Demand Conditions）、企業策略、結構與競爭（Firm Strategy, Structure and Rivalry）及相關與支援產業（Related and Supporting Industries）（Porter, 1990）。此外，還存在兩大變數：政府與機會。機會是業者無法控制的，但是政府所扮演的角色及其政策對業者的影響是不可忽視的。因為政府的干預與放任，可能是產業的助力，亦可能是阻力。由此可見，政府政策對數位電視及新媒體平台發展的重要性。本文為深入探討主管機關及廣電業者近期內對數位電視與新媒體平台政策的想法，乃於2013年11月8日在台大校友會館舉行焦點團體座談，出席者包括NCC委員、文化部官員、無線電視協會、有線電視協會、衛星電視公會、中華電信MOD及新媒體平台之代表。本節在討論我國數位電視與新媒體平台發展政策與策略之前，先檢討主管機關NCC所扮演的角色，然後探討其他重要政策法規議題。

一、通訊傳播主管機關的角色

　　我國在1990年代及2000年代就有很多有關通訊傳播主管機關的討論。在2006年2月NCC成立之前，電信與廣電的工程、技術及標準由交通部電信總局主管。廣電的營運及內容則由新聞局主管。新聞局長因身兼政府發言人，被批評「政媒不分」，不適合管理廣電媒體；交通部則因為擁有中華電信股份，一樣「政企不分」，飽受質疑。獨立監理機關NCC最終成立，也符合我國對WTO會員國之承諾。然而，NCC自從成立以來就有很多有關NCC角色的辯論。因為，通訊傳播基本法第三條第二項將

NCC的角色限縮在通訊傳播業的監理，有關輔導獎勵的部分則是由交通部或文化部（之前為新聞局）主管。政府雖將電訊與傳播匯流，卻又將輔導與獎勵分開，讓數位與新媒體平台發展的政策規劃多了更多主管機關。

事實上，NCC在籌備的階段就有相關討論，與會人士有人認為如果將主管機關輔導與監管分開，又會出現另一種雙頭馬車。至於主張NCC只是監理角色的人是因為要仿效美國FCC的模式。在亞洲，主管機關多半會扮演輔導的角色。何況有些業務輔導與獎勵很難切割。即便以美國為例，美國在1943年曾經有一個關於FCC職權範圍的案例，最高法院大法官認為，FCC不只是維護電波秩序的警察，應該有制訂傳播規範（例如Chain Broadcasting Rule）的角色（NBC vs. US, 1943）。美國FCC不只是行政機關，也扮演準立法及準司法的角色，意即可以草擬相關傳播政策及法規，及對業者做出裁決的處分（Benjamin et al., 2012）。

第一屆NCC委員劉孔中（2010）也曾為文指出，監理與輔導實際上難以劃分，管制的目的乃是促進產業發展，NCC除了制定監理政策同時，應可以兼理產業輔導獎勵。NCC經過七年的運作，由各界的反應明白顯示，其被限縮的角色有必要調整。更何況根據「國家通訊傳播委員會組織法」第一條：「為……促進通訊傳播健全發展……特設國家通訊傳播委員會」，可見NCC的角色絕對不應只有監理的角色。因此當務之急是修改「通訊傳播基本法」第三條第二項的規定，讓NCC適度扮演輔導業者發展的角色。在數位電視與新媒體平台的推動方面，NCC應該扮演主動積極的角色，輔導及協助業者，並與其他政府單位如交通部、文化部、經濟部等通力合作。

二、數位平台公平競爭的環境

根據通訊傳播基本法第七條：「政府應避免因不同傳輸技術而為差

別管理。但稀有資源之分配，不在此限。」我國數位與新媒體的發展在法
制方面遇到一些障礙，例如不同平台的管理不同，有時會帶來不公平競
爭。有線電視與中華電信MOD的直接外資比例限制不同。有線電視有本
國自製率及保留公益、藝文及社教頻道的要求，中華電信MOD則無相關
管制。有線電視有水平及垂直的上限，中華電信卻是全國經營。有線電視
的費率審查是中央定標準，地方審核費率。中華電信MOD只有平台費率
由NCC審查，其節目費率則沒有審查。此外，我國廣電三法與電信法還
有許多管制不一致的地方（**表7-5**）。在三網融合之下，廣電、資訊、電
信業者都能提供視訊、音訊、數據三位一體之服務。為使通訊傳播市場
遊戲規則符合公平性，我國現行電信法與廣電三法需朝向水平層級一致
性的管制修法，以確保市場公平競爭（劉幼琍，2013b；趙怡、褚瑞婷，
2007/3/24）。

表7-5　廣播電視與電信管制規範檢視

	廣電三法	電信法
結構管制	・資本額門檻一般較低 ・外資限制較嚴格 ・禁止黨政軍直接或間接投資 ・有線電視須受經營區限制 ・有線電視跨區經營設有市占率上限	・主要業務之資本額門檻較高 ・外資限制較低 ・無黨政軍投資限制 ・經營範圍由行政院公告，固網綜合業務執照可全區經營
行為管制	・無線電視目前仍為製播合一，有線電視系統亦得自製節目 ・有線電視系統適用必載規範 ・無線電視無收費機制，有線電視的資費主要由地方政府審議 ・有線電視負有提供本地近用頻道義務	・電信業者經營影音傳輸平台不涉入內容製作 ・電信業者經營影音傳輸平台不適用必載規範 ・第一類電信及市場主導者之零售與批發價格受NCC管制 ・第一類電信適用網路互連、會計分離、禁止交叉補貼、普及服務等規範 ・業者有協助政府進行通訊監察之義務

資料來源：行政院數位匯流發展方案（2012），第二版。

　　隨著新興平台推陳出新，傳統與新興媒體進行整合、購併等涉及產業結構改變與公平競爭之相關議題也不斷翻新。NCC應秉持技術中立原則，避免因不同傳輸技術而為差別管理，以促進通傳匯流市場之有效競爭。此外，政府講了多年的傳輸與內容分離，也必須修法才能實踐。

三、黨政軍持股的限制應適度鬆綁

　　2003年12月立法院修訂廣電三法，規範黨政軍不得投資經營廣電媒體。惟現行「黨政軍條款」無論直接、間接持股，一股均不得持有之嚴格規定，使得中華電信、凱擘、台灣寬頻、台灣大旗下台固媒體、聯維、寶福、頻道業者三立、中視等業者（林淑惠，2010/11/5），在股票上市無法控制投資人買股票或間接投資並不知情的情形下違反法令。這樣的規定已成為市場發展之阻礙，也限制了政府投入資金活絡產業之機會。

　　有關修訂黨政軍條款的討論，根據2010年的「促進數位新興媒體之發展——黨政軍退出媒體條款之再檢討」公聽會，當時與會之立法委員皆認為有檢討之必要，有的學者建議應適度開放政府投資，但持股比例應拿捏得宜，業者部分多認為應解除相關限制，抑或朝開放之方向修正，亦有專家主張另立政黨法維持黨政軍退出媒體的精神，其他還有部分公民團體提出只能持有5%。

　　2011年有多起政府直接或間接介入媒體案例被罰，業者不滿NCC的處分乃提訴願，後經行政院撤銷處分，所以NCC於該年7月及12月舉行聽證會，讓業者表達意見。到場陳述意見的業者都表示無法限制別人投資或買股票，在這樣的情況下被罰相當無辜，其認為黨政軍的規範無限擴大，將會嚴重衝擊業者發展，NCC有必要檢討法令。

　　2013年年底黨政軍退出媒體的修正草案條文仍然維持政黨不可經營媒體，政府間接投資可以開放5%的主張。為活絡匯流產業資金，最重要的是消除外界對於政府控制媒體之疑慮，因此建議只要不是做新聞、紀錄

片，或是與意識型態無涉者，例如文化藝術、體育球賽、科學新知等，
應該可以放寬政府投資，但是仍然限制政黨不可投資媒體（劉幼琍，
2012）。

四、數位平台收視調查機制

　　根據NCC於2010年9月至11月NCC的統計，五家無線電視台十五個無
線電視頻道的重播率，公視DIMO台重播率百分之一百，中視娛樂綜藝台
與中視新聞台重播率分別為97.6%、93%，其次依序為台視綜合台、華視
健康休閒台，均有75%以上重播率；公視重播率則為62.3%，民視約54.7%
（國家通訊傳播委員會，2011/2/16）。數位無線電視新增的頻道因為缺
乏收視率調查，廣告商多半不願在其新增頻道購買廣告，因此使得無線電
視台沒有多餘的預算在數位頻道製作節目。IPTV平台上有些頻道也無收
視調查。Smart TV、聯網電視、智慧型手機與平板等服務亦無收視率反映
其收視情形。然而收視率對數位平台的廣告與收入都很重要，業界應該一
起重視這個問題。

　　台灣的電視收視率調查，主要是由尼爾森（Nielsen）所主導。如
今傳統的收視率調查已經無法全面涵蓋新媒體平台的閱聽行為。台灣有
線寬頻產業協會已於2012年7月邀集23家致力於新媒體型態研究的公司
組成「新媒體收視分析與應用Working Group」，研議雙向數位機上盒
回傳收視行為的巨量資料蒐集、分析與應用之機制。有業者建議應訂定
具法源依據的數位媒體收視率調查的方式與界限，讓所有業者、廣告代
理商能遵循的規範，並輔導業界成立公正的第二、三家收視率調查公
司（吳世昌，2013/3/22），或可另外採用「收視質」的調查方式（張
錦華、林維國、陳清河、林建甫、杜聖聰，2009）。新聞局在2012年
曾經推動建立數位電視收視行為調查機制，亦有學者主張建立適合台
灣的「收視品質指標」。所謂收視質指標是指「觀眾對於媒體節目品

質與內容的滿意和偏好程度等的深度調查」（林維國，2012/3/19），以電視新聞為例，收視質指標可分為五大正向及三大負向指標。正面指標包括「信任」（Trust）、「欣賞」（Appreciation）、「影響力」（Impact）、深度（In-depth）及多元化（Diversity）。負向指標則包括腥羶色（Sensational）、八卦化（Gossip）及新聞偏差（News Bias）面向（林維國，2012）。然文化部成立後則表示，「收視率機制，應回歸市場機制，過去曾推動政府調查收視率但以失敗收場，政府不應加以介入，希望藉由數位化的功能，將收視率或市場衡量的基準，由業界共同制定」（張崇仁，2013/11/8）。

事實上，收視調查機制應交由市場決定，數位及新媒體平台相關的利害關係人應主動與收視率調查公司協商，如果協商不成，才由政府出面協調。此外，凱擘有線電視及中華電信MOD都有發展大數據資料庫，並與收視率調查公司或資策會合作。雖然數位機上盒所回傳的資料無法精準提供具體用戶的人口學變項，但是透過多方合作與研發，總有機會克服障礙。其實在數位匯流時代，業者不應只看重收視率的數字，由於廣告市場的大餅有限，業者的收入結構不應僅侷限於廣告費，應積極開拓其他商業模式，例如廣告置入、其他企業的投資贊助等，以新的思維來經營媒體。

五、數位平台必載條款之議題

根據我國有線廣播電視法第三十七條規定，有線電視系統業者必須必載無線電視頻道；第三十七條之一亦規定系統經營者應免費提供固定頻道，播送客家語言、原住民語言之節目。但各家無線電視台在數位化之後，各推出三個SDTV頻道及一個HDTV頻道，其增加的數位無線頻道應否全部加以必載，無線電視與有線電視業者對此議題立場反覆。

「必載」（Must-Carry）條款在各國的規範不盡相同。美國早先實施

有線電視系統免費必載地方無線電視頻道之規定，後來改為「再傳輸同意權」（Retransmission Consent），政策用意均可回歸美國傳播政策的地方化原則（Localism），即透過有線電視地方媒體特性，來播送地方新聞與地方公共事務（Napoli, 2011）。至於歐盟國家如英國之必載規定，乃是基於公共廣播電視（Public Service Broadcasting, PSB）的普及收視，英國政府甚至宣示所有PSB頻道應免費上架各傳輸平台之立場，以饗全體國民（DCMS, 2013）。

過去無線電視業者曾表示只願意提供主頻道給有線電視業者轉播，有線電視業者考慮到數位化後需要大量內容，乃表示願意必載所有數位無線電視頻道。有線廣播電視法修正草案曾改為公共電視所有頻道必載，商業無線電視台則指定一個數位頻道交由有線電視系統播出。然而在2013年11月作者所舉辦的一項「數位電視與新媒體政策座談會」中，出席的無線電視學會代表卻表示，希望有線電視業者能必載所有的數位無線頻道：

有關必載問題，由於無線電視台乃是配合政策推動數位高畫質電視和優質內容，如果只有無線電視平台可以收看，將是全體觀眾的損失，因此希望能全面免費必載，在IPTV上也一樣。除原有頻道外，高畫質頻道也希望列入必載（廖重明，2013/11/8）。

但當時參與座談會之有線電視業者代表表示，除了公共電視相關頻道之外，僅願意必載商業無線電視一個主要數位頻道。衛星電視學會代表亦反對無線電視所有頻道必載的主張，理由是「會排擠其他衛星頻道播出的頻段，而導致產業間不公平競爭，亦與政府扶植無線電視數位化之政策意旨背道而馳」。然而2014年2月中華民國電視學會仍積極拜會立法院長王金平，期盼未來廣電三法修法，有線電視系統能必載每個無線台一個主頻道與一個HDTV頻道。

事實上，數位匯流後的必載規定，應同時著眼於國民收視權益與業者發展利益。我國有將近八成民眾係透過有線電視收看無線電視，因此仍有必要保留必載無線電視頻道之規定。在公共電視及原住民與客家頻道

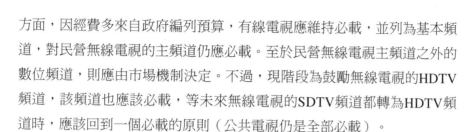

方面，因經費多來自政府編列預算，有線電視應維持必載，並列為基本頻道，對民營無線電視的主頻道仍應必載。至於民營無線電視主頻道之外的數位頻道，則應由市場機制決定。不過，現階段為鼓勵無線電視的HDTV頻道，該頻道也應該必載，等未來無線電視的SDTV頻道都轉為HDTV頻道時，應該回到一個必載的原則（公共電視仍是全部必載）。

由於必載條款只有在有線廣播電視法規範，我國現行法律並無要求IPTV平台必載，以致IPTV平台與無線電視台尚在摸索適當的合作機制。必載規定對平台與頻道有利有弊。從平台的角度，有利之處在於平台可免費取得無線電視的頻道授權，不利之處在於平台規劃受到束縛，很難提供差異化的內容。若從頻道的角度，有利之處在於頻道被保證一定在平台上播出，不利之處則是無線電視花錢製作節目，卻沒收到節目授權費。IPTV業者非常希望必載無線電視的頻道，因為該規定若對其適用，就可於不付費之情況下播放無線電視的頻道。

既然我國要朝向歐盟的水平管制，建議IPTV應該比照有線電視，適用公共電視免費必載（原住民、客家頻道也免費必載），民營無線電視主頻道亦納入基本頻道組。如此，主管機關亦可促進IPTV與有線電視公平競爭，增進數位無線電視服務之普及化（劉幼琍，2012）。同時NCC應定期評估市場競爭的公平性及確保國民對公共電視頻道的近用性，以維護其收視基本權益。

六、不同播送平台內容的管制標準

隨著科技的演變，當同樣的內容出現在無線電視、有線電視與IPTV，甚至一些新興匯流媒體例如OTT TV與行動電視時，各國的媒體主管機關都面臨要以何種方式管理其內容的挑戰。歐盟的「視聽媒體服務指令」（Audiovisual Media Service Directive, AVMSD）早已經開始採用線性與非線性的方式來區分視聽服務的管制程度。英國2003

年通訊傳播法（Communications Act of 2003）雖然有電子通訊網路（Electronic Communication Network, ECN）與電子通訊服務（Electronic Communication Service, ECS）水平管制的架構，但是仍然保留廣播及電視多工平台（Multiplex）的相關定義（Valcke & Lievens, 2009）。美國至今仍是維持用產業別的垂直管制，或是俗稱的Silo Model（筒倉模式），先區別管制產業的特性，再引用規範的法條。新加坡則是採影響力大小的方式，決定管制的方式（劉幼琍，2012；Werbach, 2002; Frieden, 2003）。

我國的通訊傳播內容管制已經逐漸從美國模式轉向歐盟模式，但仍以媒體的特色及傳輸技術作為不同管制的區別。為因應數位匯流，同時體現通訊傳播基本法第七條技術中立原則：「政府應避免因不同傳輸技術而為差別管理」之精神，主管機關應將無線電視、有線電視及IPTV平台的內容管制趨向一致（劉幼琍，2012；Flew, 2012）。

七、數位節目內容貧乏，多元性不足

我國數位電視自開播以來，常被批評節目老舊，重播率過高，本國製與創新節目不足，即便類比頻道已經關閉，民眾沒有強烈的誘因觀看數位無線電視頻道。截至2013年底，有線電視系統數位化的比例平均只有四成五左右，所以有五成五訂戶看的是有線電視系統業者將數位無線電視轉換回類比訊號的節目。即便是數位有線電視所提供的畫面，如果頻道源頭是類比訊號，訂戶看到的還是很差的畫面。為了保護類比訂戶的權益，有線電視業者必須雙載類比及數位訊號，以致頻寬被占用，數位有線電視訂戶無法真正觀看全數位的節目。

文化部作為負責廣電媒體的輔導與獎勵的主管機關，除了歷年平均補助連續劇、紀錄片、電視電影、兒少節目等四類影視產業的2億元之外，更應積極設置專屬影視發展基金，以輔導獎勵我國影視內容產業，鼓勵優質數位影音內容的產出，維繫文化內容的多樣性（闕志儒，2013）。

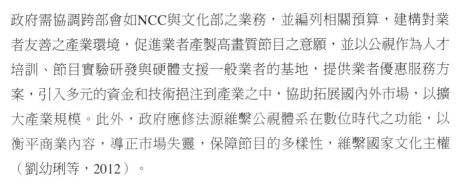

政府需協調跨部會如NCC與文化部之業務，並編列相關預算，建構對業者友善之產業環境，促進業者產製高畫質節目之意願，並以公視作為人才培訓、節目實驗研發與硬體支援一般業者的基地，提供業者優惠服務方案，引入多元的資金和技術挹注到產業之中，協助拓展國內外市場，以擴大產業規模。此外，政府應修法源維繫公視體系在數位時代之功能，以衡平商業內容，導正市場失靈，保障節目的多樣性，維繫國家文化主權（劉幼琍等，2012）。

從我國數位電視媒體產業供應鏈觀察，問題即在於製作成本不足，導致節目重播比例偏高。因此除了政府適當的獎勵，業者本身應該先行投資，這樣才會有收視調查數字可供廣告商參考下單，而讓頻道有收入提供多元內容。

 ## 第四節 我國數位電視與新媒體平台個別發展策略

一、數位無線電視發展政策與策略

我國數位電視廣播系統採用歐規，歐規本身即是以「多工平台」（Multiplex）方式規劃，以英國為例，英國政府於1997年開始即是以群組方式釋出六組多工平台（multiplexes）數位無線電視執照（Cave, 2006）。目前歐規已訂定第二代DVB-T2標準，DVB-T2對於頻寬的使用效率高出50%，有利於高畫質節目的發展，及符合政府數位轉換的目標。使用Multiplex釋照，才能真正達到「製播傳分離」的目標，促使經營者發揮最有效的管理和利用，因此建議我國第二梯次無線電視執照發放兩張Multiplex的執照，將原頻道25、27、29組成一Multiplex執照；頻道31、33、35組成另一Multiplex執照（**表7-6**），並鼓勵業者以「合組公司」形式爭取第二梯次數位無線電視的執照。

表7-6 目前我國第一梯次及第二梯次數位無線電視執照使用情況及規劃建議

	頻道	頻段MHz	使用者	使用分類	MUX分配	備註
第一梯次	24	530-536	中視	DTV		(一)在未來，政府應開放頻譜第二次交易限制，以促進第二梯次使用者與第一梯次使用者合作，使我國頻譜使用發揮最大功效。 (二)第二梯次數位無線電視執照共七個頻道，應各以三個頻道為一組，形成共兩組MUX執照，以示公平。 (三)頻道36可建置成數位無線電視平台之「工程頻道」，以助市場維運與推廣。
	26	542-548	公視	DTV		
	28	554-560	民視	DTV		
	30	566-572	公視	HDTV		
	32	578-584	台視	DTV		
	34	590-596	華視	DTV		
第二梯次	25	536-542	未定	未定	MUX-1	
	27	548-554	未定	未定		
	29	560-566	未定	未定		
	31	572-578	未定	未定	MUX-2	
	33	584-590	未定	未定		
	35	596-602	未定	未定		
	36	602-608	未定	未定	工程頻道	

資料來源：本研究整理。

　　由於廣電法尚未放寬頻率出租的規定，可以用電信法管理多工平台，有關內容的部分則以既有的廣電法規規範。目前台灣的生態是，如果只發出一張多工平台的執照會被質疑圖利特定業者，因此建議發出兩張執照，並參考英國Freeview平台的經營方式（Iosifidis, 2011）。台灣新聞頻道在無線、有線及MOD平台已經有十多個，唯有多工平台才能做市場區隔，規劃不同類型頻道，如此才能做到真正的多元。

　　至於有關第二梯次無線電視執照的發放方面，NCC各屆委員對於第二梯次數位無線電視執照的發放方式有很多政策不一致之處，第一屆委員主張既有業者可以申請，第三屆則認為不可以，但是大家都同意採用拍賣加審議的方式釋照。第四屆委員則主張發出兩張12 MHz的執照，並讓既有電視台借用6 MHz，以鼓勵其轉用與第二梯次數位電視一樣的規格（彭心儀，2013/11/8），但是既有無線電視業者並不領情，而希望維持現況，並不樂見政府發新照，以免新的業者加入市場競爭（廖重明，

2013/11/8）。

　　事實上，如果第二梯次發的是兩張大的多工平台執照，就沒必要限制第一梯次的業者參與團隊的申請（劉幼琍等，2012），同時亦應開放業者進行頻譜自由交易，解除頻譜用途與技術的不必要管制，以促使頻譜資源做更有效之利用（彭芸，2012），如此有助導入更佳的經營模式。主管機關應修法放寬並鼓勵第二梯次與第一梯次相鄰頻率之使用者合作，使頻段更趨完整。原先因避免干擾而空下的閒置頻譜，也得以重新規劃使用；至於「共同傳輸平台」計畫更可藉由第二梯次與第一梯次使用者的相互合作，慢慢引進。

　　另一方面，因第二梯次鼓勵HDTV的播出，使用的標準為H.264，與第一梯次SDTV使用之MPEG-2標準不同；又因其對頻寬的需求，第二梯次的無線電視傳輸標準也可能使用第二代的DVB-T2。為保障第一梯次業者與保護消費者權益，並配合下述之數位紅利概念，政府應制訂無線電視數位機上盒規格的轉換政策與時程，使得不同規格的機上盒或電視機，仍可照常收視直至換機年限。如此才能在保障第一梯次業者與消費者的權益下，促使第二梯次引進新技術，並提高整體的平台使用效益（劉幼琍等，2012）。

　　第二梯次數位無線電視執照如果發出兩張各18 MHz採多工平台執照，尚餘一個閒置頻譜，即頻道36（602-608 MHz）。本書作者之一石佳相博士在參加本團隊之前的白皮書撰寫時，曾建議將此頻道規劃建置為數位無線電視平台之「工程頻道」，以類似於公共電視頻道執照的發放方式，交由非營利性組織，作為共同標準之數位無線終端市場的維運之用。工程頻道傳輸網路之建置與維運可向使用的終端業者收費，並有償轉委託給公視或多工平台執照業者代為執行。此一工程頻道，將可有效協助數位終端市場之維運與推廣，亦可作為公共資訊的傳播管道，及兼具緊急災難救助等應用。同時，藉此工程頻道之市場維運與推廣功能，亦有助於未來數位紅利與數位轉換的規劃，及新興媒體與網路應用市場的開發

數位電視與新媒體平台
之政策與發展策略

272

（劉幼琍等，2012）。

　　由於廣播電視法從未制定無線電視頻道可收取收視費之規範，限縮了無線平台的經營發展空間。倘若第二梯次無線電視係以「拍賣加審議制」取得執照，則可考慮參考英國經驗採「混合式經營模式」，除了提供免費頻道之外，亦可適度開放部分付費頻道（Iosifidis, 2011）。無線電視台可考慮將「閒置頻譜」（White Space）運用至付費頻道上，一方面減少頻寬浪費，另方面亦可藉此製播更優質的節目，吸引觀眾付費，達到正向循環（劉幼琍等，2012）。

　　NCC第一屆也曾有委員想貫徹傳輸與內容分離，建議採用歐洲多工平台的方式，然而無線電視業者覺得在經營方面，市場低迷、收視廣告營收下降，同時自製節目能力有限、內容不佳，因此不希望政府發新照，也有論者提出，台灣電視頻道數量眾多、市場飽和、經濟規模有限，是否有必要開放新的頻道（吳豐山，2012/2/22），既有無線業者也有類似疑慮：

　　有關第二梯次頻率分配問題，由於無線台數位化增加的節目頻道，難以免費供給觀眾，NCC開放第二梯次執照政策目的不明。過多頻道競爭、市場飽和，規模太小，讓業者投資難以回收。對於第二梯次執照採多工的方式發放，建議短期先解決業者現有困境，再放眼未來。由於無線電視從類比轉換至數位已經有許多問題需要解決，第二梯次開放又有T1轉T2的技術轉換問題，業者又需要增加更多投資（廖重明，2013/11/8）。

　　本文則認為，發放第二梯次數位無線電視執照會遭致平台或頻道過多的觀點是一種迷思，將阻礙業者創新應用之機會。因為在數位匯流時代，頻道數上百成千，惟頻道的規劃主要是基於消費者喜歡或方便收視等考量來利用頻譜（後者如catch-up頻道、Near VOD頻道），和傳統營運模式大不相同。尤其未來無線電視業者不必拘泥於免費模式，一旦擁有足夠的頻譜資源，除了可引進觀眾愛看的主流頻道（甚至是購物頻道）之外，還可將自製內容透過數位片庫管理，重新切割與重組成不同節目模

組，讓頻道內容「一源多用」，更可在不同平台之間遊走，創造更多授權獲利空間，也提供觀眾不同的收視選擇。

　　過去電視執照多發給電視台，傳輸和業務不分。本文建議電視業者可以自己選擇是否申請多工平台執照。此執照類似電信執照，採製播分離的方式，讓業者靈活運用選擇所要經營的業務，以活絡市場，增進頻譜使用效益。更重要的契機是引領第一梯與第二梯次業者彼此整合或策略聯盟，發展成為一個具競爭力的收視平台，來逆轉無線業者頹勢，和數位有線平台相互競爭。

　　我國數位無線電視未來可導向歐洲英、法等國積極推展複合式的聯網電視（Hybrid Broadcast Broadband TV, HbbTV）發展模式，可與電信業者一起經營OTT TV，或是仿日本One Segment（簡稱One Seg）作法直接提供行動多媒體服務，或是多螢服務（multi-screen）。綜言之，無線電視的策略之一即是平台化，並朝三網融合之服務邁進。舉例而言，英國2002年推出的免費無線電視平台Freeview就是由商業與公共電視合作，其內容包括娛樂、兒童、音樂、互動、新聞與生活等不同的屬性，非常多元（Colapinto & Papandrea, 2007）。另一方面，英國也在2012年7月新推出OTT視訊服務YouView，用戶可同時接收Freeview，也可以看網路影音，極具吸引力（Dundon, 2013）。

二、數位有線電視發展政策與策略

　　我國有線電視實質普及率達八成，進入數位化之後，是否能保有競爭優勢，一直是業者推動數位化的疑慮。主管機關如果要求有線電視業者數位化，其實有其法源根據。根據現行有線廣播電視法第三十五條之一針對業者換照要件規定：業者在換照時應附上未來營運計畫、營運是否符合經營地區民眾利益及需求等。因此NCC在評鑑以及換照時得以向有線電視業者要求明確數位化建置目標。國際間推動無線電視數位化政策時，皆

訂定關閉類比訊號的進程，但對於有線電視數位化則無此規劃。僅中國大陸針對數位電視發展提出之「三步走」政策中，將數位有線電視視為第一優先目標（劉幼琍，2004b）。

國外政府對於有線電視的數位化乃採取尊重市場機制，並未制訂直接的政策，有線電視業者為求永續經營而自行尋求數位化。我國雖然尊重市場自由運作，但是仍有必要訂定數位有線電視政策，因為我國有線電視市場現況特別，有二至三個有線電視MSO是由外資擁有。外資見到台灣有線電視業者利潤最高達到45%（施俊吉，2012），就有三家外國私募基金進入市場，一旦達到收益目標就獲利出場，對台灣有線電視市場建設不積極投入。至2013年底，國內有線電視數位化進程仍僅有四成五左右。即便無線電視數位化了，半數以上民眾還是在看類比電視。

NCC在第一屆委員時期曾針對有線電視數位化政策展開多次座談，並做出多項建議以及時程規劃，包括頭端數位化、網路升級、數位機上盒，其中亦包含租借機上盒規定（**表7-4**）及按比率分階段完成數位化的時程，彼時適逢有線電視業者換照時期，然而，有線電視業者認為當時NCC委員的選舉方式違憲，便預期NCC委員任期不長久，因此有線電視業者僅表面應付，不積極回應。而當時NCC也無強硬要求系統業者進行數位化，只要求業者在換照時承諾要數位化，礙於外資主導市場及當時的政治情勢，該期間有線電視數位化的推展相當遲緩。

由於國內採取費率管制上限，加上訂戶已經習慣以五百多元收視一百多個頻道的「吃到飽」的收費方式，此一作法既無法刺激業者提供多元類型的視聽服務之意願，也很難期望一般訂戶主動花錢購買數位機上盒。蔡志宏（2010）建議應交由市場機制及消費者的選擇決定數位機上盒的布放策略。其實業者亦可考慮讓每個訂戶免費借用兩個數位機上盒，或者一個機上盒及一個數位轉換盒（Digital Transport Adapter, DTA）。業者也希望以60%作為數位化基準（以光節點為單位），達成後可以關閉類比訊號，提供數位化加值服務（彭淑芬，2013/11/8）。試想業者若皆保

證提供每個訂戶兩台數位機上盒，政府則應承諾允許其早日關閉類比訊號，藉以達成雙贏局面。因雙載類比與數位訊號不但耗費運輸成本，消費者也無法體會全數位化之優點，另外，釋放頻寬可作為後續數位化訊號之空間。

　　另外有關費率審查方面，類比時代的有線電視費率是由中央主管機關訂標準，地方政府審核費率，除非地方表示沒有人力或專業審查，才交由NCC審查。地方上有時會因選舉而影響有線電視的費率，因此中央主管機關為鼓勵業者數位化，則建議修法將有線電視費率審查權回歸中央，但也有業者或學者提出基本頻道費率審查權收歸中央，加值服務與付費頻道費率則回歸市場機制，業者僅需報備之作法（賴祥蔚，2009；劉幼琍等，2012）。

　　這些年來，NCC與地方政府在審查費率時，會根據業者提報數位化情形予以處置，如降低未進行數位化有線電視系統之月收視費。過去在NCC未成立前，新聞局也曾想幫業者規劃分組付費標準，訂定有線電視數位化若達80%便得實施分組收費。然而有業者為避免分組付費，對數位化採取消極態度，擔心一旦分組付費，每戶繳納的基本收視費可能從六百元往下降，系統業者收的收視費立刻短少。頻道業者也認定沒有好處，一旦被分到基本頻道組之外，頻道普及率、收視率、廣告收入、授權金都會隨之下降。因此有線廣播電視法自從1993年通過至2013年已有二十年，分組付費仍未施行。

　　目前分組付費，反彈最大的是頻道商與系統業者，爭議的部分在於「基本普及頻道組」，以前內含的僅包括必載，加上一些專用廣告頻道。近期NCC已考量「兩免」的概念，若頻道業者經過公司內部的策略分析，決定完全依賴廣告營收，「不要授權費、不要上架費」，即可申請成為基本普及組的頻道。但是可能會有一些額外的要求，包括本國自製率達一定比例、節目品質須達績效卓越等（彭心儀，2013/11/8）。

　　事實上，分組付費是對消費者較為公平的付費機制，看多少就付多

少，不過政府對業者規劃分組的模式不宜介入太深。回顧第一屆NCC委員為了順利推行分組付費，曾將頻道組規劃為兩組。第一組是基本頻道普及組，除了包含必載、公用、自製、節目單頻道外，其他只要不向系統業者收取節目授權費的頻道都可以在這一組。剩下來的既有頻道全在第二組，頻道可向系統業者收取節目授權費。

根據NCC於2013年4月研議之分組付費草案（**圖7-1**），頻道組只設基本頻道普及組，至少十一套節目（包含必載、公用、自製、節目單）收費200元，其他三個套餐，每個套餐不超過130元，三個套餐總數不得超過300元。事實上，此一作法和國外分組付費潮流不符，200元之「基本普及頻道組」訂價未說明如何計算，也有武斷之嫌。目前國外的分組付費頻道組有兩至三種級別，因此本文認為，我國分組付費可依循第一屆NCC委員規劃，將頻道組分成兩組，第一組仍為「基本頻道普及組」，第二組收費則和現行吃到飽費率拉齊，以吸引類比訂戶轉向數位有線電視。

因此「基本頻道普及組」要向訂戶收多少錢，不是主觀定一個收費上限，應該要確實計算，主管機關也應該審查。至於第二組的費率則可以現行吃到飽的費率減掉第一組的費率推估而得。在第二組之上的付費頻道、計次收費節目及加值或互動服務，訂價也是由市場機制決定。另一方面，除了「基本頻道普及組」之外，在確保消費者現有權益不得減損之原則下，頻道組合之內容可由業者自行規劃，無須由NCC定義。總之，政府對於分組付費不宜訂得太複雜，或是介入市場太深，業者才有空間提供創新服務，讓訂戶享受到有別於類比時代的用戶體驗。

三、IPTV發展政策與策略

目前台灣主要之IPTV業者為中華電信的MOD服務。國外IPTV業者經營模式較有自主性。台灣主管機關則因為中華電信有政府的持股而對其MOD的服務限制較多，如不可自製、委製節目及擔任平台業者

（Aggregator）角色。業者表示這樣的規定限縮了其發展的空間：

由於現在頻道數量過多，將近兩百多個頻道，未來是由網路世界加以主導，新媒體的管制應該再降低一點，由於其所面對的是國際上的競爭，如果我們單方面的限制自己的業者，只是對自己不利，例如黨政軍規範應考慮開放限制（張義豐，2013/11/8）。

回顧2003年12月立法院修訂廣電三法的黨政軍退出媒體條款，其立法要旨本為防止黨政軍擁有的媒體對選舉新聞的報導偏頗，因而影響選舉之公正性。然而時過境遷，以現今IPTV平台健全發展而言，太多限制的確會阻礙其競爭發展。本文認為，即便是政府持有股份，只要不涉及新聞、紀錄片或與特定意識形態相關節目，可開放IPTV業者自製節目、委製節目或扮演節目運營商的角色，使其可與有線電視平台一同競爭。例如英國電信公司的BT TV能經營BT Sport專屬頻道，日本電信公司的NTT Plala服務也與Disney、FOX、GOLF NETWORK共同製作內容，都是國際上可見的案例。

為進一步鼓勵各媒體平台之發展，未來如果產業市場環境更為成熟，IPTV與有線電視之管制規範，應朝向一致性以及更為寬鬆的環境努力（劉幼琍，2012）。至於有線電視平台認為中華電信MOD不公平競爭之處，如費率管制及全區經營模式。主管機關NCC目前已開放有線電視跨區經營，而費率部分目前MOD每月89元之系統維護費係為主管機關規定，其他節目資費並無受到管制，中華電信MOD之節目費率審查亦應比照有線電視的費率審查機制辦理。

就內容管制部分，我國現階段廣電法中設有節目管制，包括本國自製率、廣告時間等規範，根據固定通信業務管理規則第六十條之一，中華電信MOD被視為「多媒體內容傳輸平台」，其頻道內容管制比照廣電三法。主管機關在執行這一條規定時，要求所有在中華電信MOD上架的頻道，如為「線性內容」，即便不以衛星方式傳送頻道內容，也要按照衛廣法申請執照，這也是科技匯流，法規尚未匯流的一個明顯案例。至於

IPTV提供之「非線性」隨選視訊內容，應採取低度監理原則，僅依一般法及特別法進行規範（劉幼琍，2012），例如兒童及少年福利與權益保障法即對新聞媒體及網路之有害內容課以相關責任（國家通訊傳播委員會，2012/10/30）。

另外在防止有線電視系統業者杯葛頻道方面，我國有線廣播電視法雖有垂直整合四分之一的限制，行政院2011年3月核定的修法版本甚至下修到十分之一，但是都不足以解決有線電視MSO及主要頻道代理商影響有線平台頻道上下架權力的事實，例如：有線電視系統業者暗示其系統上的頻道不得在中華電信MOD上架。主管機關應該積極處理有線電視系統垂直壟斷內容的情勢，讓更多頻道有上架機會。建議可以比照美國傳播法訂定多頻道平台業者不得有歧視或差別待遇的規定（Benjamin et al., 2012），如此才能促成IPTV與頻道業者的自由合作。在沒有全面數位化之前，還是有必要建立健全的頻道授權與上下架機制。

四、行動多媒體發展政策與策略

對於行動電視或行動多媒體發照事宜，NCC第一屆委員意見並不一致。支持者認為，只要消費者有需求，業者也願意經營，就應該發放執照；反對者則主張，國際上鮮見行動多媒體有成功的經營模式，如果發放執照，業者將面臨開台之後的經營困難。然而，主管機關若要見到國際有成功的經營模式才決定釋照，顯然多慮。國外於2005年起就有不少國家發出行動多媒體的執照（Arino, 2007）。例如韓國以地面波傳輸的多媒體行動廣播（T-DMB）[2]和衛星傳輸的多媒體行動廣播（S-DMB）[3]傳輸提供多媒體行動服務（Shin & Jung, 2012）；日本以One Seg數位電視廣播的部分頻寬提供服務，並於2010年釋出新執照給NTT DOCOMO團隊mmbi。其他國家還包括英國、芬蘭、法國、德國、義大利等都有發展行動電視。

由於NCC多次延後發放行動多媒體的執照，國內試播團隊多已解

散，如今已經錯失市場先機，乏人問津。因此若能與第二梯次數位無線電視發照一起規劃，可以彈性運用，更能發揮平台效益，甚至可考慮與數位電視平台結合。可仿照歐洲「多工平台」（Multiplex）發照。在傳輸與內容分離情況下，將頻率分配給Multiplex業者，由業者自行決定水平或是垂直經營模式，業者可以靈活運用頻寬，規劃適當的數位電視頻道與行動多媒體內容。

五、新興媒體平台發展政策與策略

在我國無論是國內業者或是境外業者，欲提供OTT服務者，均不需要經過NCC的許可。網路無國界的特性，使得民眾可輕易透過公共網路取得來自國外的OTT影音內容，主管機關事實上無法強制要求外國業者在網路上提供服務前必須先申請我國廣電執照。如果無法有效解決跨境規範及管轄權等爭議問題，僅針對我國境內OTT視訊服務進行管制，不但欠缺合理的管制正當性，更可能產生管制趨避而使業者移向國外，進而阻礙產業之發展（彭心儀、鄭嘉逸，2013）。

直至2013年11月，NCC尚未在委員會議討論如何管理OTT視訊平台，僅在內部討論OTT視訊平台規管之可行性。由於台灣目前的OTT業者規模甚小，主管機關尚不需要介入，應等OTT發展到一定程度時，再來考慮是否對於境內業者進行市場進入規範。至於在內容管制方面和其他數位平台一致，由各目的事業主管機關循現行法令處理，仍採低度監理及自律先行原則（國家通訊傳播委員會，2012/10/30）。建議可參考歐盟之規定，非線性內容業者應增加對兒少保護、人性尊嚴、族群性別等不可歧視之標準（劉幼琍，2012；Valcke & Lievens, 2009）。

近年來由於網路影音網站以及大型OTT業者的興起，消費者的使用流量跟著快速增加，造成ISP業者的營運成本大幅增加，資費與流量的成長無法成正比，因而陷入「網路互連費用成本高攀不下」以及「少數用戶占

用大量頻寬與流量」的困境,進而壓縮到ISP業者的利潤(Daly, 2010),使得ISP業者想以阻擋或差別待遇方式管理網路流量。因此在國際間引發主管機關是否應該制訂網路中立性(Net Neutrality)法規的討論[4]。觀諸國內當前電訊傳播相關法規,目前尚未有法律明文針對網路中立性進行規範,但是電信法第二十一條規定:「電信事業應公平提供服務,除本法令有規定外,不得為差別處理。」,此一條款可間接視為網路中立性之相關規範。國內目前尚未出現真正有關網路中立性的案例,而傳播環境的變遷、新興科技的崛起和國際情勢的轉變,讓網路中立性的重要性不容小覷。我國主管機關目前雖然尚不需就網路中立性制定規範,仍需關注此一議題在國際間的發展,以便提早因應未來可能發生的問題(劉幼琍,2013a)。

 結 語

跨世紀以降,我國數位電視與新媒體平台發展遲滯不前,主要乃政府行政部門欠缺通訊傳播政策之整合與執行能力,以致業者在投入數位化成本與獲利權衡中保守觀望。主管機關改制之後,因為政策常常無法連續,亦增加市場發展的不確定性。從國際經驗來看,世界各國數位電視之發展,政府均扮演關鍵推動者之角色,對於新媒體平台之發展則是採取鼓勵與低度管制的態度。

2012年起,行政院新組織架構正式啟動,無線電視數位轉換亦同步開展,已是形塑我國數位電視與新媒體平台政策,規劃政府機構權責分工的最佳契機。有關NCC的執掌有必要調整,除了監理之外,也應該適度扮演輔導的角色。尤其在數位電視與新媒體平台的推動方面,NCC應該扮演主動積極的角色,輔導及協助業者,並與其他政府單位如交通部、文化部、經濟部等通力合作。因應觀眾數位主權時代的來臨,政府角色即

在促進數位服務普及化，創造公平數位機會，以達成縮減數位落差之目標。因此落實消費者保護，維護國民收視權益，保障兒少及弱勢族群收視利益，政府責無旁貸。

我國無線電視市場因在1990年代開放後，收視率逐年下降。未來第二梯次數位無線電視發照，如以多工平台方式發放，並結合行動多媒體服務，將可建立多元數位無線電視平台及發揮頻譜使用效益。但是如果廣播電視法或未來的匯流法沒有及時配合修法，傳輸與內容分離也無法實現。屆時主管機關還是無法跳脫傳統的發照方式，多元的數位無線電視平台將難以實現。

有線電視方面，政府應鼓勵業者提供免費數位機上盒給訂戶，並協助業者停播類比訊號，以讓其有效運用頻寬，並回歸使用者付費精神，引進業者自行規劃的分組付費機制。另一方面，則應建立市場合理授權與頻道上下架機制。有關必載無線電視頻道的議題，除了公共電視頻道及客家、原住民頻道應該全部必載之外，民營無線電視的主頻道亦應必載，至於其他數位頻道則可透過協商方式解決上架問題。有關無線電視的HDTV頻道，現階段仍應必載，未來俟無線電視皆改為HDTV時，再回到必載一個主頻道的原則。

IPTV方面，中華電信MOD受限於黨政軍條款規範，不得經營或委製頻道，亦不能作為平台業者。站在消費者多元選擇的立場，在確保政治不介入媒體經營以及媒體內容前提下，應放寬其限制。此外，未來在通訊傳播基本法第七條「政府應避免因不同傳輸技術而為差別管理……」原則下，IPTV以及有線電視在內容和費率管制方面應趨於一致性的管制。

在新媒體平台方面，初期政府管制不應太嚴峻，讓新媒體平台擁有自由發揮以及創新的空間，但若對既有業者產生不公平競爭時，政府可介入管制。因此政府應持續推動寬頻網路建設，以促成異質網路之整合，以建構充分競爭的產業匯流環境。

數位匯流的致勝關鍵，仍是優質內容。過去我國電視產業有數位化

落後及節目品質貧乏等問題，未來文化部應引導民間擴大投資，透過輔導、獎勵措施，鼓勵創新節目，並發展高畫質內容應用與服務。政府並應扎根數位內容製作人才之培育，以法令政策活絡節目市場之多樣性，並透過文化創意保護規範之規定，保障高品質與本國製內容之播出。先創造國內市場規模，進而引導進入海外市場獲利，以提升台灣文創產業在華文社會的影響力。

註　釋

1. 我國通傳會成立後，為避免交接空窗，第一屆之後委員改採交錯任期制，不分屆次。惟NCC至今已歷任四任主委。第一屆蘇永欽（任期自2006年2月22日起），第二屆彭芸（任期自2008年8月1日起），第三屆蘇蘅（任期自2010年8月1日起），第四屆石世豪（任期自2012年8月1日起）。本文所稱「第一屆NCC委員」係指該任主委屆期內之NCC委員會作為，餘此類推。

2. T-DMB是韓國的一種行動電視服務，係使用地面電波傳輸訊號到移動設備上。

3. S-DMB亦是韓國的一種行動電視服務，係通過衛星傳輸訊號到移動裝置上，不過已於2012年終止業務。

4. 「網路中立性」原則在多數國家是指禁止ISP業者阻擋合法內容、應用、服務或非傷害性的設備。ISP業者對網路的管理要透明，且不得不合理的歧視（Ruane, 2011）。

 參考書目

中華民國電視學會（2000/11/29）。《數位電視地面廣播全區節目播映二年計畫》。取自http://www.attnt.org.tw/upload/891129.doc

文化部（2012/10）。《高畫質電視推展計畫（101年-104年）》。上網日期：2012年11月22日。取自http://www.ey.gov.tw/Upload/RelFile/27/694018/5fceb790-09fc-4ef2-b3ad-d63b32ed2a5a.pdf

交通部（2011/5/4）。《數位電視發展藍圖》。取自http://www.motc.gov.tw/ch/index.jsp

行政院（2010/12）。《數位匯流發展方案（2010-2015年）》。取自http://www.ey.gov.tw/Upload/RelFile/26/75806/012916565471.pdf

行政院（2012/5）。《數位匯流發展方案（2010-2015年）第二版》。取自http://www.arcnet.org.tw/upload/files/dc7bc3d9.pdf

行政院新聞局（1997）。《1997廣播電視白皮書》。台北：新聞局。

行政院新聞局（2000）。《2000廣播電視白皮書》。台北：新聞局。

行政院新聞局（2003）。《2003廣播電視白皮書》。台北：新聞局。

行政院新聞局（2003/5）。〈廣播電視法、有線廣播電視法及衛星廣播電視法合併修正草案總說明〉。取自www.ey.gov.tw/web92/upload/20031124105538873.doc

行政院新聞局（2004/8/27）。《無線電視發展方案》。台北：新聞局。

行政院新聞局（2004/11/11）。〈推動數位電視導入時程及配套措施〉，上網日期：2004年11月22日。取自http://info.gio.gov.tw/ct.asp?xItem=20100&ctNode=1948

吳世昌（2013/3/22）。《數位匯流時代的收視率調查應審慎》。取自：http://news.chinatimes.com/tech/11050904/112013032200683.html

吳豐山（2012/2/22）。〈台灣那麼小……NCC還要開放多少頻道？〉。《聯合報》，A15版。

李學文（2010）。〈Apple TV改版後即將消滅傳統電視產業？（上）〉。上網日期：2012年12月22日，取自http://mag.udn.com/mag/world/printpage.jsp?f_ART_ID=269037

林淑惠（2010/11/5）。〈黨政軍投資媒體 緊箍咒鬆綁〉。《工商時報》。取自http://news.rti.org.tw/index_newsContent.aspx?nid=387515

林淑惠（2011/2/18）。〈NCC傾向再延或擱置第二單頻網釋照〉，《工商時報》。取自http://md.ctee.com.tw/

林道燊（2011/3）。〈電視媒體產業概況〉。取自http://www.ibt.com.tw/UserFiles/File/1000329-Indus.pdf

林靖堂（2013/6/19）。〈8年倒6家，數位化促有線電視市場集中〉。取自https://www.peopo.org/news/113111

林維國（2012）。〈收視率vs.收視質：台灣電視產業的任督二脈〉。新聞局幕後人才培訓研習營。

林維國（2012/3/19）。〈媒體數位化契機，關鍵在「收視質」調查〉，《中國時報》。取自http://showbiz.chinatimes.com/showbiz/110511/112012031900003.html

施俊吉（2012）。〈有線電視市場結構與經營區調整政策〉。《人文及社會科學集刊》，24(2)：165-191。

國家通訊傳播委員會（2007/7/18）。〈「促進有線電視數位化發展策略方案草案」公聽會議內容〉。取自http://www.ncc.gov.tw/

國家通訊傳播委員會（2011/2/16）。〈NCC公布5家無線電視台節目製播比例數位頻道重播率過高〉。取自http://www.ncc.gov.tw/

國家通訊傳播委員會（2012/3）。〈「第2梯次數位無線電視釋照」規劃（草案）〉。取自http://www.ncc.gov.tw/

國家通訊傳播委員會（2012/8）。〈100年通訊傳播績效報告〉。取自http://www.ncc.gov.tw/

國家通訊傳播委員會（2012/10/30）。《2012年國際內容管制圓桌論壇——赴韓國出席國際會議報告》。取自http://report.nat.gov.tw/ReportFront/report_detail.jspx?sysId=C10102851

國家通訊傳播委員會（2013/2）。〈「第2梯次數位無線電視釋照」規劃（草案）〉。取自http://www.ncc.gov.tw/

國家通訊傳播委員會（2013/4/24）。〈NCC擬採漸進手段改變有線電視的收費模式，以促進有線電視的數位化和增加消費者視訊多元選擇權〉。取自http://www.ncc.gov.tw/

國家通訊傳播委員會（2013/5/17）。〈補充公告有線廣播電視經營地區劃分及調整以及受理申請經營有線廣播電視業務〉。取自http://www.ncc.gov.tw/

國家通訊傳播委員會（2013/8/28）。〈NCC積極整合資源，加速推動有線電視數位化〉。取自http://www.ncc.gov.tw/

國家通訊傳播委員會（2013/11/4）。〈102年第3季有線廣播電視訂戶數（依集團）〉。取自http://www.ncc.gov.tw/

張崇仁（2013/11/8）。「數位電視與新媒體平台政策」座談會發言紀錄。台北市：台大校友會館。

張義豐（2013/11/8）。「數位電視與新媒體平台政策」座談會發言紀錄。台北市：台大校友會館。

張錦華、林維國、陳清河、林建甫、杜聖聰（2009）。《電視新聞收視質指標建構及量測計畫》，國家通訊傳播委員會98年委託研究報告。

莊春發（2009/12/24）。〈第二梯次無線電視執照釋照所面臨之各項議題〉。「如何面對第二梯次數位無線電視釋照研討會」，台灣通訊傳播產業協進會主辦。

陳彥龍、熊杰（2008）。〈結束後的開始：NCC成立歷程與釋憲後的修法議題〉。《廣播與電視》，28：29-69。

陳炳宏、鄭麗琪（2003）。〈台灣電視產業市場結構與經營績效關係之研究〉。《新聞學研究》，75：37-71。

彭心儀、鄭嘉逸（2013）。〈新興視聽傳輸平台之管制概念初探——由OTT TV談起〉。《網路通訊國家型科技計畫簡訊》，53：13-15。

彭心儀（2013/11/8）。「數位電視與新媒體平台政策」座談會發言紀錄。台北市：台大校友會館。

彭芸（2012）。《NCC與媒介政策：公共利益、規管哲學與實務》。台北：風雲論壇。

彭淑芬（2013/11/8）。「數位電視與新媒體平台政策」座談會發言紀錄。台北市：台大校友會館。

曾瀚葦、李建勳（2011）。《北美OTT線上影視服務發展趨勢分析》，MIC產業情報研究所。取自http://mic.iii.org.tw/intelligence/reports/pop_Doc_review.asp?docid=CDOC20110630019&pag=people

黃晶琳（2014/2/11）。〈數位匯流大法3月變不出來〉。《經濟日報》。取自http://edn.udn.com/

廖重明（2013/11/8）。「數位電視與新媒體平台政策」座談會發言紀錄。台北市：台大校友會館。

趙怡、褚瑞婷（2007/3/24）。〈數位匯流時代的傳播政策〉，《財團法人國家政策研究基金會》，取自http://www.npf.org.tw/printfriendly/2348

劉孔中（2010）。《通訊傳播法：數位匯流、管制革新與法治國家》。台北市：台灣本土法學雜誌。

劉幼琍（1994）。《有線電視經營管理與頻道規劃策略》。台北：正中。

劉幼琍（2004a）。〈電信、媒體與網路的整合與匯流〉，劉幼琍（編），《電訊傳播》，頁371-420。台北：雙葉書廊。

劉幼琍（2004b）〈大陸廣播電視事業——兼談大陸廣電集團化與數位化的發展與政策〉。《中國大陸大眾傳播事業及其管理概況》。行政院聞局。

劉幼琍（2012）。《數位匯流政策法規研究：以傳播平台及內容管制相關議題為中心》。（國科會專題研究計畫成果報告，NSC101-2219-E-004-001）。台北：國立政治大學廣電系。

劉幼琍等（2012）。《數位電視與新媒體平台政策白皮書》。台北：國立政治大學。

劉幼琍（2013a）。《網路中立對ISP業者衝擊影響之研究》。（中華電信數據分公司委託研究案，102A102005）。台北：國立政治大學廣電系。

劉幼琍（2013b）。《OTT視訊服務經營模式與法規管制之研究》。（國科會專題研究計畫成果報告，NSC102-2410-H-004-MY2）。台北：國立政治大學廣電系。

蔡志宏（2010）。《我國數位電視服務市場及未來需求研析》。（國家通訊傳播委員會委託研究報告，NCCL98046-981106）。台北：台灣通訊學會。

賴祥蔚（2009）。〈有線電視數位化費率模式〉。「有線電視數位化政策白皮書研討會」，財團法人二十一世紀基金會主辦，台北市。

鍾惠玲（2012/8/31）。〈中華電寬頻與MOD用戶目標下修〉，《中國時報》，取自http://news.chinatimes.com/

闕志儒（2013/4/25）。〈補助節目半夜才播　伍佰：限制級嗎？〉，《聯合報》，C1版。

蘇文彬（2010/7/23）。〈手機行動電視釋照暫緩　NCC：今年以政策規劃為目標〉，iThome online。取自http://www.ithome.com.tw/itadm/article.php?c=62418

Arino, M. (2007). The UK approach to the regulation of IPTV and Mobile TV. Retrieved from http://www.cullen-international.com/cullen/cipublic/presentations/monica_arino_ofcom.pdf

Banerjee, A., Alleman, J., & Rappoport, P. (2012). Video-viewing behavior in the era of convergent and connected devices: A longitudinal panel data analysis. Paper present at International Institute of Forecasters, 32nd Annual International Symposium on Forecasting, Boston.

Benjamin, S. M. et al. (2012). *Telecommunications Law and Policy.* 3rd ed. Carolina Academic Press, North Carolina: Durham.

Burke, A. (2011). Over-the-top TV-challenge or opportunity. Retrieved from http://www.connect-world.com/~cwiml/index.php/magazine/latin-america/item/11535-over-the-top-tv-%E2%80%93-challenge-or-opportunity

Cave, M. (2006). The development of digital television in the UK, in Cave, M. & Nakamura, K. (eds.), *Digital Broadcasting Policy and Practice in the Americas, Europe and Japan.* Edward Elgar, UK: Cheltenham.

Colapinto, C. & Papandrea, F. (2007). Digital TV policies in the UK, US, Australia and Italy, in Papandrea, F. & Armstrong, M. (eds.), *Record of the Communications Policy & Research Forum 2007.* Network Insight Institute, Sydney.

Daly, A. (2010). Regulatory approaches to net neutrality in Europe and beyond. Proceedings from ITU '10: International Telecommunications Society Conference. Aalborg University, Copenhagen.

DCMS (2013). Connectivity, content and consumers: Britain's digital platform for growth. Retrieved from https://www.gov.uk/government/uploads/system/uploads/attachment_data/file/225783/Connectivity_Content_and_Consumers_2013.pdf

Dundon, M. (2013). Five change factors in telecoms and the CIO's role. CIO. Retrieved from http://www.cio.co.uk/insight/cio-career/five-change-factors-in-telecoms-cios-role/

European Commission (1997). Green paper on the convergence of the telecommunications, media and information technology sectors, and the implications for regulation towards an information society approach. *Green Paper on the Regulation Implications*, Brussel.

Flew, T. (2012). Media classification: Content regulation in an age of convergent media. *Media International Australia, 143*, 5-15.

Frieden, R. (2003). Adjusting the horizontal and vertical in telecommunications regulation: A comparison of the traditional and a new layered approach. *Federal Communications Law Journal, 55*(2), 207.

Iosifidis, P. (2011). Growing pains? The transition to digital television in Europe.

European Journal of Communication, 26(1), 3-17.

Liu, Y. L. (2011). The impact of convergence on the telecommunications law and broadcasting-related laws: A comparison between Japan and Taiwan. *Keio Communication Review, 33*, 43-67.

Napoli, P. M. (2011). Retransmission consent and broadcaster commitment to localism. Retrieved from http://www.americantelevisionalliance.org/wp-content/uploads/2013/07/Retransmission_Consent_and_Localism_Paper_by_Napoli_FINAL.pdf

Porter, M. (1990). *The Competitive Advantage of Nations: With a New Introduction.* New York: Free Press.

Ruane, K. A. (2011). The FCC's authority to regulate net neutrality after Comcast v. FCC. Congressional Research Service. Retrieved from http://www.ipmall.info/hosted_resources/crs/R40234_110128.pdf

Shin, D. & Jung, J. (2012). Socio-technical analysis of Korean's broadband convergence network: Big plans, big projects, big prospects? *Telecommunications Policy, 36*(7), 579-593.

Valcke, P. & Lievens, E. (2009). The audiovisual media services directive unraveled at the dawn of the digital public sphere, in Pauwels, C. et al. (eds.), *Rethinking European Broadcasting Regulation.* Brussels: VUBPRESS Brussels University Press.

Werbach, K. (2002). A layered model for internet policy. *Journal on Telecommunications and High Technology Law, 1*(1), 37-67.

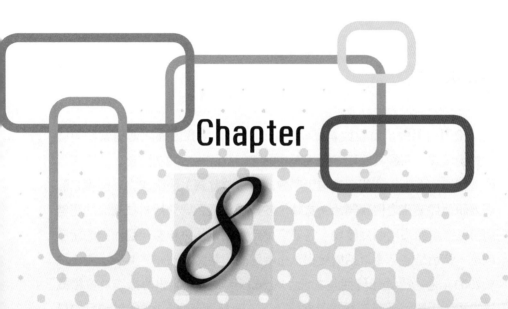

Chapter

8

我國數位電視與
新媒體平台法規架構

何吉森[1]　國家通訊傳播委員會法律事務處處長
　　　　　國立台灣師範大學兼任助理教授

 前 言

　　檢視台灣數位電視與新媒體規範架構，應從我國通訊傳播管制規範之整備談起，回顧其歷程，可溯至1998年行政院第2272次院會，及同年行政院第八次電子、資訊與電信策略會議（SRB會議）決議成立一個獨立監理通訊傳播業務之機關開始。當時，各界鑑於通訊與傳播科技匯流的趨勢將帶動產業與市場劇烈轉變，需要事權整合的單位來統整伴隨而來的諸多改革，特別是隨著產業結構變化帶來的管制策略調整需求。其後，立法院於2003年通過「通訊傳播基本法」、2005年通過「通訊傳播委員會組織法」後，「國家通訊傳播委員會」（以下簡稱通傳會）於2006年2月22日成立，開啟我國通訊、傳播產業領域的數位匯流之門（行政院數位匯流發展小組，2012：1）。

　　「通訊傳播基本法」係我國通訊傳播匯流法制重要之旅程碑，在基本法通過前後，相關機關均嘗試以各種立法形式對匯流管制架構作調整，如前行政院新聞局於2003年試圖以水平架構整合廣電三法（指有線廣播電視法、廣播電視法及衛星廣播電視法）；通傳會成立後，於2007年曾依據「中高度匯流原則」及「水平監督管理架構」提出「通訊傳播管理法草案」，其後復因無線與有線電視數位化在即，及因應產業監理與內容發展之急迫需要，爰依據行政院第二十八次科技顧問會議（2008年11月）結論，改採兩階段修法，先將攸關匯流產業發展的廣電三法及電信法逐一完成修訂並送行政院審議。

　　法規是政策的具體落實與折衷，我們可從各項修法歷程與規範要旨的回顧與探討，有效掌握我國現階段之數位電視與新媒體規範架構。此外，在相關制度與政策調整過程中，來自產業、專家學者、行政及立法部門意見之互動，主政者應同時兼顧各方利益且凝聚共識，在公共政策之民主政治、市場經濟與公共利益中，尋找出路。據此，本文最後將以新制度

主義（New-Institutionalism）及公共利益觀點來評論相關政策制度，於我國數位電視與新媒體發展中的角色。

第一節　數位匯流發展方案之管制架構調整策略

　　我國通訊環境建設規劃始於「國家資訊通信發展方案（2002-2006年）」、其後另有「國家資訊通訊發展方案（2007-2011年）」與「新世紀第三期國家建設計畫（2009-2012年）」。展望國際趨勢，為因應數位匯流帶來的潛在產業發展契機，各國政府紛紛提出與數位匯流相關的產業政策，如美國的「國家寬頻計畫」（Connecting America: the National Broadband Plan）、英國的「數位英國白皮書」（Digital Britain）、日本「光之道」及「實現新成長戰略2011」、韓國「廣播通訊網中長期發展計畫」與中國大陸的「三網融合試點計畫」等。我國則成立行政院「數位匯流專案小組」，並於2010年12月通過「數位匯流發展方案（2010-2015年）」（簡稱發展方案）[2]，宣示國家未來的重要政策方向。

　　依據「發展方案」針對我國廣播電視與電信管制規範現況之檢視，我國現行相關法令規範，仍維持傳統對於通訊傳輸及廣電節目分立的管制架構，未因應匯流架構而重新檢討進行法制架構的調整，法規並未隨著匯流趨勢與時俱進，已對匯流服務的發展形成阻礙。此包含結構管制與行為管制上的不對稱，是電信產業與傳播產業在規管架構上最大的差異。當不同種類的平台均可以提供類同的服務時，各類平台間彼此的競合需要切合時宜的法規來確立新的秩序。該方案參照資訊先進國家的法制架構調整策略與國內外產業結構的變化，認為水平式的「層級架構」（Layered Framework）調整策略應屬可採。並做出結論：「採兩階段修法進行，以提供廣電業者與電信業者一致的競爭環境。」

　　為因應通訊傳播發展諸多面向所造成的相互影響，前述「發展方

案」首先認為政府應致力於調和數位匯流法規架構,從電信相關法規及廣電三法的內容中歸納出網路及平台的共同規範概念,引進並區分網路傳輸、播放平台及內容應用層級化管理之概念,修訂跨業經營規範,以調整產業間的管制落差。其次,在產業秩序面,則致力於完善資源管理策略,規範產業壟斷及不公平競爭行為(如促使頻道能在不同多頻道視訊平台上合理上下架)、營造公平競爭環境、維護本土創意產業、落實媒體自律等目標。最後,在社會規範面之規定重點,則有貫徹媒體近用權、培植多元文化、妥善規劃節目及廣告服務、保護消費者權益等目標。

另為落實「階段性修法」政策,發展方案將法規架構調整的期程分為二階段(圖8-1):第一階段讓廣電與電信產業分別修法,以層級管制架構的概念,因應各產業的實務需求進行法制調整作業,通傳會在2012年3月分別針對廣電三法面臨數位電視及新媒體發展有障礙且迫切之問題進

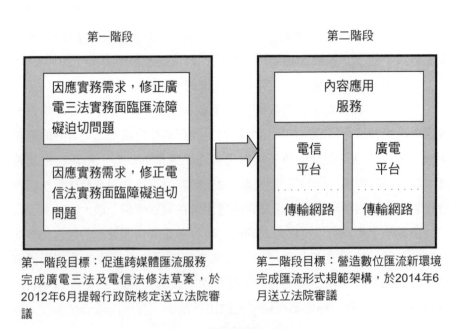

第一階段目標:促進跨媒體匯流服務
完成廣電三法及電信法修法草案,於
2012年6月提報行政院核定送立法院審
議

第二階段目標:營造數位匯流新環境
完成匯流形式規範架構,於2014年6
月送立法院審議

圖8-1　管制架構調整策略

資料來源:行政院數位匯流發展小組(2012)。

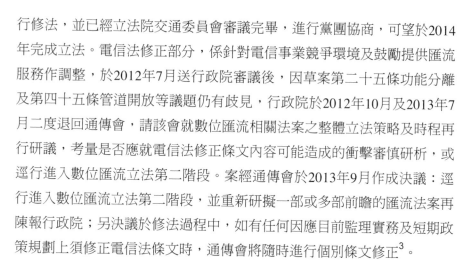

行修法，並已經立法院交通委員會審議完畢，進行黨團協商，可望於2014年完成立法。電信法修正部分，係針對電信事業競爭環境及鼓勵提供匯流服務作調整，於2012年7月送行政院審議後，因草案第二十五條功能分離及第四十五條管道開放等議題仍有歧見，行政院於2012年10月及2013年7月二度退回通傳會，請該會就數位匯流相關法案之整體立法策略及時程再行研議，考量是否應就電信法修正條文內容可能造成的衝擊審慎研析，或逕行進入數位匯流立法第二階段。案經通傳會於2013年9月作成決議：逕行進入數位匯流立法第二階段，並重新研擬一部或多部前瞻的匯流法案再陳報行政院；另決議於修法過程中，如有任何因應目前監理實務及短期政策規劃上須修正電信法條文時，通傳會將隨時進行個別條文修正[3]。

綜上，發展方案將「調和匯流法規環境」列為七大推動主軸之一，認為隨著數位匯流環境成熟，電信與傳播網路逐步融合下，我國現有以載具劃分之垂直管制架構，有必要進行調整。為有效因應數位匯流法規調和之需要，包括公平會、經濟部與通傳會被要求應共同推動以下相關重點策略與措施，其中與數位電視及新媒體規範架構相關者有：

1. 建立匯流管制架構基本原則。相關辦理措施包括：配合匯流對通訊與傳播之加值服務建立合理規範模式，及檢討匯流環境下外資及跨業經營之相關規範。

2. 調整廣電管制規範。相關辦理措施包括：建立傳輸與節目「製播分離」管制架構、健全有線電視經營管理機制。

3. 健全匯流內容管理。相關辦理措施包括：健全匯流服務內容管理，讓匯流服務內容無正當理由不應因傳輸科技性質而有差別待遇，及因應匯流檢討並調整現行著作權法相關規範。

4. 完備法規促進數位媒體內容產業。相關辦理措施包括：研訂置入性行銷及贊助規範，有條件放寬置入性行銷規定，引進外界資源挹注產業，為內容業者開創額外營收及贊助管道；訂定我國戲劇節目製

播政策，提升本國戲劇節目播出機會、管道及視聽眾收視權益；及保障數位內容業者權益，加強查緝網路盜版、宣傳網路智慧財產權、強化網路通報機制單一窗口。

5.平衡數位落差與匯流普及服務。相關辦理措施包括：達到部落有寬頻、強化有線電視基金之運用。

 ## 第二節　因應數位匯流下之媒體規範革新

為因應科技匯流之法制改革，於通傳會成立前，前行政院新聞局於2003年曾試圖以水平架構整合廣電三法。另有「通訊傳播基本法」之立法，「通訊傳播基本法」明定台灣因應通訊傳播匯流之願景，及給予通訊傳播委員會法源依據，同時明定相關作用法之共通性原則，為未來修訂通訊傳播作用法之依據。通傳會成立後，由其主導我國現行廣播電視法與電信法等相關作用法規之修正，並曾通過一部屬中高度匯流之「通訊傳播管理法草案」。此段歷程，對我國數位電視及新媒體規範可謂是革新式創舉，有其深遠之意義，特於此節說明。

一、2003年廣電三法整併草案

電信、傳播與網路之匯流趨勢，正影響新世代之傳播技術發展、價值觀及生活方式，現行規範我國廣播電視產業之廣播電視法律，係以媒體屬性作縱向分類，分別依無線電波頻率、有線線纜或衛星頻率等傳輸型態，採取個別立法體例，分屬廣播電視法（無線）、有線廣播電視法及衛星廣播電視法等三法規管。廣電三法之立法意旨雖皆明確，然因制定時期先後不同，致有管理規定寬嚴不一之情形，如無線廣播、電視之個別股東持股有一定比例之限制，有線及衛星產業則無；無線廣播、電視之節

目、廣告依規定須事前送審,有線及衛星產業則無等等。

從媒介整合觀點,現有以媒體屬性作為分類架構之傳統廣播電視產業,正面臨轉型與整合之挑戰。面對國內外廣播電視產業之快速發展趨勢,如何有效因應廣播電視傳播環境問題之變化特質,提升寬頻視訊產業之國家競爭力,建構一個公平之競爭環境,規範法理之統一與定位,以及契合民主社會發展與數位科技之趨勢,有認為可重新整合現行廣電三法,調整為以功能性分類之橫向產業架構。

2003年5月行政院提出廣播電視法、有線廣播電視法及衛星廣播電視法整併修正草案(以下簡稱廣電三法整併案),其後該法案因立法院會期屆滿不續審,行政院亦鑑於通傳會成立在即,遂決定不再重提。但該草案之立法精神(核心價值)及從科技匯流之面向考量我國未來廣播電視產業(部分亦涉及電信產業)在結構、營運與內容方面之規範議題,仍值得參考。

廣電三法整併案在整合現行無線、有線及衛星廣播電視三法,重整其架構。經政策分析,認為如仍按照現有廣播電視產業領域之法令為處理對策,將無法有效地解決問題,有先調整為以功能性分類的橫向媒體產業架構之必要,即區分為「內容供應者」(Content Provider)、「服務供應者」(Service Provider)及「接取供應者」(Access Provider)三層架構。整併案採用此種分類架構之目的在於(何吉森,2004:52-62):

1. 依製播分離原則,對通路服務與內容提供者,分別施以不同之規制原則。如對通路服務者要求普及、所有權管制,對內容提供者要求多元服務等。

2. 區分對輸出內容之責任歸屬。如頻道經營業需對其提供之內容負直接責任,廣播電視傳輸平台服務業則課以間接責任,僅在明知或被告知內容有違法情形仍不配合移除或處理時,始負責任。廣播電視傳輸平台服務業如自營頻道則仍需取得頻道經營業執照,並對其提

供之內容負責。

3.鼓勵廣電產業橫向之分工，避免垂直壟斷，營造一個公平、競爭且
充滿創意的知識經濟社會環境。

傳播學者劉幼琍曾以層級模式（Layer Model）來評述廣電三法整
併案之架構（劉幼琍，2003），並認為其有以下之優點：減少法規不一
致，同樣的服務不因其技術不同致適用不同法規範；對同一層級水平式的
網路，可有一般性的規範；可區分不同層級屬性而為管理；使網路與應用
層分開，促使每個層級之服務與創新更有效率。學者雖亦擔心層級模式只
能建立法規原則，有無法解決具體問題的缺點，惟針對此點，法案可採務
實與創新的原則，將營運平台再區分為廣播電視、無線、有線及衛星營運
平台服務業。綜上，廣電三法整併案所描繪之廣播電視產業架構，如**圖
8-2**。

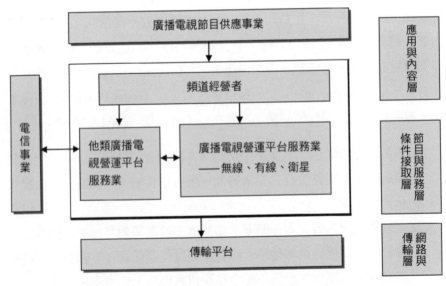

圖8-2　廣電三法整併案之廣播電視產業未來架構

資料來源：何吉森（2004）。

此次修法整併之核心可分述如以下數項：

1. 正視媒體之產業本質。為促進產業之競爭與發展，因應全球化之趨勢，政府應以扶植、鼓勵競爭方式來代替原有不合時宜之管制。據此，宜刪除原有對無線廣播電視產業個別股權持有之比例限制、放寬外國資本之引進，讓廣電媒體產業能由無線、有線、直播衛星及網路產業共同來參與市場競爭。

2. 媒體同時也是一種文化產業，應予以特別保護。如何保護本國文化、鼓勵媒體在本國文化上之創意，並將產品推廣到國外，應於條文中妥為規劃。

3. 廣播電視傳播媒體為一特許業，如頻率使用之特許、線纜鋪設之特許。傳播媒體之社會責任應與其特許性質相配合，政府於必要時得徵收其資源，並要求業者回饋社會。

4. 媒體與一般產業仍屬有別，經營者藉此對大眾發送訊息，對社會之言論、文化與倫理規範等均產生一定之影響，不能放任由市場自由發展，應防範少數團體或個人對媒體之壟斷。

二、通訊傳播基本政策

通訊傳播基本法於2004年1月7日公布，全文計十七條。其以「基本法」稱之[4]，在以基本法作為推動通訊傳播政策之動力，藉以揭櫫數位匯流下通訊傳播規範共通原則及賦予通訊傳播委員會設置法源依據。「基本法」之性質，有謂我國通訊傳播基本法偏向「綱要立法」，作者認為基本法雖賦予成立「通訊傳播委員會」與通訊傳播監督管理基金之法源依據（第三條、第四條），但其內容對我國通訊傳播之政策方針與願景有諸多方向性規定，明白揭示因應匯流法制調整原則，應屬「政策立法」。其要旨有三：

(一)制訂通訊傳播基本法之目的（第一條）

為確保科技匯流環境下通訊傳播市場之健全發展，使國民享受優質創新之服務並保障其權益，提升多元文化，於本法訂定我國通訊傳播政策與法規之基本方針與綱領，並要求落實於通訊傳播相關作用法中。

(二)明定通訊傳播之管制原則（第五條至第七條）

◆維護人性尊嚴、促進多元文化發展（第五條）

通訊傳播應以人性尊重及多元文化願景為目標。通訊傳播之廣播電視媒體肩負宏揚文化之重任，與一般產業仍屬有別，不能視同一般商品。以建構更富涵人文關懷之社會為終極目標，但對於通訊傳播內容之管理，應以低度管理為原則，並促使業者自律。

◆新技術與服務之提供（第六條）

通訊傳播技術日新月異，為鼓勵我國通訊傳播事業樂於提供使用者新服務，創造使新服務得以蓬勃發展的法規環境，參考美國1934年通訊法第七條（Sec.7 [47 U.S.C. 157] New Technologies and Services）規定，明定政府應鼓勵通訊傳播新技術及服務之發展，無正當理由不得限制之，使全民共享物美價廉之通訊傳播服務。

◆平等管理原則（第七條）

由於現行通訊傳播之法規，係以載具屬性為縱向分類，導致因不同載具產生管制不同的情形。參考歐盟2002年「電子通訊網路與服務之共同管制架構指令」（Directive 2002/21/EC）所揭示之管制原則，將縱向分類管制方式改為水平管理方式，且基於技術中立原則，避免因不同傳輸技術而為差別處理。

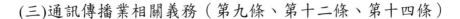
(三)通訊傳播業相關義務（第九條、第十二條、第十四條）

◆ 保護消費者權益（第九條）

　　參考歐盟1999年「邁向電子通訊基礎設施與相關服務之新架構諮文」所揭示之政策目標，與行政院消費者保護委員會「電子商務消費者保護綱領」之規定，通訊傳播事業應提供公平合理之服務，保障消費者權益。隨著通信網路及數位技術之高度發展，通訊、傳播及資訊科技之匯流發展已成趨勢，而通訊傳播事業之跨業經營，亦將成為未來之經營模式，跨業經營雖有助於各個關連市場之競爭，並提供消費者更多的選擇。然而，亦可能使經濟力量過度集中或造成市場力不當擴張，進而影響市場秩序及損及消費權益。故除了檢討修正相關法規以確保消費者權益外，通訊傳播事業亦應以保障消費者權益為職責，提供公平合理之服務。對於消費之必要資訊應予公開，例如資費、收費方式、個人資料保護政策、服務中斷之責任、定型化契約及爭議處理等。

◆ 媒體近用與普及服務（第十二條）

　　資訊社會中，取得及交換資訊之能力，已成為現代國民必備之基本要件，且善用資訊將提升個人及國家整體之競爭力，亦為國家知識經濟之發展關鍵。惟在自由競爭環境中，成本與利潤是業者最關心及重視之經營要件；因此，在投資效益與競爭能力之考量下，業者恐不願提供造成虧損之通訊傳播服務，或拒絕對偏遠地區民眾提供服務。是以政府應採取必要措施，參考美國1996年電信法第二百五十四條、歐盟2002年「電子通訊網路與服務之普及服務與使用者權利指令」（Directive 2002/22/EC）第一條之立法意旨，透過設置普及服務基金，針對偏遠地區（如原住民部落）鋪設通訊寬頻網路或提供廣播電視服務等，以促進通訊傳播之接近使用及普及服務，使全體國民均能享有必要之通訊傳播服務，有效縮短數位落差。

◆緊急救難之必要應變措施（第十四條）

依憲法第二十三條之規定，有關基本人權之限制，僅在特定條件下始得為之。故縱於緊急事故發生時，政府亦僅得於為增進公共利益所必需，而要求通訊傳播事業採取必要之應變措施，以保障通訊傳播之憲法上權益。

三、通訊傳播管理法草案

通傳會於2007年12月曾通過通訊傳播管理法草案送行政院審議，該草案總說明認為，當前科技匯流之趨勢，已對通訊傳播事業產生不可忽視之影響；再加上數位通訊傳播科技快速之演進，跨國合作及資訊自由化之需求層面擴增，面對通訊傳播發展諸多面向相互影響之情境，為充分掌握發展之趨勢及脈動，並期符合通訊及傳媒產業發展之三大趨勢：媒體「匯流」（Convergence）、「全球化」（Globalization）及「解除管制」（Deregulation），由科技匯流面、產業秩序面及社會規範面等三面向構思合併電信法及廣電三法為通訊傳播管理法。

該草案分為十一章，計一百八十五條，依據通訊傳播基本法揭示之精神，朝中、高度匯流方向，按其所屬通訊傳播階層之特性及功能，依下列原則分別訂定必要之管理措施（圖8-3）：

1.通訊傳播網路具有基礎建設性質者，應確保其技術互通應用，鼓勵新建設及新技術，以促進網路階層之競爭。
2.通訊傳播服務具有公用性質者，應防止具有顯著市場地位者濫用市場地位，維護公平競爭與消費者利益。
3.內容應用服務專以表現個人意見為目的者，應保障其自由；頻道事業之監督管理，以不干預個別節目製作者之創作自由為原則。

該草案試圖一步到位地將通訊傳播產業之規管，整合成技術中立的

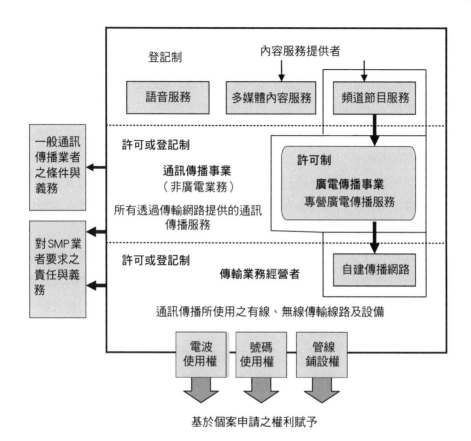

登記制　　　　　　內容服務提供者

語音服務　　多媒體內容服務　　頻道節目服務

一般通訊
傳播業者
之條件與
義務

許可或登記制

通訊傳播事業
（非廣電業務）

所有透過傳輸網路提供的通訊
傳播服務

許可制

廣電傳播事業
專營廣電傳播服務

對SMP業
者要求之
**責任與義
務**

許可或登記制

傳輸業務經營者

自建傳播網路

通訊傳播所使用之有線、無線傳輸線路及設備

電波
使用權　　號碼
使用權　　管線
鋪設權

基於個案申請之權利賦予

圖8-3　我國通訊傳播作用法草案主要結構

資料來源：何吉森（2007）。

水平式架構作法，惟因溝通說明不足，使「原本分立於不同管制架構中發展各自營業常規的電信與廣播電視業者，由於上下游各方交易秩序及競爭關係丕變，學習曲線必須隨之更新而陷入（短期）商業調適上的困擾，難免因而橫生疑懼甚至起而鼓動反對聲浪」[5]。讓既有業者產生疑慮，行政院爰於2008年將草案退回通傳會再予檢討。

　　六年後，通傳會在完成廣電三法修正草案及廣播電視壟斷防制與多元維護法草案後，面對電信事業與有線電視間公平競爭、跨頻及跨平台播

送、有線電視數位化等通傳產業互跨經營的重要議題，決定將逐行進入數位匯流立法第二階段。通傳會石世豪主委在一場通訊傳播匯流法論壇中指出，未來匯流立法，不再是2007年時所採取的「新法日出、舊法日落」的合一整併模式，可能是「一部或多部前瞻的匯流法」，即可以參考日本或英國模式，兼容並蓄的同時存在層級化的匯流新法、鼓勵競爭的電信法及促進跨業經營的廣電三法，以多部法典整備既有通訊傳播法律架構。並將善用意見徵詢、公聽會及聽證會等公開程序機制，就涉及數位匯流法案的政策議題與方針先行徵詢各界意見，藉以擴大吸取來自產業與社會各個層面的創意與對策。

前述數位匯流規範之相關議題，將包括通信網路最後一哩及對於服務與設施競爭之影響與管制工具、平台業者對不妥或有害內容的責任歸屬、黨政軍退出媒體規範、媒體壟斷防制規範、鼓勵競爭之不對稱管制規範、解除不必要管制前提下的一般義務等（石世豪，2013）。

通傳會委員彭心儀教授在一場數位匯流新三通研討會中[6]，針對數位匯流法制架構，亦認為不應有通訊與傳播規範一致化之迷思，其認為通訊與傳播二元的管制各有其核心理念，法規層面的整合，必須面對各類管制之匯流成熟度差異，逐步前進，貿然採取高度匯流概念，必將遭遇兩種法制之扞格。管制密度拉齊當然為最終目標（高度匯流），可終結二元分立，但較務實的作法則是仍維繫各自核心管制目標，未來透過漸進滾動方式逐步整併（彭心儀，2013）。

彭委員認為所謂匯流，係指「原本在技術上、商業布局上及管制上彼此涇渭分明之產業，因數位化而逐漸合流」，以舊技術為基礎所區分的管制手段，難以有效分類或定性新的產業活動，對此割裂現象，在適用現行法時，是要用類推、填補漏洞或進行法的續造？採取目的論解釋擴充條文意涵以因應新的情勢時，其範圍又為何？未來如何透過行政裁量權或司法解釋來與時俱進？彭委員在方法論的結論是：「採垂直分立下之水平層級管制概念，在二元脈絡下逐步調和落差。」基於此，現行電信法與廣電

三法所規管之事業，在基礎網路、營運管理及內容應用水平層級管制概念上，第一類電視事業、無線廣播事業、無線電視事業、有線電視系統經營者及直播衛星廣播電視服務經營者，係屬三層均涉及之垂直架構；一般二類電信則僅涉及營運管理層，特殊二類電信涉及基礎網路層及營運管理層，節目供應事業則涉及營運管理層與內容應用層。

第三節　數位電視規範架構

現行廣播電視法自1976年公布施行，迄今已逾三十年，未作大幅度修正；有線廣播電視法制定於1993年，並於1999年衛星廣播電視法制定公布時，同時修正，為使法律規範與時俱進，現行廣電三法實有通盤檢討並力求周延之必要。綜觀通傳會此次對廣電三法之整合及修正，即在朝向促進媒體產業發展，尤其是在推動電視數位化及產業匯流競爭方面。以下，謹先就本書主題，與電視數位轉移議題有關之政府規範與措施，作深入分析。

一、在未修法之狀態下完成無線電視數位轉換

廣播電視法最近一次修正於2011年6月，該次修法重點在修正第十條，明定廣播、電視事業之許可，主管機關得考量設立目的、開放目標、市場情況、消費者權益及其他公共利益之需要，採評審制、拍賣制、公開招標制或其他適當方式為之，其目的在為第十一梯次廣播頻率開放及第二梯次無線數位電視執照開放預為準備。

同年，行政院送請立法院審議之廣播電視法（小修版）修正案，主要在配合立法院審議通過公民與政治權利國際公約及經濟社會文化權利國際公約，並修正於戒嚴時期留下尚未修正之若干內容規管規定，另一重點

（同時亦於有廣法及衛廣法修正案中同步比照修正），即是修正黨政軍退出媒體條款，針對外界意見，通傳會改採實質控制理論，容許於一定範圍內間接投資，並增訂禁止以其他方式控制民營廣播、電視事業。為有明確認定基準，參考證券交易法第二十五條關於申報公告之門檻為股份總額百分之十（後於立法院審議時，經協商調為百分之五）。

嚴格來說，此兩次修法均與無線電視數位化無直接關聯，我國無線電視數位化，基本上係在現有類比時代所訂之規範架構下，透過行政機關之行政解釋或權宜措施下逐步完成的。因此，學界期待有關數位電視執照期限、費用政策、製播分離政策、數位化後之經營模式、業者公共義務（如免費頻道、高畫質電視、殘障人士照顧、回饋金）、必載規定、資料傳輸之經營模式、數位化與公共化之搭配等，均無相關法律規定，以下僅就轉換過程所涉及重要規範與政策作說明（李秀珠，2001：96-117）。

(一)以營運計畫變更方式，許可無線電視台之數位頻道正式營運

配合政府數位化政策，交通部自1998年起陸續規劃頻率供五家無線電視台進行數位電視試播。前行政院新聞局於2004年6月函請各電視台提出數位營運計畫變更申請，惟該局認為各電視台所提頻道營運內容未符合多元化精神，並未核准相關變更申請，致使各無線電視台數位頻道長期處於試播狀態。至2007年6月通傳會於確立各無線電視台數位電視節目營運之法律權利與義務後，先許可公視之無線數位電視頻率營運計畫變更申請，復於同年8月再就台灣電視、中國電視、中華電視及民間全民電視等四家無線電視公司所提之數位無線電視頻率營運計畫變更申請案予以許可；自此，我國五家無線電視台之數位頻道全部正式營運，結束試播狀態。

通傳會於通過決議時，另要求各電視台提高節目自製率、降低重播率、促進節目多元化、提高電波涵蓋範圍、加強數位電視服務宣導、內部

自律及單頻網規劃，以確保提供優質之數位電視服務。

(二)分四階段陸續關閉傳統的類比節目訊號

行政院政策決定於2012年6月30日完成無線電視數位轉換，為順利完成無線電視數位轉換，通傳會依據類比改善站關訊的經驗，並參考丹麥、奧地利、捷克、美國、日本、英國等國家的實施方式與經驗，邀集五家無線電視業者召開協調會及研討會，最後達成「分區分階段關閉類比無線電視訊號」共識，由仍收視類比無線電視戶比例較高地區先行關閉主站訊號，以及早優先集中資源協助地區民眾進行準備及轉換後服務。

自2012年5月7日起至6月30日從中部、東部及離島、南部、北部四階段分區分階段陸續關閉。6月30日中午12時，在關閉台北市竹子山站主站訊號後，台灣從1962年開始的無線類比電視播出，歷時五十年劃下休止符，正式進入無線電視全面數位化的新紀元。

(三)因應「台灣高畫質數位電視元年」政策，核發五個高畫質頻道執照

2012年為「台灣高畫質數位電視元年」，適逢倫敦奧運開賽，通傳會於7月依據公共電視法第七條及廣播電視法第十條規定，通過公共電視高畫質頻道（CH30）正式營運執照申請案。公視高畫質頻道為我國首見之全時段無線電視高畫質電視頻道，其正式營運也宣告台灣無線電視進入高畫質時代。初期每天播出十八小時，每天從晚上六時至凌晨十二時播出六小時高畫質首輪播出節目，每天新播節目為十二小時，占播出時數三分之二，至2015年7月以後才進入全日二十四小時播出。依通傳會對有線廣播電視法第三十七條必載規定之解釋，公視高畫質頻道將於有線電視系統載送，觀眾亦可經由有線電視收看公視高畫質頻道。

在公視高畫質頻道播送後，通傳會另專案核准台視、中視、華視、民視等四家無線電視台申請高畫質轉播奧運案。四家無線電視台經專案

核准後，得於奧運期間（2012年7月28日至8月13日）新增一個高畫質頻道，二十四小時轉播奧運賽事。在2012年奧運期間，各無線電視台除了高畫質頻道二十四小時轉播外，另分別於主頻道轉播八小時及一個數位頻道二十四小時轉播奧運賽事，以分別服務擁有高畫質機上盒及標準畫質機上盒等不同收視觀眾。另外，有線電視收視戶也可透過主頻必載於有線電視收看奧運節目。

該臨時專案許可之高畫質頻道僅限於奧運期間全天候同步轉播奧運賽事，奧運結束後原即應停播。惟四家無線台希望能比照公視，以既有頻寬壓縮及營運計畫變更方式，希望繼續播送一個高畫質頻道，不再僅限於奧運期間。經通傳會於2012年7月，以附負擔許可四家無線商業電視台有關奧運後數位（含高畫質）頻道規劃之營運計畫變更，要求各台高畫質頻道節目，自民國102年起，達成「每週每日平均至少播出三小時以上新播之高畫質節目」；自民國103年起，達成「每週每日平均至少播出五小時以上新播之高畫質節目」，且自民國103年底起，取消SD與HD頻道雙載之節目規劃，高畫質頻道節目規劃並應與其他頻道區隔。自此，加上公視HiHD，國內新增五個高畫質無線電視頻道，提供商業、公益文化類型節目內容，未來再透過必載措施，可望增加國人高畫質電視收視的多元選擇。

(四)透過微型數位改善站、共星共碟及社區共同天線設備普及無線電視訊號

無線廣播電視訊號為免收視費用、全民共享的公共服務資源，更為民眾基本收視權，除了由無線電視事業建置電視電台外，對於無線電視電台信號涵蓋不良地區，由政府機關、無線電視事業、公司或電器行設置數位改善站、微型數位改善站及社區共同天線電視設備等方法改善民眾收視問題。通傳會之數位無線電視轉換政策，原計畫於偏鄉地區建置數位無線電視改善站，以提高數位無線電視信號人口涵蓋率，惟建置數位改善站對

於人口較少區域經濟效益低，其建置亦不符成本效益。通傳會乃另推動微型數位改善站及共星共碟衛星接收方式來解決偏鄉民眾或原住民收視問題，即利用衛星點對多點之廣播特性，以提高數位電視之涵蓋率，適合偏鄉數位電視未涵蓋區使用，相關措施包括原住民家戶共碟機上盒更新，及頻道衛星上鏈計畫。但仍有部分地區無法以上述方式改善者，則考量推動建置社區共同天線電視設備。

經查設置社區共同天線電視設備可有效改善：(1)集合住宅；(2)鄰近高層建築物之低樓層住宅；(3)偏鄉地區等收視不良問題。而改善集合住宅及低樓層住宅收視不良問題，係由建築物起造人或所有人主動設置社區共同天線電視設備，配設管線至住戶宅內及地面層外牆適當出線位置，供住戶免費收視及附近地區受該建築物影響電視收視之建築物住戶自行外接使用，自非屬原「電視增力機、變頻機及社區共同天線電視設備設立辦法」規範之範疇，為重新定義社區共同天線電視設備，有必要鬆綁鄰近高層建築物之低樓層住宅、集合住宅內社區共同天線電視設備之不必要管制。

修正前之設立辦法規定，係為改善偏鄉及因受地形或建築物影響地區收視不良的問題，鋪設或架設纜線設置社區共同天線電視設備，從事營業行為且收取收視費用者，需申請架設許可，並經審驗合格，始得提供民眾收視。通傳會為鼓勵願意建置社區共同天線電視設備，免費提供民眾數位無線電視收視者，簡化管制規定，增列第五條之一，對設置社區共同天線電視設備，提供民眾共同收視，且未收取收視費用者，得經專案核准，不受設立辦法第五條及第十條規定之限制。

(五)因應關閉無線電視類比訊號，對有線電視必載規定作函釋

無線電視全面採用數位訊號播放後，面臨「有線廣播電視法」第三十七條適用疑義。即對有線廣播電視必載無線電視原係以必載類比主頻之解釋，於有線廣播電視法必載規定未修正前，應如何處理？須予以適當

調整。又鑑於通傳會於2007年討論有關「第一梯次數位無線電視頻率」營運計畫變更時，曾決議於類比無線電視頻道收回前，暫維持系統經營者應同時轉播類比無線電視節目及廣告，並應列為基本頻道之規定。

現因無線數位轉換啟動，無線電視台已無類比頻道，確實應於啟動後及有線廣播電視法相關條文未修法前，就有線廣播電視法第三十七條之適用有再予解釋之必要。解釋內容應回應立法之目的及精神、考量數位發展及消費者權益，為避免解釋不當，及考量誠信原則，似宜儘量不超過原解釋所要求系統經營者於現行法令規範下所負擔之權利、義務為限。

通傳會於2012年6月6日作成函釋，指為配合關閉無線電視類比訊號之政策，有線廣播電視法第三十七條之適用，釋義如下：

1. 必載標的：系統經營者（含播送系統），原必載之頻道，仍應持續載送，並應列為基本頻道。
2. 必載頻道應以確保全部收視戶皆可收視之方式播送。
3. 必載頻位：以類比必載者，仍須符合「有線電視頻道規劃與管理原則」之規範；以數位必載者，通傳會不指定頻位，惟仍應置於公益及闔家觀賞區塊。
4. 未來經許可經營之無線廣播電視，其必載以一張執照必載一個頻道為限。爾後除了尚未數位化之系統經營者，得以類比方式必載外，均應以新照之技術訊號載送，且合於2之原則，並應列為基本頻道。

(六)修正數位無線電視電台技術規範第三點

為提升數位電視信號品質、減輕地方政府數位改善站維運負擔及避免政府與電視業者因分攤站台維護費用爭議問題，通傳會於2012年3月修正「數位無線電視電台技術規範」第三點第四十款規定，明定主發射站發射功率為逾100 W。另將改善站台最大發射功率縮小（改善站台最大發

射功率調為100 W以下），以使服務於都會區之大型改善站台回歸由業者自行建置及維運。簡易型改善站之定義，仍維持為改善收視不良地區之收視，其站台發射功率單一頻道5 W以下之增力機、變頻機或發射機等。

(七)研議「第二梯次數位無線電視釋照」案

通傳會自成立以來為積極推動無線電視數位化，辦理第二梯次數位無線電視釋照規劃，並曾於2007年5月9日召開聽證會。行政院於2008年2月請交通部先完成開放頻段整備工作，2009年12月行政院核定「我國數位無線電視頻率資源開放政策規劃方案」，交付通傳會據以辦理釋照事宜。通傳會即組成工作小組研議釋照規劃，並辦理學者、專家諮詢會議。

第二梯次數位無線電視釋照議題，引起業界、學界及民意代表之關切，立法院於2011年6月在廣電法修正案三讀時附帶決議，要求未來數位無線電視頻道應有10%至30%作為藝術、文化、教育或公益頻道，另要求通傳會釋照前需先向立法院交通委員會報告後，始得進行釋照程序。通傳會於2013年1月通過「第二梯次數位無線電視釋照規劃」（草案），於同年3月及8月二次召開聽證會，其規劃原則重點如下：

1. 採分階段釋出、釋照張數至多兩張民營電視執照。
2. 釋照方式為審議加競標，並設定底價。
3. 每張執照所核配之頻寬皆為2×6 MHz。
4. 技術要求至少一個6 MHz使用DVB-T2，藉以帶動電視機設備發展，增加服務品質及誘因。
5. 執照效期為九年，屆滿後採換照機制。
6. 須自營一個免費高畫質線性電視頻道服務（HDTV），播出時數納入規劃。
7. 鼓勵得標業者與既有業者共塔共站。

8.必載問題依有線廣播電視法規定辦理，非線性視訊服務部分不屬必載範圍。

二、 朝向頻道管理法調整之衛星廣播電視法

衛星廣播電視法自1999年2月公布施行迄今已逾十年，通傳會本於通訊傳播基本法第六條規定「政府應鼓勵通訊傳播新技術及服務之發展」及第七條規定「政府應避免因不同傳輸技術而為差別管理」之精神，為達齊一不同傳輸方式之內容管制、保障言論自由、維護媒體之專業自主及強化媒體之近用，並回應社會大眾及公民團體提升節目品質之需求等目的，爰於2008年著手修法，將衛廣法性質定位為頻道管理法，朝向通傳匯流頻道管理與強化傳播問責機制之方向設計，並引進公民團體意見，建立問責系統，希冀在數位匯流技術發展之同時，有效提升通訊傳播監理之效能，以強化公眾視聽權益保障，適時解除不必要之管制，以因應數位化跨業服務，及增訂監理實務迫切需要之規範。其修正要點與電視數位化政策相關者如下：

1.鑑於數位匯流技術發展，新興之媒體載具與傳輸方式推陳出新，電信平台上已有多媒體隨選服務（Multimedia On Demand, MOD）及行動電視等，而現行法對於上開媒體尚乏規範之明文。基於通訊傳播基本法第六條及第七條之精神，政府應鼓勵通訊傳播新技術及服務發展，避免因不同傳輸技術而為差別管理，對於性質相同之服務應採取齊一之管制，增列「他類頻道節目供應事業」之定義，並將目前已於有線電視系統播送之購物頻道列入管理。

2.為因應他類頻道節目供應事業之發展並予有效管理，有將其納入本法規範之必要，就他類頻道節目供應者進入市場之條件、程序與相關權利義務及其規管方式準用衛星頻道節目供應者之規定。

3.為因應數位科技發展及新興互動式點選之數位頻道節目供應服務與

訂戶權益之保障，明確應與訂戶訂立書面契約之主體，酌修消費者
權益保護機制。

三、朝向有線視訊平台調整之有線廣播電視法

有線廣播電視法自1993年8月制定公布施行迄今，雖歷經六次修正，
惟其修正內容主要係因應監理實務所需，對於有線廣播電視產業之整體市
場結構及其管制架構，未有通盤性、結構性之修正。在市場實務方面，當
時主管機關依法公告全國有線廣播電視劃分為51個經營區，每一經營區開
放5家業者經營。受理申請後計有229家業者提出申請，156家業者取得籌
設許可。惟自1998年有線廣播電視系統業者陸續開始營業，由於小經營區
市場規模不足，系統經營者間持續以各種方式整併，至2001年後，有線廣
播電視總家數一直維持約為六十餘家，且持續逐漸減少。除了少數都會經
營區有兩家系統經營者經營外，其餘經營區皆屬獨家經營，有線廣播電視
市場幾乎處於無競爭狀態。此外，形式上雖有六十餘家系統經營者，實際
上卻由5家控股公司（MSO）掌控大多數系統經營者，獨立之系統經營者
僅十餘家。另在有線廣播電視收視訂戶總數方面，自2003年訂戶數攀升至
四百萬以上後，雖仍持續增加，惟自2006年達到480萬戶以後，收視訂戶
總數變化不大，市場似已處於飽和狀態。

隨著數位科技之發展，有線廣播電視網路除了可提供傳統電視視訊
服務外，亦得提供消費者寬頻上網、多媒體加值服務及語音服務等多重
功能選擇。在許多國家，有線廣播電視業者已提供三合一服務（Triple-
Play）。相對地，電信業者跨業提供廣播電視等影音服務，亦成常態。電
信業者及有線廣播電視業者間相互跨業提供匯流服務，讓兩個原為異業
之市場成為相互競爭的市場。此外，近年來IPTV或Internet-TV的蓬勃發
展，收視人口逐步增加，也讓有線廣播電視業者面臨了前所未有的競爭挑
戰。

　　為推動有線電視數位化，通傳會進行有線廣播電視法之修正，另在完成立法前，透過相關行政措施，如運用評鑑、換照、費率審議、重大股權交易移轉審議，提出數位化實驗區計畫，協調地方政府資源規劃實施亮點計畫，補助數位化建置等行政措施，並辦理全國性有線電視數位化廣宣活動推動有線電視數位化，以加速有線電視數位化之進程。其重點如下：

(一)修正有線廣播電視法

◆擴大系統經營者經營區及鼓勵新進業者以數位化技術進入市場

　　現行有廣法第三十二條至第三十四條規定，系統經營者只能在主管機關公告之51個經營區營業，不得跨區經營，亦不得委託經營。修正草案明定系統經營者得自行決定其經營區規模，於申請時載明擬經營地區與範圍。新進業者並得隨時申請進入市場；既有系統經營者亦得考量最適經營規模，隨時申請營運計畫變更，擴增經營區〔但以直轄市、縣（市）為最小經營區〕。此一修正，一方面讓系統經營者擁有最大的經營彈性空間（既有經營者可續於原經營區經營，系統經營者亦得經通傳會核准後合併），可以面對來自IPTV或Internet-TV的競爭，另一方面也能促進有線廣播電視系統經營者間之競爭，消費者亦能因市場競爭而獲益。

　　新參進者之參進條件，要求應以數位化技術提供有線廣播電視服務，除了得隨時申請外，最低實收資本額將比照固網計算，但系統服務範圍達經營地區總戶數15%以上，始得開始營業。

◆調整水平管制架構、垂直管制架構等相關規範

　　在調整水平管制架構及垂直管制架構方面，將現行條文第二十一條，訂戶數不得超過全國總訂戶數三分之一、不得超過同一行政區域系統經營者總家數二分之一、不得超過全國系統經營者總家數三分之一；及第四十二條，不分數位或類比訊號，不得超過可利用頻道之四分之一

之規定。調整為水平管制，刪除「現行全國及同一經營區之系統業者家數限制」，僅維持「系統業者及其關係企業之訂戶不得超過三分之一上限」；垂直管制，則調整為系統經營者及其關係企業所提供之基本頻道數，不得超過基本頻道數之十分之一（頻道家族亦同）。

◆鼓勵創新匯流服務

　　系統經營者得使用可行之技術及設備提供服務，並得利用其有線廣播電視系統提供電信服務及其他加值服務。除了應自建頭端，亦得向第一類電信事業或其他系統業者租用傳輸設備，組成其系統。

◆公告數位升級及數位實驗區計畫

　　有線廣播電視網路數位化，為系統經營者提供三合一服務（Triple-Play）的必要基礎，除前述，要求新進業者須以數位化技術提供有線廣播電視服務，既有系統經營者擴增經營區時，亦同。另規定主管機關為促進有線電視數位化服務，得公告數位升級計畫，亦得徵求或指定系統業者在特定實驗區內以數位化技術提供有線廣播電視服務或其他新興服務。既有經營者應於下次換照前完成以數位化技術提供服務，並擬訂分期實施計畫。

◆朝向有線視訊平台發展

　　為朝向平台化發展，將原為垂直整合之系統經營者執照調整為單純的營運平台執照。未來，在有線廣播電視系統上播送全部頻道節目（除CH2、CH3外），均須依衛星廣播電視法取得頻道節目供應事業執照，並受該法規範。此一修正，是為符合通訊傳播基本法第七條所揭示「政府應避免因不同傳播技術而為差別管理」之原則，讓現行在有線廣播電視系統上播送頻道，因頻道供應者身分不同而有受到管制規範及管制機關差異之情形，得以消除。未來，所有頻道業者均受齊一化之管制，公平的競爭環境可因此建立。而此一修正，亦為下一階段通訊傳播匯流法律之整合，奠

立基礎。

◆ 合理化必載規定

　　現行法明定系統業者應同時免費轉播依法設立之無線電視電台之節目及廣告，為因應無線電視數位化，平衡必載當事人及利害關係人間之利益，修正草案明定，除公共電視免費必載，列為基本頻道外。民營無線電視電台之必載規定為：(1)須必載民營無線電視電台指定之一個頻道節目及廣告；(2)雙方應就授權條件協商；(3)不得以授權條件未完成協商為理由，拒絕轉播。

　　有關必載規定，於立法院審議時意外成為無線電視業者與系統經營者爭執之焦點，最初，無線電視業者期望能必載其所有壓縮之20個頻道；系統經營者認為此舉有損其頻道編輯利用權，仍建議依行政院版本意見修正，即除了公共電視外，僅必載民營無線電視電台指定之一個頻道節目及廣告。其後，代表無線電視業者之電視學會，在通傳會召開之協商會議中，提出願意調整為一加一個頻道，此方案可望成為未來審議之版本。

◆ 調整收視費用管制機制

　　現行法第五十一條規定，系統經營者收視費用，類比頻道由地方政府審查，數位加值頻道由通傳會審查。應申報之費用，含基本頻道、裝機費、復機費及移機費等。行政院版本之有線廣播電視法修正草案，明定系統業者經營區位於單一直轄市或縣市區域內者，由該地方政府審議；系統業者經營區跨二個以上直轄市或縣市區域者，由通傳會審議。須經核定之收視費用僅限於基本頻道收視費用。非基本頻道之收視費用，因屬訂戶選購始須付費，訂戶得按節目內容及價格是否具吸引力，決定是否選購，不予管制。

　　惟前述行政院版本，於立法院審議時，經交通委員會初步決議，調整為全歸通傳會審議。因缺乏彈性機制，且對地方政府監理有線電視權限

造成影響，未來有必要再協商。

(二)提前公告有線廣播電視經營地區劃分及調整

在完成有線廣播電視法修法程序前，通傳會為達成有線電視全面數位化之目標，於2012年7月以有線廣播電視法第三十二條規定，公告有線廣播電視經營地區劃分及調整，以直轄市、縣（市）為最小經營地區，要求申請人以數位化技術提供服務。截至2013年年底共有19件申請案件（撤案4件），其中有7件為新參進者，其餘為既有業者擴大其經營區。通傳會此項政策，即在透過擴大市場經濟規模，加速數位化升級，以提升產業競爭力。

(三)以三大專案推廣有線電視數位化亮點計畫

為促進有線電視全面數位化，提出數位示範區，增加民眾體驗數位經驗，由政府與業者共同宣誓數位生活時代來臨；公告數位化實驗區行政計畫，於數位普及率到達一定程度，申請數位實驗區可加速類比訊號之關閉，有效提升數位普及率；補助業者推動數位普及計畫。

在數位化實驗區計畫中，通傳會規劃目標是藉由有線廣播電視系統經營者，自主提出依循光節點或放大器方式，進行數位化服務實驗區規劃，於逐步推廣數位服務之轉換過程，作為瞭解訂戶之接受程度及提升服務品質之參考，進而使產業邁向數位寬頻匯流方向發展。計畫主要內容有：頭端數位化及網路升級策略、數位機上盒策略、類比數位轉換期間策略、數位化基本頻道費率及審核策略等。

依據通傳會公布至2013年6月底，有線電視終端數位普及率由2012年底之21.03%成長至30.89%，更連續三季以約4%大幅成長。依據通傳會公告2013年12月有線廣播電視系統數位化之成果，其中有線電視終端數位普及率已成長至45.64%，半年內有近15%的成長，除了與通傳會前述相關專案推廣策略有關外，主要仍在於系統業者面對匯流趨勢之急迫感，開始願

意積極投入，以免整體產業被邊緣化有關。

(四)調整有線電視收費模式規劃

通傳會於2013年4月審議有線電視收費模式規劃，決定自2017年起實施分組付費制度，期望打破多年來「吃到飽」之費率模式，規劃除了花東離島以外，基本頻道分為基本普及組（費率上限不得高於200元），另三組以上基本套餐（每組不得高於130元，總和不得高於300元）。此分組付費規劃方案，因對系統及頻道業者衝擊甚大，引起上下游產業諸多討論，通傳會表示該規劃方案尚未確定，現仍在接受各界修正意見。另通傳會於2013年5月補充公告跨區經營或新參進之系統業者應依現行收費標準，自主考量經營策略及消費者需求，規劃提供三種（含）以上組合式基本頻道供訂戶選擇。

(五)以系統推動數位化達成率時程作為系統費率審核參考指標

為提高系統經營者積極推廣數位化之誘因，通傳會公布以數位化達成率作為費率審核參考指標，系統業者之數位化建設如達主管機關規劃進度者，維持費率上限至2117年止；未符合規劃進度者，將逐年調降基本頻道費率至350元。

第四節　新興數位媒體規範架構

隨著影音串流技術的發展，使得視訊內容的傳輸方式除了傳統的有線及衛星之外，也包括網路傳輸技術，新的傳輸技術提供了更多樣的服務。新興數位媒體服務之定義，係指非傳統單向廣播影像串流或以IP方式傳輸的視訊服務，其傳播範圍從本國到全世界，可跨越國界涵蓋。依市場規模目前較主流的四項新興視訊服務，依照其平台、網路控制環境、內容

表8-1　新興數位媒體服務之服務特性、規範法源依據

服務特性	有線電視（數位）	IPTV（MOD）	OTT/Web TV
傳輸網路（使用者端）	自備／租用	自備／租用	無
網路特性（跨網傳輸）	封閉	封閉	開放
家庭市場	電視（機上盒）	電視（機上盒）	電視（機上盒）／電腦（軟體）
法源依據／服務型態			
市場進入	有線廣播電視法（許可制）	電信法（特許制）	一般法令 低度管制
	資本結構限制	資本結構限制	資本無限制
	黨政軍條款	依市內網路業務經營區	區域無線制
	經營區限制	需為固網業者	
內容組合	封閉平台 無線頻道必載	封閉（或半開放）平台	開放平台
內容管制	衛廣法／有廣法	三廣法	無

資料來源：行政院數位匯流專案小組（2011）。

產製專業性等可分為：(1)數位廣播電視服務（雙向），包括但不僅限於DVB-C、DVB-T或IP方式廣播；(2) WG IPTV（Walled Garden封閉型）網路電視，例如MOD或VeeTV；(3) OTT TV（over-the-top TV）網路視訊服務（透過網際網路傳遞）；(4) Web TV 網頁型視訊服務，用戶端使用網頁瀏覽器之Open Internet。有關新興數位媒體服務之服務特性、規範法源依據如**表8-1**所示。

促成新興數位媒體服務興起之緣由，依據行政院數位匯流專案小組之研析，包括：

1.產業環境變化：終端裝置多元化，用戶需求造成產業結構改變。
2.產業界線模糊：如傳統媒體業者（電視業者）走向聯網，網際網路業者走向視訊整合服務，媒體內容多樣化、終端裝置多元化，行銷

以全球為範圍跨越國界。

3.用戶使用經驗主導變革速度：透過內容、服務、硬體整合，讓用戶無縫隙銜接使用經驗。

4.廣告主強化視訊服務的發展方向。

5.數螢一雲視訊服務架構成形，行動設備將成為重要資訊連結工具，從電視延伸到手機的使用經驗，使內容跨平台，服務一體化。

行政院數位匯流辦公室推動新興數位媒體產業之策略，經彙整各相關部會意見後，訂出三項目標，亦即：

一、合理化新興視訊服務管制

(一)修法檢討視聽媒體傳輸平台經營之責任歸屬及營運管理機制

因應新興視訊服務市場狀況，適時修正廣電三法及電信法。

(二)檢視新興媒體管理機制，增（修）訂定相關管理規範

檢討現行網路內容分級制度；因應新興視訊服務媒體發展，適時增修定相關管理規範；建立跨裝置同步、銜接與整合之產業標準及驗證機制；建構即時資訊流分析引擎；驗證數位匯流平台管理機制、用戶行為研究；獎勵國內媒體內容自製比例及外銷出口。

(三)獎勵業者投入，研發及租稅優惠、創業輔導

成立新興視訊服務發展專區，優化無線寬頻建設與異質網路整合；以政府政策工具及創投基金鼓勵數位內容創新，整合文創產業；政策獎勵新興視訊服務、內容與應用外銷。

二、建立新興視訊服務網路接取與通路整合模式

(一)協助建立數位內容的商業平台

　　規劃共同開放平台，補助內容與應用業者上下架。在規劃共同開放平台方面，有架構開放平台之標準／驗證／資安等規範；規劃內容授權交易平台機制，合理授權，促成內容市場交易多元；規劃成立新興視訊服務示範場域；進行用戶行為研究、商業模式研究；研議收視率調查機制與平台等策略。

(二)推動無線電視結合新興視訊服務成立跨平台傳輸機制

　　政策獎勵傳統廣電產業提供新興視訊服務；規劃新興視訊服務示範場域。

(三)促成跨網及跨終端之新興視訊服務

　　成立標準驗證實驗室，建立國家標準、標章；合理監理機制，管制鬆綁，要求業者自律問責。

三、健全新興視訊服務內容責任管理

(一)協助建立影音內容市場合理授權與上下架機制

1. 內容授權交易平台，跨界授權播放（如內容漫遊、授權可攜）。
2. 依WTO無歧視待遇原則，要求媒體內容出口國對我國業者完整授權不得有差別待遇（如韓劇不提供IPTV版權給我國業者）；相同類別之版權應提供相近之費用（如賣給韓國CATV業者的終端用戶版權費不應和賣給我國CATV業者終端用戶版權費相差太多）。

(二)確立新興視訊內容規管原則

網路平台服務提供者合理規管原則，市場自由化原則——管制鬆綁。

(三)建立業者自律及問責機制

配合法令，要求媒體內容業者施行分級管理；建立產業自律公約及內容監理機制；成立新興視訊服務產業商業仲裁機制。

(四)強化新興視訊服務內容保護與管理

在前述策略中，通傳會被賦予相當任務。首先，隨著科技之進步，出現資訊、通信及傳播多面向之匯流發展趨勢，為促進跨媒體之新興視訊匯流服務，解決個別法律實務面臨匯流、跨業障礙之迫切問題，著手修正現行廣電三法及電信法，其要旨已如前述。其次，在新興視訊媒體內容之監理政策方面，通傳會將原傳播內容處調整為內容事務處，鑑於新興視訊內容與傳統廣播媒體不同，具有跨國性、去中心化的傳播型態，內容異動頻繁及機動性高，內容包羅萬象，其內容規管原則可區分為四大項說明。

◆數位廣播電視（Digital Broadcasting TV）
    1.「線性內容」視聽服務，依其性質適用廣播電視法（無線電視）、衛星廣播電視法及有線廣播電視法（自製及廣告專用頻道）規範。
    2.「非線性」的隨選視訊內容（VOD，如凱擘SMOD提供片庫讓觀眾自行選擇影片觀賞），依有廣法計次付費節目規範。
    3.加值服務（如股市、遊戲、資訊）及其他Mobile Apps（OTT）適用一般法及特別法規範。

◆封閉型網路電視（Walled Garden IPTV）
    1.為「線性內容」或「類電視」視聽服務，應取得衛星廣播電視事業

執照，並適用衛星廣播電視法規範。

2. 屬「非線性」的VOD隨選視訊內容（例如IPTV服務提供片庫讓觀眾自行選擇影片觀賞），原則採取低度監理（Lighter Touch）原則，依一般法及特別法規範。

3. 電信法修法草案規範限制級內容應鎖碼提供，網際網路平台提供者（IPP）對違法內容配合通知移除程序。另兒童及少年福利與權益保障法對有害兒少身心健康內容課以網際網路內容提供者（ICP）責任。

◆ 網路視訊服務（OTT TV）

1. 提供「線性內容」或「類電視」視聽服務及「非線性」的VOD隨選視訊內容業者透過網際網路（公網）IP方式傳遞，屬開放網路。不需取得衛星廣電執照，由各目的事業主管機關循現行法令依相關程序處理。

2. 原則採取低度監理（Lighter Touch）及自律先行。依據兒童及少年福利與權益保障法，IPP之責任為間接責任，應採行明確可行防護措施並配合通知移除有害兒少身心健康內容；ICP則須對其提供之內容負直接責任。

◆ 開放網路內容（Open Internet）

1. 各種用戶原創內容（User Generated Content, UGC）透過網際網路（公網）IP方式傳遞。

2. 開放網際網路之管理係由各目的事業主管機關循現行法令並依照網際網路管理原則劃分權責。

3. 原則採取低度監理（Lighter Touch）及自律先行。依據兒少法，IPP對有害兒少身心健康內容應採明確可行防護措施及配合通知移除程序；ICP負違法責任。

在開放網路世界中,試圖提供類電視(TV-like)或線上瀏覽的各式各樣服務,正隨著視訊壓縮與串流技術的更新而蓬勃發展。OTT興起使得擁有網路優勢的業者發展策略呈現M形變化——朝向Smart Pipe(集眾多服務於一尊)及Dumb Pipe(僅以網路傳輸服務為主)。我國市場幅員較小,相對OTT TV服務的跨國性產業發展趨勢,市場參與者主要仍是以寬頻接取服務為主。而各種智慧型行動裝置及聯網設備的發展,引發TV Everywhere、Anytime的新興服務型態,可能將逐步改變現有數位廣播電視服務的型態。

依據comScore Video Metrix統計,台灣網路電視用戶數於2012年6月達972.5萬戶,占全體網路使用者82.7%,平均每位使用者每年觀賞102.3部網路影片。惟前十大網路影視服務中,前三名為Google YouTube、Yahoo奇摩影音、Facebook,中國之土豆網(Tudou Sites)、優酷網(Youku Inc.)居第四、五名。相較之下,台灣本土網路電視業者,如Yam蕃薯藤寬頻電視、CatchPlay等業者平均每日不重複使用者僅數萬人,其內容數量與品質難與境外業者競爭。研究指出,我國若要突破此困境,需要有雄厚資金投入,除了製作或購置優質內容外,並可從法令上建立彈性、簡便付費機制[7]。

 ## 結語——從新制度主義及公共利益之角度思考通訊傳播之規範取向

回顧與檢視政府在推動通訊傳播產業匯流及數位化過程中之規範與策略措施後,本文最後將從以下觀點來評論相關政策制度,及其對我國數位電視與新媒體發展的影響。

一、新制度主義觀點

　　政治學之古典制度主義認為制度（規範、政策）結構性地決定人（或產業）的行為，其後行為主義批判制度主義完全忽略了人或個體會通過行為或理性選擇（追求私人利益極大化）來呈現人（個體或市場）的自主性。March與Olsen於1984年提出新制度主義，認為人會追求個人價值以外的規範價值，按照已被訂下來的制度標準來做選擇（March & Olsen, 1984）。相關之論述包含理性選擇制度主義（Rational Choice Institutionalism）、歷史制度主義（含路徑依賴理論，Historical Institutionalism）及社會制度主義（Sociological Institutionalism）（李英明，2005）。

(一)透過修法、合目的性解釋及相關措施進行改革

　　多年來有線電視數位化，雖為產業及政府所關注，但其成長卻幾乎處於停滯階段，從經濟學理性選擇制度論觀察，係由於人的有限理性、投機主義導致市場失靈，通傳會透過法制調整（擴大經營區計畫及評鑑換照機制）、行政手段（亮點計畫），並提出系列誘因機制（以數位化進度作為費率審核參考指標），降低市場不確定性之交易成本，創造出業者願意積極推動數位化建設之策略性理性選擇行為。

(二)依據路徑依賴理論，逐步調整匯流落差

　　在數位匯流立法政策上，如驟採高度匯流機制，將使原本分立於不同管制架構中發展各自營業常規的電信與廣播電視業者，由於上下游各方交易秩序及競爭關係丕變，難免因資訊不對稱而橫生疑懼，甚至出現反對聲浪。依新制度主義之歷史制度理論，制度變遷會依循著路徑依賴的軌跡，據此，匯流立法架構宜在二元脈絡下逐步調和落差。

(三)簡單上路，漸進改革

在有線電視數位化後，即將面對分組付費機制的抉擇，通傳會先訂出日出程序，表達政策推動的決心，再依據市場現況提出初步規劃，以引起各界關切與討論，事實上，人們過去所做的選擇，決定他們現在可能的決定，唯有透過溝通協商，並適時提出誘因機制，方能竟其功。

(四)建構開放式的意見交換平台

通傳會整備既有通訊傳播法律架構，應善用意見徵詢、公聽會及聽證會等公開程序機制，就涉及數位匯流法案的政策議題與方針先行徵詢各界意見，藉以擴大吸取來自產業與社會各個層面的創意與對策。從新制度主義之社會學制度觀點，制度是在更大範圍的社會結構中運作，即受社會關係所制約（Granovetter & Swedberg, 1992）。因此，通傳會雖具專業性，但面對涉及個別產業利益及消費者權益時，宜更有耐心的不斷溝通、說明。反之，個別產業代表亦應考量整體產業環境發展，積極參與作意見交換。

二、公共利益觀點

面對傳統廣播電視數位化浪潮，及新興媒體之發展趨勢，電視與OTT影音內容界線逐漸模糊，對現今的規範架構造成嚴重挑戰，歐盟執委會於2007年頒行之視聽媒體服務指令（AVMS）[8]，強調低度管理，訂定最少的規定，以刺激市場，讓服務能自由流通其會員國間（Greco, 2012: 30-35）。

此外，我們應注意在創造公平競爭場域過程中，到底誰得到公平的機會？在早期較為單純的年代，電視媒體都能獲得他們追求的規範安定性，然而現今的新媒體涵蓋範圍擴大，大至大型跨國公司，小至提供個人

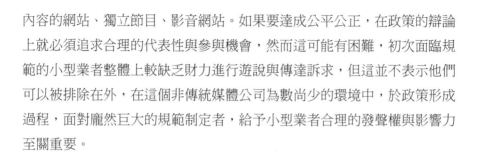

內容的網站、獨立節目、影音網站。如果要達成公平公正，在政策的辯論上就必須追求合理的代表性與參與機會，然而這可能有困難，初次面臨規範的小型業者整體上較缺乏財力進行遊說與傳達訴求，但這並不表示他們可以被排除在外，在這個非傳統媒體公司為數尚少的環境中，於政策形成過程，面對龐然巨大的規範制定者，給予小型業者合理的發聲權與影響力至關重要。

三、多元理性觀點

法律的形成源自公共政策，探討傳播規範時常常須溯源其政策形成之過程，於此我們要問政策決定者之思考「價值」為何？一般政策科學家將之概分為「經濟理性」與「多元理性」。以經濟理性的思考邏輯為基礎的傳統政策科學家，通稱為經濟型態理論家（Economic-Style Theorist），此並非指專研經濟問題的政策科學家，而是指依據「人類是理性的動物」，以預期偏好滿足的極大化為假定，從事政策問題之分析。此種實證論者強調的理性其實就是「價值極大化」的代名詞，而為了使價值極大化，政策分析家假設人類偏好的次序性，根據適當的科學方法計算出各種備選方案的利弊得失，最後以「利益最大，成本最小」原則選定最佳的政策方案。

經濟理性的特徵是：單純的關係系統、可用一致性的規則描述政策情境、信仰來自於科學真理及界定清晰的公共問題。此等論點於今日遭到嚴厲的批判，當代政策科學家認為以經濟理性為主體的抉擇理論無法解釋豐富而多元的政治現象，如倫理與價值問題、組織含糊性與衝突性的問題。且以經濟為基礎的效率觀，常與社會正義觀念相違背。因此而有經濟理性過於狹隘、理想、僵化、不實際及價值偏頗等批判。

當代政策科學相信政策分析的未來必須朝向社會中的推理概念，它是以社會、法律、道德與倫理為基礎的實質理性，而不是以經濟與技術為

基礎的理性。因此,典型的政策分析方法如政策辯論、辯論性社會科學便逐漸受到政策分析家的重視。未來通訊傳播作用法之研擬,雖在面對數位匯流之技術層面要多方考量,但仍應兼顧影響媒體之市場、文化與社會等變數,以公共利益的角度出發,展現其創新、務實與周延之特色。即在創新面:以橫向之功能性模式作結構調整;務實面:仍保留傳統廣電媒體之基本型態;周延面:配合數位科技及產業未來之發展。

一項公共政策所應考量的變數是多元與多變的,而涉及媒體管理之傳播政策應從其產業、文化、社群、技術等面向整體觀察。應體認媒體之產業與文化的本質而妥為規劃,個人認為一項兼顧理論與實務、文化與產業的傳播政策,正足以顯現媒體改革的理想與現實面,仍需主政者於決策時多方考量。

註　釋

1. 作者現職為國家通訊傳播委員會法律事務處處長，台灣師範大學大眾傳播研究所兼任助理教授，本章報告整理自作者參與我國通訊傳播管制規範整備之心得，不代表通傳會之立場。另感謝兩位匿名評審意見，已納入文中酌修，相關文責由作者自負。

2. 2012年5月數位匯流發展方案進行改版，除配合政府歷次重大寬頻政策之宣示，並納入「101台灣高畫質數位電視元年推動計畫」內涵與「2011行政院數位匯流發展策略論壇」重要會議之結論。期待透過跨部會工作的整合與協調，為我國資通訊產業的轉型與升級奠基，讓政府與產業均能即時掌握此波因技術變革帶來的市場動能，並讓民眾得享更優質、多元的創新應用服務。在各國方案中，均將內含技術演進、產業趨勢與生活應用之數位匯流產業政策，列為國家發展之指標型任務。除中國大陸係由上而下之計劃經濟型策略外，我國與世界民主法治國家均需面對由下而上，來自電信與廣電業者既存利益、市場經濟與消費大眾之意見，妥適因應。

3. 參閱通傳會2013年9月25日第557次委員會議紀錄。

4. 我國現行「基本法」之立法例，有科學技術基本法（民國88年1月）、教育基本法（民國88年6月）、環境基本法（民國91年12月）。

5. 石世豪主委於2013年12月20日，在由元智大學舉辦之「雲端時代之通訊傳播匯流法論壇」中受邀以「當前我國通訊傳播匯流立法的挑戰與因應」為題，發表演說。其中針對2007年通傳會研擬之通訊傳播作用法草案引起業者諸多疑慮，提出說明。

6. 彭心儀委員於2013年10月28日，在由世新大學舉辦之「兩岸新興傳播媒體發展趨勢與影響——數位匯流新三通」研討會中，受邀以「數位匯流立法新方向：通訊傳播二元管制架構的再思考」為題，發表演說。

7. 參李建勳、林佳慧（2012），中國暨台灣網路電視發展研析，財團法人資訊工業策進會，產業情報研究所（MIC）。

8. AVMS之採行，各成員國最晚必須於2009年開始實施。AVMS根源於1989年的「無疆界電視指令（TVWF）」，TVWF原先只適用於電視媒體，而AVMS則適用於線性與非線性（隨選）媒體。

參考書目

石世豪（2013）。〈當前我國通訊傳播匯流立法的挑戰與因應〉，「雲端時代之通訊傳播匯流法論壇」，桃園縣：元智大學。

行政院數位匯流專案小組（2011）。《2011行政院數位匯流產業發展策略論壇》，台北：作者。

行政院數位匯流發展小組（2012）。《行政院數位匯流發展方案2010-2015第二版》，台北：作者。

何吉森（2004）。〈因應數位科技匯流之我國廣播電視政策──廣播電視法合併修正案評述〉，《科技法律透析》，16(3)：52-62。

何吉森（2007）。《通訊傳播規範之整合與建構研究》，世新大學傳播研究所博士論文。

李秀珠（2001）。《電視數位化後頻道之使用及管理研究》，（行政院新聞局委託研究）。新竹：國立交通大學傳播研究所。

李英明（2005）。《新制度主義與社會資本》，台北：揚智。

彭心儀（2013）。〈數位匯流立法新方向：通訊傳播二元管制架構的再思考〉，「兩岸新興傳播媒體發展趨勢與影響──數位匯流新三通研討會」，台北：世新大學。

劉幼琍（2003）。〈從層級模式（layer model）看數位匯流政策法規──以傳輸與內容分離為例〉，《數位媒體發展政策論壇會議實錄》，財團法人廣播電視事業發展基金。

Granovetter, M. S. & Swedberg, R. (1992). *The Sociology of Economic Life*. Westview Press.

Greco, J. (2012). AVMS watch, *Inter Media, 40*(4).

March, J. & Olsen, J. (1984). The new institutionalism: Organizational factors in political life. *American Political Science Review, 78*: 734-749.

Chapter 9

國際數位電視與新媒體平台發展與政策之比較

陳彥龍　長榮大學大眾傳播學系助理教授
劉幼琍　國立政治大學廣播電視學系教授

前　言

　　從廣電媒體的發展來看，電視歷經無線電視、有線電視、直播衛星電視技術發展後，至今三個平台分立。於此同時，電信業亦從固定通信與行動通信兩路徑，跨足數位視訊媒體產業。前者即固網提供之IPTV服務，後者如近年快速發展的行動多媒體服務。至於寬頻網路所帶動的網路電視或OTT視訊服務，則有跨國性與全球流通的特質，已對傳統媒體帶來衝擊。

　　從觀眾接收設備來看，傳統電視機的概念已逐步被解構。歐盟執委會「綠皮書」曾闡釋「匯流」的意涵之一，就是消費者的設備如電話、電視及個人電腦逐漸整合的過程（European Commission, 1997）。因此各國數位匯流產業在邁向數位化、行動化、與寬頻化之際，具前瞻性的資訊科技業與消費性電子製造商，也紛紛投入相關軟硬體與技術標準之研發，成為推動數位電視與新媒體平台發展的跨國要角。重要發展則有歐陸興起的複合式的聯網電視（HbbTV）、美國發展迅速的OTT TV，以及日、韓積極研發的智慧電視（Smart TV）等新媒體服務。這些新興媒體平台，已難以用傳統電信、資訊或傳播領域來分類，亦對現行廣電法與電信法形成挑戰。如何建構21世紀數位電視與新媒體平台的新規範架構，正考驗各國政府。

　　據此，本章將借鑑世界上主要先進國家發展經驗，提出值得我國參考的國際經驗，並透過實際訪談多國通訊傳播業者資料，歸納出對我國有用之建議。選擇之國家遵循本書脈絡，主要包括（但不限於）美國、英國（歐盟）、日本、韓國以及中國大陸。接下來第一節，先論述數位匯流下的政府（國家）角色。

第一節　通訊傳播政策與管理機關

　　就國家角色而言，面對數位匯流等資訊社會重大課題，政府部門理應持續推動新的規管模式及鬆綁法規，推動國家通訊基礎建設（National Information Infrastructure），使得業者得以跨越法令限制的藩籬，提供創新服務。世界先進國家如英、美、日、韓等國在跨千禧年之際，便積極規劃該國數位匯流政策，相關作為如推動國家級政策計畫、行政機關組織革新，以及推動匯流立法等舉措。

　　歐盟執委會首先於1997年公布「電信、媒體及資訊科技部門匯流發展及管制意涵綠皮書」，對外徵詢意見，希冀各會員國以綠皮書中之方針為主軸，配合通訊產業將來之發展，儘速改革現行之管制架構（European Commission, 1997）。在此背景下，英國於2009年6月公布「數位英國」報告（DCMS, 2009），報告中特別彰顯公共廣電服務（Public Service Broadcasting, PSB）在數位時代的意義，因而催生了BBC的網路電視服務（例如BBC iPlayer、Canvas計畫）。2013年7月最新公布的「英國數位平台成長」報告，更宣示英國通傳產業的四大願景，包括成就世界第一的連網能力與資訊素養、舉世無雙的創意內容、讓消費者有信心與安全感，以及國民皆能選擇自己負擔得起的通傳產品與服務（DCMS, 2013）。

　　在美國，FCC則於1999年8月公布「21世紀新FCC策略規劃藍圖」，計畫五年內打造出數位時代全新的FCC，主要四大方針包括：創造數位時代的FCC、促進所有通訊傳播市場的競爭性、確保人民受益於通訊傳播管制革新，以及基於公共利益原則下的頻譜管理。該藍圖亦包含公民權益維護之思維，包括數位匯流時代民眾應得以合理之價格獲取通訊傳播新科技服務，FCC須同時確保傳播資訊的多樣性，人民能透過通訊傳播新科技來獲取重要的生活消費訊息以及緊急情況之資訊等（FCC, 1999）。

　　亞洲的日本則自2000年起由IT戰略本部與總務省相繼推動e-Japan、

u-Japan、i-Japan2015等資通基礎建設發展方案，其中日本政府IT戰略本部在2001年12月提出的「IT領域管制改革之發展方向」報告書，已揭示日本的通訊傳播制度，應從垂直分類的管制體系，轉換為功能性的水平層級管制模式（IT戰略本部，2001）。

韓國政府則在2009年9月發布「IT Korea未來戰略」，在通訊傳播領域的推動項目，包括次世代行動通訊、IPTV、次世代廣播及廣播通訊內容振興四大主軸。希冀藉由地面廣播、有線、衛星、IPTV之良性競爭，誘導出通訊傳播產業與內容市場的正向循環。主管機關KCC更在2010年選定「十大未來廣播及通訊服務」，在匯流服務面向，「智慧螢幕」（Smart screen）即是以電視或智慧行動裝置螢幕落實多媒體服務無縫匯流；在次世代媒體方面，也特別發展觸控式多媒體行動廣播（Touch DMB），以實現互動虛擬行動電視（KCC, 2010）。

中國大陸是在2010年1月，由國務院正式提出關於三網融合實施的具體措施和目標，分兩個階段進行：2010-2012年為試點階段，選擇有條件的地區開展試點，再逐步擴大。符合條件的廣電企業可經營加值電信業務。2013-2015年為推廣階段，並責成中央電視台會同地方電視台，按照全國統一規劃、統一標準、統一組織、統一管理的原則聯合建設（國務院，2010/1/21）。

我國行政院則於2010年12月核定《數位匯流發展方案（2010-2015）》，交通部再於2011年5月公布《數位電視發展藍圖》，本書第七章已有詳述，不再贅述。另一方面，為因應數位匯流，多國政府所屬電信事業與廣電事業管理機構原屬不同部門者，已展開電信、資訊、傳播事業監理機關組織之統合與改造，成立統一事權的機構，以避免通訊傳播政策無法顧及全貌，進而影響該國產業發展與國家競爭力。

通訊傳播權責機關整合實例，如日本政府2001年利用中央省廳組改契機，將總務廳、郵政省及自治省合併為「總務省」（Ministry of Internal Affairs and Communications, MIC），2008年再於總務省下設資訊通信政策

局和綜合通信基礎局，成為電信與廣電事業的統合部會；英國則於2003年底將掌管電信與廣電的五大機構，整併成為單一監理機構「通訊傳播管理局」（Office of Communications, Ofcom）；我國則於2006年2月整合新聞局廣電處與交通部電信總局業務，成立獨立機關「國家通訊傳播委員會」（National Communications Commission, NCC），通傳產業政策仍續由行政院所屬部會主責；至於韓國在2008年成立「韓國放送通信委員會」（Korea Communications Commission, KCC）。2013年朴槿惠上任後進行組織改造，新設「科學、資通及未來計劃部」（Ministry of Science, ICT and Future Planning, MSIP），將KCC業務部分移至新部會，兩者在頻譜和執照發放等業務職權似有重疊，是否形成雙頭馬車，值得觀察（**表9-1**）。

電信與廣電管理機構未整合者，以中國現行體制為代表，廣播電視由「國家新聞出版廣電總局」監管（2013年3月由「國家廣播電影電視總局」與「國家新聞出版總署」所合併組建），網際網路（互聯網）和電信網則屬「工業和信息化部」權責。隨著中國三網融合政策之進程，許多創新服務如IPTV、行動多媒體之管理已難以區辨權責機關歸屬，也造就國務院下轄之廣電與電信兩部門出現利益衝突。例如IPTV執照的發放權，以及手機電視兩大技術標準T-MMB與CMMB之爭，都是實例。

以往各國政府之廣電管制模式，可以公共或商營來作為區分。第

表9-1　韓國KCC與MSIP之比較

	韓國放送通信委員會	科學、資通及未來計劃部
行政組織類型	合議制委員會 （社會─文化面的政策思維）	首長制 （產業科技面的政策思維）
功能	建立並執行：廣電政策 （聚焦於「法規」）	建立並執行：通訊傳播與資訊政策 （聚焦於「振興」）
權責 分工	無線電視與新聞頻道、廣告政策、節目評鑑、消費者保護	新媒體政策（IPTV、DBS及有線電視SO）、電信政策、網路安全
員額	153人	總部556人（33,056人）

資料來源：整理自劉幼琍（2013/5/8）、金忠植（2013/5/31）。

一種類型是統一監管，無論是公共或商營，均由統一的廣播電視法來管理，例如日本、韓國。第二種類型是分開監管，公共廣電有自己的特別法。像是美國1967年公共廣播電視法、英國BBC的皇家特許狀以及我國1997年公共電視法等。然而無論公共廣電或商營電視，都要邁向數位時代，規管設計須同步考量。以英國「數位英國」報告為例，就特別以專章來倡議英國公視BBC、Channel 4未來在公共服務內容（Public Service Content）所扮演的關鍵角色（DCMS, 2009），值得參考（**表9-2**）。

就公平管理原則而言，匯流時代的政府角色，應避免因不同傳輸技術而為差別管理。為鼓勵通訊傳播業者跨業經營、促進市場競爭，各國已展開一連串的法規鬆綁，以及規範架構重整的工作。主要國際規管趨勢

表9-2　各國通訊傳播權責機關與管制架構

	美國	英國	日本	韓國	中國大陸	我國
通訊傳播權責機關	國家電信暨資訊管理局（NTIA）、聯邦傳播委員會（FCC）、聯邦交易委員會（FTC）	通訊傳播管理局（Ofcom）、文化、媒體與運動部（DCMS）、貿易暨工業部（DTI）	總務省（MIC）	韓國放送通信委員會（KCC）；科學、資通及未來計劃部（MSIP）	工業和信息化部、國家新聞出版廣電總局	文化部、交通部、國家通訊傳播委員會
通訊傳播管制架構重整	通過1996年電信法，開放電信事業和廣播事業互跨經營	通過2003年通訊傳播法，採水平管制架構，並採競爭策略促進匯流市場	2010年將放送法、有線廣播放送法、有線電視放送法以及利用電信服務放送法等四部法律整合於單一放送法內	2009年將廣電法、網路電視法、電信業法整併為傳播通訊業法	屬於國營體制，現有電信條例、互聯網資訊服務管理辦法、廣播電視管理條例等法規，預計2015年前建立三網融合的體制機制	2003年通過通訊傳播基本法、2014年6月前完成匯流形式之通訊傳播規範架構

資料來源：本研究整理。

就是從不同產業別的「垂直管理」，朝向層級平台的「水平管理」方向修訂，以拉齊市場的遊戲規則，促進競爭，保障消費者最大利益，並促進國家經濟發展。因此逐步完成通訊傳播法規之匯流，已勢所必行。

 第二節　國際數位無線電視發展與數位轉換政策比較

　　無線電視所賴以傳輸的無線電頻譜（Radio Spectrum），具備物理上的稀有性以及使用上的排他性，使得無線頻譜應如何分配、如何發揮效益，一直是各國頻譜管理的重要課題。各國對於類比無線電視的規管，基於頻譜的公共性，常賦予無線業者相應之公共服務廣播義務，內容管制標準也較為嚴格。無線電視數位化之後，頻譜使用效益提升，除了數位轉換衍生的公民普及收視課題外，類比頻道回收後所產生的「數位紅利」（Digital Dividend），亦開啟各國700 MHz與800 MHz頻段再利用之規劃。事實上各國為此已積極開展4G行動寬頻業務之開放，對數位電視與行動多媒體服務的傳輸碁盤將有關鍵的影響。

　　各國電視事業主要都是從無線電視開始發展，歐洲的英國以及亞洲的日本，擁有制度健全的全國性公共廣電體系，以內容豐富與優質著稱，同時肩負維繫該國文化主權與節目市場多元之任務，是國民長期信賴的電視媒體。數位化後英、日兩國公視頻道仍保有一定社會影響力，也是吸引觀眾在不同平台收視的主力內容。數位化後BBC朝多頻道與高畫質發展，至於NHK則致力於HDTV發展，不增加頻道數（劉幼琍，2009/11），兩者並同步朝網路服務發展，以BBC iPlayer及NHK on Demand為代表。至於韓國除了擁有KBS、MBC等強勢公視體系之外，無線電視本國自製節目需達80%，另有黃金時段播放10%以上獨立製片之規定（陳彥龍，2011），文化創意保護政策也成功扶植韓國本土電視劇製作，使韓國無線平台仍保有一定市占率與影響力。

推動數位轉換的過程中，數位電視機的普及與機上盒鋪設是重要議題，美國政府的作法首先是由FCC規劃家電商依據時程，製造內建Digital Tuner的電視機（**表9-3**）。另一方面由NTIA負責執行13億4,000萬美元的「數位機上盒折價券方案」（TV Converter Box Coupon Program），預算則來自700 MHz頻譜拍賣收入。因此美國每個家庭不分貧富，都可以申請兩張面額40美元的折價券，來自行選購，亦足以購買當時市面上具基本功能的數位機上盒，可應付全美家庭的需求，是真正的全民「數位紅利」。

表9-3 美國內建Digital Tuner的時程規劃

時程規劃	內建Digital Tuner規範
2004/7/1	36吋以上50%內建（大型電視機一半）
2005/7/1	36吋以上100%內建（大型電視機全部） 25-36吋50%內建（中型電視機一半）
2006/3/1	25吋以上100%內建（中型電視機以上全部）
2007/3/1	13吋以上100%內建（所有尺寸電視機全部）

資料來源：FCC (2005).

相較於我國，2012年6月我國總家戶數約811萬4,000戶，NCC未明確調查我國擁有內建機上盒電視機的數量，僅通過1.8億預算補助12萬戶低收入戶機上盒免費安裝，加上國內有八成家戶是透過有線電視來收看無線電視，以致於民眾對於數位轉換無感，錯失接收裝置全民普及之良機，也影響無線數位平台後續的競爭策略（**表9-4**）。

為了與英國付費電視平台分庭抗禮，無線電視業者於2003年10月推出了Freeview平台，民眾只要購得機上盒，可免費收視50個全國性和地方性的數位電視頻道，10個HD頻道，以及24個廣播電台。強調全英國最受歡迎的節目，95%都可在Freeview免費收視。然而Freeview並不自限於免費收視機制，2004年5月再與Digital TV Group合作推出付費Top Up TV服

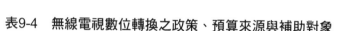

表9-4　無線電視數位轉換之政策、預算來源與補助對象

國家	政策	預算來源	補助對象
美國	由NTIA負責執行機上盒消費券補助預算	13億4,000萬美元，來自700 MHz頻譜拍賣收入	補助全國家戶價值40美元機上盒消費券，一戶最多兩張（全國1億1,100多萬戶）
英國	由Digital UK執行數位轉換協助計畫	6億300萬英鎊，由BBC收視費支應	協助75歲以上高齡，或視障、身障民眾申裝收視設備（700萬合格民眾，採補貼或免費）
日本	總務省規劃，NHK協助執行	約170億日幣，由NHK收視費支應	為高齡、身障者設置諮詢窗口，到府服務；另對低收入戶免費提供一套機上盒（260萬戶）
我國	NCC「無線電視數位轉換計畫」	1.8億新台幣，政府編列預算支應	自2011年10月起，委託廠商對全國約12萬之低收入戶到府免費安裝一套數位機上盒

資料來源：本研究整理。

務，看準民眾想看運動賽事的心理，除了Freeview的頻道外，民眾還可付小錢收看ESPN、Sky Sports 1、Sky Sports 2等體育頻道，也突破無線平台的商營窠臼，可惜最後因體育頻道授權問題，與英國電信BT協議破局，Top Up TV已在2013年10月底結束營運。另一方面Freeview也將頻道內容推廣到英國的電信業者BT與TalkTalk所經營的平台。至2011年底，無線數位平台已經後來居上，躍升為英國最大收視平台，收視占有率43%。

　　無線電視業者另一策略，就是BBC和ITV於2008年5月合作推出Freesat衛星電視服務，讓Freeview訊號不良地區民眾，可自購衛星小耳朵來接收電視服務。Freesat除了Freeview既有節目外，並外加了BBC iPlayer隨選視訊頻道、購物頻道、成人頻道，以及CNN、NHK World、CCTV news等境外新聞頻道，達120個電視頻道以上，同樣都是免費收視，且推出具電視回看功能（catch-up TV services）的Freetime數位錄影機，迫使BSkyB推出Freesat From sky免費衛星平台來因應。

　　從英國發展可知，過去平台競爭是強調平台有獨特內容，現在則有

「一源多用」趨勢，尤其是強調平台為多頻道的時候，主流頻道應有機會在不同的平台間遊走。因此雖然無線平台和衛星平台競爭激烈，但不同平台上看到的主流頻道也會重複，加上DCMS於2013年7月公布的英國數位平台發展報告書中，也主張公共廣播電視（PSB）應全部免費上架所有數位平台的立場（DCMS, 2013）。因此包括所有PSB頻道、BSkyB旗下新聞與體育頻道、購物頻道、熱門電影頻道等都有可能出現在不同平台，費率也不自限於免費或付費的截然二分。這等於是業者致力於提供觀眾不同平台的選擇，哪個平台價格可以接受，包裹服務適合，再由消費者自主選擇。

參照世界各國數位無線電視的案例（**表9-5**），英國由BBC所主導的Freeview頗具代表性，讓數位無線平台能夠滿足民眾一次購足的需求。另外其他國家方面，美國政府為鼓勵數位轉換，採取補貼策略，提供電視轉換盒折價券，補貼家戶購買機上盒，或汰換類比電視為數位電視。日本和韓國政府除了以高畫質（HD）、高品質自製內容等策略吸引觀眾之外，兩國無線業者同時兼營行動電視，也為數位化的推廣進一步加持。

綜觀各國關於數位無線電視的發展，無不致力於讓無線電視成為具規模及競爭力之媒體平台，希冀以此能與付費電視（Pay-TV）相互抗衡，我國無線電視業者近年因營收不佳，影響力下滑，經營策略變得保守，實可積極爭取第二梯次無線電視執照，並與既有業者及其他取得執照的新進業者共同合作，以增進頻譜效益之作為，嘗試各種新的加值服務經營模式，藉由製播分離的方式，使頻道內容能夠在不同的媒體平台之間自由上下架，如此對於我國的媒體環境也才能有健全之發展。

表9-5　各國數位無線電視標準、轉換時程、數位轉換政策與推廣策略

	美國	英國	日本	韓國	中國大陸	我國
數位電視標準	1996採用美規ATSC-T標準	1998年11月採用歐規DVB-T標準	2001年5月採用日規ISDB-T標準	1997年採用美規ATSC-T標準	2006年8月公布自訂之DMB-T/H標準	2000年改採歐規DVB-T標準
數位轉換時程	已於2009年6月12日關閉全功率類比電視訊號。低功率電視預訂2015年9月1日關閉	2012年10月24日完成轉換，除了北愛爾蘭Ulster地區則到2013年3月底終止類比訊號	2011年7月完成全國轉換，岩手、宮城、福島三縣因311地震延至2012年3月	2012年12月底完成數位轉換	預計2020年全國地面電視的數位覆蓋完成，停播類比訊號	2012年6月底前四階段分區關閉，完成數位轉換
數位轉換政策	由NTIA執行「數位電視轉換暨公共安全法」，2008年1月起提供機上盒折價券	2005年9月，英國政府啟動Digital UK計畫，將全國劃分為15區，在不同的時間點進行數位轉換	2001年7月完成電波法修正案，提供法源依據及經費來源。由總務省和數位播送推進協會共同執行與推動	2007年9月通過數位放送活化特別法，設置「數位廣電促進委員會」負責數位化監督與民眾宣導	廣電總局2012年12月發布「地面數位電視廣播覆蓋網發展規劃」，制訂中央、省、市、縣四級覆蓋政策	2011年交通部公布「數位電視發展藍圖」，並由NCC與台灣數位電視協會共同執行「無線電視數位轉換計畫」
推廣策略	2009年通過「美國復甦與再投資法案」，繼續挹注經費，讓未取得折價券家戶仍可獲補助而轉換數位電視	無線業者於2002年成立Freeview平台，以免費多頻道策略吸引民眾收視，和付費Sky衛視競爭	除了以HD節目來吸引觀眾外，2006年4月並推出免費One Seg行動電視，方便觀眾隨時隨地接收	無線電視業者以高本國自製率節目來吸引觀眾外，KBS、MBC、SBS亦推出T-DMB多媒體行動廣播（行動電視）服務	優先發展中央第一套、第七套和本省第一套、本地第一套以及中央新聞頻道同時兼顧行動電視服務	訂定2012年為「高畫質電視元年」，藉由倫敦奧運轉播契機，吸引民眾收視

資料來源：本研究整理。

 第三節　國際有線電視數位化發展與競爭政策之比較

　　世界各國有線電視因歷史發展和地理條件殊異而有不同樣貌，主要競爭對手也不相同。雖然世界各國都將主要資源挹注在無線電視數位化，然而主管機關利用政策法令來導引有線電視數位化發展，以致整體通傳市場的自由競爭，仍是成功主要關鍵。其中有線電視普及率較高的國家如美國與韓國政府，均透過鬆綁跨業經營規範、降低管制門檻，來促成市場的自由競爭。

　　美國是透過1996年電信法立法，大幅解除跨業經營（Cross-Ownership）的限制，包括無線電視台與電信業者都可跨業經營有線電視。而有線電視系統業者也可跨足傳統電信業者的網際網路與電話服務。另外該法也定義了「多頻道視訊節目播送」（Multichannel Video Programming Distributions, MVPDs），將付費電視市場的主要競爭者直播衛星和IPTV涵蓋其中。FCC秉持只要市場有效競爭，就不管制費率的原則，促成了多頻道視訊平台的競爭環境。FCC並從1998年開始推動機上盒「機卡分離」，推動CableCARD，使機上盒開放為共通架構，降低用戶的轉換障礙與業者的不公平競爭。從數字變化看競爭消長，自1992年有線電視法公布實施至2012年，美國MVPDs用戶中，有線電視平台用戶數比率降至57%，Comcast仍位居第一（**表9-6**），但是地位已逐漸遭到直播衛星和IPTV業者的強勢挑戰（NCTA, 2013）。

　　亞洲的日本於2010年整合放送法，將有線電視和IPTV同等定位為「一般放送」，管制強度較低，且無外資與費率管制，訂戶也逐年成長。韓國則在2009年推動傳媒三法修正，開放報社與民間企業投資廣電媒體，因此2010年韓國政府釋出的五張有線電視新執照，有四張給了民營報紙，一張由國營通訊社獲得。另外KCC僅對類比有線費率進行管制，對數位有線的資費則完全不管，同樣鼓勵IPTV與CATV競爭發展。從政府角

表9-6　美國10大MVPDs業者與用戶數（2012年）

排名	業者	用戶數（萬）	平台屬性
1	Comcast Corporation	2,199.5	有線電視
2	DirecTV	2,008.4	直播衛星
3	Dish Network Corporation	1,405.6	直播衛星
4	Time Warner Cable	1,221.8	有線電視
5	Verizon Communications	472.6	IPTV
6	Cox Communications	454.0	有線電視
7	AT&T	453.6	IPTV
8	Charter Communications	415.8	有線電視
9	Cablevision Systems Corporation	319.7	有線電視
10	Bright House Networks LLC1	201.3	有線電視

資料來源：NCTA (2013).

色來看，鬆綁有線電視管制和開放市場，都讓日韓兩國有線電視市場得以活化。相較於我國，有線電視和IPTV仍存在不平等管制，例如經營區範圍、外資規定、費率管制、必載規定、公共義務等，應儘快修法拉齊。

有線電視數位化的發展，可簡單歸納為三：第一階段是數位機上盒的鋪設；第二階段是提供加值應用服務（如隨選視訊、計次付費頻道、數位錄影機）；第三階段則是提供用戶「一站購足」（One Stop Shopping）的匯流服務（如寬頻上網、網路電話、多螢一雲應用等）。我國正朝向2014年全面數位化目標邁進，許多國家的代表性業者的作法，也值得參考。

美國主要有線電視業者2002年12月與家電製造廠商達成協議，製作可以直接接收數位有線訊號的電視機，並以Cable Ready標籤作為識別，來吸引用戶。不過美國有線數位化主要還是靠市場機制，由業者靈活運用行銷策略來推動。例如推出內建CableCard的電視機，或是提供比類比服務便宜又大碗的數位套餐，以及免費提供機上盒。家中第一台電視機若願意使用加值功能者，可以提供具備隨選視訊和計次付費節目完整功能的機上盒（Digital Set-Top Box）。如想第二台電視機也可單純看電視，也可

提供陽春功能的數位轉換盒（Digital Transport Adapter, DTA）。這種免費提供機上盒，讓家戶都能盡早接收數位頻道的策略，優點是讓業者提早停播類比訊號，不再雙載，並挪出頻寬引進新頻道或提供加值服務，來增加收入。

中國大陸的有線電視皆為國營企業，數位化是以城市試點推展，廣電總局常以青島模式為典型，在政府支持下，有線電視運營商從銀行拿到低息甚至無息貸款，依據青島市每戶平均擁有電視機1.5-1.6台計算，免費提供用戶1台基本型的機上盒，訂戶從原本28套類比頻道增加到56套數位頻道，還增加了電子政務和城市訊息。但費用從平均每月12元人民幣的收視費，通過價格聽證調漲提升到22元人民幣，等到數位用戶規模擴大帶來收入，再逐步償還銀行貸款。中國政府推動的免費機上盒提供策略，至2009年第一季，讓全中國近百個城市完成「整體平移」（行政院新聞局，2005；洪建平，2009）。

在匯流服務發展上，美國MVPDs業者均可提供數位視訊、高畫質電視、隨選視訊、數位錄影、寬頻接取等服務。由於六成的美國家庭是通過有線電視公司接入寬頻網路，因此有線業者早就推展Triple play之綑綁服務。例如Comcast的XFINITY TV、XFINITY Internet、XFINITY Voice服務。針對其他MVPDs業者與Netflix的威脅，Comcast與Time Warner Cable也早於2009年啟動TV Everywhere計畫，將付費電視服務延伸至手機、平板等行動裝置。為此Comcast也發展X1雲端平台，推出XFINITY Streampix串流視訊服務，並開發XFINITY TV Go應用程式與市面上主流終端設備結合。2013年3月Comcast更吃下所有環球影業（Universal Pictures）持股，成立NBCUniversal公司。至於Time Warner也積極與Samsung TV、Xbox360、Roku、Apple TV等智慧終端合作。綜合而言，美國的兩大有線電視業者，已朝向整合性娛樂事業（The Complete Entertainer）發展。

另一方面，美國五大有線電視業者Comcast、Time Warner Cable、Cablevision、Cox Communications和Bright House Networks更在2012年5

月，共同合作推出「CableWiFi」服務，讓有線電視寬頻用戶無論在家中或城市，都可使用智慧型手機等行動裝置，免費接入全國五萬個Wi-Fi熱點，滿足用戶對於行動網路的需求，競爭目標等於對準傳統電信業者，戰略意味十足。

日本的有線電視數位化特色則走向電信與廣播匯流服務。日本第二大電信業KDDI和住友商事2012年10月決定共同出資，陸續收購前兩大MSO業者JCOM和JCN（Japan Cable Net），JCOM用戶數307萬，市占率39%，JCN則有86萬家用戶，市占率11%，兩家企業合併之後KDDI獨占有線電視一半市場（Takashi, 2012）。因此除了JCOM既有HFC架構下的視訊、寬頻、電話三合一服務之外，未來可完美結合KDDI行動通訊業務，從FMC（Fixed Mobile Convergence）發展至FMBC（Fixed Mobile Broadband Convergence）應用，以整合電信與廣播業務，目標是對準對手第一大電信事業NTT。

至於韓國有50%家戶居住於大型集合式住宅，集合式住宅興建過程中，就已搭配有線電視線纜，並提供套裝服務，所以有線電視系統業者在固網市場上也有一定地位（國家通訊傳播委員會，2011/2/10）。第一大業者CJ HelloVision除了提供有線電視服務Hello TV外，也提供Hello Net高速上網、Hello Phone網路電話、Hello Mobile行動電話，以及國際電話之Triple Play服務。2010年6月CJ HelloVision再推出名為Tving的多螢（N-Screen）服務，可透過電腦、平板、T-DMB、智慧型手機、聯網電視等裝置，收看兩百個即時頻道，五萬個隨選影片，推出第一年用戶就已超過200萬。

英國有線電視收視占有率雖僅有14%，但是主要業者已經整合為一家Virgin Media，標榜是集有線電視、寬頻網路、行動電話、固網電話「四合一」（Quad-Play）服務的供應商，主要提供185個付費線性電視頻道，以及上千小時的隨選視訊（含3D與HD節目）。英國的免費電視競爭激烈，Virgin Media也提供Free TV服務，可以免費收看55個線性頻道以及廣

播電台。2012年11月再推出Virgin TV Anywhere網路串流影音服務，並利用TiVo機上盒來整合iPad、iPhone行動收視，以及BBC Red Button隨選頻道。至2012年底為止Virgin Media已有380萬用戶數。看好其潛力，國際電纜公司Liberty Global集團2013年2月以23億美元完成Virgin Media之併購，10月再與Netflix簽署協議，成為首家提供Netflix服務的有線電視公司，加上其與YouTube的合作，有線電視與OTT雙模接收複合式的聯網電視（HbbTV）態勢也逐漸成型。

從各國相關發展經驗來看，數位時代的有線電視已面臨前有敵人（其他付費平台），後有追兵（免費平台如OTT）的處境，各國業者也透過多元策略嚴陣以待，例如讓有線電視不只能在固定的場所看電視，還可以隨處看，甚至免費看。另外就是跨足其他電信業務，或整合OTT服務，成為全業務方案。

各國的數位有線電視發展情形不一，美國、英國、韓國、日本、中國大陸等都比台灣發展快速。這些國家可供參考之處包括，美國及韓國之有線電視業者均開始積極提供Triple Play之綑綁服務，以多樣化的匯流服務給予消費者有更多選擇，另外美國在推動有線電視數位化時，採取以贈送機上盒搭配第二個DTA數位轉換盒的方式，同時在分組付費的制定方面，放鬆費率管制，在剛開始數位化時，將基本頻道分成兩種級別，再把數位電視收費訂得和第二級相近，以此吸引消費者轉換意願，不失為是務實的作法。英國主管機關Ofcom為促進媒體產業健全，允許兩家最大的MSO業者NTL與Telewest合併為Virgin Media，以與衛星電視BSkyB競爭，顯現主管機關積極協助產業發展之企圖。大陸的青島模式則是在政府支持下，以低息貸款的方式提供有線電視業者資金發送免費機上盒，成為了成功之案例（**表9-7**）。

參照各國現狀，可知數位機上盒的推廣為推動有線電視數位化的重要措施，同時近期我國主管機關對於分組付費實施的作法引起多方爭議，或可考慮以美國的作法為借鏡。另一方面，有線電視面臨了OTT視訊

表9-7 各國有線電視數位化進展、推動政策及競爭策略

	美國	英國	日本	韓國	中國大陸	我國
代表業者	Comcast、Time Warner	Virgin Media	JCOM、JCN	五大MSO：CJ、HelloVision、C&M、T-broad、HCN, CMB	以青島、佛山、杭州模式為代表	五大MSO：凱擘、中嘉、台灣寬頻、台固媒體、台灣數位光訊
數位化進展	有線數位化達八成，是第一大付費電視	有線電視普及率不高，但已全面數位化	用戶數和無線電視已並駕齊驅，且已全面數位化	普及率超過八成，但數位化緩慢	2013年8月數位化已達75.98%	普及率達八成，2013年底數位化為45.64%
推動政策	FCC採取Plug-and-Play原則，讓大多數有線電視系統與數位電視機相容，並放鬆費率管制	Ofcom於2007年讓兩大MSO業者NTL與Telewest合併為Virgin Media以提升競爭力	2010年整合放送法，將有線電視視為「一般放送」，管制強度較低，無外資與費率管制	2010年起韓國政府利用換照機會強制有線電視數位化，同時開放五張新執照，並解除數位有線電視費率管制	政府政策上優先推動有線電視數位化，並以城市試點推展。並提供國家政策性銀行信貸支持，或向境內非公資本融資	要求業者換照、評鑑時自行承諾數位化計畫，擴大經營區或新進業者應以數位化經營，並以年度費率審議作為手段
競爭策略	競爭對手為直播衛星與IPTV，兩大業者共推TVE戰略，開發APP應用程式，朝整合娛樂影業發展	視BSkyB為對手，推出Virgin TV Anywhere，並整合Netflix服務	KDDI已整合兩大有線業者，提供FMBC服務，走向電信與廣播匯流服務，和NTT分庭抗禮	面臨直播衛星Skylife、IPTV、DMB等平台競爭，主要業者CJ HelloVision已提供Triple Play服務	有線電視皆為國營企業，屬區域性壟斷事業，欠缺競爭，但有利長期發展	視中華電信MOD為主要對手，掌握民眾主要收視頻道，並已提供寬頻上網服務

資料來源：本研究整理。

　　服務的競爭，各國業者無不推出各種類型的服務來應對，雖然我國目前有線電視普及率高、獲利率高，然未來面對政府開放跨區經營及分組付費的政策，產業充滿不確定性，業者應該積極來加以應對，提出具競爭優勢之內容服務消費者。

第四節　國際IPTV競爭發展與政策法規之比較

　　本文所指的IPTV採ITU狹義定義，指在IP網路上傳送包含電視、視訊、音訊、文本、圖形和數據等，以提供高品質網路服務（Quality of Service, QoS）及高品質用戶體驗（Quality of Experience, QoE），以及具備安全性、交互性和可靠性的，可管理的多媒體服務。其特徵就是利用次世代網路（Next Generation Network, NGN），雙向提供即時和非即時的傳輸服務。IPTV是透過固網寬頻來連結，主要包括DSL或FTTH（Fibre To The Home），所以是透過封閉的網路傳輸（Intranet），而非利用公共網際網路（Internet），因此別稱「圍牆花園」（Walled Garden）。

　　世界上較早發展IPTV且成熟的國家，包括美國、法國、義大利，以及亞洲日本、香港等地，近年進展則轉移至韓國、中國與英國。各國IPTV服務主要由電信業者提供，只有中國是由廣電業者主導。根據Point Topic公司市場調查，2013年第二季全球IPTV用戶已有8,720萬，中國於2011年底便躍升IPTV全球第一大國；英國則因IPTV業者結合YouView雙模接收策略，用戶快速攀升，於2013年第二季晉升全球第九大國（圖9-1）（Point Topic, 2013）。至於我國IPTV在2013年都一直徘徊在122萬用戶上下，未有突破。

　　IPTV出現之後，立刻衍生主管機關如何管制的課題。美國FCC未設專法管制IPTV，交由地方或州政府管理。英國則依據歐盟指令原則，將內容（Content）與基礎設施（Infrastructure）管理分離。IPTV屬提供「電子通訊服務」（Electronic Communication Services）之傳輸業者，只須完成報備（Notification）程序，即可推出服務；日本與韓國則是制訂IPTV特別法，並在政策上開放用戶迴路（Local Loop Unbundling），也就是開放最後一哩（Last Mile），來促成IPTV的競爭發展。至於中國大陸則採「中央主導、兩級協作」的播控體系，結合「廣電主導、共同合作」的運營模式（劉柏立，2004；ITU, 2006; ITU, 2008; APT, 2011；國家新聞出版

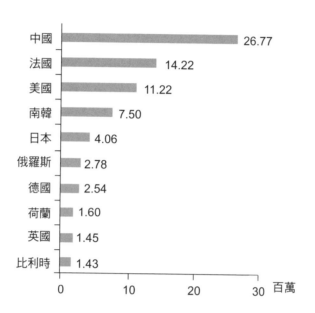

圖9-1　全球前十大IPTV用戶數國家（2013 Q2）

資料來源：Point Topic (2013).

廣電總局，2013）。

　　各國IPTV業者推出的服務，必須搭配各電信業者的寬頻上網與專用接收終端。因此其ADSL或FTTH普及率，所提供加值服務內容與匯流應用策略，都是用戶數消長的關鍵。許多電信運營商利用現有的IPTV基礎設施的優勢，打造附加的「小額付費電視」（Pay TV Lite）服務產品，成功吸引用戶，也擴大了電信業者的競爭格局與進入新市場的能力。以下整理分析各國IPTV代表業者的發展現況（**表9-8**）。

　　美國IPTV前兩大公司為電信業者AT&T推出的U-verse TV，以及Verizon推出的FiOS TV服務。由於美國將IPTV視為MVPDs競爭市場，只要電信業者向地方政府分別申請有線電視執照，並繳納營業稅，就可以營運。因此造成美國有線電視用戶數下滑。兩家電信業者都是構築在寬頻服務的基礎上綑綁視訊加值服務，且積極開發家戶保全監控與家庭娛樂全業務。至2013年第三季為止AT&T的U-verse網路用戶有970萬，其中有530萬

表9-8　各國IPTV主管機關、適用法律、管制架構

	美國	英國	日本	韓國	中國大陸	我國
主管機關	地方（州）政府	Ofcom	總務省	KCC	廣電總局	NCC
適用法律	1992年有線電視法、1996年電信法	2003年通訊傳播法	電氣通信役務利用放送法（2010年11月併入放送法）	網路多媒體放送法	互聯網等資訊網路傳播視聽節目管理辦法	固定通信業務管理規則
管制架構	美國視IPTV為有線電視，業者需向各地方政府申請執照，依由地方（州）政府管理	依循歐盟2002年電子通訊管制架構，IPTV屬「電子通訊網路」，均採報備制。內容管制依據歐盟AVMS指令，由Ofcom管制	依法採報備制，無外資管制，並開放用戶迴路，讓有內容但無傳輸設備之業者進入廣電市場，以增進跨業競爭，以及製播分離制度的成型	依法核發IPTV執照，並要求業者將電信設施提供其他業者平等接取，以促進競爭。也要求內容供應商需提供無歧視和合理的價格，以維公平交易秩序	由廣電總局核發IPTV執照，由擁有內容的廣電業者主導營運，電信業者領傳輸執照，並由成立全國唯一的中央集成播控總平台	定義IPTV為「多媒體內容傳輸平台服務」，屬電信法管理，不能經營頻道節目內容及擔任頻道代理商，平台上的即時頻道須均取得廣電執照

資料來源：本研究整理。

IPTV用戶；至於Verizon的FiOS光纖用戶也有590萬，IPTV的用戶則有520萬，兩者在伯仲之間（Kagan, 2013）。

　　Verizon FiOS TV於2005年率先營運，從傳統DSL進階到光纖100M寬頻到府（FTTH），目標對手是有線電視與直播衛星。看準4G市場，Verizon正積極朝LTE行動通訊發展。FiOS TV用戶除了既有的Triple Play服務、豐富的即時頻道與隨選視訊之外，也與社群網站Facebook、Twitter合作，打造社群電視平台。也可接上Xbox360、Samsung、LG智慧電視機，免用機上盒，就可透過FiOS Mobile App，收看FiOS TV，實現隨處看（watch TV anywhere）的便利性。至於AT&T的U-verse TV用戶，可以享受速率最高24 Mbps的Triple play服務，看超過500個電視頻道，190個HD頻道，兼備DVR錄影功能，且只要下載專屬APP，手機可以變成電視遙控

器，也可以透過行動裝置、iTunes平台來隨時隨處收看隨選節目和好萊塢電影。而U-verse TV的隨選電影，目標則是對準OTT對手，強調比Netflix早一個月看到最新上檔電影。

英國方面，依2003通訊法第六十四條規定，公共服務廣播頻道必載義務適用於任何「電子通訊網路」（Electronic Communication Networks），IPTV也涵蓋其中。因此包括BBC、ITV、Channel 4、Five及S4C所提供之數位頻道，均為必載之內容。因此英國部分IPTV業者，也直接在機上盒中內建數位無線電視接收器（ITU, 2006）。由於英國IPTV市占率不高，兩家主要IPTV業者BT TV（2013年6月27日前為BT Vision）和TalkTalk Plus TV，都是與無線數位平台合作。民眾只要在其寬頻服務基礎上，再加少許費用，就可直接接收Freeview上的即時頻道（電視與電台合計70個以上）與隨選視訊。BT TV和TalkTalk Plus TV的行銷策略也相當靈活，例如訂戶也可以只用一個月的短期合約，來選購兒童頻道、HD頻道、電影頻道、Sky Sport體育頻道等優惠組合包，不必長期綁約。

BT和TalkTalk兩家電信業者也參與投資新聯網影音服務YouView（前身為Canvas計畫），推出附加回看電視（BBC iPlayer）與OTT聯網功能的YouView機上盒。英國IPTV業者整合OTT TV的策略，和有線電視業者Virgin Media整合Netflix的作法如出一轍，也有較勁意味。更進一步，擁有獨家內容（exclusive content）更是吸引用戶關鍵，以BT動作最為積極，砸下重金7.38億英鎊，獲得從2013-2015年度英超聯賽（Premier League）三年賽季，每季38場的頂尖足球賽事轉播權。BT TV並成立BT Sport專屬運動頻道，挑戰BSkyB旗下Sky Sport體育台壟斷英超聯賽轉播的地位，並陸續爭取到包括英式橄欖球聯盟、歐冠聯賽和美國NBA職籃轉播權。由於英超聯賽是英境最受歡迎的足球體育賽事之一，轉播權之爭也牽動收視平台的消長，終讓Top UP TV付費平台於2013年10月底被迫結束營運。2012年6月YouView推出後，帶動英國IPTV用戶數持續攀升，至2013年第二季全英已有145萬用戶，躍升世界第九大國（Point Topic, 2013）。

　　日本的IPTV服務，最早是2002年7月由軟銀公司（Softbank）與日本
Yahoo公司共同合作的BB TV服務，最多可提供36個頻道、電視月刊與每
月嚴選10部影片，另外還有3個獨立付費頻道，包括釣魚與運動節目（工
業技術研究院，2006）。民眾必須申裝以「Yahoo! BB」為名的ADSL寬
頻，才能申裝BB TV。起初軟銀公司只是ISP業者，在電氣通信役務利用
放送法開放用戶迴路後，便向NTT東／西分公司租用銅纜，推出全日第
一個IPTV服務，可說是利用製播分離進入市場的典範。目前軟銀公司已
經發展全業務，包括行動與固話業務，以及ISP業務（Yahoo! JAPAN），
目前已是全日本最大的ADSL供應商。日本也在2008年6月24日由NTT
DOCOMO、Sony、NHK等15家公司，聯合成立「IPTV論壇」，對於日
本的IPTV通訊業務標準，推動了統一規範，用戶不需要購置專用終端設
備，並可以任意更換提供服務的公司，以此促進IPTV業務的進一步普及
（謝章富、賴祥蔚、許北斗、楊炫叡，2010/11/10）。

　　目前日本IPTV市場是以最大電信業者NTT Plala所推出的「光TV」
（Hikari TV）占最多用戶，2012年3月底已達200萬戶。「光TV」也成
為日本民眾選用NTT光纖服務「FLET'S光」（FLET'S Hikari）的重要推
手。NTT Plala在2008年將「光TV」服務整合，提供共80個以上頻道（含
無線數位台）的多頻道電視服務、付費「NHK on Demand」以及卡拉OK
點播（超過三萬首）等服務。目前日本市面上可購買到內建「光TV」專
用接收器的電視及PC。「光TV」也自2011年11月開始提供整合性家庭服
務「光TV Link」，用戶可以在不同的房間中利用電視或PC收看經由雙
頻接收器（double tuner）錄製的節目和電視購物服務。此外也推出Hikari
TV Docodemo及行動裝置專用服務，以及Hikari TV Mobile等多螢影音服
務與電子書。2013年6月NTT Plala再推出結合雲端遊戲「光TV Game」機
上盒，每個月收定額525日幣，就可以玩五十款線上遊戲，試圖以家用電
視機來突破日本傳統遊戲機市場。NTT Plala更與Disney集團、FOX集團及
高爾夫主題頻道（GOLF NETWORK）共同製作內容，期望能藉由差異化

來取得新的客群（富士Chimera總研，2013/4/25）。

　　韓國最早在2006年7月，先由Hanaro Telecom（現為SK Broadband）提供以VOD為基礎的pre-IPTV服務。三大電信業KT、SK Broadband、LG U+因此先後推出完整的real-time IPTV服務。IPTV特別法實施後，韓國IPTV用戶數自2009年起快速成長（APT, 2011）。其中韓國電信KT的IPTV市占率達六成，有兩個產品線，第一個以olleh tv now為品牌（前身為MegaTV），強調是全韓國可看到最多HD頻道，以及最多隨選節目（十三萬個以上）的視訊平台，且已延伸至多螢幕服務（N-Screen）。2009年8月KT發表第二個產品線olleh tv Skylife（OTS）服務，和國內唯一直播衛星Skylife合作，透過DCS（Dish Convergence Solution）技術，把衛星信號先轉成IP信號，再通過IP網路進行傳輸，用戶不必透過圓形衛星天線，就可從電信線纜接收直播衛星的節目（Young-Lyoul Lee, 2012/11/15）。

　　KT的OTS服務藉此將IPTV、直播衛星（Skylife）、寬頻上網、網路電話服務綑綁在一起，並推出Google認證的智慧機上盒，直接連接Android Market，讓用戶設定自己習慣的介面，也成功將原本的IPTV產品區隔化（郭培仙，2012/5/8）。KT的匯流策略帶動IPTV與寬頻用戶雙雙增長，引來其他付費電視平台的抗議。2012年8月29日，KCC認定DCS技術違反放送法和電波法等規定，要求停止新增OTS用戶。但是KT認為KCC應該技術中立，因此提出上訴，KCC最後承諾組成專責小組，未來將研究相關法令修訂，允許類似匯流服務（Lee, 2013），後續發展值得關注。

　　至於世界第一大IPTV用戶數的中國大陸，IPTV執照是由廣電總局所核發，2005年4月由上海文廣新聞傳媒集團拿到第一張IPTV執照。然而當時中國大陸仍明文禁止電信與廣電兩大行業互跨業務，因此成長有限。2008年適逢北京奧運契機，國辦發布《關於鼓勵數字電視產業發展的若干政策》，首次明確廣電機構可以經營加值電信服務。此重要政策里程碑，加上低價與贈送機上盒策略，以及奧運加持，才讓中國IPTV用戶在

2008年成長超過了一倍（陳英傑，2009/8/14）。

　　截至2012年底，廣電總局一共發出七張IPTV集成平台執照，皆屬廣播電視播出機構，電信業者則領取IPTV傳輸執照，形成「廣電主導、共同合作」的運營模式。中國大陸IPTV播放的節目內容在審查標準、尺度和管理要求上，需與電視台播放的節目一致，並應具有電視播出版權。

　　2013年5月，政府再發出全國唯一一張IPTV中央集成播控總平台執照，給中國網路電視台與上海廣播電視台共同投資設立的愛上電視傳媒公司。作為唯一主體，「愛上電視」將負責與三網融合試點地區廣電播出機構合作，按照全國兩級架構，與電信運營商合作對接，形成「中央主導、兩級協作」的播控體系。至2013年2月，總平台已與雲南、四川、湖南、深圳、河北、遼寧、山東、北京、江蘇等九個地區的分平台運營商、電信運營商簽署了《IPTV業務三方合作協議》（國家新聞出版廣電總局，2013）。

　　雖然中國大陸IPTV用戶數字持續增長，但是其嚴格的禁令，已侷限匯流應用之空間。根據廣電總局的持有互聯網電視牌照機構營運管理要求，IPTV平台只能選擇連接廣電總局批准的合法內容服務商，不能與公共網路互連，也不能將公共網路上的內容提供給使用者。至於機上盒、電視機等終端產品也只能連接指定的IPTV集成平台或入口網，不得連通其他公共網路，等於限制了非官方新媒體的合作空間。加上中國大陸現行行政管理體系，廣播電視由國家新聞出版廣電總局監管，網際網路和電信由工業和信息化部負責，數位匯流趨勢下，兩者管理界限日益模糊，利益彼此不協調，成為中國大陸匯流產業發展的一大障礙。

　　總之，美國對於IPTV因為沒有直接的法規，所以地方政府多半是以有線電視的方式管理，這點很像我國一開始也是以廣法來管制中華電信的IPTV。日本與韓國都直接針對IPTV訂定管理辦法，不過日本後來又將「利用電信設施提供視訊服務」的法規整併到放送法，把IPTV與有線電視都視為「一般服務」來管。中國大陸對IPTV的管制與世界各國主管機

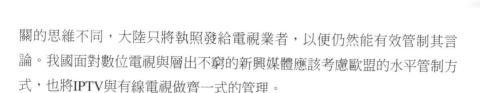
關的思維不同，大陸只將執照發給電視業者，以便仍然能有效管制其言論。我國面對數位電視與層出不窮的新興媒體應該考慮歐盟的水平管制方式，也將IPTV與有線電視做齊一式的管理。

相較於我國IPTV之發展，民眾平日常看的電視頻道都被綁在有線電視平台，由於中華電信的MOD服務受限於黨政軍條款，只能是「多媒體內容傳輸平台服務」，換言之，只是傳輸平台，不得自製內容。此外，最後一哩開放與否至今懸而未決，也是我國IPTV市場無法活化與自由競爭的原因。從各國發展來看，主管機關的低度管制、開放用戶迴路、製播分離等務實作法，以及IPTV業者提供民眾主流收視的頻道節目、採取低價或優惠組合包策略、或擁有獨家內容乃至於自製優質節目，並提供三合一、四合一服務與多螢應用，並進一步整合行動通訊業務，才是帶動IPTV平台發展的良方（**表9-9**）。

表9-9 各國IPTV代表業者、競爭對手、發展策略

國家	美國	英國	日本	韓國	中國大陸	我國
代表業者	U-verse TV（AT&T）、FiOS TV（Verizon）	BT TV、TalkTalk Plus TV	光TV（NTT Plala）、BB TV	KT、SK Broadband、LG U+	上海文廣等七家廣電機構	中華電信MOD、威達雲端
競爭對手	有線電視、直播衛星	有線電視、直播衛星	有線電視	有線電視	有線電視	有線電視
發展策略	兩大業者均在寬頻服務的基礎上綑綁視訊加值服務，開發家戶保全與家庭娛樂全業務	兩大業者內容與Freeview合作，且共同投資推出YouView機上盒加值方案。BT更砸重金獲取英超足球轉播權，推出體育頻道	最大業者NTT Plala已提供Triple Play與整合性家庭服務。更與Disney、FOX、GOLF NETWORK合作，自製節目內容	最大業者KT和Skylife合作，將IPTV、直播衛星、寬頻上網、網路電話等服務整合綑綁，並推出智慧機上盒，將產品區隔化	發放全國唯一一張中央集成播控總平台執照，負責與試點地區廣電播出機構合作對接，形成「中央主導、兩級協作」的播控體系	中華電信MOD已推出多螢服務，讓用戶可以跨行動裝置觀看MOD節目。威達則已整合了固網、無線寬頻、有線電視、IPTV服務

資料來源：本研究整理。

 第五節　國際行動電視發展與策略之比較

　　行動電視（Mobile TV）又可稱為「手機電視」或「移動電視」。由於行動電視不只提供電視內容的服務，所以也有人將其定義擴大為「行動多媒體」。有別於客廳裡的電視機。Mobile TV的用戶是透過隨身攜帶的手機，隨時隨地體驗個人化媒體所帶來的便捷服務。因此Mobile TV也被視為匯流科技下的新興視訊平台。Mobile TV可以通過三種技術來實現，即雙向蜂窩網路（Two-Way Cellular Network）、單向廣播網（One-Way Dedicated Broadcast Network）和衛星。從技術角度來看各有其優缺點，所以各國政府（中國除外）對於業者如何提供整合性服務，政策上多採取技術中立的立場（ITU, 2010: 18）。

　　各國政府與業者看好Mobile TV發展潛力，於2003年起紛紛投入技術研發與商用測試，並利用現行數位廣播標準延伸，建立起適合小螢幕行動接收，以及國際組織（ITU、EBU、DVB、WorldDMB、EU）認可的技術標準。例如3G的MBMS標準（Multimedia Broadcast and Mul-ticast Service）、美國自行開發之MediaFLO（Media Forward Link Only）、基於歐規數位電視標準DVB研發的DVB-H（Digital Video Broadcasting-Handheld）、基於歐規數位廣播DAB所研發的DMB相關技術標準（Digital Multimedia Broadcasting）、日本數位電視ISDB-T標準（Integrated Services Digital Broadcasting-Terrestrial）以及中國大陸自主研發的CMMB標準（China Mobile Multimedia Broadcasting）。晚近測試中的技術則有ATSC-M/H（美規ATSC專用）、DVB-SH（衛星S波段廣播系統）、DVB-NGH（DVB-H的改進版本）、ISDB-Tmm（日規）、DVB-T2-Lite（歐規DVB-T2適用），以及4G的LTE技術（Long Term Evolution）等（**表9-10**）（ITU, 2013）。

　　由電信蜂窩網路提供的3G行動多媒體服務，存在著串流影音下載頻

表9-10 國際Mobile TV技術標準、採行國家與代表業者

標準（頻率範圍）	調解技術與頻寬	國家	代表業者
MediaFLO （700 MHz）	OFDM調變（5 MHz、6 MHz、7 MHz、8 MHz），使用數位轉換後的數位紅利頻段700 MHz	美國	V-Cast Mobile TV（Verizon Wireless）、MediaFLO（AT&T）
DAB-IP	相容於DAB數位廣播標準。僅短暫營運便決定結束	英國	Movio（BT）
DVB-H （470-862 MHz）	OFDM調變（5 MHz、6 MHz、7 MHz、8 MHz）。相容歐規DVB數位電視標準，進階版為DVB-NGH、DVB-T2 Lite	歐陸（芬蘭、義大利）	Mobiili-TV（Didita）、3 Italia（Hultchison Whampoa）
ISDB-T 1-Seg （470-770 MHz）	OFDM調變（430 kHz、1.75 MHz、2 MHz、2.33 MHz）。以日規ISDB-T標準放送	日本	NHK、日本、富士、TBS、朝日、東京等電視台
ISDB-Tmm （213-219 MHz）	OFDM調變（6 MHz）。以日規ISDB-T標準放送	日本	mmbi NOTTV（NTT DOCOMO）
T-DMB （174-240 MHz）	OFDM調變（1.536 MHz）。相容於地面廣播標準T-DAB，進階版為AT-DMB	韓國	KBS、MBC、SBS、U1 Media、YTN DMB、Korea DMB共六家
S-DMB （2.63-2.655 GHz）	使用S頻段（25 MHz），以及CDM（Code Division Multiplexing）技術	韓國、日本	TU Media（SK）、MobaHO!（SK、MBCo）
CMMB （2.6 GHz）	使用2.6 GHz的工作頻率，25 MHz頻寬，支援S頻段和UHF/VHF頻段，可同時使用衛星和地面轉播系統進行覆蓋。OFDM調變（2/8 MHz）	中國大陸	上海文廣、央視、南方傳媒、中國國際廣播、中央人民廣播以及北京電視台共六家

資料來源：整理自ITU (2008)、ITU (2010)、ITU (2013)。

寬與資費兩大瓶頸；至於由廣播網路所架構的服務，回傳路徑（Return-Path）仍需與電信業者合作，用戶亦需擁有一支廣播網與電信網雙模都能接收的手機。事實上各國實際營運的結果，往往是虧本失敗的多，成功賺錢的少，包括MediaFLO、DVB-H、S-DMB、CMMB的商用營運多半都是

失敗收場，原因不一，但主要還是觀眾缺乏付費的意願，致使獨立業者無法建立起商業模式。韓國的T-DMB與日本的ISDB-T 1-Seg因為是由無線電視業者免費供應，尚能存活。

美國Mobile TV主要有兩個發展趨勢，一個是高通公司（Qualcomm）利用其開發之FLO技術發展出的MediaFLO系統，一個則是由ATSC標準延伸出的ATSC-M/H標準，例如由電視業者集團推出的Dyle行動多媒體服務。前者主要由晶片製造商Qualcomm公司在取得全國性700 MHz數位紅利頻譜之後，與電信業者Verizon Wireless於2007年3月推出V-Cast Mobile TV服務，2008年5月再與AT&T合作，推出MediaFLO服務。兩者都屬付費平台，節目雖然豐富，但是卻未能風行，終於在2010年底結束服務。失敗的原因包括：由一家晶片公司主導營運，資金壓力大導致價格高、支援裝置又太少、訊號覆蓋速度太慢，加上免費ATSC Mobile DTV上路，可替代性的Triple Play服務選擇也很多，致使用戶數不如預期（資策會，2010/12/30）。

英國數位電視是採用歐規DVB標準，不過Mobile TV最早採用的是相容於數位廣播DAB標準的DAB-IP技術。在DVB-H專用頻譜未知可得的情況下，英國電信BT決定先採用現成標準，與Virgin Mobile合作，於2006年10月推出Movio服務，以專用Lobster手機，同步接收BBC、ITV及Channel 4，加上十多個數位廣播頻道，來搶得市場先機。不過因為無法搭配其他廠牌手機，用戶也不多，不到一年就決定結束營運。至2010年為止，DAB-IP在英國都尚未建置商用的頭端設備與終端手機，也沒有再上市（ITU, 2010: 288）。

DVB-H是歐洲的數位電視標準DVB-T的擴展應用。和DVB-T相比，DVB-H終端具有功耗更低、移動接收和抗干擾性能更強的特點，因此吸引許多歐盟會員國德國、法國、芬蘭等布署測試計畫，但世界上第一個推出商用服務的是義大利電信業者Hultchison Whampoa所推出的3 Italia，於2006年5月結合世界杯足球賽時機推出，隨後TIM、Vadafone、H3G等業

者陸續商用，一開始期待不小，但世界盃結束後用戶即下降，且後續成長有限。DVB-H在歐洲推廣了四年多，成績不如預期，最早採用的國家義大利用戶不到50萬，全歐洲用戶不到70萬，許多廠商已紛紛放棄（張國斌，2010/6/30）。例如另一指標業者芬蘭傳輸業者Didita與手機大廠Nokia合作，於2007年5月10日推出的Mobiili-TV服務，甚至升級至DVB-T2 Lite標準，具備同時傳輸高畫質DTTH與Mobile TV之能力。但因為用戶有限，也在2012年5月3日結束營運，失敗的主因是因為內容供應商不願資助，另外市面上可得的手機款式也不夠多所致。

亞洲的韓國因為數位電視標準遲遲未定，所以先以歐規數位多媒體行動廣播DMB來發展Mobile TV，分別是以衛星傳輸的多媒體行動廣播S-DMB與地面波傳輸的多媒體行動廣播T-DMB兩大類。2004年3月韓國電信（SK Telecom）和日本的移動廣播公司（Mobile Broadcasting Corporation, MBCo）共同發射專用同步衛星「韓星」，並建立了一個新的合資企業TU Media，並於2004年底獲得主管機關KBC頒發執照，2005年1月正式開啟S-DMB服務。至2010年為止已可向行動電話、手持通信設備或者車載設備用戶放送19個電視頻道和16個電台。TU Media並在前四個月的試運行階段提供免費服務，用戶可透過三星電子供應的專用SCH-B100手機收看。SK並帶頭組成了由19個手機製造廠商參加的「手機開發協議會」，旨在開發多樣的類型、功能及價格的終端產品。

至2009年第二季，TU Media擁有近201萬付費用戶，雖小有規模，但先前衛星傳輸相關建置投資龐大，僅靠收視費的主要收入結構，有如杯水車薪，使得至2008年累計財務赤字已達3,085億韓元（KISDI, 2010）。由於TU Media屬付費服務，訂戶期待的是豐富而具差異化的內容，然而韓國放送法七十八條卻規定，除了S-DMB之外，有線電視（SO），衛星電視（SkyLife）和IPTV都可無償必載無線電視KBS1和EBS，而商業營運之KBS2、MBC、SBS亦需付費協商，在TU Media平台看不到韓國公視KBS和EBS，放送法規定也限制了S-DMB的內容發展（ITU, 2006）。由於SK

公司無法承受S-DMB的連年龐大虧損，已於2012年8月中止這項服務（詳見第五章）。

比較韓國兩種多媒體行動廣播（行動電視），較為普及的是T-DMB系統。2005年3月起，韓國政府陸續發出六張T-DMB執照，分別是三家無線電視業者（KBS、MBC、SBS），以及三家有線電視業者（U1 Media、YTN DMB、Korea DMB）。T-DMB視S-DMB為對手，免費提供9個電視頻道、10個廣播頻道，以及7個數據頻道之觀賞，在接收裝置的銷售方面十分成功，在韓國市面上共有54個製造商，超過700款的接收裝置可供民眾選擇。至2009年5月T-DMB行動裝置已銷售超過2,000萬台（ITU, 2010: 296）。不過T-DMB業者的盈利能力其實相當低，只能靠廣告收入，但扣除每月600萬韓元的運營費用後，每月平均盈利剩下7.4萬韓元，等於每年只賺100萬韓元。因此T-DMB業者決定終止在地鐵中的訊號播送，以減輕財務壓力（KISDI, 2010: 88；資策會，2010/12/30）。

日本也是國際上很早發展Mobile TV的國家。最早商用的是韓國SK投資的移動廣播公司（MBCo）於2004年10月提供的付費S-DMB服務「MobaHO!」，至2009年3月底用戶掉到十幾萬，以失敗收場。較為成功的當屬與日本地面數位電視ISDB-T相通的One Seg。One Seg是利用數位電視頻道中13個波段中的1個波段來傳送行動電視信號，截至2010年6月，日本國內可接收One Seg的行動電話累積已超過8,714萬台。日本2008年4月1日也通過放送法修正，允許One Seg的部分節目內容可以自行編排，不必和無線平台同步放送（國家通訊傳播委員會，2011/2/10）。

在無線電視數位轉換之際，日本總務省也規劃將頻譜回收，將VHF頻段（207.5-222 MHz）指配給全國性行動多媒體服務。最後將唯一一張執照發放給以NTT DOCOMO為首的「多媒體放送mmbi」集團。mmbi以日本ISDB-T技術作為延伸，於2012年4月推出「NOTTV」服務，在最新修正的放送法中，屬於「行動收訊用地面重要放送」業務。日本全國性行動多媒體服務共有14.5MGHz的頻寬，但NOTTV只使用6MGHz（213-

219 MHz），其餘閒置頻譜，政府已考慮指配給其他業者（大矢智之，2013/8/29）。

　　NOTTV自2012年4月開始營運，策略上不與One Seg競爭，而是像YouTube的OTT平台。用戶只要月付420日幣，可以觀賞三個即時頻道，包括新聞頻道、以及NTV與TBS電視台的節目，以及隨選節目。第四個頻道為使用者下載的節目，可以讓使用者在不同的時間收看，強調time shifting的特性。內容方面，NOTTV大部分的節目為自製（約占50-60%），少部分為獨家內容，mmbi也與富士電視台合製連續劇，另外也購買運動賽事轉播權，未來更不排除與其他內容提供商合作。不過目前市面上僅NTT DOCOMO的手機與NOTTV相容，至2013年8月約有150萬訂戶，營收來源99%來自收視費。由於訂戶數不足，所以選擇不播購物頻道，也不播廣告。以商業模式推估，約需500-600萬用戶才能支撐NOTTV（石川昌行，2013/8/29）。

　　至於中國大陸的行動多媒體服務，在2004年6月，已有上海文廣與央視取得手機電視執照，搶先搭上奧運熱潮。不過廣電總局到2008年才確立CMMB標準。截至2013年1月，國家廣電總局共發出六張Mobile TV營運執照，全屬廣電機構，播放內容必須為中央批准的內容供應商，電信業者中國移動、中國電信、中國聯通只能領取傳輸執照。截至2012年底，中國大陸Mobile TV用戶規模達到4,700萬戶，其中付費用戶2,300萬戶，雙向終端用戶840餘萬，單向用戶約占80%（國家新聞出版廣電總局，2013）。

　　中國大陸的CMMB並不成功，除了內容供應商被中央嚴格控管之外，還有許多問題。首先，最初發展的目標是在全國快速鋪設網絡，因此成立了中廣傳播公司，在各地設置網絡時由總公司出錢、決策，權力過於集中，反使得建網速度緩慢，訊號不佳，地方不夠積極。其次就是商業經營模式錯誤；最初在奧運期間採取免費收視，但是奧運會之後立即採取全部內容收費之作法，用戶尚未培養出收視習慣，因此流失大量消費者。再者，僅和中國移動簽訂三年合作協議，並排除另外兩家電信業者，使其他

電信業用戶無法收視相關內容。最後，就是錯誤的策略思維，公司轉而經營新興視訊、數據、應用等，忽略其核心業務為電視，也未積極推廣業務，發展自然越來越差（國家新聞出版廣電總局，2013/9/12）。

而我國則是因NCC遲遲未能發照，多次錯過商用營運的時機。未來應該仿日本One Seg與韓國T-DMB作法，整合在第二梯次數位無線電視釋照的業務當中。我國業者也評估在技術上完全可行，因為行動是用手機或平板在看，只是在調變模式上，怎樣比較好收。我國當年試播為了手機移動接收方便，曾調成16 QAM，現在高畫質為64 QAM，將來DVB-T2可以調到256 QAM。換言之只要基地台充足，無論行動電視或是固定電視機，應該都收得到（謝光正，2013/11/11）。

綜合前述分析可知，Mobile TV和IPTV均屬廣電業和電信業共同合作推動的新興匯流服務，單打獨鬥難以突圍。從各國商用經驗與科技發展趨勢來看，要開拓Mobile TV成為一個獨立視訊平台業務並不容易。一方面行動裝置如筆電、平板電腦、智慧型手機已經相當普及，不能僅滿足於一般手機的雙模接收。加上4G/LTE無線寬頻技術已經成熟，各國行動通訊業者已摩拳擦掌，準備提供次世代網路下的串流媒體服務，並勢必採取Triple Play綑綁服務策略，預料將是行動多媒體服務的另一條重要發展路徑。

美國與英國對於行動電視並沒有特別的政策，韓國及日本的行動電視發展較早。韓國的S-DMB業者曾經抱怨政策對付費多媒體行動廣播（行動電視）不利，T-DMB業者雖然覺得多媒體行動廣播（行動電視）不能帶來多的收入，還是認為有必要繼續經營，一方面是提供用戶服務，二方面是增加節目與廣告的覆蓋。日本雖然已經有了One Seg行動電視，但是總務省還是繼續發放新的執照，並輔導業者發展行動電視。大陸的行動電視由於廣電總局採取中央掌控的方式，沒有讓地方業者有足夠發揮的空間，再加上太早推出付費模式，以致沒有發展起來。我國主管機關卻以世界沒有成功的經營模式為由，遲遲不發行動電視的執照，也延誤業

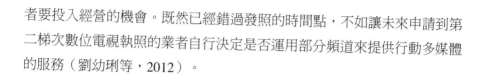

者要投入經營的機會。既然已經錯過發照的時間點，不如讓未來申請到第二梯次數位電視執照的業者自行決定是否運用部分頻道來提供行動多媒體的服務（劉幼琍等，2012）。

 ## 第六節　國際新興媒體OTT TV之發展與管制議題

如果說，透過封閉的網路傳輸的IPTV是「圍牆花園」（Walled Garden），那麼「開放花園」（Open Garden），就是利用開放網際網路（internet）提供視訊服務的新興媒體平台，最具代表的就是OTT TV（over-the-top TV）。從字面上的意義來說，OTT TV廣義的定義是指在任何網際網路之上，所提供的視訊服務。而且視訊內容的提供者不必是寬頻網路業者，也可以在不同終端接收，像是遊戲機、網路電視盒、機上盒、智慧聯網電視機，以及個人行動裝置等等，完全不設限。

從終端接收架構來看，OTT TV主要型態有三種。第一種是透過機上盒或遊戲主機的OTT-Box Based模式，例如美國Apple TV、Roku（Netflix）、X-box等。第二種是混合傳統廣播與VOD的複合式Hybrid OTT模式，例如英國YouView、法國Netgem等。第三種是直接以網際網路連接電視機的OTT-TV Based模式，例如日韓LG、Samsung、Sony等智慧型聯網電視機（資策會，2010/5/17）。

OTT TV因為連接公共網路，有別於IPTV得以控制的QoS服務質量保證與管理技術，內容更是跨越國界五花八門，近年在全球快速崛起，也引發各國監理機關管理課題，例如市場進入管制、內容管理、智慧財產權以及網路中立性（Network Neutrality）等。但基於鼓勵新興媒體發展立場，多數國家尚未介入管理，亦即業者無須取得特許執照即可進入市場，如美國、英國、日本、韓國及我國均屬之；然而在歐盟的部分國家，業者仍需向主管機關登記或報備；至於在新加坡與中國大陸，業者就必須取得主管

機關核發的特許執照方可營業（彭心儀、鄭嘉逸，2013）。

根據中國大陸現行互聯網視聽節目服務管理規定，OTT TV業者必須為國有獨資或國有控股單位之法人機構，且無外資者，方得申請廣電總局所核發的「信息網絡傳播視聽節目許可證」，此即OTT TV特許執照，有效期限三年。截至2013年3月，全中國共有608家機構獲得許可（國家新聞出版廣電總局，2013），外資企業則禁止申請。在內容管制方面，OTT服務內容依循標準與現行廣電節目內容一致，但播出外國與進口節目仍須受到審查和批可（CASBAA, 2012）。

美國是發展OTT TV最快的國家，也是影視文化產業的重鎮。在憲法保障言論自由的原則下，美國FCC對於新興媒體平台抱持開放態度，沒有市場進入管制。看似風平浪靜，其實美國早就掀起要不要將OTT TV納入MVPDs定義範圍的爭論。爭議的緣起是來自衛星平台Sky Angel在2008年推出聯網機上盒新平台，為了希望能在此OTT平台繼續播出Discovery的節目（含Animal Planet頻道），Sky Angel要求FCC放寬定義，將OTT TV納入MVPDs定義範圍，以省下一筆授權費。另一家直播衛星業者DirectTV也持相同立場，贊同應放寬MVPDs定義，理由則是認為OTT TV提供與MVPDs類似業務，理應當受到相同的管理。

對此爭論，Discovery公司的大股東Liberty Media（本身擁有有線電視系統）為了授權利益，當然大表反對。本案FCC最終在2010年由媒體局認定兩者不同，拒絕Sky Angel放寬MVPDs定義的要求；NCTA的意見也認為基於公共網路的OTT服務不能等同MVPDs，因為OTT並不提供傳輸通道，而MVPDs不僅需提供傳輸通道，訂戶也會為此路徑支付費用（FCC, 2013）。Sky Angel雖不滿上訴，美國哥倫比亞特區上訴巡迴法院最終在2012年7月仍再度否決Sky Angel對FCC的執行令申請。雖然事件告一段落，FCC暫維持不管制OTT TV的原則，但已足以窺見OTT TV與MVPDs之間日益複雜的競合關係。

對於OTT TV在美國的風起雲湧，FCC也在2012年7月提出「視訊競

爭報告」（Video Competition Report），對當今不斷增長的OTT服務，在報告中稱之OVD供應商（online video distributor），並進一步分析美國OTT業者進入美國市場的相關「管制條件」有二，即：(1)FCC於2010年公告的「網路開放」（Open Internet）規則；(2)線上影音「隱藏式字幕」（Closed Caption）規定。前者「網路開放」是規範ISP業者應遵守透明度（Transparency）、禁止封鎖（No Blocking）、禁止不合理差別待遇（No Unreasonable Discrimination）三大原則，來針對特定網路流量和內容管制，例如抵制某OTT TV讓聯網速度變慢。此即「網路中立性」議題，相當具爭議性；至於後者則是要方便聽障人士透過遙控器或選單，開啟隱藏字幕來收看英語或西班牙節目（FCC, 2012）。

同樣地，英國Ofcom對於匯流時代的視聽服務（Audio-Visual Services）如何管制的議題也已著手研究，Ofcom在這份報告中，從嚴到鬆設計出四種管制層級，其中若採最嚴格的管制，OTT TV服務必須向主管機關「登記」（register）才能營運（Ofcom, 2012）。英國是歐盟成員國，因此也遵循歐盟AVMS指令，由Ofcom下轄的隨選視訊局（Authority for Television On Demand）管理VOD內容。至於亞洲的日本、韓國與我國政府，對OTT TV同採低度管理原則，內容管理亦回歸一般法律與目的事業主管機關特別法規定來辦理。另外針對線上影音傳輸容易引發智慧財產權遭侵害的情況，各國多以現行著作權法來因應，並輔以業者自律（**表9-11**）。

從營運模式來看，OTT服務的成功商業模式，可以建構在使用者直接付費，或廣告收入，或品牌價值上，在某些情況下，更直接與付費電視業者競爭收視率和廣告收入。接下來將介紹國際間較為成功的發展案例，並分析其發展策略。

美國主要的OTT業者有Netflix、Apple iTV、Amazon、Hulu、Google TV等。以Netflix為例，Netflix一開始以DVD租賃業務為主，後來在1990年代後期提供網路影音訂閱服務，並在全球四十個國家（主要是歐洲和

表9-11　各國主管機關對於OTT TV之市場進入管制、內容管制比較

國家	美國	英國	日本	韓國	中國大陸	我國
主管機關市場進入管制	FCC認定OTT TV和MVPDs不相同，OTT進入市場不需管制	Ofcom對於OTT TV管制架構進行探討，但目前不管制	總務省對線上電視無特別管制	KCC認定OTT TV歸類在電信加值服務	業者必須申請廣電總局頒發的「信息網絡傳播視聽節目許可證」	NCC對於OTT TV進入市場未管制
內容管制	回歸既有網路內容管理、業者自律並行	依據歐盟AVMS指令，由隨選視訊局管理，業者自律並行	自律系統尚未涵蓋OTT TV	回歸既有網路內容管理、業者自律並行	和廣電內容標準一致	回歸既有網路內容管理、業者自律並行

資料來源：參考國家通訊傳播委員會（2012/1/20）；國家通訊傳播委員會（2012/10/30）；CASBAA (2012)；彭心儀、鄭嘉逸（2013）整理。

美洲）擴展服務，至2013年6月，Netflix全球付費訂戶已達3,560萬，但亞洲尚未有服務。Netflix並與內容業者聯手合作，打造多螢串流的收視環境，號稱可透過九百種裝置收看，包括各種智慧手機系統、平板電腦、遊戲機、智慧型電視等，朝向以「App取代頻道」的世界邁進（Eason, 2013）。Netfliex設計簡單易懂的使用介面，消費者可隨時隨地選取自己想看的隨選節目，且可以隨時取消或重新訂閱服務。Netflix月費8美元是唯一費率，不像有線電視一個月要40美元。若家庭成員想同時收看不同節目，每個月再多花3美元就可多兩個信號流（Stream），節省家庭支出，十分划算。

Netflix視HBO、Hulu、Amazon等OTT業者為主要競爭對手，每年影視內容的成本約20億美金，主要用在影片授權上。除了與迪士尼簽下授權協定之外，也推出自製的獨家節目。例如2013年起陸續播出的《紙牌屋》（*House of Cards*）、《鐵杉樹叢》（*Hemlock Grove*）、《發展受阻》（*Arrested Development*）等影集（Eason, 2013）。其中《紙牌屋》曾獲得十四項艾美獎提名的殊榮。Netflix獨特的商業經營模式除了自製節目

外，有別於有線電視一週播出一集的方式，Netflix一次就將整季影集十三集全部釋出。由於是非線性視訊服務，觀眾不會像線性頻道受到制約，在製作節目上有更多彈性，不必特別迎合黃金時段的觀眾喜好，能製作出高品質的系列紀錄片，在美國商業頻道中相當少見。Netflix更積極與英國Virgin Media、瑞典Com Hem AB等大型有線電視平台合作，成為其互補的影音服務。

至於歐洲的新興媒體平台，則走向複合式的聯網電視（Hybrid TV）的方向。Hybrid TV主要是由傳統廣電業者提供一個無縫雙模接收的全新體驗。由於歐洲國家採用的是DVB數位電視標準，進而研發出由ETSI（The European Telecommunications Standards Institute）認證的HbbTV（Hybrid Broadcast Broadband TV）技術。HbbTV是一種有能力連接廣播與寬頻網絡的雙模接收終端設備。它可以連接到廣播DVB網絡（例如DVB-T、DVB-S或DVB-C），接收標準的線性廣播影音內容和應用數據；亦可以透過寬頻連接到網際網路，接收數據和非線性影音內容（例如隨選視訊），成為一種整合廣播電視與VOD服務的Hybrid OTT模式（ETSI, 2012）。

HbbTV最早由德國、法國等國家的廣電業者所主導，2009年夏天起開始推動，並於2010年7月成立相關協會，德國已在2010年10月率先展開營運。英國Digital TV Group（DTG）的最新數位電視標準D-Book 7 Part B，也已採納HbbTV 1.5最新版本（Digital TV Labs, 2013）。包括ITV與BBC共組的Freesat及製造商組織，都已正式採用HbbTV規範。2014年即將推出的HbbTV 2.0規範，也將加入社群電視與第二螢幕（Second Screen）之應用，當即時節目內容呈現在HbbTV電視機時，觀眾可由手上的「第二螢幕」（如平板電腦、智慧型手機）進行同步遙控，並與同好進行討論，增加觀賞的互動性與伴螢（Companion Screen）體驗（HBB-NEXT, 2012）。

在此背景下，英國無線電視業者與電信業者也共同推出YouView服

務。不僅成功開拓無線平台Freeview的第二市場，也成為英國IPTV平台服務的最佳補充方案，成為特殊的HIITV（Hybrid IPTV Internet TV）複合電視模式。YouView是源自Canvas計畫，在2009年底獲得Ofcom同意，由英國無線業者BBC、ITV、Five、Channel 4、傳輸業者Arqiva，以及固網業者BT與TalkTalk所共同合資所組成。主要功能是透過YouView的聯網機上盒，將BBC iPlayer、ITV.com、4OD作為入口網，來使用回看電視（catch-up TV）之功能，可以回看七天內的節目，也等於將原本在Freeview上的線性頻道，變成可以暫停、倒轉以及錄影的網路復刻版，而且完全免費。如果不過癮，還有豐富的隨選視訊節目（電影、體育、與美國影集），以及付費電視服務（由BT與TalkTalk提供的即時頻道）。

　　BBC、ITV等公共廣電業者願意加入YouView，目的是接觸更多用戶，不過隨著BBC iPlayer的成功，也可透過YouView平台帶來硬體授權營收。至於BT和TalkTalk原本在IPTV服務市場上是競爭，但因為英國民眾觀看BBC的觀眾最大比例還是透過對手Sky衛星平台，因此在YouView平台上共同合作，吸引觀眾透過YouView機上盒來觀看BBC或其他公共廣電頻道。除了YouView之外，英國另三家OTT業者包括進軍英國的Netflix、由DVD租賃業轉型的LOVEFiLM，以及Sky推出的NOW TV，彼此間存有競爭關係。至2013年第三季，YouView已經累計有2,677個回看節目，超越Sky的NOW TV，成為英國最大的回看電視平台（Digital TV Europe, 2013）。

　　至於韓國的OTT服務主要由CJ（Tving）、KT（olleh）、SK（B-TV mobile）提供，等於是電信或有線電視業者的互補方案。值得一提的是韓國Samsung、LG和日本電子大廠Sony紛紛投入智慧型電視機（Smart TV）與APP的開發，已有相當的成績。日本方面，2008年12月NHK推出付費NHK on Demand高畫質隨選視訊服務，內容包括一週內的回看電視（Catch-Up Programs），以及精選特輯（Archives Selection）。美國、英國、日本、韓國對新興媒體服務平台例如OTT的服務多半都是任其自由發

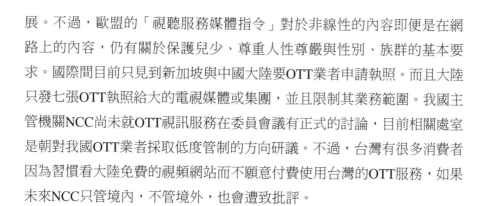

展。不過，歐盟的「視聽服務媒體指令」對於非線性的內容即便是在網路上的內容，仍有關於保護兒少、尊重人性尊嚴與性別、族群的基本要求。國際間目前只見到新加坡與中國大陸要OTT業者申請執照。而且大陸只發七張OTT執照給大的電視媒體或集團，並且限制其業務範圍。我國主管機關NCC尚未就OTT視訊服務在委員會議有正式的討論，目前相關處室是朝對我國OTT業者採取低度管制的方向研議。不過，台灣有很多消費者因為習慣看大陸免費的視頻網站而不願意付費使用台灣的OTT服務，如果未來NCC只管境內，不管境外，也會遭致批評。

 ## 第七節　結論與建議

　　從國際經驗來看，數位電視業者多已同時提供線性與非線性服務，並採取跨平台經營與綑綁服務策略，來提供有別於傳統電視的用戶使用經驗（如Catch-Up TV、搜尋功能、電子節目單、連結公共網路內容）。另一方面，則是積極拓展其應用加值業務，提供多螢服務，以鞏固訂戶，並建立消費者資料與收視調查機制，來建構新的商業模式。總結來說，數位電視的功能，已經包括「隨時看」（TV Anytime）、「隨處看」（TV Anywhere）以及「互動性」（Interactivity）三大概念（ITU, 2013）。

　　綜合前文討論，三網融合促成了通訊傳播市場的匯流。對業者來說，傳統業務界線已經消失，必須走向全業務。對設備業來說，ICT與CE的界線已經模糊，必須製造出多功能的終端設備，才能站穩市場。對於內容業者來說，獨家內容已不稀奇，一源多用才是王道。而對於主管機關來說，傳統的管制邏輯已與現實大相逕庭，唯有跟上科技腳步的法制革新，才是正確的作法。

　　關於我國匯流法案之進展，第一屆NCC委員卸任前曾提出四合一版通訊傳播管理法草案，惟第二屆與第三屆NCC委員會上任後予以擱置，

而改提低度匯流的廣電三法各別修正案來因應（劉幼琍，2013；彭芸，2012）。事實上我國電信法與廣電三法的整合窒礙，除了內容管制一致性、鬆綁跨業經營的結構管制之外，還有中華電信「最後一哩」（Last Mile）是否開放的規管議題。在行政院「數位匯流發展方案」要求2014年6月完成立法的目標下，NCC於2013年7月曾表示將於2014年2月提出匯流法的草案，不過截至2014年2月底尚未提出。

本章係針對世界各國數位電視與新媒體平台政策進行比較。從美國來看，FCC對無線電視有明確數位化政策，至於有線電視的數位化則交由市場機制。儘管FCC對IPTV沒有正式定義，但是IPTV業者願意接受地方政府規管，也衝出亮眼的市占率。而OTT TV的發展，因為沒有任何管制，因此OTT TV類型與經營模式非常多樣化。

英國的數位無線電視平台Freeview的經營模式很值得我國業者參考。有線電視業者則積極提供「四合一」的服務，並朝電信業務整合發展。IPTV業者為了繼續發展，也整合OTT服務，與無線平台業者合作，將Freeview節目直接引進YouView機上盒，成為複合聯網電視之典型。我國數位電視採歐規標準，電視業者及電信業者似可考慮循此歐盟發展趨勢，建立起雙模接收的合作平台，共同開發機上盒，來創造策略合作方的多贏。

韓國方面，無線電視業者兼營T-DMB多媒體行動廣播（行動電視），在行動接收裝置的銷售策略成功，致使兩者相輔相成，也可供我國參考。至於電信業者KT將IPTV、DBS及寬頻服務結合，提供消費者便利；其有線電視進入OTT的市場，Samsung、LG也積極發展Smart TV領域，其競合關係亦可供我國參考。

日本數位無線電視的發展所強調的是高品質，而不是多頻道，這一點或可供我國深思。日本最新放送法對於IPTV與有線電視的規管，因為未使用頻譜，僅同等視為「一般放送」低度管理。另一方面，日本已有One Seg，卻仍發放一張全國行動電視執照給NTT DOCOMO，來成立

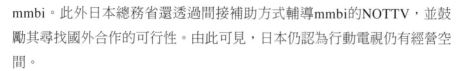

mmbi。此外日本總務省還透過間接補助方式輔導mmbi的NOTTV，並鼓勵其尋找國外合作的可行性。由此可見，日本仍認為行動電視仍有經營空間。

　　兩岸廣電媒體有不少的交流與合作，所以有必要瞭解中國大陸的數位媒體與新平台政策。大陸中央、省級及有一些市級的電視規模已經發展非常快速。其有線電視的網台分營與國際的垂直經營很不一樣，未必適合台灣效法。大陸用政策法規保障了既有的電視媒體與集團，尤其對IPTV及OTT執照的發放，與內容的集成控播，對市場的創新都是一種阻礙。

　　各國在數位電視與新興媒體平台發展過程中，整合資源成為重要的策略。例如歐盟對於相關技術的標準化，英國的Canvas計畫，或是日本相關業者的acTVila結盟策略，都值得台灣參考。我國業者曾提出共同建構「台灣數位媒體中心」（Taiwan Digital Media Center, TDMC）的想法，包括整合台灣Smart TV與OTT STB服務入口平台，以及整合數位匯流產業鏈相關業者，來成立一個網路電視、隨選視訊、聯網電視的跨聯盟整合平台。實際作法包括聯結有線電視MSO/SO及其他平台業者的既有數位頭端機房，延展既有雲端服務平台，以擴大平台規模及功能（謝明益，2012）。

　　NCC過去以來一直自限於監理機關的角色，事實上NCC是扮演數位電視發展最關鍵的行動者，應該要有更積極的作為。例如第二梯次無線電視釋照方案，應該將無線平台做大，在釋照過程同時讓業者自行選擇是否要兼營行動電視業務；在有線電視方面，應放寬結構與費率管制，鼓勵業者跨業經營，提供Triple Play服務；至於IPTV的困境，則應從實務的角度，提出沒有黨政軍包袱束縛的建議，並解決其與有線電視之間的競合問題；在新興媒體平台方面，應大膽開放，讓業者自行摸索經營模式，政府則可扮演輔助者的角色，從旁協助其發展。

　　當我們看了美國、英國、日本、韓國及中國大陸的數位電視與新媒體平台的發展、政策及策略，可以從中擷取適合台灣的模式。有些政策或

策略需考量其外在與內部因素。但是不可否認政策所扮演的角色極其重要。有人說，政府不管的行業可能發展的更好。這句話的意思是說主管機關的規管千萬不要幫倒忙。國內對NCC的監理角色討論很多，多半不滿意其沒有扮演輔導的角色。NCC成立已歷經四屆委員。首長制的優點是決策明快，缺點是決策不夠透明。委員會制雖然決策比較透明，但是缺點是為了符合程序，效率較慢。韓國的KCC比我國晚兩年成立，卻因效率不彰，屢受批評，於2013年政府改組後，很多業務已經移轉至新的政府單位，也許這也可讓我國深思該是檢討NCC的體制與運作的時候了。

 參考書目

Eason（2013）。〈Netflix創辦人談影視產業的未來展望〉。取自http://www.inside.com.tw/2013/04/26/netflix-and-the-future-of-tv

IT戰略本部（2001）。〈IT領域管制改革之發展方向〉。取自http://www.kantei.go.jp/jp/singi/it2/dai8/8siryou1.html。

Lee Young-Lyoul（2012/11/15）。〈韓國電信：寬頻和廣播的匯流〉。亞太OTT TV峰會，2012年11月15至16日，上海國際會議中心。

大矢智之（2013/8/29）。劉幼琍於日本東京的訪談。

工業技術研究院（2006）。《95年IPTV新興商業模式與管理之研究》。國家通訊傳播委員會委託計畫。

石川昌行（2013/8/29）。劉幼琍於日本東京的訪談。

行政院新聞局（2005）。〈中國大陸有線電視數位化參訪報告〉。94年度有線廣播電視事業發展基金。取自http://report.nat.gov.tw/ReportFront/report_detail.jspx?sysId=C09405138

金忠植（2013/5/31）。〈「KCC組織再造及媒體集中管制」專題演講〉，台灣通訊學會年會暨「媒體集中度與數位匯流」高峰論壇。2013年5月31日，台北市。

洪建平（2009）。〈中國大陸數字付費電視的困局〉。《傳媒透視》。2009年11月號。取自http://rthk.hk/mediadigest/200911.html

財團法人台灣媒體觀察教育基金會（2008）。《數位匯流後之傳播內容監理政策研析》。國家通訊傳播委員會委託研究報告。

國家通訊傳播委員會（2011/2/10）。《考察韓國及日本通訊傳播機構，因應匯流趨勢出國報告》。取自http://report.nat.gov.tw/ReportFront/report_detail.jspx?sysId=C10000009

國家通訊傳播委員會（2012/1/20）。《出席2011亞洲有線暨衛星廣播電視協會年會報告》，行政院所屬各機關出國報告。取自http://report.nat.gov.tw/ReportFront/report_detail.jspx?sysId=C10003989

國家通訊傳播委員會（2012/10/30）。《2012年國際內容管制圓桌論壇——赴韓國出席國際會議報告》。取自http://report.nat.gov.tw/ReportFront/report_detail.jspx?sysId=C10102851

國家新聞出版廣電總局（2013）。《中國視聽新媒體發展報告（2013）》，社會科學文獻出版社。

國家新聞出版廣電總局（2013/9/12）。劉幼琍於北京的訪談。

國務院（2010/1/21）。〈推進三網融合的總體方案〉。國發【2010】5號文。

張國斌（2010/6/30）。〈全球五大移動電視商業模式成敗剖析與未來模式探析〉。取自http://www.eetrend.com/interview/100025973

陳彥龍（2011）。《匯流時代我國公共廣電體系之研究》，世新大學傳播研究所博士論文。

陳英傑（2009/8/14）。〈從全球到中國，看IPTV發展趨勢分析〉。取自http://past.compotechasia.com/articleinfo.php?cid=38&id=14806

郭培仙（2012/5/8）。〈三星、KT攜手新概念事業，推出智慧型IPTV服務〉。DigiTimes電子時報，http://www.digitimes.com.tw/

富士Chimera總研（2013/4/25）。〈2013年日本智慧家電發展——日本IPTV與WEB〉。MIC產業情報研究所研究報告。

彭心儀、鄭嘉逸（2013）。〈新興視聽傳輸平台之管制概念初探——由OTT TV談起〉。《網路通訊國家型科技計畫簡訊》，53: 13-15。

彭芸（2012）。《NCC與媒介政策——公共利益、規管哲學與實務》。台北：風雲論壇。

資策會（2010/12/30）。《歐美日中重要數位影音服務商之營運模式分析及新興通路研究》。經濟部工業局99年度專案計畫執行成果報告。

資策會（2010/5/17）。〈圍牆外的園圃：OTT影音服務發展評析〉。取自http://mic.iii.org.tw/aisp/reports/reportdetail_register.asp?docid=2787&rtype=freereport

劉幼琍（2009/11）。〈數位化時代的公共電視：以英國與日本為例〉。《傳媒透視》。取自http://rthk.hk/mediadigest/20091112_76_122432.html

劉幼琍（2013/5/8）。〈KCC組織重整及科學、資通及未來計劃部〉。未出版資料。

劉幼琍（2013）。《數位匯流應用發展法規政策研究——子計畫二：數位匯流政策法規研究：以傳播平台及內容管制相關議題為中心（2/2）》。國科會。

劉幼琍等（2012）。數位電視與新媒體平台政策白皮書。政大。

劉柏立（2004）。《因應技術匯流發展，相關法規之修訂研究》，交通部委託研究報告。

謝光正（2013/11/11）。本研究訪談記錄。

謝明益（2012）。〈數位匯流趨勢下台灣數位媒體中心之成形〉。2012年4月24日
　　雲端關鍵技術與應用服務論壇。台北市。

謝章富、賴祥蔚、許北斗、楊炫叡（2010/11/10）。〈考察日本電視與文創產業以
　　及數位電視之發展〉。國立台灣藝術大學傳播學院。

APT (2011). Report on the Korean IPTV market and regulation. Retrieved from http://
　　www.apt.int/sites/default/files/Upload-files/ASTAP/Rept-7-KOR-IPTV.pdf

CASBAA (2012). A tilted playing field Asia - Pacific pay TV and OTT. Retrieved from
　　http://www.casbaa.com/

CRTC (2012). Community content standards and OTT providers: Potential challenges
　　and approaches. Retrieved from http://www.crtc.gc.ca/eng/publications/reports/
　　rp120323.htm

DCMS (2013). Connectivity, content and consumers: Britain's digital platform for
　　growth. Retrieved from https://www.gov.uk/government/uploads/system/uploads/
　　attachment_data/file/225783/Connectivity_Content_and_Consumers_2013.pdf

DCMS (2009). Digital Britain: final report. Retrieved from http://webarchive.
　　nationalarchives.gov.uk/+/http:/www.culture.gov.uk/images/publications/
　　digitalbritain-finalreport-jun09.pdf

Digital TV Europe (2013). YouView takes UK catch-up lead. Retrieved from http://www.
　　digitaltveurope.net/120181/YouView-takes-uk-catch-up-lead/

Digital TV Labs (2013). The complex world of HbbTV - A white paper by the HbbTV
　　experts. Retrieved from http://www.digitaltv-labs.com/resource_pool/version/91/
　　the_complex_world_of_hbbtv_-_white_paper.pdf

ETSI (2012). Hybrid broadcast broadband TV. Retrieved from http://www.etsi.org/
　　deliver/etsi_ts/102700_102799/102796/01.02.01_60/ts_102796v010201p.pdf

European Commission (1997). Green paper on the convergence of the
　　telecommunications, media and information technology sectors, and the
　　implications for regulation towards an information society approach. *Green Paper
　　on the Regulation Implications*. Brussel, Belgium: European Commission.

FCC (2005). Second report and order. Retrieved from http://apps.fcc.gov/ecfs/document/
　　view;jsessionid=3m6jSsHV8RlKQnBGjpLYvJ7h1RvQMbjhkGmtmGyDQ3vfPyDC
　　n23f!153728702!-1613185479?id=6518185398

FCC (2012). Annual assessment of the status of competition in the market for the delivery of video programming. Retrieved from http://transition.fcc.gov/Daily_Releases/Daily_Business/2012/db0723/FCC-12-81A1.pdf

FCC (2013). Open internet advisory committee-2013 annual report. Retrieved from http://transition.fcc.gov/cgb/oiac/oiac-2013-annual-report.pdf

FCC (1999). Strategic Plan: A New FCC for the 21st Century. Retrieved from http://transition.fcc.gov/21st_century/draft_strategic_plan.pdf

HBB-NEXT (2012). HBB-NEXT 1st report on standardization and IPR protection activities. Retrieved from http://ec.europa.eu/information_society/apps/projects/logos/8/287848/080/deliverables/001_HBBNEXTD741.pdf

ITU (2006). Driving the future of IPTV. Retrieved from http://www.itu.int/osg/spu/stn/digitalcontent/4.9.pdf

ITU (2008). IPTV and mobile TV: New regulatory challenges. Retrieved from http://www.itu.int/ITU-D/treg/Events/Seminars/GSR/GSR08/discussion_papers/Janet_Hernandez_session7.pdf

ITU (2010). Guidelines for the transition from analogue to digital broadcasting. Retrieved from http://www.itu.int/dms_pub/itu-d/opb/hdb/D-HDB-GUIDELINES.01-2010-R1-PDF-E.pdf

ITU (2013). Trends in broadcasting: An overview of developments. Retrieved from http://www.itu.int/ITU-D/tech/digital_broadcasting/Reports/TrendsinBroadcasting.pdf

Kagan, J. (2013). Industry analyst Jeff Kagan on AT&T U-verse overtaking Verizon FiOS. Retrieved from http://www.prweb.com/releases/JeffKagan-IndustryAnalyst/ATT-Uverse-Verizon-FiOS/prweb11295898.htm

KCC (2010). KCC Annual report 2010. Retrieved from http://eng.kcc.go.kr/user/ehpMain.do

KISDI (2010). 2010 media and communication outlook of Korea. Retrieved from http://www.kisdi.re.kr/kisdi/jsp/fp/kr/main.jsp

Lee, J. W. (2013). Network convergence conundrum in the broadcasting sector: the DCS case study. *Asian Journal of Information and Communications, 5*(1), 8-24.

NCTA (2013). Top 25 multichannel video programming distributors as of June 2012. Retrieved from http://www.ncta.com/Stats/TopMSOs.aspx

Ofcom (2012). Protecting audiences in a converged world: Deliberative research report. Retrieved from http://stakeholders.ofcom.org.uk/binaries/research/tv-research/946687/Protecting-audiences.pdf

Point Topic (2013). Global IPTV subscriber numbers-Q2 2013. Retrieved from http://point-topic.com/free-analysis-technology/iptv/

Takashi T. (2012). Tender offer for J:COM, privatization, and merger with JCN. Retrieved from http://www.kddi.com/english/corporate/ir/library/presentation/2013/pdf/kddi_121024_main_jcom_e.pdf

專有名詞解釋

英文名詞	縮寫	中文譯名	定義
Advanced Digital Television Broadcasting-Terrestrial	ADTB-T	進階數位電視廣播	為中國大陸無線電視數位化技術的規格之一，由上海交通大學所研發而成的標準。
Advanced Television Systems Committee	ATSC	進階電視標準委員會	於1982年成立的委員會，是美國訂立的數位無線電視標準。
Asymmetric Digital Subscriber Line	ADSL	非對稱數位用戶迴路	使用現有的電話線路，結合ADSL專用的數據機，利用調變技術，可將數位資料以寬頻速率提供給用戶，因其上傳與下載的頻寬不對稱，故稱之為非對稱數位用戶迴路。
Audiovisual Media Service Directive	AVMSD	視聽媒體服務指令	歐盟執委會延伸其電視無疆界指令確立的原則，於2007年頒布（2010年修訂）視聽媒體服務指令，涵蓋線性與非線性的內容管理及廣告的規範。
British Digital Broadcasting	BDB	英國數位廣播電視	1996年由卡爾頓傳媒集團（Carlton Communications）和格拉納達電視集團（Granada Television）合組而成的電視公司，擁有英國數位無線電視多工平台B、C、D。
Broadcasters' Audience Research Board	BARB	英國廣電人觀眾調查機構	負責提供英國官方收視數據調查機構，由英國各大廣播公司所擁有，共委託三間研究公司收集數據，目前在英國有五千一百戶樣本，每一戶約代表五千戶家庭。
Catch-up TV		電視回看功能	消費者能夠將喜愛的電視節目錄製及儲存到雲端，以隨時隨地、透過任意裝置觀看，屬於聯網電視所提供的服務之一。
China Mobile Multimedia Broadcasting	CMMB	中國移動多媒體廣播	中國大陸自主研發的行動電視標準，可應用於多種行動終端的系統。
Closed Caption	CC	隱藏式字幕	把文字加入電視信號的一種標準化編碼方法，電視機的內置解碼器或獨立解碼器能顯示文字字幕，可以用在DVD、錄影帶、廣播電視、有線電視等，而且即使經過轉錄，仍能保有CC訊號。
Conditional Access	CA	條件式接取	是一種保護內容的機制，提供有線電視或衛星電視業者到用戶端之間的解擾系統，其目的在避免私接戶或進行分組付費。
Connected TV		連網電視機	為具備Wi-Fi或乙太網路之連網界面與功能的電視機，並能存取資料、聲音、影像等內容。

英文名詞	縮寫	中文譯名	定義
Content Delivery Network	CDN	內容分發網路	是一個經策略性部署的整體內容分發網路系統,其服務目標乃是提供給終端使用者快速及具實用性的內容。一般作法是在網際網路中布建分散式內容服務存儲伺服器,然後通過負載平衡等技術,將用戶的選擇請求導向到最近的服務伺服器上獲取內容,提高用戶到訪網站的整體反應速度。
Cord-cutting		剪線現象	為一種收視行為的轉變,閱聽眾取消訂閱有線電視,轉而收視免費無線電視或網路電視,以取得更低價,甚至是免費的節目內容,此一情形目前以在美國最為明顯。
Department for Business, Innovation and Skills	BIS	商業、創新暨技能部	為英國負責管理貿易與投資之政府部門,其前身為「貿易暨工業部」、「商業、企業暨法規改革部」,職司推廣對外貿易及吸引外資等業務。
Department for Culture, Media and Sport	DCMS	文化、媒體與運動部	其前身為英國的Department of National Heritage,1997年政府改組之後才改名為文化、媒體與運動部,所負責的業務主要為文化、運動,以及部分傳播政策。
Digital Audio Broadcasting	DAB	數位廣播	DAB數位廣播是繼AM、FM之後的第三代廣播,能夠抗雜訊、抗干擾、抗電波傳播衰落,並提供CD音質及數位訊息之服務。
Digital Dividend		數位紅利	無線電視在經過數位轉換之後,重新釋放出更多可供使用的頻譜資源。
Digital Living Network Alliance	DLNA	數位生活網路聯盟	DLNA是一種全新協定與應用方式,透過有線或無線網路的方式,將家中的電視、多媒體播放器、手機、電腦、平板電腦、網路附加儲存器(NAS)等相關裝置串接在一起,讓影片、相片、音樂的媒體分享操作,更加便利與直覺。
Digital Media Distribution System	DMDS	數位媒體傳布系統	一種透過網際網路傳輸影音的系統。
Digital Multimedia Broadcast-Terrestrial/Handheld	DMB-T/H	數位多媒體地面/移動廣播	中國大陸的無線電視數位化技術的標準規格,由「國家標準化管理委員會」在2006年融合清華大學研發的DMB-T標準以及上海交通大學研發的ADTB-T兩種標準。

英文名詞	縮寫	中文譯名	定義
Digital Multimedia Broadcasting	DMB	數位多媒體行動廣播	是由韓國所開發的數位無線電廣播技術，可用於發送多媒體到電視、電台以及移動設備上，如手機、手提電腦和GPS導航系統，包括T-DMB及S-DMB兩種技術。
Digital Rights Management	DRM	數位版權管理	數位內容出版者用來保護數位化內容（如軟體、音樂、電影）或硬體的技術，可透過控制裝置、播放次數等模式，來有效管理數位化媒體內容的使用權。
Digital Set-Top-Box	Digital STB	數位機上盒	主要功能係讓只有類比電視機的民眾看到數位訊號，可提供雙向互動及解碼解密的功能，可避免被用戶私接，且可以分層收費。
Digital Subscriber Line	DSL	數位用戶線路	以銅質電話線為傳輸介質的傳輸技術組合，包括HDSL、SDSL、VDSL、ADSL和RADSL等，一般稱之為xDSL。它們主要的區別在於信號傳輸速度和距離的不同，以及上行速率和下行速率對稱性的不同。
Digital Transport Adapter	DTA	數位轉換盒	只能提供基本DVB-C視訊解碼的機上盒。
Digital UK		數位英國	由BBC、ITV、Channel 4與Channel 5等電視業者及傳輸公司Arqiva於2005年共同成立的非營利公司，提供Freeview觀眾相關資訊及頻道業者排頻等技術支援，並向民眾推廣數位轉換。
Digital Video Broadcasting	DVB	數位視訊廣播	為歐洲所通過的數位電視標準。
Digital Video Broadcasting-Cable	DVB-C	歐規數位有線電視標準	為歐洲所通過的數位有線電視標準。
Digital Video Broadcasting-Handheld	DVB-H	歐規手持式行動電視標準	為歐洲所通過的針對手持裝置應用之行動電視標準。
Digital Video Broadcasting-Next Generation Handheld	DVB-NGH	歐規次世代手持式行動電視標準	為歐洲所通過的新一代手持式行動電視的標準。
Digital Video Broadcasting-Satellite services to Handhelds	DVB-SH	歐規衛星行動電視標準	為歐洲所通過的行動電視標準，由衛星傳送數位電視訊號至手持裝置。

英文名詞	縮寫	中文譯名	定義
Digital Video Broadcasting-Second Generation Terrestrial-Lite	DVB-T2-Lite	歐規第二代行動電視標準	為歐洲所通過的行動電視標準,乃是以DVB-T2為基礎下附加行動電視功能。
Digital Video Broadcasting-Terrestrial	DVB-T	歐規數位無線電視標準	由歐洲所通過的數位電視標準,以地面波傳送的數位電視訊號。
Digital Video Recorder	DVR	數位錄影機	具有數位錄影功能的消費性電子產品。
Direct Broadcast Satellite	DBS	直播衛星	指直接向訂戶收取費用,利用自有或他人設備,提供衛星廣播電視服務。
Dish Convergence Solution	DCS	碟型天線匯流方案	韓國電信業者KT和直播衛星Skylife合作開發之技術,把衛星信號先轉成IP信號,再通過IP網路進行傳輸,用戶不必透過圓形衛星天線,就可從電信線纜接收直播衛星的節目。
Dumb Pipe		基本管道	指耗費大量成本建置基礎網路,卻無法從中獲利的基本傳輸管道。
DVB-T2		第二代歐規數位無線電視標準	為歐洲所發展出的第二代數位地面視訊廣播標準。
Electronic Communication Network	ECN	電子通訊網路	歐盟於1999年提出「電子通訊網路與服務共同管制架構指令」的水平管制架構,其中電子通訊網路意指以電、磁、電磁能傳送任何形式訊號之傳輸系統以及設備。
Electronic Communication Service	ECS	電子通訊服務	歐盟於1999年提出「電子通訊網路與服務共同管制架構指令」的水平管制架構,電子通訊服務則為經由ECN所傳送的服務,但不包括「內容服務」。
Electronic Program Guide	EPG	電子頻道節目表	介紹每日及每週節目表等相關節目資訊。
European Broadcasting Union	EBU	歐洲廣電聯盟	主要會員是公共廣電或民營但有公共義務的廣電業者,來自歐洲、蘇俄、中亞、北非及中東等56國。副會員則來自其他地區24國,主要目的在提供法規、技術及節目的諮詢,並倡導公共廣電價值。
Fiber to the Home	FTTH	光纖到府	一種光纖通訊的傳輸方法,直接把光纖接到用戶的家中。
Frequency Division Duplex	FDD	分頻多工	利用頻率分隔多工技術來分隔傳送及接收信號。

英文名詞	縮寫	中文譯名	定義
High-Definition Multimedia Interface	HDMI	高畫質多媒體介面	一種全數位化影像和聲音傳送介面，可以傳送未壓縮的音頻及視頻信號，主要用於機上盒、DVD播放機、個人電腦、電視遊樂器、數位音響與電視機等裝置。
High-Definition Television	HDTV	高畫質電視	根據國際電信聯盟（ITU）的定義，HDTV是指一個正常視力觀眾在螢幕水平高度的三倍距離時，所看到的圖像品質應具有觀看原始景物或表演時所得到的印象。螢幕長寬比為16：9，能接收和輸出格式為1920×1080像素的畫面。
Hybrid Fiber Coaxial	HFC	光纖同軸混合電纜	此一網路架構為樹枝狀架構，主幹線部分採用光纖電纜，而後以同軸電纜分支拉至用戶家中。
Hybrid TV，亦稱為 Hybrid Broadcast Broadband TV	HbbTV	複合式的聯網電視	是一種以複合、混搭的方式，聯合廣播與寬頻網路的傳輸與接收，作為最新數位匯流的媒體經營模式，也是歐洲廣電聯盟（EBU）對數位電視網路化新媒體運作模式的最新指導原則；由EBU負責研發，並獲得歐洲電信標準協會（ETSI）認證，成為歐洲聯網電視主流標準。
Integrated Services Digital Broadcasting	ISDB	數位廣播電視傳送整合服務	ISDB是日本NHK所主導開發的數位廣播電視播送規格，其應用可大致分為提供數位無線電視播送使用的「ISDB-T」、提供數位廣播衛星播送使用的「ISDB-S」、提供數位無線廣播使用的「ISDB-TSB」、提供數位有線電視使用的「ISDB-C」以及提供行動終端所使用的「ISDN-Tmm」等規格。
International Telecommunication Union	ITU	國際電信聯盟	其前身為根據1865年成立的國際電報聯盟，為負責國際電信事務的聯合國機構，主要工作包括舉辦世界性的電信相關活動、管理無線電頻譜、開發全球標準的電信技術，以及設定目前和未來通信網路的模式。
Internet Content Provider	ICP	網路內容供應者	指在網際網路上提供各種服務內容的業者。
Internet Data Center	IDC	網路資料中心	以委外服務租用的方式將網路資源提供給用戶，可節省企業建置網路軟硬體的費用。
Internet Group Management Protocol	IGMP	網際網路群組管理協定	網際網路群組管理協定，是用於管理網際網路協定群播組成員的一種通信協議，主要用來解決網絡上廣播時占用頻寬的問題。

英文名詞	縮寫	中文譯名	定義
Internet Platform Provider	IPP	網際網路平台提供者	指在網際網路上提供硬體之儲存空間，或利用網際網路建置網站提供資訊發布及網頁連結服務功能者。
Internet Protocol	IP	網際網路協定	網際網路交換訊息的一種標準協議。
Internet Protocol Television	IPTV	網路協定電視	根據國際電信聯盟定義，是一種在網路上以網際網路協定傳輸的多媒體服務。可傳送電視、視訊、音訊、文本、圖形和數據等，以提供高品質的服務及用戶體驗，並具備安全性、交互性和可靠性。
Internet Service Provider	ISP	網路服務商	提供連結管道讓用戶進入網際網路的業者，主要服務包括客戶上網、網頁瀏覽、文件下載、電子郵件等。
Internet Watch Foundation	IWF	網路監看基金會	於1996年成立，由英國電腦網路界、媒體、消費者及兒童福利團體等所組成，主要的工作是監看網路上的兒童色情及其他有害資訊。
IP Datacasting	IPDC	網路數據廣播	以網際網路協定傳輸DVB訊號，結合與行動通訊網路匯流的方式，可透過手機收看數位電視的內容與服務。
Korea Communications Commission	KCC	韓國放送通信委員會	是韓國有關通訊與廣電事務的主管機關，於2008年整併韓國廣播委員會及情報通信部設立而成，主要業務為管理廣播、通訊、頻譜，以及相關政策的機構。
Last Mile		最後一哩	電信服務提供至使用者終端設備的最後一段布線。
Layer Model		層級模式	指面對通訊傳播匯流之新規範模式，該模式強調以水平層級模式取代原垂直式規範架構。
Local Loop Unbundling	LLU	開放用戶迴路	將電信交換機到用戶端之間的線路予以開放的作法。
Long Term Evolution	LTE	長期演進技術	是無線數據通訊技術標準，GSM/UMTS標準的升級。LTE的遠期目標是簡化和重新設計網路體系結構，使其成為IP化網路，這有助於減少3G轉換中的潛在不良因素。因為LTE的介面與2G和3G網路互不相容，所以LTE需同原有網路分頻段營運。

英文名詞	縮寫	中文譯名	定義
Ministry of Science, ICT & Future Planning	MSIP	科學、資通及未來計劃部	是韓國2013年新設的政府部會，籌劃以科學與資通訊技術（ICT）結合創意與想像力成為韓國永續發展的資產。國家未來策略研發與科學政策外，廣電與資通訊科技發展也是重點，業務包括研擬資通訊科技產業匯流政策、數位廣電產業與新媒體促進政策、應用軟體與數位內容政策等。
Mobile Application	APP	行動應用程式	指設計作為智慧型手機、平板電腦和其他行動裝置上執行的軟體應用程式，相關作業系統包括iOS、Android等。
Mobile DTV Alliance		行動電視聯盟	為了推動行動電視技術規格DVB-H在北美市場能夠快速開放，多家重量級廠商共同組成「行動電視聯盟」（Mobile DTV Alliance），聯盟成員包括英特爾、諾基亞、摩托羅拉、德儀和Crown Castle子公司Modeo，同聲為DVB-H站台。
Mobile TV		行動電視	一種新的無線電視科技，只要加裝數位電視接收機和天線就可收看。
Moving Pictures Experts Group 4	MPEG-4	動態視訊標準第四版	是由動態視訊專家小組（Moving Pictures Experts Group）所制定，壓縮視頻、音訊數位資訊的一種標準，透過處理特定的編碼問題，可將視頻壓縮為非常小的檔而不影響品質。
Multicast		多點傳播（群播）	並非真正的廣播，而是在點對點寬頻網路上，模擬廣播式傳輸的一種方式。
Multichannel Video Programming Distribution	MVPD	多頻道視訊節目播送	傳輸多頻道影視節目服務之供應商，包括有線電視、IPTV、直播衛星及多頻道多點傳播服務等。
Multimedia Broadcast Multicast Service	MBMS	多媒體多點傳播服務	行動網絡中特殊的單點對多點介面，以便更有效地傳送廣播或群播服務。
Multi-media on Demand	MOD	多媒體隨選服務	亦為多媒體內容傳輸平台，指電信或有線電視業者設置之隨選視訊平台。中華電信最早在台灣推出該項服務時，將MOD作為其服務的品牌名稱。
Multiple System Operator	MSO	有線電視多系統經營者	擁有兩家以上有線電視系統的業者。
Multiple System Program Provider	MSP	多系統節目供應商	韓國有線電視的多系統節目供應商。

英文名詞	縮寫	中文譯名	定義
Multiplex	MUX	多工器	指多個訊號頻道，可透過多工器整合為單一的訊號傳播，再由接收端的多工器解多工（Demultiplex），還回原來的多組頻道。
National Information Infrastructure	NII	國家資訊基礎建設	美國於1993年提出國家資訊基礎建設行動方案，包括建立高速資訊網路、發展新型資訊設備、研發資訊技術、制定技術標準和傳輸協定、人才培育等。
Next Generation Broadcasting	NGB	次世代廣播電視	乃是大陸廣電總局於2009年所啟動之網路計畫，以有線電視數位化轉換和移動多媒體廣播（CMMB）的成果為基礎，通過技術升級以及網路改造，使廣電內部體系整合完成「全國一張網」的發展概念，進而成為三網融合的發展基礎。
Next Generation Network	NGN	次世代網路	根據ITU的定義，為基於封包傳輸的網路，可以提供現有電信服務商所能提供的服務，並且具有寬頻、QoS等技術特性，在該網路中，與服務相關的功能並不受限於其傳輸的技術。使用者可以不受限制的連結此一網路，並且可以選擇不同的電信服務商與各種不同的服務。此一網路也支援行動網路的應用，並且能提供無所不在的服務。
Office of Communications	Ofcom	英國通訊傳播管理局	英國政府為因應數位匯流，整合五大通訊與傳播管理機構，於2003年成立之統合監督管制機構。
Open Mobile Video Coalition	OMVC	開放行動視訊聯盟	由NBC、PBS、FOX等業者所組成，致力於推廣ATSC成為行動數位電視標準。
Open Video System	OVS	開放式視訊系統業者	電信業者利用其電信設備提供訂戶類似有線電視的視訊服務。
Orthogonal Frequency-Division Multiplexing	OFDM	正交分頻多工	數位無線播送的調變方式，可以視為多載波傳輸的一個特例，是調變技術與頻道多工技術的結合。OFDM使用大量緊鄰的正交子載波（Orthogonal Sub-Carrier），每個子載波再採用傳統的調變方案，進行低符號率調變。
over-the-top TV	OTT	OTT電視	一般而言，OTT TV是指通過開放式網際網路，來傳送視訊及相關應用的融合服務。不同於IPTV，OTT TV將內容的提供與傳輸網路，分屬不同業者，其服務品質較難由其中之一方作控管與保證。至於OTT TV的終端，則可以是一般的上網設備如電腦、智慧型手機、機上盒、智慧型電視、遊戲機等。

數位電視與新媒體平台
之政策與發展策略

英文名詞	縮寫	中文譯名	定義
Participation and Immersive TV		參與式與沉浸式電視製作	網路化之後的電視節目互動模式，讓觀眾得以參與或沉浸在電視節目的情境中。
Peer-to-Peer	P2P	對等傳播	是能打破一般網路傳輸的主從式架構（Client/Server）的點對點傳輸模式，每個用戶端，也同時是附近其他用戶的資訊源，大家互相分享已下載的部分資訊，可減輕伺服器與網路負擔。
Public Service Broadcasting	PSB	公共廣播電視	指各國法制架構中負有公共服務任務的廣播業者。在理念上，公共廣播電視服務不屬商業團體，亦非國家擁有，不受政治干預或商業壓力之影響。
Quadrature Amplitude Modulation	QAM	正交振幅調製	正交振幅調製是一種將兩種調幅信號匯合到一個通道的方法，因此會雙倍擴展有效帶寬，主要應用於脈衝調幅，特別是在無線網路應用，包括二進位QAM（4QAM）、四進位QAM（I6QAM）、八進位QAM（64QAM）等。
Real Time Streaming Protocol	RTSP	即時串流協定	是一種應用層級的通訊協定，主要設計目的是控制即時資料（如音訊與視訊內容）的傳遞，使網路串流點播得以實現。
Real-time Transport Protocol	RTP	即時傳輸協定	是一種網路傳輸協定，在網際網路上傳遞音訊和視訊的標準封包格式，常用於串流媒體系統。
Relay Operator	RO	訊號轉送業者	有兩種意涵，一為無線電視共同天線系統，其經濟規模或工程技術尚未達到有線電視系統的標準，主要目的為改善無線電視之收視。第二種意涵是指幫助聽障人士用打字方式將訊息傳到手機。
Retransmission Consent		再傳輸同意	指有線電視再傳輸無線電視節目內容，需以商業談判的方式取得無線電視業者的同意。
Satellite and Terrestrial Interactive Multiservice Infrastructure	STiMi	衛星與地面互動多服務架構	STiMi是基於衛星傳輸的服務，在2.6GHz的頻率，可提供視訊、音訊以及數據服務。STiMi支援S頻帶和UHF/VHF頻帶，並可同時由衛星廣播搭配地面轉播，以進行系統覆蓋。
Satellite-Digital Multimedia Broadcasting	S-DMB	衛星傳輸的多媒體行動廣播	係韓國所研發採用衛星來傳輸多媒體的數位無線電廣播技術，其訊號可覆蓋較大之範圍，由電信業者SK Telecom經營，然已於2012年8月停止營運。
Single-Frequency Network	SFN	單頻網	使用多個發射站在同一頻率及頻道同時廣播相同之節目。

英文名詞	縮寫	中文譯名	定義
Smart Pipe		智慧管道	是相對「基本管道」（Dumb Pipe）而言，網路營運商集眾多服務於一，滿足使用者多面向需求，以實現網路加值和提升流量收入。
Smart TV		智慧電視	是一種加入網際網路與作業系統功能的電視機，可結合電腦與電視的功能。
Social TV		社群電視	指能夠在看電視的情境下，支援傳播及社群互動的技術。
Standard-Definition Television	SDTV	標準畫質電視	是指解析度可達到720×480（NTSC）像素的標準，但還不足以稱為高畫質（High Definition）的電視系統。
Streaming		網路串流	在網路上傳輸影音以供觀賞的一種技術與過程，係將媒體資料加以壓縮之後，經過網路連續或分段之即時傳送資料；資料流可隨時傳送及隨時播放。
Terrestrial Digital Multimedia Broadcasting	T-DMB	地面波傳輸的多媒體行動廣播	為韓國所制定的行動電視標準，是改良自數位廣播（DAB）所發展而來的，主要由無線電視台所推動的行動接收技術。
Terrestrial-Mobile Multimedia Broadcasting	T-MMB	地面行動多媒體廣播	於2008年由北京新岸線軟體科技有限公司所提出，具備了中國大陸國家推薦標準。
The Authority for Television On-Demand	ATVOD	英國隨選視訊局	前身為隨選視訊協會（The Association of Television On-Demand），縮寫名稱相同。負責規範管理英國的隨選視訊服務業者所提供的隨選視訊內容，規管較無線電視和付費電視更為寬鬆。
Time Division-Synchronous Code Division Multiple Access	TD-SCDMA	第三代移動通信技術	為中國大陸自有的3G行動通訊標準。
Time Division Duplex	TDD	分時多工	利用時間分隔多工技術來分隔傳送及接收的信號。
Transmedia		串媒體	聯網電視內容朝向一次企劃、多平台演播的新產製模式，分為Storytelling（串媒體編劇法）以及Narrative（串媒體敘事法），敘事不再是單線，而是多線並結合日常生活體驗的延伸，需掌握到互動性、網路、片段化螢幕場景、更多快速呈現以及多螢幕視野技術的融合。

數位電視與新媒體平台
之政策與發展策略

英文名詞	縮寫	中文譯名	定義
Transport Stream	TS	傳輸流	是一種傳輸和儲存包含音效、影像與通訊協定各種資料的標準格式，用於數位電視廣播系統。
Triple-Play Services		三合一服務	是一種行銷手法。電訊傳播業者將旗下的數據、語音以及視訊服務一起提供。消費者通常可以享受比較優惠的價格。
TV-like		類電視	指一種類似於傳統線性傳輸之電視服務。
Ultra-High-Definition Television	UHDTV	超高畫質電視	ITU所定義之超高畫質電視，將分為兩階段發展，第一階段為4K系統，設定螢幕解析度為八百萬畫素（3840×2160），第二階段為8K系統，再提升至三千二百萬畫素（7680×4320），與先前標準畫質電視邁入高畫質電視（HDTV）的過程相似。
Unicast		單點傳播（單播）	即是所謂的點對點傳播，每當新增一位連線使用者，就必須確實地與伺服器連線。
User Generated Contents	UGC	用戶原創內容	使用者所創作製造的各種不同的內容，並能將此部分內容與其他網友分享。
Value Added Common Carrier	VACC	加值公共載具	可以連結網路與電信的訊息載具，它可以儲存與再傳輸，分享給其他使用者，但不處理或改變訊息。
Video On Demand	VOD	隨選視訊	是一種可以讓電視收視者透過電視機或機上盒來選擇自己想要看的影音內容之服務方式。
Walled Garden		圍牆花園	一個可以控制用戶使用網路上內容和服務的環境，把用戶限制在一個特定的圍牆內，提供客戶滿意的服務及內容。
Web TV		網路電視	透過網際網路觀看影音內容。
White Space		閒置頻譜	指電視廣播頻譜中未被使用的頻段。無線電視廣播為了維護收訊品質，在各區域中，於頻道之間保留不少空白頻段，以避免相鄰訊號干擾。